Sabrina Kanthak

Skandale um die Zensur

Vigilanzkulturen / Cultures of Vigilance

Herausgegeben vom / Edited by
Sonderforschungsbereich 1369
Ludwig-Maximilians-Universität München

Band / Volume 14

Sabrina Kanthak

Skandale um die Zensur

Theater und Öffentlichkeit in München (1919–1929)

DE GRUYTER

Gefördert durch die Deutsche Forschungsgemeinschaft (DFG) – Projektnummer 394775490 – SFB 1369

ISBN 978-3-11-145643-0
e-ISBN (PDF) 978-3-11-145894-6
ISBN (EPUB) 978-3-11-146125-0
ISSN 2749-8913
DOI https://doi.org/10.1515/9783111458946

Library of Congress Control Number: 2024952919

Bibliografische Information der Deutschen Nationalbibliothek
Die Deutsche Nationalbibliothek verzeichnet diese Publikation in der Deutschen Nationalbibliografie; detaillierte bibliografische Daten sind im Internet über http://dnb.dnb.de abrufbar.

Titelbild: *Protest*, Grafik. In: *Fliegende Blätter* 142 (1915), S. 144, Nr. 3634, Universitätsbibliothek Heidelberg, DOI: https://doi.org/10.11588/diglit.4172#0147

www.degruyter.com
Fragen zur allgemeinen Produktsicherheit:
productsafety@degruyterbrill.com

Danksagung

An dieser Stelle möchte ich allen Menschen danken, die mein Denken für diese Arbeit inspiriert, gehört, unterstützt, befragt und unterbrochen haben. Nur so konnte dieses Buch gelingen. Die vorliegende Arbeit ist eine leicht gekürzte Version meiner Dissertation, die zwischen 2019 und 2023 entstanden ist.

Zunächst will ich Nic Leonhardt für die aufmerksame Erstbetreuung sowie für das Vertrauen und die Freiheit, die sie dem Forschungsprozess geschenkt hat, meinen Dank aussprechen. Fachlich und persönlich habe ich davon enorm profitiert. Ebenso richtet sich mein Dank an Christopher Balme als Zweitbetreuung für sein reges Interesse und die wertvollen Impulse. Besonders schätze ich, dass beide dieses Dissertationsthema an mich herangetragen haben. Auch nach Jahren der intensiven Auseinandersetzung bin ich nach wie vor davon fasziniert und schwer begeistert.

Ermöglicht wurde die Promotion sowie ihre Publikation von dem DFG-geförderten Sonderforschungsbereich 1369 *Vigilanzkulturen.* Das interdisziplinäre Arbeitsumfeld war für mich eine große Bereicherung und bot hervorragende Austausch- und Entwicklungsmöglichkeiten. Danke für die vielen gemeinsamen Erfahrungen im Integrierten Graduiertenkolleg! Die lieben KollegInnen haben meine Arbeitszeit ebenso wie die Mittagspausen auf wunderbare Weise bereichert. Ich danke besonders der Koordinatorin Alina Enzensberger für ihren umfänglichen Support, ihren „Historikerinnen"-Blick und ihre auf allen Ebenen kompetente Begleitung. Ebenso ein herzliches Danke an den Koordinator Benjamin Steiner für großartige Gespräche und an Martina Heger zusammen mit dem Verlag De Gruyter, die zuletzt wertvolle Hilfe leisteten und einen reibungslosen Publikationsverlauf verantworteten. Als fachfremden und zugewandten Gutachter für die Disputation gebührt Florian Mehltretter aus der Italianistik mein Dank.

Ein mehrfaches Dankeschön geht an Rasmus Cromme, der mein Interesse an der Wissenschaft von Beginn an gefördert und der spontan den Prüfungsbeisitz übernommen hat, sodass gerade noch alles glatt gelaufen ist. Das inhaltlich konstruktive Feedback und die mühsame Textredaktion von Lars Krautschick, Katrin Frühinsfeld, Julian Neckermann und Bernhard Poschenrieder waren mir eine wertvolle Hilfe. Ein großes Danke für eure Zeit, das Interesse und für alle Anregungen! Die Möglichkeiten der Recherche waren gefühlt unbegrenzt dank der tatkräftigen Unterstützung der Hilfskräfte Dunja-Maria Münch, Leni Fuhl und Constantin Bombelli. Für die Chance meine Forschung in die Öffentlichkeit zu tragen bedanke ich mich bei *MK:Schicksale* der Münchner Kammerspiele und für die Erweiterung meines wissenschaftlichen Horizonts sende ich Dankesgrüße an die

Theaterwissenschaftliche Sammlung in Köln und die Forschungsstelle Weimarer Republik in Jena.

Trotz widriger Bedingungen angesichts der Covid-19-Pandemie, schufen die Münchner Archive und Bibliotheken Zugang zu den Quellen, organisierten Lesesaalplätze mit Abstand und standen für Anliegen elektronisch zur Verfügung. Mein Dank geht dahingehend an Robert Bierschneider und Herrn Geis aus dem Bayerischen Staatsarchiv, an das Bayerische Hauptstaatsarchiv sowie an das Stadtarchiv München. Die engagierten MitarbeiterInnen des Deutschen Theatermuseums standen mir immer mit Rat und Tat zur Seite. Besonders danken möchte ich Petra Kraus für ihre sprudelnden Ideen und tiefbohrenden Recherchen sowie Susanne de Ponte für den fachlichen Austausch und die klugen Einwände. Ebenso danke ich Martin Laiblin, Babette Angelaeas für die Fotorecherche und -beschaffung, sowie Marion Weltmaier und dem Bibliotheksteam für die Bereitstellung unzähliger historischer Theaterzeitschriften.

Die inspirierenden Gedanken, neuen Blickwinkel und das geteilte Interesse von Lily Climenhaga, Roman Cos, Bart Zielinski, Charlotte Thun-Hohenstein, Carolina Heberling und Jonathan Alderman haben meinen Geist und dieses Buch wachsen lassen.

Zuletzt hätte ich ohne den unerschütterlichen Rückhalt, das Vertrauen, die Geduld und Zuversicht meiner Eltern, Schwestern, Familie und meines Partners Julian dieses Vorhaben nicht so bewältigen können, wofür ich mich von Herzen bedanke.

Inhaltsübersicht

1 Einleitung

> At the second or third performance, it entered protest, and this in the form of gas bombs. Frightful fumes suddenly filled the theatre. The public swept bitterly, – yet not through emotion, but because the expanding gases had a strongly sympathetic effect on their tear ducts. The theatre had to be aired, and ushers appeared with ozone sprayers to purify the atmosphere. It was half an hour before the public could return to their seats in the parquet and the boxes in order to hear the piece to an end, although still crying from purely physical reasons [...].[1]

Als Korrespondent für das US-amerikanische Literaturmagazin *The Dial* berichtete der Schriftsteller Thomas Mann 1923 zum kulturellen Leben in München. Mann beschäftigten hier nicht die Bühnendarstellungen der Uraufführung von Bert Brechts *Im Dickicht*, obwohl die Erstaufführung eines neuen Dramas und die ästhetisch neuartige Inszenierung von Erich Engel und Caspar Neher an sich schon die Kriterien für eine Nachricht in einem Literaturmagazin erfüllt hätte. Vielmehr berichtete er von einer der Folgeaufführungen, bei der es zu Protesten in Form von Gasbombenzündungen im Münchner Residenztheater gekommen war. Wie Mann schilderte, trieb das Gas den Zuschauern Tränen in die Augen, was diesen Schmerzen bereitete, sie von der Vorstellung ablenkte und eine Unterbrechung der Aufführung erzwang, weil diese vor dem Gas aus dem Zuschauerraum flohen.[2] Proteste dieser oder ähnlicher Art stellten besonders in Münchner Theateraufführungen, aber auch in vielen anderen deutschsprachigen und europäischen Städten nach 1919, keine Einzelfälle dar. Zahlreiche Zeitungsartikel und Polizeiakten aus dieser Zeit geben davon Zeugnis.

Mit dem Begriff „Theaterskandale" fasst der Journalist Richard Elchinger in einem Artikel der *Münchner Neuesten Nachrichten* vom 16. Dezember 1919 die Ereignisse bei mehreren Aufführungen im Jahr 1919 zusammen. [3] Elchinger schilderte, dass die Vorstellungen von *Schloss Wetterstein* an den Münchner Kammerspielen aufgrund heftiger Tumulte abgebrochen werden mussten. Bei *Königin Christine* in Straßburg kam es laut Elchinger zu „stürmischen Demonstrationen" und in Berlin ereignete sich ein „große[r] Skandal" in einer Aufführung von *Wilhelm Tell*, bei dem störende Zuschauer aus dem Theater entfernt werden mussten. Ausgehend von seiner Beobachtung der gehäuft auftretenden Skandale im Theater

1 Schwiedrzik, *Brechts „Trommeln in der Nacht"*, S. 282.

2 Zur besseren Lesbarkeit wird in dieser Arbeit das generische Maskulinum verwendet und eine genderneutrale Sprache bevorzugt. Die in dieser Arbeit verwendeten Personenbezeichnungen beziehen sich – sofern nicht anders kenntlich gemacht – auf alle Geschlechtsidentitäten.

3 Folgenden Äußerungen in diesem Abschnitt von Elchinger: *Münchner Neueste Nachrichten*, Theaterskandale, Richard Elchinger, Nr. 511, 16.12.1919.

 https://doi.org/10.1515/9783111458946-002

argumentiert Elchinger, dass den Theaterskandalen etwas Symptomatisches für diese Zeit anhafte. Mit dem zensurfreien Theater liege eine „neue Situation" vor. Die „ästhetische Richterfunktion […] [werde] buchstäblich in die Hände des Publikums gelegt". Elchinger kritisiert in dem Artikel die Art und Weise, wie das Publikum sein Missfallen gegenüber bestimmten Inszenierungen äußert. Für ihn müsse das Publikum erst noch „in die Maske des überlegenden Zensors" hineinwachsen.

1.1 Das Publikum als Zensor. Einführung in Thema und Fragestellung

Die „Skandale und Enthüllungen hagel[t]en auf den Großstadtmenschen ein"[4], stellte der renommierte Theaterkritiker Herbert Ihering 1928 fest und unter den ‚Skandal'-Artikeln im deutschsprachigen Raum in den späten 1910er und in den 1920er Jahren finden sich auch erstaunlich oft Berichte über Skandale im Theater. Theaterskandale richteten die Aufmerksamkeit von Akteuren auf sich, indem sie provozierten, unterhielten und empörten. Sie drängten sich dem Publikum affektiv auf. Die Skandale im Theater wurden begleitet von Unterbrechungen, ‚Störungen', Unruhen und Tumulten bei Aufführungen sowie einer regen Presseberichterstattung und gegebenenfalls Maßnahmen zur Kontrolle der Tumulte. Theaterskandale in der Weimarer Republik erschienen durch Affirmation und Rezeption. So wurde ein Skandal erst manifest, wenn er als solcher explizit zum Beispiel in Presseartikeln benannt wird.

Theaterskandale ereigneten sich in der Theatergeschichte immer wieder. Doch in der Häufigkeit und Intensität, mit der diese während der Weimarer Republik auftraten, sind sie in der Theatergeschichte beispiellos.[5] Die Zeitung *Vorwärts* spricht in einem Artikel von 1919 sogar von einem „Zeitalter der Theaterskandale"[6]. Während der Zeit der Weimarer Republik registrierte die Polizeidirektion allein für die Stadt München etwa dreißig Theaterskandale. Skandale erregten nicht nur die Aufmerksamkeit der Zeitungsleser zu Beginn des 20. Jahrhunderts, sie erzeugen auch heute ein reges Interesse bei verschiedenen wissenschaftlichen Disziplinen, die unter dem Namen ‚Scandal Studies' beziehungsweise ‚Scandalogy' dieses Feld erforschen.[7] Von Kepplinger (2009, 2012, 2018), Burkhardt (2006), oder Ebbighausen/

4 Vgl. Ihering, *Die vereinsamte Theaterkritik*, S. 49.
5 Vgl. Blackadder, *Performing Opposition*, S. xii.
6 Vorwärts, *Das Zeitalter der Theaterskandale*, o. A., Nr. 644, 17.12.1919.
7 Vgl. Haller/Michael/Kraus, *Scandalogy. An Interdisciplinary Field.*

Neckel (1989) liegen zur Theorie des Skandals bereits relevante Publikationen vor.[8] Dem „Voyeurismus, der mitunter bis in Skandalforschung selbst hineinreicht"[9] versucht sich diese Arbeit jedoch zu entziehen. Vielmehr rührt das Interesse am bisher noch nicht ausführlicher erforschten Theaterskandal vorrangig aus der theaterwissenschaftlichen Fachrichtung. Zwei Aspekte sind hier wesentlich: Ein verbindendes Merkmal unter den für diese Studie berücksichtigten Skandalen ist erstens die ungewöhnlich aktive Rolle der Zuschauer und allgemein der Öffentlichkeit. Diese ist insofern von Bedeutung als in der theaterwissenschaftlichen Forschung dem Publikum lange Zeit eine passive Rolle zugeschrieben und vom Primat der Inszenierung ausgegangen wurde.[10] Die Erforschung des Rezipienten, hier verstanden als Zuschauer, Publikum beziehungsweise Öffentlichkeit, bei Theaterskandalen trägt dazu bei, dieses vergleichsweise weniger beachtete Feld weiter auszuloten.

Der zweite zentrale Aspekt besteht in der gesetzlichen Aufhebung der Theaterzensur 1919, einem Meilenstein der Theatergeschichte in Deutschland. Wenn eine im Staat und im Theater fest verankerte Kontrollstruktur im Zuge einer neuen Verfassung abrupt entfällt, wirft dies die Frage auf, wie sich die Situation im Theater damit verändert und wie die Beteiligten damit umgehen. Wie aus den zahlreichen Berichten von Zeitgenossen hervorgeht, verschwindet die Zensur nach ihrer Aufhebung nicht, sondern ist bemerkenswerterweise auch in den Jahren nach ihrer Aufhebung ein weiterhin präsentes Thema. Die Neu-Einführung der Kunstfreiheit, einer wichtigen Säule für die Demokratie, wird in den untersuchten Quellen hingegen nur als Randthema behandelt, gleichwohl das Thema eigentlich zu relevant ist, um nebensächlich behandelt zu werden.

Aus diesem Hintergrund erwächst die These, dass sich bei Theaterskandalen die Kontrolle, die vormals der Staat durch Zensur übte, nun auf den Zuschauer, das Publikum und die Presse verlagert. Nicht mehr der Staat – so die Annahme – kontrolliert das Theater und urteilt über Aufführungen, sondern der Zuschauer übernimmt diese Funktion. Diese vollzieht sich etwa durch Beifalls- und Missfallenskundgebungen des Publikums oder wirkt durch Tumulte im Zuschauerraum. Ebenso übernimmt die Presse durch Kritik oder durch skandalisierende Artikel eine überprüfende Funktion. Um der Frage nach der Verschiebung der Kontrolle nachzugehen wird untersucht, welche Akteure in welchen Situationen diese ausüben. Ebenso werden allgemeiner die Momente beleuchtet, in denen eine gesteigerte

---

8 Vgl. Kepplinger, *Publizistische Konflikte und Skandale*; Kepplinger, *Medien und Skandale*; Kepplinger, *Die Mechanismen der Skandalisierung*; Burkhardt, *Medienskandale*; Ebbinghausen/Neckel, *Anatomie des politischen Skandals.*

9 Petersen, *Kunst der Provokation*, S. VII.

10 Vgl. Fischer-Lichte, *Die Entdeckung des Zuschauers*, S. 9.

Wachsamkeit entsteht, denn diese kann ein Indikator für Kontrolle sein. Anders als bei der Zensur, wirken bei Theaterskandalen mehrere Kontrollmechanismen auf verschiedenen Ebenen und durch mehrere Akteure. In der Betrachtung des ‚Theaterskandals' besteht die Möglichkeit herauszustellen, wie sehr diese überprüfende Funktion durch die Öffentlichkeit tatsächlich übernommen wurde.

Die Arbeit verfolgt die Annahme, wonach bei Theaterskandalen eine neue Kontrollfunktion der Öffentlichkeit sichtbar wird. Einerseits soll dafür ihre spezifische Rolle, von der der anderen Akteure – dies sind die Polizeidirektion, Vertreter der Politik, die Theaterdirektion – abgegrenzt werden und andererseits soll aber auch auf die Abhängigkeiten und Einflüsse dieser Akteure auf die Öffentlichkeit eingegangen werden. Um diese weiter zu differenzieren, werden ihre Akteure einzeln betrachtet. Dafür geht die Arbeit auf einzelne Zuschauer, auf Zuschauergruppen sowie auf das Publikum als Ganzes ein. Auf der Suche danach, wohin sich die Kontrolle über das Theater nach der Aufhebung der Theaterzensur verlagert, bildet die Kritik durch die Öffentlichkeit ein zentrales Untersuchungsfeld. Neben der Kritik durch Theaterzuschauer werden ebenso die professionellen Rezensionen der zeitgenössischen Zeitungsredakteure in den Blick genommen. Die wichtige und ambivalente Rolle der Presse wird dahingehend immer wieder kommentiert und reflektiert.

1.2 Vom Skandalon zum Theaterskandal. Eine Annährung

Grundlegend beschreibt der Kommunikationswissenschaftler Hans Mathias Kepplinger den Skandal unter Bezugnahme auf das griechische ‚Skandalon' als „etwas, das Ärgernis erregt"[11] und emotionale Reaktionen hervorruft.[12] Zu einer Skandalisierung kommt es, wenn „Missstände öffentlich diskutiert und angeprangert"[13] werden. Wird dieser Anprangerung wiederum mit einer Erwiderung begegnet, spricht Kepplinger vom Skandal. Ein Skandal ist „die empörte Reaktion eines erheblichen Teils der Bevölkerung auf einen tatsächlichen oder vermeintlichen Missstand."[14] Kepplingers basale Definition stellt die einem Skandal zugehörigen Handlungen – also Empörung, Anprangerung und Diskussion – vor und setzt sie in ein Verhältnis zum ‚Missstand' und zu den Beteiligten. Vor dem Hintergrund dieser Grunddefinition soll der Aspekt der Erregung, der im Wortsinn des *skandalons* enthalten ist, noch einmal gesondert hervorgehoben werden, da er mit dem Aspekt

11 Kepplinger, *Medien und Skandale*, S. 7.

12 Ebd.

13 Kepplinger, *Publizistische Konflikte und Skandale*, S. 179.

14 Kepplinger, *Medien und Skandale*, S. 7 f.

der gesteigerten Aufmerksamkeit korreliert. Der Medienwissenschaftler Christer Petersen weist hierzu auf die „immense[n] Aufmerksamkeitspotenziale“[15] der Skandale hin, die er auch als „Aufmerksamkeitsgeneratoren“[16] bezeichnet. Obwohl die Forschungsliteratur zahlreiche Facetten und Aspekte des Skandals analysiert, kommt dem Aspekt der Aufmerksamkeit bemerkenswerterweise kaum Beachtung zu. In der aktuellen Forschungsliteratur füllt Petersen diesen blinden Fleck mit einer These zum Aufmerksamkeitskapital im Skandal.[17] Er argumentiert, dass anders als bei politischen Skandalen, in denen die Akteure ‚Glaubwürdigkeitskapital‘ gewinnen oder verlieren können, bei Kunstskandalen die „Möglichkeit, aber auch die Notwendigkeit der Aufmerksamkeitserzeugung“[18] spezifisch ist. Im *Theater*skandal erwerben nach Petersen die Akteure ein Kapital an Aufmerksamkeit, das anschließend für bestimmte Zwecke eingesetzt werden kann. Neben diesem Nutzen der durch den Skandal erzeugten Aufmerksamkeit, birgt die dadurch gesteigerte Aufmerksamkeit auch die Gefahr das Gegenteil von Fokussierung herzustellen. Sehr viel Aufmerksamkeit kann anstelle der Klärung eines Sachverhalts mehr Verwirrung und Verzerrung erzeugen. Eine aus der Naturwissenschaft geläufige Herausforderung in Bezug auf die erhöhte Aufmerksamkeit ist, dass der Zustand nicht dauerhaft anhalten kann, sondern die Aufmerksamkeit schon nach kurzer Zeit abfällt. Die verschiedenen Ausformungen von Aufmerksamkeitserzeugung, -verzerrung oder -abfall und deren Implikationen sollen in den Fallstudien zum Theaterskandal mitberücksichtigt werden.

Die Veröffentlichungen zu Justizskandalen, Kunstskandalen (Fellner 1997; Bentz 2000), Politskandalen (Käsler 1991; Ebbighausen 2009), Literaturskandalen (Friedrich 2009) und Medienskandalen (Burkhardt 2006) verdeutlichen, dass sich verschiedenste Disziplinen mit Skandalen auseinandersetzen und dass es eine Tendenz zur Typologisierung gibt. Auch innerhalb des Skandals wird in der Sekundärliteratur oftmals weiter schematisiert.[19] Kepplinger identifiziert etwa verschiedene Rollen und Phasen bei Skandalen. So sind Skandalisierer „Personen und Organisationen, die andere anprangern“[20], wohingegen Skandalisierte „von anderen angeprangert werden.“[21] Zwischen diesen beiden Akteuren können noch wei-

15 Petersen, *Kunst der Provokation*, S. VII.

16 Ebd.

17 Petersen rekurriert hier auf Georg Francks *Ökonomie der Aufmerksamkeit* (2007) im Anschluss an Pierre Bourdieu.

18 Petersen, *Kunst der Provokation*, S. VII.

19 Neben Kepplinger finden sich diese Typisierungen und Schematisierungen zum Beispiel auch bei Burkhardt, *Medienskandale* und Ebbinghausen/Neckel, *Anatomie des politischen Skandals.*

20 Kepplinger, *Publizistische Konflikte und Skandale*, S. 185.

21 Ebd.

tere Gruppen wie ‚Betroffene' oder ‚Verursacher' identifiziert werden.[22] Darüber hinaus führt Kepplinger eine für die Untersuchung von Aufmerksamkeitsbeziehungen hilfreiche Unterteilung ein: die Beobachtergruppen. Hier differenziert er zwischen dem betroffenen, dem engagierten, dem distanzierten und dem beruflichen Beobachter.[23] Darüber hinaus laufen nach Kepplinger Skandale stets nach einem ähnlichen Muster ab. Er gliedert den Skandal in konsekutive Phasen: 1. Die ‚Tat', 2. Inkubationszeit, 3. Skandalierung, 4. Empörung in der Öffentlichkeit, 5. Verteidigung seitens der Skandalierten, 6. Beendigung.[24]

An solchen Typologisierungen kritisieren Andreas Gelz, Dietmar Hüser und Sabine Ruß-Sattar im Sammelband *Skandale zwischen Moderne und Postmoderne*, dass diese das Erklärungsvermögen eher verringern und den „verschiedenartigen Ausprägungsformen des Skandals"[25] nicht gerecht werden. Als alternatives Beschreibungsmodell von Skandalen nennen sie die nacherzählende Herangehensweise.[26] Diese Methode birgt allerdings das Problem, dass dies „angesichts der Komplexität vieler Skandale im Grunde genommen [...] [ein] nicht minder unabschließbares Unterfangen"[27] darstellt. Hinzu kommt, dass diese Methode strukturell Berichten von Zeitgenossen über den Skandal ähnele. Gelz bringt damit ein besonders in der Literatur zu Kunst- und Theaterskandalen verbreitetes Phänomen auf den Punkt. Publikationen in diesem Bereich neigen dazu ins Erzählende, Anekdotische abzugleiten.[28] Gleicht die Wahl des Beschreibungsmodells demnach einer Entscheidung für das kleinere oder größere Übel? Statt Theaterskandale systematisch und quantitativ zu erschließen, indem ein Modell entwickelt oder ein ausschließlich archivalischer Beitrag zu deren Aufarbeitung geleistet wird, kann insbesondere die exemplarische Analyse einzelner Theaterskandale in ihrem spezifischen historischen Kontext eingehender die Ebenen und Aspekte von Wachsamkeit, Kontrolle und Überwachung herausarbeiten.

Der Einstieg in die Theaterskandale zu Beginn des 20. Jahrhunderts bietet sich über die Historische Avantgarde an. Diese wird als eine Kunstströmung beschrieben, die maßgeblich von Skandalen geprägt und begleitet worden sei.[29] Die Dadaisten versuchten zum Beispiel, einen Skandal zu erzeugen, indem sie das Publikum

22 Ebd.
23 Ebd., S. 181 f.
24 Vgl. Kepplinger, *Die Mechanismen der Skandalisierung*. S. 145.
25 Gelz, Einleitung: Skandal als Forschungsfeld, S. 2.
26 Ebd., S. 3.
27 Ebd.
28 Vgl. zum Beispiel Noack, *Theaterskandale*.
29 Asholt, Skandal als Programm? S. 149.

absichtsvoll provozierten und verwirrten.[30] Walter Benjamin schreibt dazu in seinem Text *Das Kunstwerk im Zeitalter seiner technischen Reproduzierbarkeit,* dass die Dadaisten „das Kunstwerk zum Mittelpunkt eines Skandals machen“[31]. Nicht der Inhalt der Performance stellt laut dem Literaturwissenschaftler Wolfgang Asholt den Auftakt zur Empörung dar, sondern der „Status des Kunstwerkes oder das Nicht-Kunstwerk als Kunstwerk.“[32] Im Skandal der Dadaisten wird somit der Kunstbegriff und die Bedeutung von Kunst verhandelt.[33] Benjamin führt seine Position zum Skandal im Kontext seiner Betrachtungen der Surrealisten weiter aus. Er unterscheidet zwischen Skandalen, die „in den Grenzen des Skandals bleiben“[34] und dem eigentlichen Skandal, der im „radikalen Begriff von Freiheit“[35] liegt.[36] Da die Theaterstücke in München, die mit Skandalen einhergingen und die für die Untersuchung herangezogen werden, allesamt nicht der Historischen Avantgarde zuzuordnen sind, würde es sich als nicht zielführend erweisen, diese Skandalform einfach auf Münchner Theaterskandale in der Weimarer Republik zu übertragen. Aber angesichts des Befunds, dass Theaterskandale bei den verschiedensten Aufführungen, vom Unterhaltungsstück über den Klassiker bis hin zum modernen Zeitstück, ausbrachen, erscheint es vielmehr reizvoll, die Unterscheidung des Skandals nach Benjamin als Spannungsfeld zu begreifen, in das die Theaterskandale der Weimarer Republik eingeordnet und hierdurch besser beschrieben werden können. In den Fallstudien zu Theaterskandalen werden zwei Skandalfälle, die „in den Grenzen des Skandals bleiben“[37] analysiert. Der letzte Fall setzt sich schließlich mit einem Skandal, das dem „radikalen Begriff von Freiheit“[38] recht nahe kommt, auseinander.

Der spezifische Untersuchungsgegenstand des Theaterskandals stellt eine bisher überraschend wenig beachtete Form des Skandals dar. Der Theaterwissenschaftler Robert Sollich weist dahingehend darauf hin, dass „Theaterskandale in der Theaterwissenschaft bislang ein erstaunlich marginales Thema gewesen […] sind.“[39]

30 Vgl. ebd., S. 157.

31 Benjamin, *Das Kunstwerk im Zeitalter seiner technischen Reproduzierbarkeit,* S. 502.

32 Asholt, Skandal als Programm? S. 157.

33 Vgl. Friedrich, *Literaturskandale,* S. 17.

34 Ebd., S. 303.

35 Benjamin, Der Sürrealismus, S. 306.

36 Weiterführend zum Metadiskurs über den Skandal: Der Sammelband Gelz/Hüser/Ruß-Sattar, *Skandale zwischen Moderne und Postmoderne* widmet sich unter anderem den Paradoxien und Ambivalenzen des Skandalbegriffes sowie dem Metaskandal. Einschlägig sind dazu die Aufsätze Gilcher-Holtey, Skandalisierung des Skandals oder Mecke, Ästhetik des Skandals.

37 Benjamin, Der Sürrealismus, S. 303.

38 Ebd.

39 Sollich, Theater als Skandal, S. 102.

Wenn sie bisher berücksichtigt wurden, dann geschah dies im Kontext bestimmter Autoren und deren Stücke. So wurden zum Beispiel Theaterskandale zu Inszenierungen bestimmter Autoren wie Seán O'Casey und J. M. Synge eingehend untersucht.[40] In mehreren Publikationen wird der Theaterskandal als Unterkapitel, quasi als Subkategorie eines Skandals, gehandhabt.[41] Texte zu diesem Thema treten oft in Form von Lexikonartikeln oder feuilletonistischen Essays auf. Im Feld der Kunst- und Theaterwissenschaft finden sich entsprechende Arbeiten nur in geringer Zahl.[42] Keine der vorhandenen Publikationen setzt sich ausführlicher mit Theaterskandalen in Deutschland während der Weimarer Republik auseinander. Bei den genannten Veröffentlichungen fällt auf, dass sie alle bis auf eine Ausnahme in den Nullerjahren des 21. Jahrhunderts entstanden sind. Stand bis in die 1990er Jahre das Geschehen auf der Bühne im Vordergrund der theaterwissenschaftlichen Auseinandersetzung, veränderte sich die theoretische Perspektive in den Kunstwissenschaften um die Jahrtausendwende mit dem „performative turn".[43] Die theaterwissenschaftliche Performance-Theorie argumentiert, dass sich das performative Ereignis erst durch die leibliche Ko-Präsenz von Akteuren und Zuschauern konstituiert.[44] Da bei vielen Theaterskandalen sowohl die Akteure auf der Bühne als auch die Zuschauer, etwa in Form von Tumulten im Zuschauerraum, maßgeblich daran beteiligt waren, ist es nachvollziehbar, dass im Zuge der performativen Wende Theaterskandale nach der Jahrtausendwende als neues Forschungsfeld verstärkt Beachtung finden.

1.3 Forschungsfelder

Aufgrund ihrer zeitlichen Situierung ist die vorliegende Studie eine historische Arbeit. Neben dem Forschungsfeld der Geschichtswissenschaft, die den Boden der Untersuchung bildet, verortet sie sich durch ihren Fokus auf das Theater auch in der

---

40 Vgl. Moran, *The theatre of Seán O'Casey* und Greene, *J. M. Synge 1871–1909.*

41 Vgl. Brauneck, *Theaterlexikon*; Bronnen, *Sabotage der Jugend*; Ferber, *Künstler, Bürger, Obrigkeit. Hagener Musik- und Theaterpolitik im 19. und 20. Jahrhundert*; Hensel, *Theaterskandale und andere Anlässe zu Vergnügen.*

42 Vgl. Sollich, Theater als Skandal; Blackadder, *Performing Opposition*; Goldstein, *The Frightful Stage*; Ziolowski, *Scandal on Stage*; Ebyl, Neun Thesen zu einer Theorie des Theaterskandals; Cremona u.a, *Theatre scandals: social dynamics of turbulent theatrical events.*

43 Vgl. Nestler, *Performative Kritik*, S. 40–46.

44 Wegweisend für diesen Fokus auf Performativität in der Theaterwissenschaft ist Erika Fischer-Lichtes 2004 erschienene Veröffentlichung *Ästhetik des Performativen.*

Kulturwissenschaft. Bedingt durch die drei in sich sehr diversen Leitbegriffe – Zensur, Skandal, Öffentlichkeit – bedient sich die Arbeit bei verschiedenen Disziplinen.

Das Forschungsfeld der Zensur ist in den für diese Arbeit relevanten Literatur-, Kunst-, und Medienwissenschaften gut erschlossen. Die Untersuchung der Zensur und ihrer Aufhebung zu Beginn der Weimarer Republik knüpft an theaterwissenschaftliche und rechtshistorische Forschungen zur Zensur im ‚langen' 19. Jahrhundert an. Zensur beziehungsweise das dahinterstehende Dispositiv der Kontrolle schließt außerdem an das Feld der Surveillance Studies an. Das Forschungsfeld der ‚Vigilanzkulturen' nimmt im Gegensatz zu den Surveillance Studies Wachsamkeit und Kontrolle in verschiedensten Relationen und in Abhängigkeit zu überindividuellen Zielen in den Blick.[45] Dieser Ansatz ermöglicht, die unklare Situation nach der Aufhebung der Zensur im Zusammenhang mit einer neuen demokratischen Ordnung zu beschreiben. Innerhalb der Theaterwissenschaft bedient sich die Arbeit an der Aufführungstheorie insbesondere nach Erika Fischer-Lichte, der historischen Publikumsforschung sowie an Rezeptions- und Wirkungstheorien. Für das Forschungsfeld des Publikums werden sozialpsychologische Rezeptionstheorien herangezogen, etwa wenn es um die intensive Wirkung von Theateraufführungen im Gegensatz zur Lektüre von Stücken geht.[46] Die Untersuchung von Theaterskandalen und Öffentlichkeit nach der Aufhebung der Zensur leistet einen sozial-, politik- und stadtgeschichtlichen Beitrag. Von besonderer Relevanz ist sie für die Demokratieforschung. Im Übergang vom Kaiserreich zur Weimarer Demokratie bildet der Blick auf das Theater und die Skandale nicht nur eine kulturgeschichtliche Facette ab, vielmehr ist das Theater ein Brennglas, unter dem der Umgang mit der neuen demokratischen Staatsform erprobt, verhandelt und verweigert wird.

1.4 Vigilanz im Theaterskandal

Im Kontext der ‚Vigilanzkulturen' und dem gleichnamigen Sonderforschungsbereich, in dem diese Arbeit entstanden ist, stellt Aufmerksamkeit ein zentrales Element dar. Nachdem auf die enormen Aufmerksamkeitspotenziale von Skandalen bereits hingewiesen wurde,[47] soll auf den Begriff der Aufmerksamkeit nun differenzierter eingegangen werden.

45 Weiterführend zu den Vigilanzkulturen: Brendecke, Warum Vigilanzkulturen? S. 11–17; Brendecke/Reichlin, *Zeiten der Wachsamkeit*; Butz/Grollmann/Mehltretter, *Sprachen der Wachsamkeit.*
46 Vgl. dazu Le Bon, *Psychologie der Massen*; Tönnies, *Gemeinschaft und Gesellschaft*; Sauermann, *Die sozialen Grundlagen des Theaters*; Paul, *Aggressive Tendenzen des Theaterpublikums*; Becker, *Inszenierte Moderne.*
47 Vgl. Kapitel 1.2 und Petersen, *Kunst der Provokation*, S. VII.

In der Medienrezeptionsforschung wird Aufmerksamkeit als „ein Wechselspiel zwischen dem willentlichen Lenken auf Umweltreize und dem unwillkürlichen Generieren von Aufmerksamkeit durch Umweltreize verstanden."[48] Es werden mehrere Mechanismen unterschieden, die eine unwillkürliche Aufmerksamkeit anreizen.[49] Dazu sind Reize zu nennen, die reflexartige Reaktionen auslösen und zum Beispiel bei der Wahrnehmung von sexuellen Bildern entstehen. Zudem gibt es überraschende und potenziell bedrohliche Reize wie „Normverletzungen, Regelbrüche oder auch akustische und visuelle Pegelsprünge"[50], die eine Orientierungsreaktion bewirken und zu einer erhöhten Wahrnehmungsempfindlichkeit und Informationsverarbeitung führen. Solche Reize können bei expliziteren Darstellungen, bei Tabubrüchen auf der Bühne oder bei Tumulten mit Lärm und Aufruhr im Publikum während einer Theateraufführung auftreten. Gerade die Tumulte bei Theaterskandalen sind prädestiniert für „das unwillkürliche [...] Generieren von Aufmerksamkeit durch Umweltreize"[51].

Ausgehend von Momenten der gesteigerten Aufmerksamkeit im Theaterskandal entsteht Vigilanz, sobald diese an überindividuelle Ziele sowie an Kommunikations- und Handlungsmöglichkeiten geknüpft wird. Per definitionem bezeichnet Vigilanz „die Koppelung von individueller Aufmerksamkeit erstens mit kulturell vermittelten, überindividuellen Zielsetzungen und zweitens mit konkreten Handlungs- und Kommunikationsoptionen."[52] Vigilanz erweist sich für diese Untersuchung in mehreren Aspekten als fruchtbar, deshalb wird auf das Konzept in dieser Arbeit zurückgegriffen, aber auf eine begriffliche Verwendung von Vigilanz oder eine umfassende Theoretisierung verzichtet, da dies das Thema schematisieren und damit engführen würde. Theaterskandale stellen ein beispielhaftes Moment dar, in dem sich die „zugespitzte Aufmerksamkeit [der Akteure] partiell und situativ"[53] beobachten lässt. Die Wachsamkeit einzelner im Sinne einer gelenkten, auf einen bestimmten Gegenstand hin orientierten Aufmerksamkeit findet sich im Theater und in der Öffentlichkeit um das Theater herum in zahlreichen Konstellationen. Auch der Vorgang der Rezeption, der der Kritik und Kontrolle der Aufführung meist vorangestellt ist, setzt für gewöhnlich eine gelenkte Wahrnehmung, also eine Aufmerksamkeit voraus. Doch diese Form von Wachsamkeit beziehungsweise Aufmerksamkeit ist dem Theater als Schau-Ort immer schon inhärent, sie ist charakteristisch und gleichsam alltäglich für das Theater. Die situativ zugespitzte

48 Bilandzic/Schramm/Matthes, *Medienrezeptionsforschung*, S. 33.
49 Vgl. ebd. S. 34 f.
50 Vgl. ebd., S. 35.
51 Ebd., S. 33.
52 Brendecke, Sonderforschungsbereich 1369 „Vigilanzkulturen", S. 6.
53 Brendecke, Warum Vigilanzkulturen?, S. 16.

Wachsamkeit bei Theaterskandalen hingegen entsteht bei der Überschreitung von moralischen, ästhetischen, politischen und persönlichen Grenzen, die durch Tumulte und bei der Berichterstattung in der Presse zum Ausdruck kommen. Diese Überschreitung kann sich inhaltlich auf die Inszenierung beziehen, sie kann aber auch die Tumulte im Zuschauerraum oder das Verhalten und die Maßnahmen bestimmter Akteure betreffen. Zusätzlich liegt bei Theaterskandalen eine vervielfachte Aufmerksamkeit vor. Der Theaterskandal als öffentlicher Vorgang führt dazu, dass verschiedene Akteure, die Theatermacher, die Presse, die Politik, die Polizei und das Publikum aktiv ihre Aufmerksamkeit auf die Vorgänge innerhalb des Theaterskandals richten, gleichwohl die Akteure dabei Unterschiedliches fokussieren können. Theaterskandale in den 1920er Jahren traten sehr häufig auf und wurden überdies gerne angekündigt. Es ist daher als These nicht haltbar, dass die gesteigerte Wachsamkeit bei Theaterskandalen entsteht, weil diese unvorhergesehen auftraten oder weil sie eine außergewöhnliche Situation im Theaterbetrieb darstellten.

Im Theaterskandal besteht zusammengefasst ein kollektives Moment der gesteigerten Wachsamkeit. Diese wird wiederum an überindividuelle Ziele gekoppelt. Im Fall der Theaterskandale in der Weimarer Republik sind dies unterschiedliche Gesinnungen – freiheitlich, konservativ, national, ‚modern' – oder Konzepte wie die Bewahrung von öffentlicher Sicherheit und Ordnung. Das Spezifische an der Vigilanz bei Theaterskandalen ist folglich, dass divergierende überindividuelle Ziele parallel auftreten und dadurch ein Zielkonflikt besteht. Abweichende und konkurrierende Anschauungen, die durch den Theaterskandal öffentlich sichtbar werden, bedrohen die Ziele der eigenen Gruppen und verstärken wiederum die ohnehin schon durch den Skandal gesteigerte Aufmerksamkeit. Die verschiedenen überindividuellen Ziele machen darüber hinaus deutlich, dass in Theaterskandalen in besonderem Maße Öffentlichkeit besteht und entsteht.

1.5 Eingrenzung des Themas

Die für die Arbeit berücksichtigen Skandale liegen im Zeitraum zwischen 1919 (der Aufhebung der Theaterzensur) und 1933 (der NS-Machtergreifung). Besonders aufschlussreich ist hierbei das Jahrzehnt nach der Aufhebung der Zensur, da diese Zeit besonders von den ästhetischen, politischen und sozialen Umwälzungen vom Kaiserreich zur Demokratie geprägt war. Eine detaillierte Untersuchung der 1930er Jahre, in denen sich eine Transformation von Demokratie zum Totalitarismus vollzieht, wird dahingehend zurückgestellt. Stattdessen folgt die Arbeit der Logik der Chronologie und beleuchtet zunächst die Formen der Theater- und Literatur-Zensur im deutschen Kaiserreich (1871–1918). Diese historische Kontextualisierung ist maßgeblich für das Verständnis des Bodens, auf dem sich die Maßnahmen innerhalb von Theaterskandalen nach 1919 ereigneten, und die Vorrausetzung dafür, die Transformationsprozesse hinreichend zu beleuchten. Mithilfe der Kenntnis von Zensur- beziehungsweise Kontrollmechanismen im Kaiserreich kann besser verstanden werden, wohin sich diese Mechanismen in der Weimarer Republik verlagern und wie beziehungsweise in welcher Form sie wirken. Ein Zugriff, der die Weimarer Jahre ausschließlich auf die nachfolgende Zeit des Nationalsozialismus perspektiviert, wird somit nicht gewählt, auch weil dadurch die breit angelegte Untersuchung von Theaterskandalen zu sehr beschnitten wird. Dennoch ist an dieser Stelle unbedingt zu betonen, dass bei zahlreichen Theaterskandalen bereits Ende der 1910er und über die 1920er Jahre hinweg der zunehmende Einfluss nationalistischer und antisemitischer Tendenzen in der deutschen und insbesondere in der Münchner Öffentlichkeit signifikant ist.[54] Deren Einfluss spiegelt sich in jeder Fallstudie dieser Arbeit wider. Die Phasen ‚Kaiserreich', ‚Weimarer Republik', ‚Nationalsozialismus' stehen nicht als getrennte Einheiten für sich, gleichwohl die Kapiteleinteilung in vor und nach 1919 dies nahelegen könnte. Die Untersuchung greift tradierte Epochenzuordnungen und -zäsuren aus der Geschichtswissenschaft auf, möchte aber gleichzeitig die Kontinuitäten und Übergangsphasen zwischen den Epochen betonen. Dabei wird dem Systemwechsel um 1918/1919 gleichermaßen als Übergang und Zäsur besondere Aufmerksamkeit zuteil.

Theaterskandale treten in den Weimarer Jahren zwar in ganz Europa verstärkt auf, sodass der *Vorwärts* diese sogar eine „international[e]"[55] Erscheinung nennt – trotzdem setzt diese Untersuchung den Fokus auf die Stadt München: Im Hinblick auf die Zensur- und Stadtgeschichte stellt München einen reizvollen Untersuchungsgegenstand dar, weil die Stadt zum einen sehr konservativ, monarchisch geprägt war und sich gleichzeitig viele liberale und progressive Künstler dort aufhielten. Die Ehrfurcht vor einer kaiserlichen Autorität war in weiten Teilen der Gesellschaft ebenso tief verwurzelt wie Münchens Selbstverständnis als Kunststadt.[56] Auch die Lage der Stadt spielt eine wichtige Rolle. München ist als Landeshauptstadt Bayerns sowohl Zentrum als auch Nebenschauplatz – im Gegensatz zur Reichshauptstadt Berlin. Nicht nur in geographischer und politischer Hinsicht trifft diese Verortung zu, sondern insbesondere auch im kulturellen Bereich. Am

54 Hier ist etwa auf den Theaterskandal um *Schloss Wetterstein* 1919 zu verweisen, bei dem angeblich Mitglieder der Thule-Gesellschaft maßgeblich an den Störungen beteiligt waren oder auf den Theaterskandal zur Aufführung von Bert Brechts *Im Dickicht* im Residenztheater 1923, den der *Völkische Beobachter* nutzte, um in einem Artikel antisemitische Beleidigungen gegenüber dem Publikum zu äußern.

55 *Vorwärts*, Das Zeitalter der Theaterskandale, o. A., Nr. 644, 17.12.1919.

56 Vgl. Nerdinger, Die „Kunststadt" München, S. 93–119.

Beispiel der Stadt München lassen sich ferner Skandale im Kontext der Institutionalisierung der großen Münchner Theater zeigen. Ob im Deutschen Theater bei Josephine Bakers Gastspiel (1929), im Gärtnerplatztheater bei *Jonny spielt auf* (1928), bei der Operette *Dichterliebe* (1921) oder im Residenztheater bei der Uraufführung von Bert Brechts *Im Dickicht* (1923) – Theaterskandale fanden quer über die Münchner Bühnen statt. Die meisten Theaterskandale in München ereigneten sich mit Abstand an den Münchner Kammerspielen, was auf eine symptomatische Situation hindeutet. Für die gewählte Fragestellung laden einige besonders materiell ergiebige und inhaltlich aufschlussreiche Skandalfälle an diesem Haus zur Betrachtung ein. Der Fokus auf die Münchner Kammerspiele bildet vielleicht nicht die Vielfalt der Theaterskandale in der bayerischen Hauptstadt ab, aber er ermöglicht eine genauere Beschreibung der Grenzen des Publikums, der Presse, der Münchner Kammerspiele und der Polizei und macht die einzelnen Skandalfälle in diesem Punkt vergleichbar. Ein weiterer Vorteil der Auswahl eines bestimmten Theaters ist, dass eine präzisere Beschreibung der Veränderung des Publikums möglich ist und darüber hinaus das Verhältnis von Theater und Staat beziehungsweise Stadt (in diesem Fall vorwiegend der Polizei) über einen längeren Zeitraum hinweg beschrieben werden kann.

1.6 Abgrenzung zu Skandalen und Zensur im Film

Man kommt nicht umhin, bei Zensur und Skandalen im Theater zu Beginn des 20. Jahrhunderts auf das verwandte Thema der Filmzensur und Filmskandale hinzuweisen. Im Gegensatz zu Skandalen und Zensur im Theater ist dieser Bereich in der Filmgeschichte gut erforscht und wird im Hauptteil dieser Arbeit nicht weiter ausgeführt.[57] Angesichts der erfreulichen Forschungslage im Bereich der Filmzensur ist es erstaunlich, dass die Forschungsliteratur zu Theaterzensur überschaubar ist, obwohl die vielen Theaterskandale die Frage danach immer wieder evident werden lassen.

Bei einem Vergleich von Theater- mit Filmzensur lassen sich signifikante Unterschiede ausmachen, die eine getrennte Betrachtung rechtfertigen. Film und Theater unterscheiden sich durch ihre Medialität. Ein Film kann technisch identisch reproduziert werden, was bei dem Spiel der Darsteller auf der Bühne so nicht möglich ist. Bei einer Theateraufführung wird zwar immer dieselbe Inszenierung

57 Vgl. hierzu Aldgate/Robertson, *Censorship in Theatre and Cinema;* Koebner, *Diesseits der „Dämonischen Leinwand"*; Kuhn, *Cinema, Censorship and Sexuality*; Maase, *Die Kinder der Massenkultur*; Nowak, *Projektionen der Moral*; Volk, *Skandalfilme.*

gespielt, aber jede Vorstellung verläuft etwas unterschiedlich. Daraus ergibt sich, dass die Theateraufführung schwerer kontrollierbar ist als eine Filmvorstellung. Hinzu kommt, dass bei Theateraufführungen eine Wechselwirkung zwischen Zuschauern und Darstellern besteht, die im Raum des Kinos zu vernachlässigen ist, weil die Mitwirkenden des Films in der Regel bei der Filmvorführung nicht anwesend sind. Es ist aber gerade diese Wechselwirkung, die einen Einfluss auf die Kontrolle der Vorstellung besitzt. So können die Schauspieler und Bühnenangehörigen bei Tumulten von der Bühne aus beschwichtigend auf die Zuschauer einwirken und damit eine Kontrollfunktion ausüben. Umgekehrt ermöglicht es die ‚liveness' der Theateraufführung, dass Zuschauer durch Lärm die Bühnendarbietung unterbrechen. Die rein technische Filmprojektion ist hingegen weitestgehend gegen solche Unterbrechungen ‚immun', gestört werden bei Filmvorführungen nur das Publikum und die Institution des Kinos.

Als weiterer Aspekt kommt hinzu, dass das Kino eine andere Historie als das Theater aufweist. Im Gegensatz zum Schauspiel auf der Bühne ist der Film ein zu dieser Zeit junges Medium, das sich in den 1910er Jahren großflächig etabliert. Dagegen blickt das Theater im deutschsprachigen Raum auf eine Jahrhunderte alte Aufführungstradition zurück, innerhalb derer Skandale und Zensur fester Bestandteil gewesen sind. Die Geschichte der Filmzensur im ersten Drittel des 20. Jahrhunderts zeigt, dass sich – wie auch bei der Theaterzensur – durch politische, gesellschaftliche und soziale Veränderungen das Verhältnis von Film, Staat und Öffentlichkeit immer wieder anders konstituiert. Aus diesem Grund soll ein Abriss zur Zensurgeschichte des Films vorangestellt werden, der als kulturhistorischer Hintergrund für die Betrachtung des Theaters dient.

In den 1910er Jahren setzte sich das Kino im Kulturbereich durch und erfuhr dann rasch starken Publikumszuwachs. Als „moderne Massenkunst"[58] veränderte es die Kulturlandschaft. Zunächst waren vor allem untere Gesellschaftsschichten vom Film fasziniert. Viele nahmen am neuen Medium jedoch Anstoß, im Speziellen deshalb, weil angenommen wurde, dass es Kinder und Jugendliche gefährde.[59] Im Deutschen Reich – und so auch in Bayern – bestanden zunächst nahezu keine Filmgesetze. Trotzdem kontrollierte die Polizei in dieser Zeit das Kino durch Ausübung von Präventivzensur und rechtfertigte dies mit der Erhaltung der öffentlichen Sicherheit und Ordnung. Nachdem die Filmzensur im Deutschen Reich überwiegend lax gehandhabt wurde, befürworteten neben der Polizei auch die Kinobetreiber die staatliche Kontrolle, in der Annahme, dies wirke ihrem schlechten Ruf im Bürgertum entgegen. Auch seitens der Sozialdemokraten bestand

58 Maase, *Die Kinder der Massenkultur*, S. 123.
59 Vgl. ebd., S. 122–150.

der Wunsch, die massenhafte Verbreitung des Films zu beaufsichtigen und eine Zensur gleichsam als „pädagogische Regulierung“[60] zum Schutz der Kinder und Jugendlichen zu betreiben. 1912 führte Bayern als einziges Land eine Zensurstelle für den Film ein, die dem Kulturwissenschaftler Kaspar Maase zufolge als politische Machtdemonstration gegenüber dem Reich einzuordnen ist und somit weniger inhaltlich oder institutionell als politisch begründet ist.[61] Zuvor waren in Bayern kaum Filme geprüft, geschweige denn beanstandet worden.[62] Mit der Weimarer Reichsverfassung wurde 1919 die Zensur aufgehoben, doch dies schloss nur bedingt das Kino mit ein. So präzisierte Artikel 118 der Weimarer Verfassung: „Eine Zensur findet nicht statt, doch können für Lichtspiele durch Gesetz abweichende Bestimmungen getroffen werden.“ Diese Ausnahmeregelung wurde wenige Monate später durch den Reichstag in ein eigenes Gesetz, das Reichslichtspielgesetz, überführt. Kinobetreiber waren ab diesem Zeitpunkt verpflichtet, ihre Filmstreifen bei der Filmprüfstelle vor der öffentlichen Vorführung genehmigen zu lassen.[63] Filmverbote wurden verhängt, wenn die öffentliche Ordnung und Sicherheit gefährdet war. Laut der Filmwissenschaftlerin Christine Kopf trat diese Gefährdung ein, sobald religiöses Empfinden verletzt wurde, den Filmen eine verrohende Wirkung zugesprochen wurde, die Filme entsittlichend erschienen, das deutsche Ansehen verletzt oder die Beziehung zu auswärtigen Staaten kritisiert wurde.[64] Diese Aspekte zeigen deutlich, dass sich die zu zensierenden Themen im Film mit den Zensurinhalten im Theater vor 1919 überschneiden. Mit der Einführung des Reichslichtspielgesetzes im Mai 1920 untersteht das Kino in der Weimarer Republik, anders als das Theater, offiziell einer staatlichen Kontrolle.

1.7 Was von Theaterskandalen übrig bleibt

Theaterskandale hinterlassen Spuren. Doch diese Spuren sind andere als etwa bei einer Theaterinszenierung, bei der im günstigen Fall Regiebuch, Kostüme, Theaterzettel, Bühnenmodelle oder ähnliches als Quellen für die Nachwelt erhalten

---

60 Ebd., S. 141.

61 Ebd.

62 Zur Prüfung und Beanstandung in einem Münchner Kino: „[V]on rund 200 Filmtiteln, die ein Münchner Kino in der zweiten Jahreshälfte 1907 der Polizei einreichte, wurde überhaupt nur ein kleinerer Teil geprüft, gerade einmal vier Streifen wurden nicht zugelassen. Die Verbotsquote lag 1908 bei 2,5 Prozent und stieg bis zum August 1909 auf 6,7, doch 90 Prozent blieben gänzlich unbeanstandet.“ Vgl. Maase, *Die Kinder der Massenkultur*, S. 136.

63 Vgl. Kopf, *„Der Schein der Neutralität.“*, S. 451.

64 Vgl. ebd., S. 452.

bleiben. Unzählige Zeitungsartikel, Berichte, Kommentare, Protokolle, Notizen bilden als Quellen zusammengenommen den Nachlass eines Theaterskandals. Die Quellenmaterialien zu Theaterskandalen entstanden vorrangig dadurch, dass der Skandal die öffentliche Aufmerksamkeit auf sich zog und Zeitgenossen das Geschehen kommentierten. Im Sinne einer theaterwissenschaftlichen Quellenunterscheidung hat man es bei Theaterskandalen vorwiegend mit mittelbaren theatergeschichtlichen Quellen zu tun, die über das Ereignis reflektieren.[65] Als die wichtigsten Quellen aus den gesichteten Beständen zu Theaterskandalen sind Zeitungsartikel und Polizeiakten zu nennen.[66]

Die Akten der Polizeidirektion im Staatsarchiv München sind eine für die Arbeit sehr wertvolle Quelle, auf die in großen Teilen zurückgegriffen wird. Die Dichte und Vielfalt der Materialien in diesem Aktenbestand findet sich in dieser Form in keinem anderem für die Arbeit relevanten Quellenbestand. Zugleich stellen sie ein paradoxes Quellenmaterial dar. Obwohl die staatliche Zensur nach 1919 entfiel, beobachtete der Staat durch die Polizei weiterhin das Theater. Dies zeigt sich daran, dass die Zensurakten während der Weimarer Republik fortgeführt wurden. Da die Münchner Polizei in der Weimarer Zeit wechselweise kommunaler und staatlicher Aufsicht unterstand, liegen sowohl im Stadtarchiv als auch im Staatsarchiv München Akten der Polizeidirektion. Im Stadtarchiv findet sich unter den Akten zum Polizeiwesen (1819–1943) der Bestand *Abstellung von Polizeibeamten zu Theaterveranstaltungen, Konzerten usw.* In den Akten der Polizeidirektion im Staatsarchiv München ist ein umfangreiches Konvolut von Stücken beziehungsweise Aufführungen zugänglich. Dieser umfassende Quellenbestand ist unter anderem ein Grund dafür, dass der Untersuchungsfokus auf der bayerischen Landeshauptstadt liegt. Über dreißig in München gespielte Inszenierungen hat die Münchner Polizei unter dem Titel *Zensur von Bühnenstücken* gesammelt. Darin sind Beiträge in Form von Zeitungsartikeln, aber auch Korrespondenzen, Stellungnahmen und Protokolle der Polizei zum Thema ‚Theaterskandale' und speziell zu einzelnen Skandalen hinterlegt.

Die Protokolle der Polizeidirektion München zu ‚Skandal'-Aufführungen sind überwiegend in einem deskriptiven Stil verfasst, sodass sie den Eindruck von ‚Objektivität' vermitteln. Doch Zensurakten sind normative Quellen, weil sie dem Theaterwissenschaftler Jan Lazardzig zufolge den „kontrollierenden, disziplinierenden Blick normsichernder Instanzen"[67] wiedergeben. Diese Perspektive ist bei

65 Vgl. Balme, *Einführung in die Theaterwissenschaft*, S. 32. Die Quellenunterscheidung geht auf Steinbeck, *Einleitung in die Theorie und Systematik der Theaterwissenschaft* sowie Herrmann, *Forschungen zur deutschen Theatergeschichte des Mittelalters und der Renaissance* zurück.

66 Weiterführend zu theaterhistoriographischen Quellen: Leonhardt, *Piktoral-Dramaturgie*, S. 38–50.

67 Lazardzig/Tkaczyk/Warstat, *Theaterhistoriographie*, S. 208.

der Arbeit mit Polizeiakten zu berücksichtigen und daran anschließend gilt es zu fragen, welche Normen hier festgeschrieben werden, auf wen oder was sich der kontrollierende Blick der Polizei richtet.

Die zweite wichtige Quellengruppe in Bezug auf Theaterskandale sind Zeitungs- und Zeitschriftenartikel. Die Zeitungsberichterstattung ist gleichsam als Quelle für die Geschehnisse und als eigener Akteur anzusehen. Sie dokumentiert die Ereignisse im Zusammenhang mit einem Theaterskandal, doch ebenso kann die Presse durch ihre Berichterstattung skandalisieren, das heißt Skandale erzeugen, beeinflussen und steuern. Inhalt und Auswahl der Presseartikel unterliegen einem medialen Framing. Es entscheiden die jeweiligen Journalisten oder die jeweiligen Redaktionen, die meist eine bestimmte politische Ausrichtung vertreten, welche Stimmen sie veröffentlichen und welche nicht. Die Selektionsmöglichkeit bringt die Redakteure in eine übergeordnete Position, was dazu führen kann, dass deren Perspektiven sich deutlicher in der Berichterstattung niederschlagen als die Blickwinkel der am Skandal Beteiligten.[68] Für die Untersuchung der am Skandal beteiligten Öffentlichkeit ist jedoch die Stimme des einzelnen Theaterbesuchers ebenso bedeutsam wie die Stimme des Zeitungsredakteurs.

Regionale und überregionale historische Zeitungen und Zeitschriften stehen digital (über das *MDZ, Zefys, ANNO*) sowie in mehreren Münchner Archiven und Bibliotheken gedruckt beziehungsweise auf Mikrofiches zur Verfügung.[69] Für die Themen ‚Theaterzensur' und ‚Theaterskandal' wird auf Theater-Zeitschriften aus dem Bestand des Deutschen Theatermuseums zurückgegriffen. Exemplarisch sind hierzu die *Theaterzeitung, Der Kunstwart, Bühne und Welt, Das Theater, Die Scene* oder *Die deutsche Bühne* zu nennen.[70]

---

68 Vgl. Kepplinger, *Publizistische Konflikte und Skandale*, S. 189 f. sowie weiterführend zur Theoretisierung der Medien als Akteur im Skandal Unterpunkt 2.1.

69 In der Stadtbibliothek und im Stadtarchiv München sind regionale Zeitungen größtenteils systematisch auf Microfiches hinterlegt. Im Stadtarchiv sind auch die Zeitungsausschnitte über die Kammerspiele von 1923 bis 1929 durchgängig vorhanden, davor ist die Sammlung zum Teil lückenhaft. Eine geeignete Anlaufstelle für Zeitungen aus der Weimarer Zeit und der NS-Zeit ist das Institut für Zeitgeschichte (IfZ) in München. Schwerpunktmäßig werden im IfZ zentrale Blätter der Parteipresse vom konservativen bis zum rechten Spektrum gesammelt. Beispielsweise ist der *Völkische Beobachter* dort verfügbar. Die sozialdemokratische Zeitung *Vorwärts* ist vollständig über die Friedrich-Ebert-Stiftung online abrufbar.

70 Neben den historischen Zeitungsartikeln und den Archivalien zur Polizei wird auch die Perspektive der Politik auf die Skandale miteinbezogen: Auf städtischer Ebene wird diese über Ratssitzungsprotokolle aus dem Stadtarchiv München erschlossen. Auf staatlicher Ebene wird auf Landtagsprotokolle aus den Jahren 1919 – 1933 zurückgegriffen.

1.8 Methodisches Vorgehen

Die Arbeit nutzt methodisch vor allem Diskursanalyse und greift auf die Aufführungsgeschichte zurück. [71] Auch der Vergleich und Transfer werden als Methoden an einigen Stellen hinzugezogen. Zum Beispiel ist die Umorientierung der Zensur vom Text auf die Aufführung ein wiederkehrendes Thema in dem gewählten Untersuchungszeitraum. Um dem Vorwurf der Beliebigkeit in der Wahl der Methode hier entgegenzuwirken, sei gesagt, dass das Phänomen des Theaterskandals genuin theaterwissenschaftliche Methoden in besonderer Weise herausfordert. Eine Ur-Methode der Theaterwissenschaft bildet die auf Max Hermann zurückgehende historische Rekonstruktion, die darauf abzielt, die Geschehnisse auf der Bühne auf Basis des vorhandenen Quellenmaterials im historischen Stil abzubilden. Bei Theaterskandalen liegt – wie der vorangegangene Unterpunkt gezeigt hat – eine solide Quellengrundlage vor. Trotz dieser hinlänglichen Quellenlage kommt man durch Rekonstruktion dem Abbild des historischen Theaterskandals nicht näher. Im Gegenteil, die stark vereinzelten Quellen – viele Darstellungen zum Skandal sind widersprüchlich oder auch inhaltlich deckungsgleich, wie an den zahlreichen Kurzmeldungen des Theaterskandals deutlich wird – führen nicht zu einem vollständigeren Bild, sondern zu mehr Konfusion. Dass die Rekonstruktion als Methode, die bezogen auf Aufführungen bereits intensiv und kontrovers diskutiert wurde, auch bei Theaterskandalen rasch an ihre Grenzen gerät, ist ein kaum überraschender Befund.[72] Erstaunlich sind dagegen die Grenzen aber auch die Möglichkeiten, die die Aufführungsanalyse – die fachspezifische Besonderheit im methodischen Werkzeugkasten der Theaterwissenschaft[73] – als Methodik für die Untersuchung von Theaterskandalen bereithält. Die Neubestimmung des Aufführungsbegriffes von Erika Fischer-Lichte, bildet eine hervorragende Basis um das Publikum im Rahmen der Aufführungsanalyse näher zu analysieren.[74] Im Theaterskandal können aufführungsanalytisch semiotische und phänomenologische Ebenen beleuchtet werden.[75] Obwohl etwa visuelle, akustische, olfaktorische und proxemische Zeichen bei Theaterskandalen zu finden sind, bietet dieser Zugriff wenig Mehrwert, da die Zeichen kaum mehr Bedeutungen mitliefern, als Zustimmung oder Ablehnung des Stücks. Stattdessen erscheint im Skandalfall der phä-

---

71 Eine Aufzählung theaterwissenschaftlicher Methoden findet sich in Lazardzig/Tkaczyk/Warstat, *Theaterhistoriographie*, S. 87.

72 Vgl. Balme/Szymanski-Düll, Einleitung, S. 19.

73 Vgl. ebd., S. 9.

74 Fischer-Lichte, *Ästhetik des Performativen*, S. 47 und zum Aufführungsbegriff nach Fischer-Lichte in Verbindung mit dem Theaterskandal vgl. Kapitel 1.2.

75 Vgl. Warstat, *Affekttheorie und das Subjektivismus-Problem in der Aufführungsanalyse*, S. 120 f.

nomenologische Zugriff, der sich für die Wirkungen der Aufführung interessiert, ergiebiger, weil der Theaterskandal von seiner starken Wirkung auf die Beteiligten lebt.[76] Die unterschiedlichen Ebenen der Aufführungsanalyse zu vergegenwärtigen ist insofern aufschlussreich, als sich gerade in den semiotischen und phänomenologischen Varianten ein zentraler Konflikt in der Rezeption des Publikums manifestiert. So variieren das Verständnis und die Toleranzgrenzen der Rezipierenden je nach Interpretation. Wie Matthias Warstat hervorhebt, erlaubt die Aufführungsanalyse die „differenzierte Beschreibung einer situativen Konstellation, die den*die Analysierende*n stets mit einschließt."[77] Eine solche beschreibende, situative Herangehensweise liefert schließlich ein entscheidendes Argument dafür, sich mit einzelnen Skandalfällen zu beschäftigen, statt mehrere Skandale unter einem Oberbegriff zu untersuchen.

Die Aufführungsanalyse stellt nicht *die* einschlägige Methode der Arbeit dar, sondern sie ist eingebettet in die diskursanalytische und aufführungsgeschichtliche Methodik, aber sie ist insofern zentral, da sie es ermöglicht, nicht nur einen theaterwissenschaftlichen Blick auf Theaterskandale zu richten, sondern auch das Spezifische daran herauszustellen.

1.9 Kapitelübersicht

Im Hauptteil der Arbeit werden drei Theaterskandale als Fallstudien untersucht. Angesichts der aufgezeigten Fülle von Theaterskandalen ist diese Reduktion auf drei Fälle massiv, doch gehen damit gleichsam einige entscheidende Vorteile einher. Die Fallstudien erlauben es, Theaterskandale in ihrer Vielschichtigkeit differenzierter darzustellen. Im dynamischen Skandalgeschehen sind meist mehrere Akteure involviert und verschiedenen Themen werden verhandelt, mitunter überlagern sie sich sogar. Diese Herausforderung kann nur durch eine Untersuchung, die in die Tiefe bohrt und sich einzelne Ebenen, Interessen sowie Beziehungen unter den Akteuren fallspezifisch annimmt, angemessen behandelt werden. Mithilfe der Fallstudien werden Theaterskandale als ein Kontroll- und Wachsamkeitsgefüge untersucht, wodurch konkreter auf die Frage nach einer Verlagerung der Kontrolle in diesem Gefüge geantwortet werden kann. Durch diesen sehr konzentrierten Blick auf den jeweiligen Skandalfall wird umgangen, dass man ausschließlich im Fahrwasser von aufmerksamkeitsbindenden Skandal-Narrativen schwimmt, die sich bei kursorischer Betrachtung auftun. Darüber hinaus erlaubt die Fokussierung auf be-

76 Ebd., S. 121.
77 Ebd., S. 126.

stimmte Fälle die Spezifität des Skandalereignisses in ihrem jeweiligen zeithistorischen Kontext herauszustellen. Es ist dahingehend eine bewusste Entscheidung, dass mit den Theaterskandalen zu *Schloss Wetterstein* (1919), *Der fröhliche Weinberg* (1926) und *Die Verbrecher* (1929) auf möglichst unterschiedliche historische Kontexte eingegangen wird. *Schloss Wetterstein* steht symptomatisch für den Zeitraum unmittelbar nach der Aufhebung der Theaterzensur und des Beginns der Weimarer Demokratie. Der Skandal zu *Der fröhliche Weinberg* verortet sich in einer Phase der Stabilisierung in der Mitte der 1920er Jahre und *Die Verbrecher* stehen im Zusammenhang mit einer verstärkten Politisierung der Öffentlichkeit bei gleichzeitig zunehmenden Herausforderungen durch die Weltwirtschaftskrise und den immer durchsetzungsfähigeren Nationalsozialisten. Die ausgewählten Skandale stehen jedoch auch exemplarisch für bestimmte Arten von Skandalen – moralische/sittliche, ästhetische und politische –, wie sie in der Weimarer Republik häufiger vorkamen.

Bevor sich die Arbeit Skandalfällen nach 1919 widmet, wird in Kapitel 3 *Die letzten Tage der Theaterzensur (14. Juli 1900–11. August 1919)* eine Hinführung bis zur Aufhebung der Theaterzensur vorangestellt. Die Auseinandersetzung mit der Theaterzensur ist als Voruntersuchung erforderlich, um anschließend die Verschiebung der Kontrolle vom Staat auf die Öffentlichkeit beschreiben zu können. Überdies zeigt dieses Kapitel, dass die Transformationen sich nicht unmittelbar auf die Umbruchsphase in der Zeit des Ersten Weltkrieges, den Räterevolutionen und der Aufhebung der Zensur beschränkten, sondern diese schon zuvor begannen und sich in die 1920er Jahre hinein fortsetzten.

Das Kapitel setzt sich dafür mit der Zensurdebatte des frühen 20. Jahrhunderts auseinander und geht etwa auf das Gesetz der ‚Lex Heinze', den Goethebund und den Theaterzensurbeirat ein. Eingehend beleuchtet das letzte Unterkapitel unter dem Leitbegriff ‚De-Censorship' die Umbruchsphase um die Aufhebung der Theaterzensur 1919.

Das erste Fallbeispiel bildet Kapitel 4 zum Skandal um die Aufführungen von *Schloss Wetterstein*. Das Stück unterlag vor 1919 der staatlichen Kontrolle und löste bei den ersten öffentlichen Aufführungen wenige Monaten nach der Aufhebung der Zensur einen Skandal aus. Die Stück- beziehungsweise Aufführungsgeschichte von *Schloss Wetterstein* suggeriert, dass der Theaterskandal an die Stelle der Zensur trat. Das Kapitel nimmt sich vor, diese Verbindung, die für die Fragestellung der Arbeit essenziell ist, genauer in den Blick zu nehmen. Da es sich bei dem Fall um den ersten Theaterskandal in München nach 1919 handelt, destilliert dieses Kapitel wichtige Parameter des Theaterskandals für die nachfolgenden Kapitel heraus.

In Kapitel 5 *‚Der fröhliche Weinberg'. Durch Skandal zu einer neuen Öffentlichkeit* geht es um den Theaterskandal anlässlich von Carl Zuckmayers Stück *Der fröhliche Weinberg* 1926. Hierin wird insbesondere die Konstitution einer neuen Öffentlichkeit innerhalb des Skandals untersucht und die Toleranzgrenzen der unterschiedlichen Akteure vorgestellt, wodurch Aufschluss über die Verschiebung der Kontrolle auf die Öffentlichkeit gegeben werden kann. Dahingehend werden die veränderten Publikumsstrukturen nach dem Umzug der Münchner Kammerspiele in den Blick genommen. Neben der Konstitution und Instrumentalisierung von Zuschauern geht dieses Kapitel ausführlich auf die unterschiedlichen Reaktionen der Öffentlichkeit in verschiedenen deutschen Städten ein.

Als Fortsetzung dieser ausführlichen Beschäftigung zum Thema Öffentlichkeit setzen sich die zwei Zwischenkapitel *Kontrolle durch Theaterkritik* und *Die Krise der Theaterkritik*, mit der professionellen Theaterkritik und deren ‚Krise' auseinander. Die professionelle Funktion als singuläre, kontrollierende, wachende, beschützende und kritisierende Instanz des Theaterkritikers wird im Spannungsfeld zur Masse und Gemeinschaft des Publikums betrachtet. Zusätzlich fließen die Ausführungen zum Kritiker wiederum in die Analyse der Skandalfälle mit ein, bei denen zum Beispiel die Beziehung von Theaterkritiker und Zuschauer betrachtet wird.

Das sechste und letzte Kapitel beschäftigt sich mit der ‚Zensuraffäre' anlässlich von Ferdinand Bruckners *Die Verbrecher* 1929. *Die Verbrecher* lösten in München keine Tumulte, sondern einen Medienskandal aus. Der Untersuchungsfokus liegt hier auf der Skandalisierung des Verbotes des Stücks, weshalb sich an diesem Fall beispielhaft zeigen lässt, dass sich in diesem Theaterskandal – mit Walter Benjamins Worten – ein „radikale[r] Begriff von Freiheit"[78] manifestiert und die Gewährleistung der Kunstfreiheit in der Öffentlichkeit zur Diskussion gestellt wird. Ferner möchte dieses Kapitel zeigen, auf welche Art und Weise Zeitstücke wie *Die Verbrecher* aktuelle politische Diskurse aufgriffen, wie sich dabei die Meinungsbildung der Zuschauer verstärkte und welche Form von Öffentlichkeit daraus hervorging.

---

78 Benjamin, Der Sürrealismus, S. 306.

2 Skandale – Öffentlichkeit – Zensur. Eine Begriffsklärung

Die vorangegangenen Überlegungen begründen ausführlich, warum sich diese Studie nicht ausschließlich der Untersuchung von Theaterskandalen widmet. Doch möchte man das Thema mit Fokus auf die Öffentlichkeit und unter Berücksichtigung der Aufhebung der Zensur eingrenzen und rahmen, führt dies dazu, dass damit zwei weitere Forschungsbereiche berücksichtigt werden wollen. Um diesem umfangreichen Feld beizukommen, nimmt das folgende Kapitel eine Darstellung der Forschungsansätze sowie eine Begriffserläuterung zu Theaterskandal, Öffentlichkeit und Zensur vor. Es legt, sofern nicht schon im vorangegangenen Kapitel geschehen, den Forschungsstand und -diskussion dar und stellt ausgewählte Theorien vor.

2.1 Theater-Skandale

Im Kontext der vorangegangenen Betrachtungen zum Skandal entsteht die Frage, wie der Theaterskandal theoretisch bestimmt werden kann. Handelt es sich bei Theaterskandalen schlicht um ein weiteres Skandalkompositum mit dem Fokus auf das Theater oder besitzt es darüber hinaus spezifische Eigenschaften? Der Theaterwissenschaftler Neil Blackadder würde sich eindeutig für Letzteres entscheiden, da die von ihm untersuchten Theaterskandale über die Grunddefinition des Skandals als etwas, das Ärgernis erregt, hinausgehen.

> The plays I examine did cause, or give scandal […], but I apply the term to the incident itself – to the clash between a performance on the one hand, and a group of spectators protesting against that performance on the other.[1]

Blackadder bestimmt somit den Theaterskandal als Begebenheit, die ihren Ausgang in dem physischen Aufeinandertreffen von Bühnengeschehen und den protestierenden Zuschauern nimmt. Dieser Fokus auf die Unruhen in der Aufführung ist für diese Studie insofern passend, weil sich hier ein Spezifikum des Theaterskandals veranschaulicht und eben solche Skandale, in denen es zu Unruhen und Tumulten im Theaterraum gekommen ist, weit verbreitet in der Weimarer Republik waren. Durch den Fokus auf die Aufführung statt allein auf die Inszenierung beziehungsweise das Stück rückt auch die Position des Zuschauers während eines Theaterskandals viel stärker in den Vordergrund, wie Blackadder argumentiert:

1 Blackadder, *Performing Opposition*, S. x.

 https://doi.org/10.1515/9783111458946-003

> But an auditorium protest against an on-stage performance can never altogether position itself as antagonistic to the spectacle it aims to deprecate, because the counter-performance becomes part of the performance.[2]

Der Protest gegen das Bühnengeschehen durch den Zuschauer macht nach Blackadder diesen selbst zum Akteur in der Skandal-Aufführung. Eine aufführungs- und performanceorientierte Perspektive vertritt auch der Theaterwissenschaftler Robert Sollich. In seinem Aufsatz „Theater als Skandal" argumentiert er, dass sich der Theaterskandal „geradezu als Paradefall des Theaters beschreiben lässt, in dem sich modellhaft zentrale Eigenarten des Phänomens ‚Aufführung' realisieren, wie es sich in der Perspektive einer Ästhetik des Performativen darstellt."[3] Wie Blackadder, der den Theaterskandal als „a distinct category of event"[4] bezeichnet, hebt auch Sollich den Sonderstatus des Theaterskandals heraus, indem er diesen unter anderem als einen Spezialfall des Skandals darstellt.[5]

Den Sonderstatus des Theaterskandals bringt allerdings die Skandalform des Medienskandals ins Wanken. Wenn Theater selbst als ein Medium verstanden wird, würde sich daraus ableiten, dass der Theaterskandal gleichsam einen Medienskandal darstellt. Nach Kati Röttger ist die Medialität des Theaters Voraussetzung für die Realisation einer Aufführung und daraus ableitend auch eine Prämisse des Skandals im Theater.[6] In dem umfangreichen Band *Medienskandal. Zur moralischen Sprengkraft öffentlicher Diskurse* breitet Steffen Burkhardt eine differenzierte Theorie des Medienskandals aus. Bei der Definition von Medienskandalen unterscheidet Burkhardt zwischen solchen, „die vom Mediensystem mit spezifischen Produktionsbedingungen produziert worden sind"[7] und mediatisierten Skandalen, worunter er „lediglich Skandale, über die Medien berichten"[8], versteht. Diese Unterscheidung erscheint in vielen Fällen zutreffend. Ein Lebensmittelskandal ereignet sich beispielsweise vorrangig in der Lebensmittelbranche und Medien berichten darüber, doch im Fall des Theaterskandals ist diese Unterscheidung schwieriger. Der Theaterskandal ist ein mediatisierter Skandal, weil etwa Zeitungen über das Geschehen im Theater berichten. Ein Theaterskandal ist aber auch ein Medienskandal, weil Theater selbst ein Medium ist. Den Theaterskandal als mediatisierten Skandal zu beschreiben, birgt den Vorteil, dass neben der Ebene der Theaterauf-

2 Ebd., S. xi
3 Sollich, Theater als Skandal, S. 102.
4 Blackadder, *Performing Opposition*, S. x.
5 Vgl. Sollich, Theater als Skandal, S. 102.
6 Vgl. Röttger, *Intermedialität als Bedingung von Theater*, S. 119.
7 Burkhardt, *Medienskandale*, S. 26.
8 Ebd.

führung, also die Ebene der Tumulte und der unmittelbaren Begegnung von Zuschauern und Theatermachern, wie sie Blackadder herausgestellt hat, noch eine zweite Ebene des Theaterskandals aufscheint, die sich medial in Zeitungsartikeln und Theatermagazinen abspielt. Die Differenzierung zwischen mediatisiertem Skandal und Medienskandal findet sich auch in Martin Ebyls Feststellung wider, dass Medien im Skandal nicht nur als bloße Transportmittel für Informationen, sondern auch als Akteur aufgefasst werden müssen.[9] Das Skandalgeschehen wird nicht nur über Medien vermittelt, sondern Medien agieren aus ihrer medialen Spezifität heraus. Skandalisierungen oder die Lenkung der Leseraufmerksamkeit durch intensive Berichterstattung, die wiederum bedingt durch den Konkurrenzdruck auf dem vitalen Pressemarkt ist, stehen hierfür als Beispiele.

In seiner Publikation hat Burkhardt mehrere Thesen im Hinblick auf Medienskandale formuliert, die gleichermaßen auf den Theaterskandal angewandt werden können. Er argumentiert, dass ein Rezipient ohne Medien nicht vom Skandal erfahren hätte. Medienskandale sind laut Burkhardt Konstruktionen des Mediensystems und konstruieren wiederum selbst Realität. Sie hätten ein kurzes Verfallsdatum und würden nicht entdeckt oder enthüllt, sondern insbesondere durch Journalisten erzeugt. Sie seien Konstrukte medialer Kommunikation. Diese Konstrukte folgten narrativen Mustern und gliederten sich in mehrere Episoden. Medienskandale seien identitätsstiftende sowie distinguierende Erzählungen. Ein wichtiges Merkmal für die ‚Dramaturgie' dieser Skandale sei, dass sie vereinfachen und Binaritäten wie „angemessen/unangemessen" bilden, was sie als Narrative sehr erfolgreich mache. Gleichzeitig aktualisierten sich durch diese Geschichten gemeinsame Werte. Medienskandale fungierten als Selbstbeobachtungssysteme und identifizierten Konfliktstellen eines sozialen Systems.[10] Sie gäben Aufschluss über das Selbstverständnis moderner Gesellschaften, denn im Medienskandal werde der politische Kosmos einer Gesellschaft diskutiert. Über solche Skandale könnten sich soziale Systeme verständigen und vergemeinschaften.[11] Sie seien schließlich immer moralische Diskurse und lebten von der Konstruktion politischer Relevanz.[12]

Vielfach hat die Sekundärliteratur Skandale im Bereich der Kunst – insbesondere in den Massenmedien – als Verstöße gegen aktuelle Normen definiert. Konflikte zwischen Kunst und Politik beziehungsweise zwischen Kunst und Gesellschaft, zwischen Kunstfreiheit und anderen Grundrechten werden hierin verhandelt.[13] Was dabei bisher in der Theaterskandalforschung jedoch noch nicht

9 Vgl. Ebyl, *Neun Thesen zu einer Theorie des Theaterskandals*, S. 12.

10 Vgl. ebd., S. 137.

11 Vgl. ebd., S. 311 f.

12 Vgl. ebd., S. 136 und S. 355.

13 Vgl. zum Beispiel Ziolowski, *Scandal on Stage. European Theater as Moral Trial*, S. 12.

beachtet wurde, aber im Bereich der Medienreflexion diskutiert wird und schon in McLuhans Annahme „Das Medium ist die Botschaft“[14] anklingt, ist der zentrale Befund, dass die Eigenschaft des Skandals auf Normverstöße hinzuweisen von einem Verständnis des Skandals als Selbstbeobachtungssystem ausgeht. Umso wichtiger ist es vor diesem Hintergrund, die unterschiedlichen Konstellationen der Beobachtung unter den Akteuren im Skandal zu untersuchen.

Insgesamt stellt das Theater einen prädestinierten Beobachtungsort dar. Beobachtung oder allgemeiner der „Blick“ ist – wie der Theaterwissenschaftler Adam Czirak herausgearbeitet hat – „für Aufführungen in vielerlei Hinsicht konstitutiv“[15]. Weiter führt er aus, dass soziale Handlungen, wie Raumwahrnehmung und Raumerzeugung, emotionale Betroffenheit und Affizierung, Identitätsaneignung und Identitätsverdrängung oder Körpererfahrung und Körpereinsatz wesentlich an Blickerfahrungen geknüpft sind.[16] Welche Beobachtungs- und Blickverhältnisse bei Theaterskandalen bestehen können, soll deshalb prototypisch skizziert werden. Allgemein tragen die Architektur, die Inszenierung auf der Bühne sowie die Aufführung mitsamt der Technik des Theaters dazu bei, dass vielfältige Beobachtungsbeziehungen im Theaterskandal bestehen. Während der Aufführung beobachten die Zuschauer in der Regel das Geschehen auf der Bühne. Die Beleuchtung unterstützt diese Blickrichtung. Bei Tumulten im Zuschauerraum orientiert sich der Blick von der Bühne weg und in den Zuschauerraum hinein. Die Zuschauer beobachten gegenseitig die Reaktionen der anderen. Um das Tumult-Geschehen im Zuschauerraum genauer zu studieren und schließlich eingreifen zu können, veranlasst die Polizei bei Theaterskandalen etwa das Anschalten des Saallichtes.

Nicht nur innerhalb des Theaterraums können Beobachtungskonstellationen festgemacht werden. Das Theater wird auch durch die Öffentlichkeit beobachtet, was sich etwa in Form der Theaterkritik zeigt. Umgekehrt beobachtet das Theaterpersonal vor allem bei Tumulten die Öffentlichkeit im Publikum und außerhalb des Theaters in der Presse, was wiederum eine gesteigerte Wachsamkeit der Theatermacher in Bezug auf zukünftige Aufführungen zu Folge haben kann. Hieran verdeutlicht sich der von Burkhardt vorgeschlagenen Begriff des Selbstbeobachtungssystems. Neben dem Aspekt der Beobachtung, der am Gegenstand ‚Theater‘ besonders fruchtet, wird am Theater der Umgang mit Normen, Regeln und Werten besonders gut sichtbar, wie der Germanist Theodore Ziolowski ausführt:

> The theater auditorium is, in sum, the ideal venue for scandal. Indeed, to the extent that the theater originated as a place for communal celebration and semi-religious ritual, theatrical

14 McLuhan, *Die magischen Kanäle*, S. 17.
15 Czirak, *Partizipation der Blicke*, S. 289.
16 Ebd.

> scandal is doubly scandalous: it not only flouts morality publicly; it does so in a place initially and long consecrated to shared communal values and beliefs.[17]

Skandalös sind Grenzüberschreitungen im Theater demnach deshalb, weil erstens dort eine Öffentlichkeit gegeben ist und weil sich zweitens geteilte Werte und Gewohnheiten, wie zum Beispiel der Applaus des Publikums am Ende jeder Vorstellung, über einen langen Zeitraum verfestigt haben. Wegen diesen beiden Aspekten erscheint der Theaterskandal für Ziolowski in doppelter Hinsicht skandalös. Es haben sich in den vorangegangenen Ausführungen die spezifischen Merkmale des Theaterskandals gezeigt. Insbesondere durch seine Medialität und Performativität unterscheidet sich der Theaterskandal von anderen Skandaltypen. Eine Sonderrolle nimmt der Theaterskandal jedoch nicht ein, denn grundlegende Skandalmerkmale, wie die Überschreitung von Normen und Werten, sind auch hier vorhanden.

2.2 Öffentlichkeit

Theodore Ziolowski bestimmt Theaterskandale als „public issue“[18] und Theater als „public occasion par excellance.“[19] Was Öffentlichkeit im Theater allerdings meint, ist dabei keine leicht zu beantwortende Frage. Christopher Balme hat darauf hingewiesen, dass in der Theaterwissenschaft die Kategorien wie etwa ‚Zuschauer‘, ‚Publikum‘, ‚Öffentlichkeit‘ oder ‚öffentlicher Raum‘ tendenziell uneindeutig gebraucht werden.[20] Öffentlichkeit soll in dieser Arbeit in die Ebenen Zuschauer, Publikum und Presse unterteilt werden. Das Publikum bezeichnet die Summe der Rezipienten während einer Aufführung. Auch die Presse besitzt ein Publikum, nämlich die Leserschaft. Die aus der Zeitung Rezipierenden sind ebenso der Öffentlichkeit zuzurechnen wie der einzelne Zuschauer und die einzelne Zuschauerin aus dem Publikum. Die unterschiedlichen Kommunikationsprozesse, die im Theaterskandal ablaufen, bilden überdies einen öffentlichen Raum.[21] Mit dem Wegfall der Theaterzensur entstehen neue Öffentlichkeiten und öffentliche Räume insofern als theoretisch jedes Stück im Theater nun für jeden Besucher und jede Besucherin, unabhängig vom jeweiligen Stand, der Vorbildung oder einer Vereinsmitgliedschaft frei zugänglich ist.

17 Ziolowski, *Scandal on Stage*, S. 13.
18 Ebd., S. 12.
19 Ebd.
20 Balme, Schwellen der Toleranz, S. 123.
21 Vgl. ebd.

Den Berichten zu Theaterskandalen ist zu entnehmen, dass die Akteure der Öffentlichkeit mitnichten eine homogene Masse darstellten. Durch Protest und Gegenprotest treten im Theaterskandal unterschiedliche gesellschaftliche Gruppen öffentlich in Erscheinung, die unter anderen Umständen nicht sichtbar geworden wären. Die Situation, dass im Theater diverse gesellschaftliche Gruppen aufeinandertreffen, greift die Philosophin Nancy Fraser mit dem Konzept von „differenten Öffentlichkeiten"[22] auf. Damit kritisiert sie Jürgen Habermas' Theorie von einer singulären bürgerlichen Öffentlichkeit. Wesentlich für die Teilhabe an der Öffentlichkeit ist laut Fraser die öffentliche Meinung. [23]

Warum die öffentliche Meinung in diesem Zusammenhang einen relevanten Aspekt darstellt, wird klarer mithilfe der Begriffsbestimmung des Soziologen Niklas Luhmann. Nach Luhmann wird Öffentlichkeit vor allem durch die öffentliche Meinung strukturiert.[24] Die öffentliche Meinung müsse hohen Anforderungen angesichts einer immer komplexeren, seit dem industriellen Zeitalter funktional differenzierten Gesellschaft gerecht werden, die nur schwer zu erfüllen seien. Laut Luhmann besitzt die öffentliche Meinung die Funktion Kritik und Kontrolle an der „Herrschaft" zu üben. [25] Doch unterliegt die Kritik und Kontrolle der „Herrschaft" „als eine nicht auf Rollen zu bringende Gegenmacht".[26] In der von Luhmann hervorgehobenen Kritik- und Kontrollfunktion der öffentlichen Meinung erklärt sich deren Verbindung zur Fragestellung nach der Verlagerung der Kontrolle. Die Position, die Luhmann der öffentlichen Meinung zuschreibt, nämlich ihre Unterlegenheit gegenüber der „Herrschaft" [27] ist besonders für die vorliegende Arbeit, die sich für einen relationalen Ansatz entschieden hat und die die Beziehungen der einzelnen Akteure im Hinblick auf ihre Kontrollverhältnisse untersuchen will, signifikant. Für die Fragestellung nach der Verschiebung der Kontrolle bedeutet die Aussage Luhmanns, dass sich das hierarchische, überwachende Kontrollverhältnis der staatlichen Zensur über das Theater nicht ohne weiteres auf die immer unterlegene Kontrolle und Kritik durch die öffentliche Meinung verlagern lässt. Mit Luhmann und Fraser lassen sich Öffentlichkeit und öffentliche Meinung besser verorten und die Strukturen von Öffentlichkeit besser verstehen, doch soll hier neben der öffentlichen Meinung zuletzt noch eine weitere Kategorie zur Differen-

---

22 Fraser, *Justice Interruptus. Critical Reflections on the „Postsocialist" Condition*, S. 81.

23 Ebd., S. 90.

24 Vgl. Luhmann, *Öffentliche Meinung*, S. 18.

25 Vgl. ebd., S. 27.

26 Ebd.

27 Vgl. ebd.

zierung genannt werden, – nämlich der Geschmack, den nach Matthias Grottkopp und Benjamin Wihstutz „eine politische Dimension kennzeichnet“[28].

Die Arbeit interessiert sich für zweierlei Zuschauerindividuen. Einmal die ‚gewöhnlichen‘ Zuschauerstimmen. Diese zu untersuchen verschafft den bisher in der Forschung kaum berücksichtigten, aber nicht weniger wichtigen Akteuren Sichtbarkeit. Ihre Meinungen, Geschmäcker und Toleranzgrenzen aufzuzeigen ist zentral für die Frage nach einer neuen Öffentlichkeit bei Theaterskandalen ebenso wie für die Kontrollfunktion der Öffentlichkeit. Das zweite zu berücksichtigende Zuschauerindividuum stellt der Theaterkritiker dar. Als Akteur der Öffentlichkeit zeichnet er sich dadurch aus, dass er die Kontrollunktion professionell ausübt. Das zuschauende Individuum steht immer in Wechselwirkung mit der Gruppe des Publikums, weil es bei der Vorstellung in aller Regel von einer Gruppe anderer Zuschauer umgeben ist und durch diese beeinflusst wird oder sich von diesen abgrenzt. Um der kollektiven Kontrollfunktion des Publikums beizukommen, beschäftigt sich der folgende Abschnitt mit den Implikationen des Publikums als Gemeinschaft, Gesellschaft und Masse.

2.2.1 Publikum: Gemeinschaft, Gesellschaft, Masse

Von einem heterogenen Theaterpublikum in der Weimarer Republik zu sprechen, ist ebenso unzutreffend wie von einem homogenen auszugehen. In den 1920er Jahren zogen sich die bisher im Theater zahlreich vertretenen Aristokraten zunehmend zurück, manche passten sich an die institutionalisierten Theater an.[29] Die bürgerliche Avantgarde und die Arbeiterkultur mischten sich im Theater der Weimarer Republik kaum. Erst nach dem Zweiten Weltkrieg gab es hierzu punktuelle Bestrebungen.[30] Der Historiker Paul Nolte argumentiert, dass die sozialen Klassen in der Weimarer Republik in Festen, Festspielen und im Theater versuchten Gemeinschaft zu konstituieren, nachdem dieses Vorhaben – wie er ausführt – am Arbeitsplatz oder im privaten Lebensbereich an „Instrumentalität und Individualität“[31] scheiterte. Gleichwohl ist hier einzuwenden, dass auch das Theater nicht frei von Individualität und Zweckmäßigkeit ist.

Zur Feststellung, ob das Theaterpublikum in der Weimarer Republik als eine Gemeinschaft bestimmt werden kann, soll zunächst der Begriff der Gemeinschaft definiert werden. Um die Jahrhundertwende, und damit überschneidend mit dem

28 Grotkopp/Wihstutz, *Geschmack und Öffentlichkeit*, S. 7.
29 Vgl. Nolte, Nach der Revolution–Europäisches Theater im demokratischen Zeitalter, S. 303.
30 Ein Beispiel dafür sind die Ruhrfestspiele in Recklinghausen, vgl. ebd.
31 Ebd.

Untersuchungszeitraum, überlegte der Soziologe Ferdinand Tönnies, was eine Gemeinschaft auszeichnet.[32] Er verstand unter Gemeinschaft einen „sozialen Zustand der gefühlsmäßigen [...] Zusammengehörigkeit“[33]. Die Mitglieder der kleinen, überschaubaren Gruppe sind füreinander da und bedeuten sich gegenseitig etwas. Das Pendant dazu bildet in Tönnies' Theorie die Gesellschaft, die von anonymen, entfremdeten Beziehungen geprägt ist und zum Beispiel in Großstädten zu finden ist.[34] Die Mitglieder der Gesellschaft treten mit anderen Mitgliedern nur in eine Beziehung, um eigene Interessen zu verfolgen, sie interagieren zum Beispiel über Tauschgeschäfte. Im Theaterpublikum der Weimarer Republik kann sowohl Gemeinschaft als auch Gesellschaft nach Tönnies gefunden werden. Gesellschaft trifft sich im Theater insofern, als dort ein Kulturangebot gemacht wird, das Interessierte gegen Eintrittsgeld wahrnehmen können. Die einzelnen Zuschauer haben aber im Grunde nichts miteinander zu tun. Von Gemeinschaft kann etwa beim Stammpublikum eines Theaters gesprochen werden. Es empfindet sich einander und dem jeweiligen Theater zugehörig. Gemeinschaft kann aber auch durch die gemeinsame Zustimmung bei einer Inszenierung entstehen. Die Freunde von Frank Wedekinds Stücken können zum Beispiel als eine solche Gemeinschaft gesehen werden, die ihre Zusammengehörigkeit durch gemeinsamen, auffallend starken Applaus bekundeten.[35] Bei einem gemeinschaftlichen Theaterpublikum besteht nach Tönnies ein Zugehörigkeitsgefühl der Mitglieder. Mit dem Zugehörigkeitsgefühl entsteht außerdem auch ein Zuständigkeitsgefühl der Mitglieder, was die Belange der Gruppe betrifft. Das heißt, dass innerhalb der Gemeinschaft die Mitglieder bereit sind, füreinander Verantwortung zu übernehmen. Tönnies Gemeinschaftsbegriff samt seiner Implikationen Zugehörigkeit, Zuständigkeit, Verantwortungsbewusstsein und seine Abgrenzung von Gesellschaft, soll hier als Ausgangspunkt für eine mögliche Urteilsfunktion des Publikums stehen. Tönnies besetzte den Begriff der Gemeinschaft dezidiert positiv im Gegensatz zum Begriff der Gesellschaft, die sich in seinen Augen als unliebsames Phänomen der ‚Moderne‘ ab dem Ende des 19. Jahrhunderts entwickelte.[36] Sein Begriff der Gemeinschaft erwies sich einige Jahrzehnte später als eine offene Flanke für die Vereinnahmung durch die nationalsozialistische Ideologie.[37]

---

32 Vgl. Tönnies, *Studien zu Gemeinschaft und Gesellschaft*, S. 221–255.

33 Henecka, *Grundkurs Soziologie*, S. 139.

34 Vgl. ebd., S. 140.

35 Vgl. *Bayerischer Kurier*, „Schloss Wetterstein“ Familientrilogie von Frank Wedekind, [e.g.], o.N., 08.12.1919.

36 Vgl. Henecka, *Grundkurs Soziologie*, S. 140.

37 Vgl. ebd.

Neben Tönnies beschäftigte sich Ende des 19. Jahrhunderts Gustave Le Bon mit den Eigenschaften von Gruppen. Seine *Psychologie der Massen* (1895) ist diskursgeschichtlich mitprägend für das ausgehende 20. Jahrhundert. Damit situiert sich sein Werk gleichsam nah am Zeitgeist der untersuchten Publika in den 1920er Jahren, was seiner Untersuchung in diesem Zusammenhang Kompetenz verleiht. Le Bon formuliert in seinem Werk mehrere Thesen zu den psychologischen Eigenschaften der Masse. Der Einfluss des Unbewussten bildet bei seinen Überlegungen einen maßgeblichen Kontext. Da Le Bon das Publikum im Theater als Masse beschreibt, lohnt es sich, seinen Massenbegriff näher zu betrachten und aufzuzeigen, welche Annahmen sich aus dem Verständnis des Publikums als Masse ergeben. Le Bon arbeitet mit der Formulierung der „psychologischen Masse“[38], die er wie folgt beschreibt:

> Unter bestimmten Umständen [...] besitzt eine Versammlung von Menschen neue, von den Eigenschaften der einzelnen, die diese Gesellschaft bilden, ganz verschiedene Eigentümlichkeiten. Die bewußte Persönlichkeit schwindet, die Gefühle und die Gedanken aller einzelnen sind nach derselben Richtung orientiert.[39]

Für Le Bon besitzt die „psychologische Masse“ eine „Gemeinschaftsseele“[40], die entkoppelt von den Gefühlen des Einzelnen ist. Sie vermittele ein Gefühl von Macht und gleichzeitig verschwinde der Einzelne in ihrer Anonymität. Dies führe zu ihrem mangelnden Verantwortungsgefühl gegenüber Dingen und Personen und es kämen Triebe, die eine Einzelperson unterdrücken würde, zum Vorschein. In der Masse herrscht laut Le Bon darüber hinaus eine „geistige Übertragung (contagion mentale)“[41], die die Übermittelung von Gefühlen ermöglicht und eine Orientierung in die gleiche Richtung bewirkt. Schließlich zeichnet sich die Masse durch ihre Beinflussbarkeit aus. Da diese sich ihrer selbst nicht bewusst sei – Le Bon zieht hier Parallelen zum Zustand der Hypnose –, ist sie leicht zu beeinflussen.[42] Je nachdem, welche Vorstellungen Einfluss auf die Masse haben, kann sich diese triebhaft oder auch sehr sittlich verhalten.[43] Bilder nehmen Le Bon zufolge großen Einfluss. Damit liegt es für ihn nahe, dass „Theatervorstellungen, die das Bild in seiner klarsten Form geben, stets einen ungeheuren Einfluß auf die Massen“ [44] haben. Er geht sogar

38 Le Bon, *Psychologie der Massen*, S. 10.
39 Ebd., S. 9.
40 Ebd., S. 12.
41 Ebd., S. 15.
42 Vgl. ebd., S. 15 f.
43 Vgl. ebd., S. 19–21 und 36–38.
44 Ebd., S. 45.

noch weiter und meint: „Nichts erregt die Phantasie des Volkes so stark wie ein Theaterstück. Alle Versammelten empfinden gleichzeitig dieselben Gefühle“[45]. Gerade die Aufführung, also das Ereignis der theatralen Umsetzung eines Stücks auf der Bühne vor einer Menschenmenge, ist es, in der Le Bon eine Einflussmöglichkeit auf diese erkennt. Dies kann unter Umständen dazu führen, dass „die Gefühle, die durch diese Bilder suggeriert werden, stark genug [sind], um wie die gewöhnlichen Suggestionen danach zu streben, sich in Taten umzusetzen.“[46] Dieses Argument der tätlichen Bedrohung, die von Theateraufführungen ausgeht, wurde von Zeitgenossen häufig angeführt, wenn es darum ging die Zensur im Theater zu begründen.[47] Die Annahme setzt sich zum Teil in der Berichterstattung nach 1919 bei den vom Zensurverbot befreiten Theaterstücken fort. Aus der Wirkung der Bilder auf die Zuschauer im Theater leitet Le Bon noch eine weitere Annahme ab, nämlich die „Unfähigkeit der Massen, richtig zu urteilen“[48]. Diese besitzen keine „Möglichkeit [eines] kritischen Geistes“[49] und könnten laut Le Bon Wahres nicht vom Falschen unterscheiden.[50] Anders als der Einzelne seien Massen nicht in der Lage Widerspruch und Auseinandersetzung zuzulassen und miteinzubeziehen.[51] „Die Urteile, die die Massen annehmen, sind nur aufgedrängte, niemals geprüfte Urteile“[52], schlussfolgert Le Bon. Umso wichtiger ist es folglich zu fragen, wer beziehungsweise welche Vorstellungen diese respektive das Publikum beeinflussen. Eine entscheidende Rolle spielt hierbei die Presse.

45 Ebd.

46 Ebd.

47 Robert Heindl führt dazu etwa in seiner Publikation zur Theaterzensur 1907 an: „Die Theateraufführung ist keine bloße Meinungsäußerung durch das Wort. Denn es kommt zum Wort die Illusion. Die Schauspieler sprechen nicht nur, sie agieren zugleich. Dies Agieren, die Gesten, die Kostüme, die szenische Ausstattung, das Verdunkeln des Zuschauerraums bewirken, daß der Zuhörer der realen Welt entrückt wird und das auf der Bühne vorgetäuschte Leben mitlebt. Das Theater ist infolgedessen ein für den Augenblick viel wirksameres Theater (daher gefährlicheres) Aeußerungsmittel [...].“ Heindl, Robert, *Die Theaterzensur*, S. 32f.

48 Le Bon, *Psychologie der Massen*, S. 44.

49 Ebd.

50 Vgl. ebd.

51 Vgl. ebd., S. 33.

52 Ebd., S. 44.

2.2.2 Presse in der Weimarer Republik

Die Zeitungslandschaft der Weimarer Republik lässt sich als „Massenkultur“[53] beschreiben. Im Spitzenjahr 1928 erschienen 3356 Tageszeitungen in Deutschland, 26 von diesen erzielten eine Auflage von über 100 000.[54] Die Zeitungen waren „außerordentlich vielfältig, lokal und politisch äußerst diversifiziert.“[55] Diese Expansion der Presselandschaft setzte bereits vor der Weimarer Republik ein. Das Bismarcksche Reichspressegesetz von 1874, das Pressefreiheit garantierte, sowie die Einführung der Gewerbefreiheit in Preußen 1869 bildeten entscheidende Voraussetzungen für die Entwicklung einer lebendigen Zeitungskultur.[56] In der Weimarer Republik galt die Freiheit der Presse auf Basis von Artikel 118 zur Meinungsfreiheit. Durch Artikel 48 (Notverordnungsrecht) und durch das Republikschutzgesetz bestand jedoch die Möglichkeit, Zeitungen zu verbieten.[57] Im ausgehenden 20. Jahrhundert setzten sich neue Formen der Presse durch. Die Boulevardpresse, die vorwiegend über Unterhaltungsthemen und Sensationen berichtete, wurde immer populärer und bildete ein wichtiges Segment auf dem Zeitungsmarkt. Nicht nur dem Boulevard, sondern insgesamt wird der Presse dieser Zeit ein „Trend zur Sensation und zum Skandal“[58] attestiert. Während die Boulevardpresse hohe Verkaufszahlen erzielte, verlor die Partei- und Richtungspresse zunächst an Bedeutung.[59] In der zweiten Hälfte der Republik erstarkte sie einhergehend mit den Radikalisierungstendenzen von rechts und links.[60] Während den gesamten 1920er Jahren spielten dennoch parteinahe Blätter, etwa die sozialdemokratische *Münchner Post* oder ab 1920 der *Völkische Beobachter* als Sprachrohr der Nationalsozialisten eine für die Parteipolitik nicht zu unterschätzende Rolle. Überdies gab es in der Weimarer Republik einige große, tendenziell liberale Qualitätszeitungen wie das *Berliner Tageblatt* vom Großverleger Mosse mit einer Auflage von 300 000 Exemplaren und damit einhergehend einer breiten Leserschaft, die liberale *Frankfurter Zeitung* oder die DDP nahe *Vossische Zeitung* des Ullstein Verlags.[61] In der Weimarer Republik erschienen somit sowohl partei- und richtungsspezifische Presse als auch sehr große Tageszeitungen. Wegen der bevorzugten wirtschaftlichen

---

53 Hoeres, *Die Kultur von Weimar*, S. 89.
54 Vgl. ebd., S. 95.
55 Ebd.
56 Nickel, Von Fontane zu Ihering, S. 204.
57 Vgl. Hoeres, *Die Kultur von Weimar*, S. 95 f.
58 Ebd., S. 92.
59 Vgl. ebd., S. 90.
60 Vgl. Rühle, *Theater für die Republik. Im Spiegel der Kritik I*, S. 43.
61 Vgl. Hoeres, *Die Kultur von Weimar*, S. 93 f.

Ausrichtung an der Masse, folgert der Historiker Peter Hoeres, seien die Zeitungen „nicht milieuspezifisch abgeschottet“[62] gewesen. „[I]m Gegenteil, sie beobachteten ihre Leserschaften kritisch gegenseitig und richteten sich zum Teil am übergreifenden Publikumsinteresse aus.“[63] Zeitungen sind bis in die 1930er Jahre das wichtigste Nachrichtenmedium. Sie kanalisieren Informationen und verbreiten Meldungen. Indem sie Informationen sammeln, auswählen, sortieren, priorisieren, kontrollieren und diese als Nachrichten veröffentlichen, gestalten sie den öffentlichen Raum mit und unterstützen die Bürger durch die Nachrichtenverbreitung dabei sich eine Meinung zu bilden. Die zunehmende Quantität und Erscheinungsfrequenz von Zeitungen sowie historische Vorrausetzungen wie die Gewerbe- und Pressefreiheit führten auch dazu, dass sich die Theaterkritik ab dem letzten Drittel des 19. Jahrhunderts professionalisierte und ausdifferenzierte. Die Rubrik des Feuilletons und die Veröffentlichung von Theaterkritiken bildete einen maßgeblichen Indikator für das Ansehen einer Zeitung.[64] Unabhängig von der politischen Ausrichtung, dem Niveau und dem Unterhaltungsanspruch der jeweiligen Zeitung waren Aufführungskritiken häufig in den Blättern vertreten.

2.3 Zensur

Als Vorspann zu Kapitel 3 *Die letzten Tage der Theaterzensur (14. Juli 1900 – 11. August 1919)* soll der Leitbegriff der ‚Zensur‘ im folgenden Unterkapitel verortet werden. Dafür wird zunächst der Forschungstand dargelegt, bevor anschließend ausgewählte Zensurtheorien und Formen der Zensur vorgestellt werden. Die Unterabschnitte zeigen die Begriffsbestimmung und Mechanismen von Zensur auf und leisten damit einen wesentlichen Beitrag, um anschließend inoffizielle Zensurmaßnahmen erkennen und Zensurvorwürfe von Zeitgenossen einordnen zu können. Außerdem beschäftigt sich ein Unterabschnitt mit dem Begriff der Kontrolle, der einen Teil des Bedeutungsraumes von Zensur darstellt. Zuletzt wird ein Abriss über die Zensurgeschichte im 19. Jahrhundert gegeben, der an die Auseinandersetzung mit der Theaterzensur zu Beginn des 20. Jahrhunderts hinführt.

62 Ebd., S. 95.
63 Ebd.
64 Vgl. ebd., S. 94.

2.3.1 Forschungsstand

Das Thema Theaterzensur ist wiederholt zum Gegenstand von theaterhistoriographischen Studien geworden. Insbesondere Publikationen, die sich im Diskursfeld zwischen Theater, Politik und Öffentlichkeit verorten, widmen sich dem Themenkomplex der Theaterzensur.[65] Es fällt auf, dass Arbeiten, die schwerpunktmäßig Theaterzensur erforschen, einen meist klar umrissenen Zeitraum abstecken und regional gebunden sind. Diese strenge thematische Eingrenzung hat eine Ursache in der regional unterschiedlichen Gesetzgebung und Handhabung der Theaterzensur.[66] Als eine der wenigen Sekundärquellen für die Theaterzensur in München während des Kaiserreichs ist Michael Meyers *Theaterzensur in München 1900–1918* einschlägig. [67] Darin widmet er sich ausführlich dem Münchner Zensurbeirat und beschreibt Wegmarken der Zensur in München um die Jahrhundertwende. Die Arbeit beschreibt, unter Verwendung von zahlreichen Verweisen auf Archivmaterial, Theaterzensurfälle vor 1919, verzichtet jedoch auf eine weiterführende theoretische Einbettung des Zensurbegriffes. Darüber hinaus findet sich wenig Literatur zur Geschichte der Theaterzensur in München. Zur allgemeinen Zensurgeschichte ist die Auswahl an Sekundärliteratur dagegen größer. Hierbei sind neben Überblickswerken wie Bodo Plachtas *Zensur*, die Forschungen zur Pressezensur und der literarischen Zensur für die vorliegende Arbeit von Interesse.[68]

Heinrich Houben hat neben anderen Publikationen zur Zensur insbesondere mit seinem Buch *Der ewige Zensor* einen grundlegenden Beitrag zur Zensurforschung geleistet. Obgleich er seine Untersuchung aufgrund des umfangreichen Materials zur Zensurgeschichte des 19. Jahrhunderts als „Längs- und Querstriche"[69],

---

65 Balme, *The Theatrical Public Sphere*; Goldstein, *The Frightful Stage*. Quellentheoretische Überlegungen zur Theaterzensur bieten darüber hinaus Leonhardt, *Piktoral-Dramaturgie*, S. 43–49 und Lazardzig/Tkaczyk/Warstat, *Theaterhistoriographie. Eine Einführung*, S. 206–215.

66 Vgl. hierzu die weiterführende Literatur: Goldstein, *The Frightful Stage*, 2009: Goldstein erforscht Theaterzensur länderspezifisch und geht u. a. auf Frankreich, Russland, Spanien, Deutschland und die Habsburger Monarchie ein. Literatur zur britischen Theaterzensur stellen Aldgate und Robertson mit *Censorship in Theatre and Cinema* bereit. Für Österreich und Wien finden sich mehrere Publikationen zur Theaterzensur: Glossy, Zur Geschichte der Wiener Theaterzensur; Borower, *Theater und Politik.*; Tumfart, Vom „Feldmarschall" zum „Eroberer". Über den Einfluß der österreichischen Theaterzensur auf den Spieltext in der zweiten Hälfte des 19. Jahrhunderts; McCarthy/Von der Ohe, *Zensur und Kultur, Censorship and Culture. Zwischen Weimarer Klassik und Weimarer Republik mit einem Ausblick bis heute*; Petersen, *Zensur in der Weimarer Republik*.

67 Meyer, *Theaterzensur in München 1900–1918.*

68 Zum Überblick: Vgl. Plachta, *Zensur.* Zur Pressezensur und literarischen Zensur: Houben, *Der ewige Zensor*; Leiss, *Kunst im Konflikt*; Lorenz, *Literatur und Zensur in der Demokratie*; McCarthy/Von der Ohe, *Zensur und Kultur, Censorship and Culture*; Petersen, *Zensur in der Weimarer Republik.*

69 Houben, *Der ewige Zensor*, S. 6.

selbst also als skizzenhaft, beschreibt und keine „politische Theorie der Zensur"[70] liefert, bleibt Houben in kaum einer wissenschaftlichen Publikation im deutschsprachigen Raum über die Zensur unerwähnt. *Der ewige Zensor* erschien erstmals unter dem Titel *Polizei und Zensur* anlässlich der „Großen Polizeiausstellung 1926" und ist auf politische Initiative entstanden.[71] Nicht nur Houbens Grundlagenwerk, sondern insgesamt eine gesteigerte Publikationsdichte zum Thema Theaterzensur in den 1920er und 30er Jahren zeugt davon, dass Theaterzensur auch noch nach oder gerade wegen ihrer Aufhebung 1919 Gegenstand der wissenschaftlichen Beschäftigung ist.[72] Auch unter den Dissertationen zu Beginn des 20. Jahrhunderts war Theaterzensur offenbar ein gern gewähltes Themenfeld.[73] Die Positionen und Diskurse, die in diesen Arbeiten reflektiert werden, verdeutlichen, dass im akademischen Bereich und besonders in der Rechtswissenschaft dem Thema ‚Zensur' große wissenschaftliche Aufmerksamkeit geschenkt wurde.

Wird in der Forschung des 20. Jahrhunderts über Zensur gesprochen, ist die erste Assoziation meist die repressive Kontrolle von Kunst und Kultur durch eine politische Autorität. Doch diese Kontrolle von oben, die in den vor allem von Foucault angestoßenen und von den Surveillance Studies fortgeführten Überwachungsdiskursen besprochen wird, ist nicht die einzige auftretende Form von Zensur. Die Geschichte der Zensur ist wechselhaft, nicht zwangsläufig an autoritäre Regime gebunden, und die Rolle des Zensors variiert ebenso wie der Gegenstand, die Praxis und die Intention der Zensur. Wie also mit der Zensur umgehen? Peter Höyng schlägt hierzu vor, die Zensur zunächst „wertneutral"[74] zu betrachten. Denn ein in beliebiger Richtung wertender Zensurbegriff kann Aspekte der Zensur ausschließen und es besteht die Gefahr, dass der Untersuchungsgegenstand dabei beschnitten beziehungsweise selbst ‚zensiert' wird. Um dies zu vermeiden, werden in den folgenden Unterpunkten Zensurbegriffe und -theorien diskutiert und analysiert sowie Modelle der Zensurpraxis vorgestellt.

---

70 Ebd., S. 147, Nachwort von Claus Richter und Wolfgang Labuhn.

71 Ebd., S. 144.

72 Vgl. zur gesteigerten Publikationsdichte: Eckardt, *Theaterzensur*, S. 21–28; Friess, *Theaterzensur, Theaterpolizei und Kampf um das Volkspiel in Bayern zur Zeit der Aufklärung*; Heindl, *Die Theaterzensur*; Martersteig, *Aufhebung der Theaterzensur*, S. 197–199; Schmidt, *Die Theaterzensur und das Aufführungsverbot*; Walz, *Reichsverfassung und Zensur*.

73 Beispielhaft hierfür stehen die Qualifikationsarbeiten von Schmidt, *Theaterzensur und das Aufführungsverbot*; Walz, *Reichsverfassung und Zensur* und Stahn, *Die Theaterpolizei insbesondere die Theaterzensur*.

74 Höyng, Die Geburt der Theaterzensur aus dem Geiste bürgerlicher Moral, S. 105.

2.3.2 Zensurtheorie

„Zensur bezeichnet […] die Überprüfung einer Äußerung über eine Sache oder Person hinsichtlich ihrer Übereinstimmung mit geltenden Regeln als Voraussetzung für jede Form von Kommunikation und deren Wirksamkeit."[75] Die Definition berücksichtigt viele Parameter der Zensur, doch bleibt sie dabei auf einem eher abstrakten Level und geht nicht weiter darauf ein, was unter einer Äußerung, einer Sache, oder unter wirksamer Kommunikation konkret gemeint ist. In den einzelnen akademischen Disziplinen werden die Definitionen konkreter, indem fachspezifische Schwerpunkte der jeweiligen Zensurbestimmungen gesetzt werden. Während die Soziologie den Fokus stärker auf die gesellschaftliche Funktion der Zensur sowie auf die „Konstitution, Definition und Kontrolle"[76] der Normen, die mit der Zensur einhergehen, legt, interessiert sich die Rechtswissenschaft eher für die Rolle der für die Zensur zuständigen Institutionen sowie den Verwaltungsakt, der mit der Prüfung und Beurteilung eines Gegenstands einhergeht.[77] Die literaturwissenschaftliche Definition von Zensur stellt das künstlerische Werk in den Mittelpunkt und bietet aus diesem Grund einen Anknüpfungspunkt für die Bestimmung der Theaterzensur. Literarische Zensur wird definiert als

> das Verfahren, Druckschriften, audio-visuelle und elektronische Medien, Werke der bildenden Kunst sowie öffentliche Aufführungen anhand gültiger oder als gültig erachteter Normen zu überprüfen, um evtl. Änderungen zu erwirken oder ein Verbot auszusprechen.[78]

Auch wenn eine fachliche Nähe der Literatur zum Theater im Bereich der Zensur besteht und die „öffentliche Aufführung" des Theaters in dieser Definition konkret genannt wird, soll diese nicht zum Anlass genommen werden, soziologische und juristische Perspektiven auf die Theaterzensur zu vernachlässigen, da diese gleichsam Facetten der Theaterzensur einbringen.

In der Forschungsdiskussion zur Zensur finden sich sowohl Vertreter von fachspezifischen, engen Zensurdefinitionen als auch sehr weit gefasste Definitionsansätze. So versteht Pierre Bourdieu schon die kommunikativen Regeln eines diskursiven Feldes als Zensur.[79] Er geht in seinem Verständnis von Zensur sogar so weit und bezeichnet die Zensur als ‚produktiv', in dem Sinne „als kein Diskurs ohne seine Regulativa auskommen kann, welche den Diskurs steuern und somit […] ul-

75 Plachta, *Zensur*, S. 15.
76 Ebd., S. 16.
77 Ebd.
78 Ebd., S. 17.
79 Müller, *Über Zensur*, S. 3.

timativ zensorischer Natur seien.“[80] Die Literaturwissenschaftlerin Beate Müller argumentiert dagegen, dass Zensur nicht identisch mit allgemeiner Diskurs- und Kommunikationskontrolle ist, denn „Öffentlichkeitsrelevanz“ und „autoritäre Fremdbestimmung“ sind zensurspezifische Merkmale.[81] Darüber hinaus befürchtet Müller, dass bei einer solchen breiten Auffassung von Zensur analytische Differenzierungen verloren gehen.[82] Eine weitgefasste Definition berge die Gefahr, dass hinter jeder Selektion und Kontrolle im Diskurs eine Zensur vermutet wird.[83] Dies würde wiederum den Begriff und folglich auch seine Untersuchung beliebig machen. Für diese Studie bietet eine weitergefasste Zensurdefinition Vorzüge. Denn gerade wenn es darum geht, die Mechanismen im Zusammenhang mit ‚De-Censorship‘ zu beleuchten – das heißt zu erforschen, wie sich die Verschiebung von einer institutionalisierten Zensurpraxis hin zu einer zensurfreien, dafür aber extrem skandalträchtigen Theaterlandschaft vollzieht, in der sich Mechanismen der staatlichen beziehungsweise nichtstaatlichen Kontrolle an Stelle der Zensur fortsetzten – würde ein zu eng gefasster Zensurbegriff die unterschiedlichen Spielarten der Zensur und Kontrolle nicht ausreichend greifen können.

Ebenso wichtig wie der Leitbegriff der Zensur, ist der Begriff der Kontrolle, der als Mechanismus hinter der Zensur steckt. Der Kontroll-Begriff gewinnt in der ‚zensurfreien‘ Zeit der Weimarer Republik noch mehr an Bedeutung und soll als Arbeitsbegriff für die weitergeführten, ‚inoffziellen‘ Mechanismen der Zensur verwendet werden. Flankierend zu diesen Überlegungen, soll an dieser Stelle auf Etymologie und Forschungsdiskussion zum Begriff der Kontrolle eingegangen werden.

2.3.3 Abschied von top-down. Zum Begriff der Kontrolle

Das Wörterbuch der deutschen Sprache (DWDS) nennt als Synonyme von Kontrolle Überwachung, (Nach)prüfung und Beaufsichtigung.[84] Wahrigs Fremdwörterlexikon führt ergänzend dazu die Begriffe Aufsicht, Überprüfung, Probe und Beherrschung an.[85] Wer kontrolliert, prüft, ob etwas in Ordnung ist oder ‚richtig‘ durchgeführt

---

80 Ebd.

81 Ebd., S. 6.

82 Vgl. ebd., S. 5.

83 Vgl. Plachta, *Zensur*, S. 18; Müller, *Über Zensur*, S. 5; Müller bezieht sich hier auf Biermann, *„Gefährliche Literatur“*, S. 2 f.

84 Vgl. Digitales Wörterbuch der deutschen Sprache, *Zensur – Schreibung, Definition, Bedeutung, Etymologie, Synonyme, Beispiele | DWDS*, https://www.dwds.de/wb/Kontrolle.

85 Vgl. Wahrig-Burfeind, *Wahrig Fremdwörterlexikon*, S. 517.

wird.[86] Ein Bedeutungsfeld von Kontrolle in dieser Studie stellt die ‚Aufmerksamkeit' beziehungsweise die ‚Wachsamkeit' einer Person oder Institution dar, die sich prüfend auf etwas richtet. Ferner ist ‚Überwachung' ein häufig konnotierter Begriff. Dass Überwachung zugleich Kontrolle bedeuten kann, wird an den Überwachungsstrukturen in totalitären Staaten anschaulich. Kontrolle geht oftmals mit einer Herrschaft über etwas oder Andere einher. Diesen machtpolitischen Bedeutungshorizont analysierte Michel Foucault in der Untersuchung *Überwachen und Strafen*[87] anhand historischer Strafmethoden. Diese werden von Foucault als Techniken aufgefasst, die stellvertretend für andere Machtverhältnisse stehen und die eine politische Dimension besitzen.[88] Entscheidend in Foucaults Analyse ist die Lesart, dass Überwachung und Kontrolle von einer übergeordneten Instanz ausgehen. Überwachung findet also in einem top-down-Verhältnis statt. Diese Deutung von Foucault in *Überwachen und Strafen* geht auf Jeremy Benthams Modell des Panoptikums zurück, worin ein allsehendes souveränes Machtzentrum beschrieben wird, das den Raum um sich herum überwacht, sich selbst aber der Sichtbarkeit entzieht. Aus der Lektüre von *Überwachen und Strafen* lässt sich festhalten, dass der Begriff Kontrolle nur in eine Richtung ausgerichtet ist. Für die Untersuchung von gesellschaftlichen Kräfteverhältnissen wie etwa bei Theaterskandalen gerät dieses Modell jedoch schnell an seine Grenzen, da im Theater zwischen den Akteuren und Ebenen vielfältige Beobachtungsrelationen bestehen und darüber hinaus mit der Aufhebung der Theaterzensur die maßgebliche top-down-Überwachung durch die staatliche Zensur entfällt. Aus diesen Gründen soll Kontrolle hier nicht im Zusammenhang mit einem Foucaultschen Machtdiskurs verstanden werden.

Die Systemtheorie von Niklas Luhmann bezeichnet Kontrolle als Mechanismus, der sich immer rekursiv auf etwas bezieht.[89] Nach Luhmanns Theorie existiert – anders als bei Foucault – keine unilaterale Kontrolle. „Es mag Einflußdifferenzen, Hierarchien, Asymmetrisierungen geben, aber kein Teil des Systems kann andere kontrollieren, ohne selbst der Kontrolle zu unterliegen"[90]. Die Feststellung leitet Luhmann aus der Prämisse ab, dass Systeme selbstreferentiell sind. Ohne Luhmanns Systemtheorie hier streng auf das ‚System Theater' anwenden zu wollen, weist diese Auffassung darauf hin, dass wechselseitige Kontrollbeziehungen und -mechanismen, zwischen den Akteuren wirken.

86 Vgl. Digitales Wörterbuch der deutschen Sprache, *Zensur – Schreibung, Definition, Bedeutung, Etymologie, Synonyme, Beispiele | DWDS.*
87 Foucault, *Überwachen und Strafen.*
88 Ebd., S. 34; Kammler, *Foucault-Handbuch*, S. 71.
89 Vgl. Luhmann, *Soziale Systeme*, S. 63.
90 Ebd.

Vor dem Hintergrund der These, dass sich nach der Aufhebung der Theaterzensur die Kontrolle, die vormals der Staat durch Zensur ausgeübt hat, auf die Öffentlichkeit verschiebt, soll im weiteren Verlauf die Kontrolle der Akteure in den verschiedenen Phasen der Weimarer Republik betrachtet werden und nach dem Gegenstand, der Wirkung und den Konsequenzen der Kontrolle gefragt werden. Doch zunächst soll auf deren Funktionsweise im Zusammenhang mit der Zensur eingegangen werden, weshalb sich der folgende Unterabschnitt auf theoretischer Ebene den verschiedenen Formen der Zensur annimmt.

2.3.4 Formen von Zensur

In der Forschungsliteratur werden verschiedene Formen von Zensur unterschieden.[91] Zunächst spricht man von einer Vor- und einer Nachzensur. Vorzensur erfolgt vor der Veröffentlichung eines Werkes. Die vorangestellte Prüfung hat die Freigabe oder das Verbot eines Werkes zur Folge. Eventuell muss auch der beanstandete Gegenstand nochmals überarbeitet und überprüft werden. Die Nachzensur richtet sich gegen ein bereits veröffentlichtes Werk, das infolgedessen verboten, eingezogen, vernichtet oder nur eingeschränkt zugänglich gemacht wird. Bei dieser begrifflichen Differenzierung ist also der Zeitpunkt der Zensur entscheidend. Als weitere Zensurform wird von Präventiv- und Prohibitivzensur gesprochen. Diese bezieht sich auf die rechtliche Organisation der Zensur. Präventivzensur verbietet zunächst alle Werke. Nach einer Überprüfung dieser Werke kann eine Erlaubnis zur Veröffentlichung ausgesprochen werden. Grundsätzlich sind also alle Werke so lange nicht zur Veröffentlichung freigegeben, bis das Verbot aufgehoben wird. Die Prohibitivzensur funktioniert gerade umgekehrt. Bei dieser können Werke veröffentlicht oder Stücke zur Aufführung gebracht werden, solange die Zensur sie nicht verbietet.

Schließlich differenziert die Zensurforschung zwischen formeller oder institutioneller Zensur und informeller oder struktureller Zensur. Die formelle Zensur geht von einem Träger der Zensur aus. Damit sind die Person(en) oder Institution(en) gemeint, die die Zensur ausüben. Formelle Zensur arbeitet mit folgenden Mitteln: Kontrolle, Verbot, Ausschluss und Sanktionierung. Ihr Vorgehen ist gesetzlich festgelegt. Informelle Zensur basiert auf keinen rechtlichen Vorgaben, sondern nutzt Maßnahmen und Praktiken, die Druck auf die öffentliche Meinung, die Autoren oder das Theater ausüben. Organisationen, Vereinen oder die Presse

---

91 Die folgenden Ausführungen orientieren sich an Lorenz, *Literatur und Zensur in der Demokratie*, S. 16 f und Plachta, *Zensur*, S. 19 ff.

können diesen erzeugen. An dieser Übersicht begrifflicher Differenzierungen wird ersichtlich, dass der Zensur zeitliche, formelle, strukturelle und institutionelle Aspekte inhärent sind. Folglich funktioniert Zensur auf mehreren Ebenen gleichzeitig und bietet hierdurch Anschlussmöglichkeit für unterschiedliche Akteure und Interessen. Die Frage nach der Verschiebung der Zensur vom Staat auf die Öffentlichkeit lässt sich mithilfe dieser Unterscheidungen differenzierter betrachten.

Abschließend sollen die präsentierten Zensurformen auf die Situation im Kaiserreich und in der Weimarer Republik übertragen werden. Zur Zeit des Kaiserreichs war im Theater die Vorzensur die vorherrschende Form. Die Überprüfung von dramatischen Texten wurde in aller Regel vor Probenbeginn durchgeführt. Ebenso fällt der gelegentlich vorkommende Besuch von Generalproben durch die Polizei oder Mitglieder des Zensurbeirats unter die Vorzensur. Im Kaiserreich wurde überwiegend formelle Zensur, das heißt von institutioneller Seite, also von den Polizeibehörden, gegebenenfalls unter Beratung durch einen Theaterzensurbeirat, ausgeübt. Zur Zeit der Weimarer Republik finden sich vermehrt Hinweise auf die Praxis einer informellen Zensur durch die Öffentlichkeit, die sich besonders in Theaterskandalen äußert. Bei Absetzungen von skandalträchtigen Inszenierungen durch die Polizei wird auch nach 1919 der Vorwurf einer formellen Zensur erhoben. Diese erscheint als Prohibitivzensur im Nachgang einer Aufführung und nicht wie zuvor als Präventivzensur. Eine letzte Form der Zensur, die jedoch öffentlich kaum sichtbar und deshalb schwierig nachzuweisen ist, stellt die Selbstzensur dar. Dabei werden die Normen und Werte einer Gesellschaft etwa von den Theatermachern internalisiert, sodass es bei der Entstehung eines Kunstwerkes überhaupt nicht erst zu einer Überschreitung von geltenden Normen kommt.

2.3.5 Zensurgeschichte im 19. Jahrhundert

Einen Schlüssel für das Verständnis von Theater und Zensur im frühen 20. Jahrhundert stellen die Zensurpraktiken im 19. Jahrhundert dar. In dieser Zeit lassen sich bereits Entwicklungen und Aspekte beobachten, die später in den Zensurdebatten um die Jahrhundertwende und bei Theaterskandalen in der Weimarer Republik erneut auftauchen. Ob diese Aspekte in gleicher, ähnlicher oder anderer Form aufscheinen, wird in den späteren Kapiteln herauszuarbeiten sein. Ein Beitrag zum Verhältnis von Theater und Zensur im 19. Jahrhundert stammt von dem Historiker Gary Stark. Er widmet sich der Fragestellung, welche Voraussetzungen und Situationen in der Theaterlandschaft gegeben waren oder sich entwickelt haben, und wie die Behörden darauf durch Theaterzensur reagiert haben.[92] Der erste Punkt, den Stark anführt, ist die Funktion des Theaters. Eigentlich sind es mehrere Funktionen, die dem Theater im 19. Jahrhundert zugeschrieben werden. So sieht Stark im Theater eine moralische, erzieherische, spirituelle und politische Aufgabe. Maßgeblich beeinflusst hat diese Auffassung von Theater im 19. Jahrhundert der Aufsatz Friedrich Schillers „Was kann eine gute stehende Schaubühne eigentlich wirken (Die Schaubühne als eine moralische Anstalt betrachtet)“ von 1784.[93] Darin beschreibt Schiller die Bühne als Ort der moralischen Erhebung, der bürgerlichen Erziehung und des sozialen Fortschritts. Zudem sieht er das Theater als Ort des nationalen Selbstbewusstseins und der nationalen Einigkeit. Unter den Avantgardisten und Sozialdemokraten versprach man sich sogar nationalkulturelle, soziale und politische Umwälzungen, die vom Theater ausgehen könnten. Stark argumentiert hierzu: „Because nineteenth-century Germans believed so strongly in the remarkable cultural and political power of the stage, state authorities were determined to control and censor it.“[94] Die Macht, die in der Bühne gesehen wurde, veranlasste die Staatsbehörden zu deren Kontrolle und Zensur. Dabei ist hervorzuheben, dass es nicht nur die kulturelle und politische Kraft war, die die Zensur von Aufführungen evozierte, sondern auch „[the] Germans’ love of the stage“[95]. Folgt man Starks Ausführungen, entsteht der Eindruck, dass der Staat das Theater im Schillerschen Sinne weniger als eine Bedrohung wahrgenommen hat, die durch Zensur im Zaum gehalten werden musste. Vielmehr gelangt man zu dem Schluss, dass der Staat das Theater als Raum, in dem nationale Interessen gefördert und verbreitet werden können, durch Zensur schützte. Gerade für die gebildete Mittelschicht stellte der von der Zensur geschützten, öffentlichen Raum des Theaters im 19. Jahrhundert einen wichtigen Ort dar, denn dort konnte es sich laut Stark in großer Zahl versammeln und politische und soziale Ideen austauschen.

Die Zensur schützte darüber hinaus auch vor dem Theater. Laut Starks historischen Ausführungen sind zwei ‚Bedrohungen‘ zu nennen, die vom Theater ausgingen. Erstens die der Theater*aufführung:* Im 19. und auch noch zu Beginn des 20. Jahrhunderts schrieb man der Aufführung, eine sehr starke Wirkung auf die Zuschauer zu, die die Wirkung von gedruckten Werken übersteige.[96] Zweitens sah man auch im Publikum selbst eine Bedrohung. Stark zufolge sind die deutschen Behörden hellhörig geworden, nachdem es in Paris und Belgien zu einzelnen um-

---

92 Vgl. zu den nachfolgenden Ausführungen: Stark, Germany, S. 23–35.

93 Schiller, Was kann eine gute stehende Schaubühne eigentlich wirken? S. 185–200.

94 Ebd., S. 25.

95 Ebd.

96 Vgl. ebd., S. 29. Siehe hierzu auch die Ausführungen von Gustave Le Bon unter 2.2.1 Publikum: Gemeinschaft, Gesellschaft, Masse.

strittenen Aufführungen mit physischen Tumulten im Theater gekommen war. Schutzkräfte befürchteten, dass die gewaltige Kraft der Bühnendarstellungen auf das Publikum überspringen und dieses zu unkontrollierten, gewaltsamen Ausschreitungen aufreizen könnte. Wegen dieser Bedrohungen herrschte laut Stark weitgehend Einigkeit darüber, dass es Zensur geben muss.

Der Ruf nach Zensurmaßnahmen angesichts der angenommenen Gefahr, die von Theateraufführungen ausging, erhielt durch die zunehmende Anzahl von neueröffneten Theatern im 19. Jahrhundert zusätzlich an Dringlichkeit. Wie Stark berichtet, wurde auf diese Entwicklung wiederum mit verstärkter Kontrolle reagiert. Als Maßnahmen dienten hierzu neben Zensurmaßnahmen Theaterlizenzen, die bei Neugründung eines Theaters erst beantragt werden mussten und eine Überprüfung des Theaters erforderten. Letztere wurde bis zur Schaffung der zentralen Regierung 1871 von den einzelnen unabhängigen lokalen Behörden ausgeübt. Danach lässt sich eine Tendenz zur Vereinheitlichung von Zensurverordnungen feststellen. Stark berichtet hierzu von fast identischen Zensurverordnungen nach dem Vorbild Berlins in Dresden, Leipzig und München, die anschließend von den kleineren Kommunen übernommen wurden. Auffallend war eine besonders strenge Ausübung der Zensur in Bayern. Eine Verordnung wurde mit der Klausel ergänzt, dass Improvisationen auf der Bühne nicht erlaubt und die Theater dafür verantwortlich seien. In einigen Fällen hoben die Gerichte Zensurverbote wieder auf, doch in Bayern wurden diese Stark zufolge eher aufrechterhalten.

3 Die letzten Tage der Theaterzensur (14. Juli 1900 – 11. August 1919)

Wie die Theaterzensur aussah, bevor sie 1919 offiziell aufgehoben wurde, möchte das folgenden Kapitel zeigen. Dafür reflektiert es im ersten Teil des Kapitels (3.1) die Zensurdebatte um die Jahrhundertwende, beginnend mit der Einführung eines schärferen Zensurgesetzes am 14. Juli 1900. Ein solcher Diskurs über die Theaterzensur ist keineswegs eine neue Erscheinung mit dem einsetzenden 20. Jahrhundert, doch er wird hier vorangestellt, um Positionen für und wider der Theaterzensur zu zeigen und um darüber hinaus ein Gefühl für die Stimmung zu diesem Thema – insbesondere in der für die Untersuchung gewählten Stadt München – zu vermitteln. Im zweiten Unterkapitel (3.2) wird der Münchner Theaterzensurbeirat als beratendes Gremium der Polizeidirektion vorgestellt. Da sich hier theoretisch das Amt des Zensors auf mehrere Schultern verteilt, ist die Arbeitsweise und die Funktionen des Theaterzensurbeirats aufschlussreich, wenn es später um die Zensur von vielen Personen, die ‚Zensur des Publikums', geht.

Der Titel „Die letzten Tage der Theaterzensur (14. Juli 1900 – 11. August 1919)" ist gewiss eine dramaturgische Zuspitzung, doch führt er hin zum gesetzlichen Endpunkt der Theaterzensur im Jahr 1919. Während zu dieser Zeit in Frankreich beispielsweise die Theaterzensur schon 1904 aufgehoben worden war, bestand sie in England hingegen noch bis 1968 – deutlich länger als in Deutschland.[1] Den Zeitpunkt der Aufhebung der Theaterzensur in Deutschland zu fokussieren ist lohnend, um die spezifische historische Situation herauszuarbeiten, aus der heraus es zum Entfall der Theaterzensur kam. Dafür nimmt das Unterkapitel 3.3 „‚De-Censorship'. Die Transformationen der Theaterzensur" die gesellschaftliche und politische Umbruchssituation zwischen 1913 und 1920, den Systemwechsel von Monarchie zu Demokratie und das Moment der offiziellen Aufhebung der Theaterzensur in den Blick.

3.1 Los von der Theaterzensur? – Die Zensurdebatte um die Jahrhundertwende

Der Rechtsanwalt Victor Fraenkl hielt am 23. Februar 1903 auf einer Protestversammlung gegen die Theaterzensur einen Vortrag, worin er forderte: „Los von der

1 Krauss, Charlotte, 1830: Das *drama romantique* zwischen ästhetischem und politischen Revolutionsanspruch, S. 152 und Aldgate/Robertson, *Censorship in Theatre and Cinema*.

 https://doi.org/10.1515/9783111458946-004

Theaterzensur!". Im Nachgang der Versammlung erschien der Vortrag leicht überarbeitet als gebundenes Heft im Franz Wunder Verlag, für 50 Pfennig konnten Interessierte Fraenkls Ausführungen käuflich erwerben. Aufschlussreich sind seine Darlegungen deshalb, weil sie einen kompakten Überblick über die Diskussion um die Theaterzensur zu Beginn des 20. Jahrhunderts liefern und einige wichtige Aspekte dieser Forschungsarbeit aufgreifen, wie etwa die Frage nach den Aufgaben und der Handhabung der Zensur.

Fraenkl argumentierte, dass die preußische Theaterzensur verfassungswidrig und schädlich sei.[2] Um 1900 galt die preußische Verfassung, durch welche im Artikel 27 das Recht auf freie Meinungsäußerung gewährleistet war, und der da lautete: „Jeder Preuße hat das Recht, durch Wort, Schrift und bildliche Darstellung seine Meinung frei zu äußern. Die Zensur darf nicht eingeführt werden; jede andere Beschränkung der Preßfreiheit nur im Wege der Gesetzgebung."[3] Gleichzeitig unterlagen die Theater einer Zensur, welche von der Polizei ausgeführt wurde. Legitimiert wurde diese durch §10 II, 17 A.L.R. und § 6 des Gesetzes über die Polizeiverwaltung vom 11. März 1850, wonach „es zu den Aufgaben der Polizei [gehörte], gegen eine dem Publikum oder dessen Mitgliedern drohende Gefahr für die öffentliche Ordnung oder Sittlichkeit einzuschreiten."[4] Während Verteidiger der Zensur behaupteten, dass Theateraufführungen nicht unter die oben gefasste Bestimmung von Meinungsäußerung fallen, standen nach Fraenkl Theaterzensur und Meinungsfreiheit in einem Widerspruch zueinander. Freie Meinungsäußerung bestand laut dem Rechtsanwalt, sobald jemand „durch das Medium des gesprochenen Wortes seine Meinungsäußerung"[5] zum Ausdruck gebracht hat, also auch bei Theateraufführungen, die infolgedessen nicht der Zensur unterliegen dürften. An der bestehenden Theaterzensur problematisierte Fraenkl die Kontrolle von Textfassungen im Vorfeld der Inszenierung, die sogenannte Präventiv- oder Vorzensur, da die zukünftige Wirkung einer Aufführung selbst durch Theatermacher, geschweige denn durch den Zensor kaum vorauszusehen sei. Daneben kritisierte der Rechtsanwalt auch die Nachzensur, die zum Beispiel an manchen Feiertagen aus Rücksicht auf die religiöse Gemeinde verhängt werde.[6] Zum Amt des Zensors merkte er an, dass dieses weitreichende Kompetenzen und Erfahrung erfordere sowie ein „sittlich gereiftes Urteil[svermögen]"[7]. Diese Anforderungen nannte der

2 Vgl. Fraenkl, *Los von der Theaterzensur!* Vorwort.

3 Fraenkl, Theater und Zensur, S. 434.

4 Ebd.

5 Fraenkl, *Los von der Theaterzensur!* S. 9.

6 Vgl. Fraenkl, Theater und Zensur, S. 435.

7 Die folgenden Ausführungen und Zitate stammen aus Fraenkl, *Los von der Theaterzensur!* S. 11–24.

Rechtsanwalt schier „übermenschliche Eigenschaften“, denen niemand gerecht werden könne. Die staatliche Zensur gebe nur die behördliche Weltanschauung wieder und werde in verschiedenen Städten unterschiedlich gehandhabt. Für Außenstehende werde die Zensur dadurch schwer nachvollziehbar.

Trotz seiner Vorbehalte gegen die bestehende Theaterzensur sprach sich Fraenkl nicht – wie der Titel seines Vortrages erwarten würde – für eine direkte Aufhebung der Zensur aus, sondern ihm schwebte vor, dass „[al]lein das Publikum [...] sie zu üben [habe]“. Der Rechtsanwalt lehnte eine behütende Kontrolle des Theaters durch „Papa Staat“ ab, denn der Staat habe sich nicht „als Reinemachefrau der Bühnenkunst [...] zu plagen“. In seinem Schlussplädoyer wird deutlich, wie er sich die zensierende Funktion des Publikums konkret vorstellte. „Das Publikum allein der Richter, das Publikum, an dessen Erziehung zum künstlerischen Genießen und Urteilen wir unablässig arbeiten müssen – arbeiten ohne die Bevormundung staatlicher Sittenwächter, ohne die Fesseln des Kunstgendarmen!“ Die neue Rolle des Publikums setzt die Erziehung des Publikums zum Kunstgenuss und zur Urteilsfähigkeit gleich einem Richter voraus. Mögliche Zwischenlösungen auf dem Weg zu einer anderen Zensur wie „Sachverständigerkommissionen“ oder „sogenannte Beschwichtigungshofräte“, die die Kontrolle des Staats teilweise auf andere Gremien verlagern beziehungsweise auslagern, kamen für Fraenkl nicht infrage. Erwähnenswert ist seine Positionierung zu solchen Kommissionen insbesondere deshalb, weil in Bayern ab 1906 eine eben solche Kommission mit dem Theaterzensurbeirat eingerichtet wurde.

Die Ausführungen Fraenkls geben einen ersten Überblick über die diskutierten Aspekte der Theaterzensur, die gesetzliche Lage, die Kompetenzen des ‚Zensors‘ und die Formen beziehungsweise Organisation der Zensur. In der zensurkritischen Perspektive Fraenkls fand sich darüber hinaus die Forderung nach einer ‚Zensur des Publikums‘, die in dieser Zeit immer wieder Erwähnung fand. Um die Jahrhundertwende wurde „die Theaterzensur als eine zu Recht bestehende Einrichtung angesehen“[8] und mit der Einführung eines Gesetzes zur Bekämpfung von Unsittlichkeit verschärfte sich die Zensursituation an den Bühnen erst einmal.

3.1.1 Lex Heinze – Gegen die „Unzucht“ und ja, auch gegen das Theater

Am 11. August 1900 wurde im Reich ein neues, strengeres Zensurgesetz, die sogenannte ‚Lex Heinze‘, verabschiedet. Dies führte zu zahlreichen öffentlichen Diskussionen über und Protesten gegen die Theaterzensur, die sich insbesondere auf

8 Fraenkl, Theater und Zensur, S. 435.

den Aspekt der Zensur von unsittlichen Darstellungen bezogen und deren Standpunkte bis in die 1920er Jahre hinein nachwirkten, weshalb die Positionen und Vorgänge um die Einführung dieses Gesetzes hier skizziert werden sollen.

Die Lex Heinze basierte auf einem Gesetzesentwurf aus dem Jahr 1892/1893, der Vergehen der Unsittlichkeit stärker verfolgen sollte als zuvor. Anlass für diesen Gesetzesentwurf war die Anklage des Ehepaars Heinze wegen Mordes an einem jungen Mädchen. Der darauffolgende Gerichtsprozess brachte ans Licht, dass das Ehepaar Heinze durch Zuhälterei und Prostitution seinen Lebensunterhalt bestritt. Vor dem Hintergrund dieses Falles sollte die geplante Lex Heinze zukünftig sowohl Prostitution als auch bereits die Anstiftung zur Unzucht verbieten.[9] Die Befürchtung vieler Gegner war es, dass das vorgeschlagene Gesetz darüber hinaus weitreichende Zensurmaßnahmen im Bereich der Kunst und Kultur ermöglichen werde. Insbesondere der sogenannte ‚Kunst- und Schaufensterparagraph' erregte Widerspruch, der sich gegen Bilder und Schriften richtete, „welche ohne unzüchtig zu sein, das Schamgefühl gröblich verletzen"[10]. Darüber hinaus sah der Gesetzesentwurf zur Lex Heinze einen ‚Theaterparagraphen' vor, der jede Aufführung verbot, „welche durch gröbliche Verletzung des Scham- und Sittlichkeitsgefühls Ärgernis [...] erregen"[11] könne. Schon die Bekanntmachung des Gesetzentwurfs im Winter 1892/93 führte zu großer öffentlicher Erregung von Seiten der Kulturschaffenden[12], die sich daraufhin in Interessensverbänden gegen die Lex Heinze, wie zum Beispiel dem Goethebund, zusammenschlossen.[13]

Aus dem Umfeld des Theaters initiierte der Regisseur und spätere Intendant der Münchner Kammerspiele Otto Falckenberg anlässlich der Debatte um die Lex Heinze eine eigene Publikation: *Das Buch von der Lex Heinze* (1900). In diesem Band gaben Autoren aus Kunst, Kultur und Wissenschaft ihre Reflexion über den neuen Gesetzesentwurf zur Bewahrung der Sittlichkeit ab. Einführend wies Falckenberg darauf hin, dass „wieder einmal"[14] ein „Kampf um die Freiheit des Geistes"[15] geführt werde. Dass mit der Lex Heinze verbundene Gesetzesvorhaben stelle also nur die sichtbare Spitze des Eisbergs dar. Unter der Debatte stehe eine große, weit in die Vergangenheit hineinreichende Diskussion um die Freiheit von öffentlichen Äußerungen und ihrer Beschränkung durch Zensur. Der Kampf um die geistige Frei-

---

9 Vgl. Lorenz, *Literatur und Zensur in der Demokratie*, S. 39.

10 Vgl. Zitat aus dem Gesetzesentwurf der Lex Heinze, zit. In: Lorenz, *Literatur und Zensur in der Demokratie*, S. 39.

11 Ebd.

12 Vgl. Leiss, *Kunst im Konflikt*, S. 83.

13 Vgl. Meyer, *Theaterzensur in München 1900–1918*, S. 15–32.

14 Falckenberg, *Das Buch von der Lex Heinze*, S. 4.

15 Ebd.

heit sei bereits entschieden, denn das Volk sähe die Bedrohung des Gesetzesentwurfs für die Freiheit des geistigen Schaffens und habe sich über das Gesetz schon ein Urteil gebildet.[16]

Nachdem die Lex Heinze in der vorgeschlagenen Form durch den Reichstag zunächst abgelehnt wurde,[17] trat ein abgemilderter Paragraph am 14. Juli 1900 dennoch in Kraft.[18] Der Theaterparagraph war darin nicht mehr explizit enthalten. Doch die mehrfach kritisierte Ungenauigkeit des Gesetzestextes,[19] die für die Zensoren einen breiten Ermessensspielraum schuf, führte zu der Befürchtung, dass das Gesetz trotzdem eine Gefahr für Theateraufführungen darstellen könnte. Wie der Germanist Matthias Lorenz hervorhebt, bildete die Lex Heinze einen Zensurparagrafen, der explizit „moralisch motiviert[e]"[20] Tatbestände zum Gegenstand der staatlichen Kontrolle machte und damit gegen das „Unzüchtige" und die „Unsitte"[21] vorging.

Die Forschungsliteratur beschreibt eine in Avantgardisten und Traditionalisten gespaltene Kultur zur Zeit der Weimarer Republik,[22] die sich beispielhaft in ihrer Einstellung zur ‚Sittlichkeit' unterschied. An der Haltung der konservativen Zentrumspartei einerseits und die Position der Sozialdemokraten zur Lex Heinze andererseits wird dies anschaulich: In der bayerischen Politik kommt es etwa seit 1890 zu einem Erstarken der katholischen Zentrums-Partei. Die zu dieser Zeit sehr stabile Partei positionierte sich unter anderem gegen liberale Kunstauffassungen und galt in Bayern als „Anwalt der ‚öffentlichen Moral'"[23]. Kritische Zeitgenossen be-

16 Ebd.

17 Vgl. Geyer, *Verkehrte Welt,* S. 62.

18 Der Gesetzestext zur Lex Heinze lautete schließlich: „§184: Mit Gefängnis bis zu einem Jahre und mit Geldstrafe bis zu eintausend Mark oder mit einer dieser Strafen wird bestraft, wer
1. unzüchtige Schriften, Abbildungen oder Darstellungen feilhält, verkauft, verteilt, an Orten, welche dem Publikum zugänglich sind, ausstellt oder anschlägt oder sonst verbreitet, sie zum Zwecke der Verbreitung herstellt oder zu demselben Zwecke vorrätig hält, ankündigt oder anpreist;
2. unzüchtige Schriften, Abbildungen oder Darstellungen einer Person unter sechzehn Jahren gegen Entgelt überläßt oder anbietet;
3. Gegenstände, die zu unzüchtigem Gebrauche bestimmt sind, an Orten, welche dem Publikum zugänglich sind, ausstellt oder solche Gegenstände dem Publikum ankündigt oder anpreist; [...]
4. öffentliche Ankündigungen erläßt, welche dazu bestimmt sind, unzüchtigen Verkehr herbeizuführen. Neben der Gefängnisstrafe kann auf Verlust der bürgerlichen Ehrenrechte sowie auf Zulässigkeit von Polizeiaufsicht erkannt werden." Vgl. zit. nach Ebermayer/Lobe/Rosenberg, *Reichs-Strafgesetzbuch,* S. 599 f.

19 Vgl. zum Beispiel Vollmar, *Für die Freiheit der Kunst!* S. 11.

20 Lorenz, *Literatur und Zensur in der Demokratie,* S. 39.

21 Vgl. hierzu zum Beispiel: Lazarus, *Das Unzüchtige und die Kunst.*

22 Vgl. ebd.; Büttner, Ursula: *Weimar. Die überforderte Republik 1918–1933,* S. 298.

23 Geyer, *Verkehrte Welt,* S. 62.

zeichneten das Zentrum als „verbauert“, „zurückgeblieben“ und „missbilligend gegenüber Pornographie und Kunst“.[24] Auf der anderen Seite des politischen Spektrums hinterfragte die SPD zunehmend die bestehenden Verhältnisse. Neben den Forderungen nach einer sozialistischen Gesellschaft, gerechten Löhnen und fairen Arbeitsbedingungen setzten sich die Sozialdemokraten auch für die Pressefreiheit ein.

Eine beispielhafte Positionierung eines Gegners der Lex Heinze legte der Sozialdemokrat Georg von Vollmar in seiner Rede *Für die Freiheit der Kunst!* vor, die er in einer Sitzung des Reichstages am 15. März 1900 hielt. Der Vortrag ist auch deshalb aufschlussreich, als er die Argumente der Lex Heinze-Befürworter miteinschließt und zu entkräften versucht und sich ferner mit der Frage nach der Urteilsfähigkeit des Volkes in Kunstfragen auseinandersetzt. Vollmar meinte die Zeit sei, zwar sittlich nicht „ideal“, aber es herrsche auch kein „Sodom und Gomorrha“. Die Ursachen für die sich verbreitende Rohheit, die von den Lex Heinze-Befürwortern als Anlass für eine erforderliche Verschärfung der Zensur genannt wurden, sah er nicht in unzüchtigen Schriften und Bildern, sondern in der wachsenden Ungleichheit zwischen Arm und Reich. Vollmar verweigerte das ästhetische Argument der Lex Heinze-Befürworter, die Ursachen der Verrohung auf unsittliche Bilder und Schriften zurückzuführen. Stattdessen brachte er die Verrohung in Zusammenhang mit den sozialen und wirtschaftlichen Missständen und überführte den moralischen, im Bereich der Kunst geführten Diskurs in einen politischen Zusammenhang. Weiter argumentierte Vollmer, dass der vorgelegte Gesetzesentwurf unnötig sei, da die bestehende Rechtsprechung ausreiche, um Rohheiten zu ahnden. Mit zwei Argumenten wehrte sich Vollmar gegen den Einwand, dass nur „das unverdorbene Volksgefühl“ Schamlosigkeiten erkennen könne. Erstens variierten ihm zufolge die Toleranzgrenzen je nach Region, sodass die Meinung des Volkes in solchen Fragen nie einstimmig sei. Zweitens ist das Volk laut Vollmar nicht in der Lage ein „maßgebendes Urteil“ über die Kunst abzugeben:

> Denn um das zu können, bedarf es des gebildeten, geläuterten Geschmackes. Wenn aber schon Leute von schulischer und gesellschaftlicher Bildung ganz unglaubliche Kunstbanausen sein können […], wie sollte erst das Volk die entsprechende Fähigkeit haben, hier zu urtheilen?

Der Redner sah eine Neigung des Volkes zur Kunst, doch diese müsse „erst durch eine soziale Hebung und durch Bildung geweckt und entwickelt werden.“ Zum Ende seiner Rede versicherte Vollmar, dass im Fall der Lex Heinze die Sozialdemokratie „Seite an Seite“ mit der Kunst, Literatur und Wissenschaft streitet. Der Schulterschluss von politischer Partei und künstlerischer Initiative ist ungewöhnlich, denn

24 Vgl. Folgende Ausführungen in diesem Absatz von: Vollmar, *Für die Freiheit der Kunst!* S. 10.

tendenziell legten die Künstler Wert auf eine strikte Trennung von Politik und Kunst.[25] Im Fall der Debatte um die Lex Heinze lässt sich diese Teilung von Politik und Kunst nicht aufrechterhalten, denn Vertreter aus Kunst, Politik und Wissenschaft meldeten sich in gleicher Weise im Rahmen dieser Auseinandersetzungen öffentlich zu Wort. Insgesamt ist hervorzuheben, dass insbesondere auf der Seite derjenigen, die gegen die Lex Heinze argumentierten, ein reges Engagement in der Öffentlichkeit zu verzeichnen ist. Es werden Aufsätze zum Thema publiziert, Versammlungen gegeben und Vorträge gehalten. Um die Positionen der Gegenbewegung näher kennenzulernen, soll im Folgenden auf ausgewählte Proteststimmen und -initiativen eingegangen werden.

3.1.2 Der Goethebund. Registrierapparat der Freiheitsliebenden

Im Zuge der reichsweiten Debatte um die Lex Heinze wurde am 15. März 1900 der *Goethebund zum Schutz freier Kunst und Wissenschaft* in München gegründet. Als „ein dauernder Zusammenschluss aller Freiheitsliebenden“[26] angedacht, verfolgte der Goethebund das Ziel, „die Freiheit der Kunst und Wissenschaft im deutschen Reich gegen Angriffe jeder Art zu schützen.“[27] Nicht nur weil der Goethebund ein Produkt der Auseinandersetzung um die Lex Heinze darstellte, ist er für dieses Kapitel von Bedeutung, sondern auch, weil er in den Augen mancher Mitglieder als ein Kontrollinstrument bei Bedrohungen der Kunst- und Geistesfreiheit gesehen wurde. Das Mitglied Otto Ernst meinte dazu: „Der Goethebund wird ein Registrierapparat sein, der alle Unbill, die Kunst und Wissenschaft und ihren Vertretern zugefügt wird, anzeigt [...] und der im entsprechenden Augenblick zu erkennen gibt: Das Maß ist voll.“[28] Das Erfassen und Melden von Übergriffen auf die Kunst- und Geistesfreiheit geschieht somit aus der Öffentlichkeit, hier in Form des bürgerlichen Goethebundes, heraus. Die Tätigkeit des Goethebundes lässt sich im Sinne von Luhmann als Gegenkontrolle zur staatlichen Kontrolle durch die Zensur beschreiben.[29] Konkret ging der Goethebund durch Öffentlichkeitsarbeit in Form von Volksversammlungen und Publikationen sowie über den Rechtsweg (gesetzgeberische, richterliche oder verwaltungsrechtliche Maßnahmen) gegen Bedrohungen der Kunstfreiheit vor.[30]

25 Vgl. Geyer, *Verkehrte Welt*, S. 61.
26 Hirth, Der Goethebund, S. 63.
27 *Münchner Freie Presse*, Der Goethebund, o.A., Nr. 62, 16.03.1900.
28 Ernst, *Eine Rede für den Goethebund*, S. 536.
29 Vgl. Luhmann, *Soziale Systeme*, S. 63.
30 *Münchner Freie Presse*, Der Goethebund, o.A., Nr. 62, 16.03.1900.

Nach der Gründung des Münchner Goethebundes entstanden weitere Ableger in Berlin, Stuttgart, Bremen, Dresden, Hamburg, Augsburg und Königsberg.[31] Unter den Mitgliedern befanden sich bekannte Persönlichkeiten aus Kunst, Kultur und Wissenschaft. Im Vorstand der Münchner Zweigstelle saßen etwa die Schriftsteller Max Halbe, Korfiz Holm und Georg Hirth sowie Theaterregisseur Otto Falckenberg.[32] Die geringe Vereinsgebühr von einer Mark pro Jahr ermöglichte Interessierten aus allen sozialen Schichten den Zugang – außer Frauen, denn diese waren aufgrund von „vereinsgesetzlichen Bestimmungen"[33] nicht zugelassen.[34] An den Annahmestellen für die Mitgliedschaft wird sichtbar, dass die Unterstützer des Goethebundes tendenziell aus liberalen, sozialdemokratischen, intellektuellen und kunstaffinen Kreisen stammten. So empfingen neben der Geschäftsstelle des *Goethebundes* das Büro der *Litterarischen Gesellschaft* [sic], die Expedition der *Münchener Neuesten Nachrichten* sowie der *Münchner Zeitung*, die Buchhandlungen A. Ackermann und A. Buchholz ebenso wie die Kunsthandlungen Putze und Littauer Anmeldungen von neuen Mitgliedern.[35] Wie stark das Interesse am Goethebund zunächst war, verdeutlichte die Kundgebung am 7. April 1900, bei der 4000 Mitglieder im großen Saal des Münchner Kindl-Kellers teilnahmen.[36] Herrmann Sudermanns prominenter Gastauftritt im Auftrag des Berliner Goethebundes begann mit minutenlangem Applaus der Versammelten.[37] Mehrere Redner hielten Vorträge zum Goethebund. Den Gesetzesentwurf der Lex Heinze bezeichnete man als „Mucker- und Heuchlergesetz" und die Unschärfe und Dehnbarkeit des im Gesetzestext vorgesehenen Ausdrucks der „Verletzung des Schamgefühls, ohne unzüchtig zu sein" wurde kritisiert.[38] Der Schriftsteller Michael Georg Conrad sprach von einem Kampf zwischen verschiedenen Weltanschauungen, in dem sich der Goethebund positionierte. Er schwärmte vom Wiedererwachen des deutschen Bürgertums und des hellenistischen Geistes sowie von der Überwindung konfessioneller Schranken.[39] Als Feindbild markierte er die

---

31 Vgl. Meyer, *Theaterzensur in München 1900–1918*, S. 20 (Anm. 45).

32 Handschriftliche Anzeige an die Polizeidirektion zur Gründung des Goethebundes, 21.03.1900.

33 *Münchner Freie Presse*, Der Goethebund, o.A., Nr. 62, 16.03.1900.

Meyer, *Theaterzensur in München* erklärt zur Mitgliedschaft von Frauen, dass der Goethebund von der Polizei nicht als kultureller, sondern als politischer Verein geführt wurde und Frauen der Zugang zu politischen Vereinen verwehrt wurde.

34 Vgl. ebd.

35 Ebd.

36 Vgl. ebd., S. 24.

37 Vgl. *Vorwärts*, Der Goethe-Bund, o.A., Nr. 72, 27.03.1900.

38 Vgl. Meyer, *Theaterzensur in München 1900–1918*, S. 24.

39 Bericht des Polizeikommissar Grommel an die k. Polizeidirektion München über den Festabend des Goethebundes am 30.05.1900 im großen Saal des Münchner Kindl-Kellers.

sogenannten Dunkelmänner, Vertreter des Staats, die sich die Autorität der Kirche zunutze machten. Der Redner Georg Hirth ging verstärkt auf die „Knebelung der Künste und Litteratur"[40] ein, während Professor Welrich sich mit der Aktualität von Goethe im Kaiserreich auseinandersetzte. Zusammengenommen werden Vorstöße in mehrere Richtungen innerhalb des Goethebundes sichtbar, was bei dem ein oder anderen Teilnehmer für Skepsis sorgte. So beschrieb Ludwig Thoma, der den Protest gegen die Lex Heinze als „nützlich und notwendig" erachtete, die Veranstaltung im Münchner Kindl-Keller als „bezeichnend dafür, wie der erwachsene Deutsche um 1900 herum Politik trieb mit Schlagworten und Nichtigkeiten."[41] Thoma kritisierte die unhinterfragte Zustimmung der Besucher. Über manches anwesende Mitglied des Goethebundes spekuliert Thoma, dass „er bei diesem wie bei allen andern Vereinen sei"[42] und stellte damit die Aussagekraft der Teilnehmerzahl dieser Versammlung und die Ernsthaftigkeit der Mitglieder für die Sache in Frage. Überdies warf Thoma dem Goethebund vor, dass es dem Verein an Tätigkeit und an einem konstanten Vereinsleben fehle. Zwar könne man immer wieder von der Existenz des Goethebundes lesen, doch für die Öffentlichkeit würde nicht klar, wie der Verein konkret aktiv ist.[43] Die Aktivität des Vereins ist vielleicht gerade deshalb schwer zu fassen, da der Goethebund über kein gemeinsames Publikationsorgan verfügte und seine Inhalte über verschiedene Zeitungen, Zeitschriften und Publikationen streute. Erschwerend kommt hinzu, dass der Bund keine homogene Gruppe darstellte und – wie Georg Hirth formulierte – in keine „Schablone"[44] passte.

Das programmatische Ansinnen des Goethebundes fasste das Vorstandsmitglied Georg Hirth wie folgt zusammen.[45] Als ersten Aspekt nannte er den kollektiven Zusammenschluss für die Freiheit der Kunst und Wissenschaft. Angriffe auf die Freiheit gilt es laut Hirth zu verteidigen, allerdings solle nicht mit den gleichen Mitteln zurückgeschlagen werden. Vielmehr müsse man sich damit zufriedengeben, die Mechanismen aufzuzeigen und nicht versuchen, den anderen zu bekehren. Eine zu straffe Organisation oder Zentralisation müsse vermieden werden, dafür unter allen Mitgliedern ein freundschaftliches, vertrauensvolles Verhältnis gepflegt werden. Des Weiteren habe sich der Goethebund „fern von der Förderung oder Bekämpfung besonderer politischer, sozialer, wissenschaftlicher, religiöser und

40 Ebd.

41 Thoma, *Erinnerungen. Leute, die ich kannte*, S. 256.

42 Ebd.

43 Vgl. ebd., S. 257.

44 Vgl. Storim, *Ästhetik im Umbruch*, S. 172; Hirth, Der Goethebund, S. 65.

45 Vgl. ebd.

künstlerischer Richtungen“[46] zu halten. Die Punkte, die Hirth vorbrachte, weisen auf eine gesellschaftliche und politische Veränderung hin, bei der es weniger um eine bestimmte Ideologie zu gehen scheint. Während Hirth solche weltanschaulichen Auseinandersetzungen als „Kleingetriebe des öffentlichen Lebens“ abtat und diesen nur geringe Bedeutung beimaß, stand für ihn eigentlich das Engagement für die „heilige Sache“[47], womit er das Engagement für die Freiheit von Wissenschaft und Kunst meinte, an vorderster Stelle. Diese wurde von Hirth auf einer höheren Ebene angesiedelt als andere Gesinnungen. Das von Hirth vorgeschlagenen Modell sieht die Geistes- und Kunstfreiheit gewissermaßen als eine Art Überbau, in dem „für alle Bekenntnisse Raum ist.“[48]

Gleichwohl der Ansatz einer geschützten Freiheit der Kunst und Wissenschaft, die erhaben über alle anderen Ideologien steht, ein visionäres Ziel benennt, wurde dieses nicht von allen Goethebünden und seinen Mitgliedern geteilt. Zum Beispiel legte der Augsburger Goethebund das Ziel seiner Arbeit weniger in die Bekämpfung der Zensur als vielmehr in den Aufbau einer umfassenden Volksbildungsarbeit.[49] Anstelle eines abstrakten und theoretischen Ansatzes wie ihn Hirth verfolgte, engagierte man sich beim Augsburger Goethebund für praktische und straff organisierte Bildungsarbeit.[50]

Es zeigt sich zusammenfassend, dass im Goethebund unterschiedliche Tendenzen und Gewichtungen versammelt waren. Allen war gemeinsam, dass sie sich mit dem Verhältnis von Kunst und ihrer Kontrolle beziehungsweise Freiheit im öffentlichen Raum auseinandersetzen und dieses auf eine andere Art und Weise als bisher handhaben wollten. Obwohl die Geschichte des Goethebundes mit ausnehmend starker Beteiligung über das gesamte Deutsche Reich begann, verlor nach der Verabschiedung des gemilderten Gesetzes zur Lex Heinze die Bewegung rasch an Auftrieb. Dem Bestreben, die einzelnen Goethebünde in einen *Deutschen Goethebund* Ende des Jahres 1900 zu vereinigen, wurde nicht mehr weiter nachgegangen. Eine Petition des Goethebundes gemeinsam mit der *Freisinnigen Volkspartei* zur Aufhebung der Theaterzensur im Reichstag zum Jahresbeginn 1901 wurde abgelehnt. Im kleineren Rahmen agierten einzelne Goethebünde weiterhin gegen staatliche Zensureingriffe, zum Beispiel indem die Vereine unter der Bezeichnung der ‚geschlossenen Aufführung‘ eine Aufführungsmöglichkeit für verbotene Stücke schufen.[51]

46 Ebd., S. 66.
47 Ebd.
48 Ebd.
49 Vgl. Storim, *Ästhetik im Umbruch*, S. 172.
50 Vgl. ebd., S. 173.
51 Vgl. ebd., S. 170 f.

3.1.3 Theaterzensur oder nicht Theaterzensur?

Während der Gesetzesentwurf um die Lex Heinze in Versammlungen, Zeitungen und im Reichstag debattiert wurde, veröffentlichte die Zeitschrift *Bühne und Welt* 1901 eine Rundfrage zur Theaterzensur.[52] Angefragt wurden 48 Personen, darunter insbesondere Bühnenleiter und Bühnenangehörige, Schriftsteller und Professoren, bezüglich ihrer Haltung zur Theaterzensur. Sie wurden nach der Notwendigkeit der präventiven Theaterzensur zur Aufrechterhaltung der öffentlichen Ordnung und Sittlichkeit befragt. Ebenso wollte man wissen, ob die Theaterzensur im Interesse der Kunstschaffenden sei. Zur möglichen Schaffung eines Zensurbeirats fragte die Redaktion, ob die Befragten einen Beirat bestehend „aus litterarischen und künstlerischen Sachverständigen" unterstützen würden. Die Umfrage ist insofern eine relevante Quelle, als sie aufgrund der Anzahl der reichsweit angefragten Personen und der thematisch konkreten Fragestellung einen anschaulichen Querschnitt über die Positionen zur Theaterzensur wiedergibt. Zudem kommen hier besonders viele Literaten und Theatermacher zu Wort, die die Perspektive des Kulturbetriebs zur Geltung bringen.

Viele Befragte positionierten sich nicht eindeutig für oder gegen die Ausübung einer Theaterzensur, sondern koppelten ihre Antworten an bestimmte Bedingungen oder Überlegungen. Der Dichter Arthur Fitger wog in seinen Ausführungen ab, dass er einerseits in vielen Zensurentscheidungen eine „individuelle Willkür" erkannte, andererseits sprach er sich für die Ausübung der Zensur aus, da er nicht wisse, „welche Norm an ihre Stelle treten sollte" und er auch nicht auf „alle Autorität verzichten" mochte. Während etwa eine Handvoll der Befragten ihre Unentschlossenheit bekundeten, lag die Zahl derer, die der Präventivzensur zustimmten, etwa gleichauf mit denen, die die Zensur ablehnten, wobei eine leichte Tendenz gegen die Zensur bestand.

Es wurden mehrere Argumente gegen die Zensur vorgebracht. Ein Einwand gegen die Zensur war ihre unzeitgemäße Erscheinung. Entsprechend sah Max Nordau aus Paris in der „vorbeugende[n] Theater-Zensur [...] eine Form der Polizei-Bevormundung, über die das deutsche Staatsvolk hinausgewachsen ist." Bemerkenswerterweise griff Erich Mühsam 15 Jahre später genau diese Position wieder auf. Der Universitätsprofessor Werner sah in der Präventiv-Zensur einen „Atavismus", also ein wieder auftretendes, als überholtes geltendes Merkmal aus früherer Zeit, was jedoch „weder im Interesse der öffentlichen Ordnung noch der Sittlichkeit gelegen, weil nur durch Freiheit wirklich Ordnung und Sittlichkeit angebahnt werden kann." Wiederholt wurde gegen die Zensur die Kritik erhoben, dass sie

52 Gesamter Abschnitt: Bühne und Welt, *Theater-Zensur. Eine Rundfrage*, S. 466 – 468 und S. 505 – 515.

bevormundend wirke. Dem Theaterdirektor Carl Heine zufolge ist die Theaterzensur „entehrend, da sie Erwachsene, nämlich Dichter und Direktoren, entmündigt und unter Kuratel stellt" und laut dem Wiesbadener Hofrat Ludwig Barnay sei die Zensur ein „ewiges Zittern vor der eigenen Verantwortlichkeit, eine Bevormundung schlimmster Art und eine ganz unnütze Plackerei". Barnay kritisierte nicht nur, dass die Präventiv-Zensur des Staats als unangebracht empfunden wurde, weil sie den Theatern und dessen Publikum vorschrieb, was gezeigt werden darf und sie dadurch bevormundete, sondern er wies auch auf die Angst vor der eigenen Verantwortlichkeit hin.

Mehrere Befragte griffen in der Rundfrage zur Theaterzensur den Aspekt der Verantwortlichkeit auf, die sich für die Theaterleiter ergibt, wenn die Zensur entfallen würde.[53] Der Intendant des Königlich Württembergischen Hoftheaters, Gustav von Putlitz, meinte einerseits, dass „die meisten [Theaterdirektoren] […] die Verantwortung, die ihnen ohne diese Zensur zufiele, und die eventuellen Folgen gern auf sich nehmen." Andererseits müsste „den Bühnenleitern, Autoren und Bühnenangehörigen die Präventiv-Zensur eigentlich ganz angenehm sein". Während Putlitz beiden vorgestellten Situationen etwas abgewinnen könnte, fiel unter den anderen Befragten auf, dass sie nicht direkt von Verantwortung sprachen, sondern davon, dass die Theaterleiter und Autoren dann „vorsichtiger" sein müssten.

Als Vorzug der Zensur für die Theaterschaffenden wurde vor allem eine ihr inhärente Schutzfunktion angeführt. Reichsgerichtsrat Stenglein und Dagobert von Gerhardt-Amyntor zum Beispiel wiesen darauf hin, dass die Zensur weibliche Darstellerinnen davor bewahre, „Unsittliches"[54] zu spielen. Außerdem schütze die Präventivzensur laut Universitätsprofessor Jacob Minor das Theater mitsamt seinen Schauspielern und Direktoren vor einer wirtschaftlichen Schädigung bei nachträglich erlassenen Aufführungsverboten. Während Berth[olt] Litzmann aus Bonn unschlüssig war, ob die Bühnenangehörigen von der Präventiv-Zensur oder von der nachträglichen Zensur stärker betroffen seien, bestand der Schriftsteller Julius von Ludassy darauf, dass Theaterzensur präventiv sein müsse, denn „Bühnenleiter und vielleicht auch Autoren hätten das Interesse, die wirtschaftliche oder kriminalistische Gefahr, die mit der Aufführung verbunden wäre, durch eine vorher erfolgende Anfrage bei der Behörde zu vermindern." Einen letzten besonders erwähnenswerten Aspekt zur Schutzfunktion der Zensur bringt Eugen Wolff vor. Er argumentierte, dass die Freiheit der Kunst durch die Ausübung der Zensur geschützt

53 Vgl. Bühne und Welt, *Theater-Zensur. Eine Rundfrage*, S. 505 (Ludwig Barnay, Hofrat, Wiesbaden); S. 511 f. (Gustav von Putlitz, Intendant des Kgl. Württ. Hoftheaters); S. 468 (Dr. Stenglein, Reichsgerichtsrat a. d., Leipzig); S. 507 (Paul Heyse, München).

54 Bühne und Welt, *Theater-Zensur. Eine Rundfrage*, S. 468. Vgl. hierzu auch S. 467.

und nur so bestehen könne. Wesentlich hierbei sei, dass die Zensur nicht von Polizeibeamten, sondern vom Kultusministerium zugeordnete „kunstverständige Organe“ dies übernehmen sollten. Neben dem Argument, dass Präventiv-Zensur zum Schutz der Personen im Theater und der Freiheit der Kunst notwendig sei, wurde noch eine ästhetische und eine öffentliche Funktion von Zensur hervorgehoben. Dem Schriftsteller Von Ludassy zufolge war die Zensur zum Zwecke der öffentlichen Ordnung nötig, anderenfalls herrsche „Anarchie“. Dagegen war für Fedor von Zobeltitz Zensur primär wegen des „guten Geschmacks“ eine bedeutsame Einrichtung, was bedeutet, dass er Zensur als Mittel zur Qualitätskontrolle im Theater verstand.

Die Frage danach, wie eine zukünftige Zensur aussehen könnte, regte mitunter zu kreativen Vorschlägen an. Dagobert von Gerhardt-Amyntor, ein als Schriftsteller tätiger preußischer Generalstabsoffizier aus Potsdam, stellte sich zum Beispiel eine Zensur vor, die direkt am Premierenabend durch die anwesenden Zensoren ausgeübt würde.[55] Bemerkenswert ist dabei, dass Gerhardt-Amyntor mit dem Begriff Zensor eine Vielzahl an verschiedenen Personengruppen im Publikum verband. So würde er neben Vertretern der höheren Polizei-Organe und den Vorständen von Militär- und Zivilbehörden, auch Professoren und Lehrbeauftragte der Universität ebenso wie Lehrer und Lehrerinnen von Gymnasien und anderen Bildungsstätten in die Aufführung einladen. Auch Schriftsteller, Künstler und Studierende beider Geschlechter, wie er ausdrücklich hervorhob, sollen zum Premierenabend anwesend sein. Die übrigen Karten würden von Theater und Polizei an „würdig und befähigt erscheinende Personen“ vergeben. Die Tätigkeit des Zensors würde hiernach nicht nur von der Polizei ausgeübt, sondern von mehreren verschiedenen Personengruppen, die sich besonders gut für diese Aufgabe eigneten. Der eigentliche Zensurvorgang bei der Premierenvorstellung würde folgendermaßen durchgeführt: „Alle im Theater anwesenden Personen üben das Zensoren-Amt, indem sie beim Verlassen des Hauses ihre Karte mit einem darauf geschriebenen Ja oder Nein abzugeben haben.“ Die Polizei würde die Karten einsammeln und sie auszählen. Die Aufgabe der Polizei wäre dabei also weniger eine beurteilende als eine registrierende. Je nachdem, wofür die Mehrheit der Premierenbesucher stimmte, würde ein Stück freigegeben odcr verboten. Gerhardt-Amyntor brachte mit seinem Vorschlag im Wesentlichen zwei Änderungen zur bisherigen Zensurpraxis zum Ausdruck. Erstens würde der Gegenstand der Zensur wechseln. Nicht der dramatische Text, sondern die Aufführung würde nun zensiert. Damit würde sich auch der Zeitpunkt der Zensurausübung ändern, der bei einer textuellen Zensur in der Regel vor der

55 Zu den nachfolgenden Ausführungen des Vorschlages: Bühne und Welt, *Theater-Zensur. Eine Rundfrage*, S. 467.

Aufführung, also präventiv, stattgefunden hat. In Gerhardt-Amyntors Modell wird der Zensurvorgang direkt an die Aufführung gekoppelt. Die Kontrolle wird simultan zur Vorstellung vollzogen und dadurch mit der Rezeption der Zuschauenden verschaltet, die somit eine Kontrollfunktion einnehmen. Sichtbar wird die Zensurausübung am Ende der Vorstellung, wenn die Zuschauer das Theater verlassen und ihre Stimmkarten den abbestellten Polizisten übergeben. Die Beschreibungen zeigen, dass die Zensur zeitlich unmittelbar an die Aufführung geknüpft wird, und es sich folglich auch nicht um eine nachträgliche Zensur handelt, die etwa nach Beschwerden gegen die Aufführungen eines Stücks in Aktion tritt. Die zweite Änderung betrifft den Zensor. Im vorgeschlagenen Modell ist nicht nur von einem Zensor oder einer Zensurbehörde die Rede, sondern ein ausgesuchtes Premierenpublikum übernimmt diese Funktion. Gerhardt-Amyntor zufolge ist ein „breite[s] gebildete[s] Publikum" besonders dafür geeignet, weil es „weder ausschließlich litterarische Interessen verfolgt, noch ausschließlich auf dem Standpunkte des Alles-Reglementieren-wollens steht [...]." Mit dem ‚gebildeten' Publikum wird ein neuer Kontroll-Akteur eingeführt, der nicht wie die Zensurbehörde reglementiert, und der ebenso wenig ausschließlich die künstlerische Seite sieht, wie dies zum Beispiel bei einem literarischen Beirat oder bei dem rein literarisch interessierten Publikum der Fall wäre. Der Vorschlag das Publikum durch seine Stimmabgabe an der Zensur teilhaben zu lassen, wertet die Position des Publikums auf und schreibt ihm eine neue Verantwortlichkeit zu. Vor dem Hintergrund dieser bedeutsamen Funktion des Publikums äußerte sich Gerhardt-Amyntor zur Zusammensetzung des Premierenpublikums. Es solle ein „breites gebildetes Premierenpublikum" sein, aber nicht „jenes banale Premieren-Publikum, das nur einen neuen Hut oder ein neues Kleid zur Schau stellen oder einen Theater-Skandal erleben will". Jenes Premieren-Publikum würde nur etwas erleben und sich selbst präsentieren wollen, aber die Bühnendarbietung nicht prüfend bewerten. In diesem Sinne ist Gerhardt-Amyntors Vorstellung vom zensierenden Publikum nicht für potenziell jeden Zuschauer und jede Zuschauerin offen, sondern die Auswahl des prüfenden Publikums ist mit Einschränkungen verbunden. Die ‚halböffentliche' Premiere scheint für Gerhardt-Amyntor somit das Modell zu sein, in dem er die Möglichkeit sieht, dass die Zensur eben nicht nur von Vertretern des Staats geübt wird, sondern auch die Öffentlichkeit – zumindest teilweise – in die Entscheidung miteinbezogen wird.

In der Rundfrage zur Theaterzensur wurde auch nach der Haltung zu einem Theaterzensurbeirat, der sich „aus litterarischen und künstlerischen Sachverständigen zusammensetzt", gefragt. Das reichsweite Stimmungsbild liefert zu dieser Frage aufschlussreiches Kontextwissen, das insbesondere deshalb zur Einordnung wichtig ist, da speziell in München ein solcher Beirat wenige Jahre später eingeführt wird. Die Mehrheit der Befragten stimmte in der zitieren Meinungsumfrage allerdings gegen die Schaffung einer solchen Kommission. Mehrere Befragte dachten, dass ein Beirat nie zustande kommen werde, da sich keine Mitglieder dafür überzeugen lassen werden.[56] Eine etwas ausführlichere Begründung gegen einen literarischen Zensurbeirat lieferte die Schriftstellerin Wilhelmine von Hillern. Sie zweifelte an der Objektivität eines Beirats, der aus Künstlern und literarischen Sachverständigen besteht, denn diese stünden der Sache zu nahe, um sich ein neutrales Urteil zu bilden; zudem seien sie an die Pflichten der Kollegialität gebunden, was ein unabhängiges Urteil erschwere. Darüber hinaus fand es von Hillern gerade nicht zielführend, wenn literarische Sachverständige in Zensurfragen mitentscheiden.

> [D]urch die Wahl litterarischer Sachverständiger würde die Frage der Zensur auf ein ästhetisches Gebiet hinübergeführt, auf das sie nicht gehört; denn der Staat maßt sich kein Urteil über den ästhetischen Wert eines Kunstwerks an, sondern lediglich über dessen Verhältnis zu den staatserhaltenden Prinzipien. Dies zu beurteilen, vermag jeder vernünftige Mensch und bedarf es dazu weder eines Polizeibeamten noch eines litterarischen Fachmannes.

Die Frage nach dem literarischen Beirat wurde von Personen wie Hermine von Hillern negiert, weil sich ihrer Ansicht nach das Wirkungsfeld der Zensur damit zu sehr in den Bereich der Ästhetik verschieben würde. Andere Befragte sahen darin hingegen einen „erstrebenswerten" Vorschlag, sofern „die Notwendigkeit einer Zensur überhaupt anerkannt wird."[57] Universitätsprofessor Werner aus Lemberg bekräftigte einen solchen Beirat als „Uebergang zu einer durchaus möglichen und wünschenswerten Abschaffung der ganzen Einrichtung [der Zensur, S.K. (die Autorin)]".

Zu den potenziellen Mitgliedern und der institutionellen Anbindung eines Theaterzensurbeirats wurden viele unterschiedliche Ideen und Überlegungen eingebracht. Hofrat Barnay legte Wert darauf, dass die letzte Entscheidung bei Zensurfragen beim Beirat liegt und alle Mitglieder gleichberechtigt nebeneinanderstehen. Ebenso war es ein Anliegen, dass Mitglieder aller literarischen Richtungen vertreten sind. Wilhelm von Polenz befürwortete eine „gemischte Kommission von Beamten und Künstlern", und Schriftsteller Julius Stinde schwebte es vor „Theaterkritiker der Zeitungen und Zeitschriften als fachverständige Mitglieder eines Beirats der Zensurbehörde" zu verpflichten. Die Anbindung des Beirats an die Polizeidirektion wurde von manchem Befragten in Zweifel gezogen. Dahingehend schlug ein Befragter die institutionelle Verankerung des Beirats am Kultusminis-

56 Vgl. Bühne und Welt, *Theater-Zensur. Eine Rundfrage*, S. 467 (Paul Lindau, Direktor des Berliner Theaters, Berlin); S. 506 (Carl Emil Franzos, Schriftsteller, Berlin); S. 507 (Paul Heyse, München).
57 Bühne und Welt, *Theater-Zensur. Eine Rundfrage*, S. 512 (Gustav von Putlitz, Indendant des Kgl. Württ. Hoftheaters) und S. 511 (Ernst von Possart, Hoftheater-Intendant, München).

terium vor und Siegmund Lautenburg, Direktor des Residenz-Theaters Berlin stellte sich ein „Ministerium der schönen Künste" vor, dem der Beirat untersteht.

3.2 Der Münchner Theaterzensurbeirat. Rat der bildungsbürgerlichen Eliten

Die Zensur wählt einen Beirat,
Und der Beirat rät genau,
Wie einer Musterheirat
Die normale Ehefrau.

Dreimal „Ja" auf alle Fragen,
Wie der Zensor sie bespricht.
„Nein" darf nur der Zensor sagen,
Für den Beirat gibts das nicht. [...][58]

In dem Gedicht *Zensurbeirat* aus der Zeitschrift *Komet* übte der Dramatiker Frank Wedekind offen Kritik an der Wirkkraft des Theaterzensurbeirats. 1911 bemühte sich Wedekind um die Freigabe seines verbotenen Stücks *Totentanz*. Obwohl er mehrere Gutachter des Theaterzensurbeirats von einer Freigabe überzeugen konnte, entschied der Polizeipräsident eine Fortführung des Verbotes von *Totentanz*.[59]

Der Theaterzensurbeirat, der Stücke nach seinem künstlerischen und sittlichen Wert prüfte,[60] war eine bedeutsame Einrichtung der Zensurgeschichte Anfang des 20. Jahrhunderts. Er bestand von 1908 bis 1918 und war an die Polizeidirektion München angegliedert. Nachfolgend soll der Münchner Zensurbeirat in seinen Grundzügen vorgestellt werden. Im Anschluss an die übergeordnete Fragestellung dieser Arbeit wird untersucht, inwieweit und auf welche Art und Weise der Zensurbeirat vorgelegte Theaterstücke kontrolliert hat.

3.2.1 Theaterzensurbeiräte und die strenge Zensurlinie der Münchner Polizeidirektion

Mit der Einführung eines Zensurbeirats beginnt eine neue Phase in der Geschichte der Theaterzensur. Michael Meyer, der hierzu promoviert hat, misst der Bedeut-

58 Wedekind, *Zensurbeirat*, S. 31.
59 Vgl. Meyer, *Theaterzensur in München 1900–1918*, S. 218–224.
60 Vgl. ebd., S. 97.

samkeit des Beirats so viel Bedeutung zu, dass er von einer Einrichtung „ohne Beispiel“[61] spricht. Dabei ist ein zusätzlicher Beirat, der die Zensurbehörde berät, keine Münchner Ausnahmeerscheinung. So berichtet Ludwig Leiss von Zensurbeiräten nicht nur in München, sondern auch in Berlin und der Theaterwissenschafter Jan Lazardzig dokumentiert einen solchen Beirat für Wien zu Beginn des 20. Jahrhunderts.[62]

Als Kontrastfall zu München soll zunächst die Entscheidung zur Bildung eines Zensurbeirats in Wien exemplarisch skizziert werden. Dort fand das Thema Theaterzensur um die Jahrhundertwende häufig Beachtung. Neue Ästhetiken und populäre Unterhaltungskultur ließen die „rigiden, auf Erziehung und Geschmacksbildung zielenden Maßnahmen der Restaurationszeit zunehmend [als] unzeitgemäß“[63] erscheinen, und Theaterdirektoren, Journalisten, Schriftsteller und Bibliotheksleiter, Liberale und Sozialdemokraten stellten die bestehende Zensurpraxis in Frage. Dabei bildeten sich vornehmlich zwei Positionen heraus. Auf der einen Seite standen laut Lazardzig die Vertreter der Zensur, die für die Fortführung ebendieser stimmten. Vor allem die Theaterdirektoren vertraten diese Meinung, da sie meinten, die Aufrechterhaltung der Zensur schütze das Theatergewerbe. Auf der anderen Seite standen die Gegner der Zensur, die auf das Recht der freien Meinungsäußerung plädierten. Wie Lazardzig herausarbeitet, herrschte „[i]nsgesamt in den Debatten ein sehr pragmatischer, am Machbaren und Durchsetzbaren orientierter Umgang mit der Zensur“[64]. Die Schaffung eines Zensurbeirats stellte nach Lazardzig eine Einigung auf die „Minimalforderung“ dar und sollte der Beliebigkeit der polizeilichen Theaterzensur entgegenwirken.[65] Demnach entstand der neu geschaffene Zensurbeirat nicht nur als Maßnahme gegen eine polizeiliche Willkür in Zensurfragen, er war auch schlicht ein lösungsorientierter Kompromiss, der aus der Diskussion um die Fortführung oder Aufhebung der Zensur resultierte. Motiviert und angestoßen wurde die Bildung des Theaterzensurbeirats in Wien von Vertretern des Theaters und der Öffentlichkeit, bemerkenswerterweise nicht vom Staat, an dessen Polizeibehörde der Beirat immerhin angeschlossen war.

In München beobachtete und dokumentierte die Polizeidirektion die öffentliche Debatte über die Theaterzensur zu Beginn des Jahrhunderts. Anders als in Wien ergriff in München die Polizeidirektion selbst den Entschluss einen Theaterzensurbeirat ins Leben zu rufen. Sie reagierte damit auf eine „weitgehende Unzufrie-

61 Ebd., S. 1.

62 Leiss, *Kunst im Konflikt* und Lazardzig, Der Geschmack der Polizei, S. 139–161.

63 Lazardzig, Der Geschmack der Polizei, S. 143.

64 Ebd., S. 144.

65 Vgl. ebd.

denheit mit der Zensurpraxis“[66] durch die Polizeidirektion in den vergangenen Jahren. Nicht nur die im gesamten Reich geführte Debatte um den Gesetzesentwurf zur Lex Heinze rief Unbehagen und Uneinigkeit an der bestehenden Zensurpraxis hervor, auch die uneinheitliche Regelung der Zensur im Deutschen Reich war Anlass der Unzufriedenheit, was an umstrittenen Zensurfällen wie etwa bei Paul Heyses *Maria von Magdala* in München sichtbar wurde.[67] Die unterschiedliche Handhabung von Zensurfällen führte zu Komplikationen in der Zensurpraxis zwischen den einzelnen Polizeidirektionen.[68] Zwar gab es von der Polizeidirektion München Bemühungen, bayernweit ein einheitliches Verfahren einzuführen, doch diese wurden nie konkreter.[69] Nichtsdestotrotz bestand zwischen den einzelnen Polizeidirektionen ein regelmäßiger Austausch im Hinblick auf Zensurentscheidungen, was die entsprechenden Korrespondenzen in den Polizeiakten belegen. Die Münchner Polizeidirektion nahm als Zensurbehörde im deutschsprachigen Raum offenbar eine besondere Rolle ein. Wie Meyer beschreibt, verschaffte sich diese über die Zeit eine gewisse Bekanntheit, was daran lag, dass ihre Entscheidungen häufiger zu einem Verbot der geprüften Stücke führten als in anderen Städten.[70] Die strenge Münchner Zensurlinie wurde aktiv auch anderen bayerischen Städten mitgeteilt. Im Fall von Otto Borngräbers *Die ersten Menschen* sendete die Münchner Polizeidirektion 1910 zum Beispiel initiativ ihre Verbotsentscheidung (von 1908) nach Nürnberg, Bamberg sowie nach Schweinfurt und Erlangen, da diese eine Aufführung des betreffenden Stücks planten.[71] Auch andere deutsche Städte wie Berlin, Breslau, Düsseldorf oder Stuttgart erkundigten sich bei der Münchner Polizeidirektion nach Zensurentscheidungen und -begründungen.[72] Umgekehrt ließ die Münchner Polizeidirektion die Entscheidungen aus anderen Städten unbeachtet und sicherte sich damit ihre Position als Maßstab und Vorbild im Bezug auf die Handhabung der Zensur.

Von dieser strengen und einflussreichen Münchner Polizeidirektion wurde 1908 ein Theaterzensurbeirat in München eingeführt. Der neue Beirat wirkte in Zukunft im Auftrag der Polizeidirektion an den Zensurentscheidungen mit, weshalb im folgenden Unterabschnitt seine Funktionen näher herausgearbeitet werden sollen.

---

66 Meyer, *Theaterzensur in München*, S. 82.
67 *M[ünchner] Zeitung*, Der Münchner Goethebund, o.A., Nr. 68, 24.03.190[0].
68 Vgl. Meyer, *Theaterzensur in München*, S. 104.
69 Vgl. ebd.
70 Vgl. ebd.
71 Vgl. ebd.
72 Vgl. ebd.

3.2.2 Begutachtung und Legitimation. Die Funktionen des Theaterzensurbeirats

Für Polizeipräsident von der Heydte bestand laut Meyer die Aufgabe des Zensurbeirats darin, in Zweifelsfällen die Polizeidirektion durch mündliche oder schriftliche Gutachten zu beraten."[73] In einer Sitzung des Beirats am 20. März 1908 wird die Kommission als „begutachtendes Organ der Polizeibehörde"[74] bezeichnet. Der Theaterzensurbeirat geht demnach beratenden und begutachtenden Aufgaben nach. Der Vorgang der Begutachtung durch den Zensurbeirat konnte, aber musste sich nicht auf die finale Zensurentscheidung der Polizeidirektion auswirken. Die Zensurentscheidung selbst wurde nicht vom Beirat getroffen, sondern wie der Landtagsabgeordnete Fischer hervorhob, „der betreffende Beamte im Interesse der Staatsautorität"[75], also ein Polizeibeamter, traf die Entscheidung. Abhängig von der gewählten Zensurdefinition, kann hier entweder argumentiert werden, dass der Zensurbeirat aufgrund seiner Funktion der überprüfenden Begutachtung Zensur ausübte, oder er gerade deshalb nicht zensierte, weil er ‚nur' begutachtete, aber keine Verbotsentscheidung aussprechen konnte. Ohne Entscheidungsgewalt war der Handlungsspielraum des Zensurbeirats durch seine rein beratende und begutachtende Funktion stark begrenzt. Vor diesem Hintergrund argumentiert Meyer, dass der Zensurbeirat „zu einem Instrument degradiert wurde, das die zensurpolizeilichen Entscheidungen zu decken hatte."[76]

Die Bildung eines Theaterzensurbeirats in München bestimmt das Verhältnis von Polizeidirektion, Staat und Öffentlichkeit neu. In Bezug auf den Staat ließ das Innenministerium, dem die Polizeidirektion untergeordnet ist, verlautbaren, dass es der Bildung eines Zensurbeirats eher distanziert gegenübersteht und das Vorhaben als einen „Versuch"[77] bewerte, über dessen Ergebnis die Polizeidirektion zu berichten habe. Meyer interpretiert diese Zurückhaltung des Innenministeriums in dem Sinne, dass durch dieses Verhalten gleichsam die Verantwortung für den „Versuch" auf die Polizeidirektion abgewälzt werde.[78] Die Polizeidirektion erhält folglich durch die Einführung des Beirats eine stärkere Position. Erstens, weil sich das Innenministerium als passiver Beobachter gab und die Verantwortung der

---

73 Meyer, *Theaterzensur in München*, S. 97. [S.K.]: Die bei Meyer zitierte Referenz war im Akt nicht mehr auffindbar: Schreiben des Polizeipräsidenten, 07.03.1908, Zensurbeirat I.

74 Protokoll der Sitzung des Zensurbeirats, 20.03.1908, Zensurbeirat I.

75 Stenographischer Bericht der Kammer der Abgeordneten, 156. Sitzung, 20.06.1906, S. 850 f.

76 Meyer, *Theaterzensur in München*, S. 73.

77 Schreiben des Innenministeriums von der kgl. Regierung, K. d. I. v. Obb an die Polizeibehörde, 17.02.1908, Zensurbeirat I.

78 Vgl. Meyer, *Theaterzensur in München*, S. 85.

Polizeidirektion selbst überließ und zweitens, da durch die Einbindung eines Beirats eine zusätzliche Kontrollebene geschaffen wurde, die sich der Direktion gegenüber loyal verhalten sollte.

An einem Streit zwischen der Polizeidirektion München und dem Schauspielhaus zur Auswahl der Stücke für die Nachmittagsvorstellungen werden die Funktionen des Zensurbeirats nochmals anschaulich. Der Zwist entzündete sich an der Komödie *Buridans Esel* und der Zensurbeirat wurde zur Befragung herangezogen. Der Fall gibt insofern ein interessantes Beispiel ab, als der Streit sich zwar um ein konkretes Stück drehte aber eigentlich Verbot oder Freigabe sämtlicher Vorstellungen am Nachmittag verhandelte. Die Polizeidirektion beabsichtigte die Aufführungen von solchen Stücken zu unterbinden und drohte mit einem scharfen Vorgehen, falls das Theater dieser Forderung nicht nachkäme.[79] Nachdem das Schauspielhaus Einspruch gegen diese Drohung und das generelle Verbot von Stücken – da es über die gesetzliche Regelung der Zensurpraxis hinausging – eingelegt hatte, erbat sich die Polizeidirektion eine Einschätzung des Zensurbeirats. Dieser erwiderte, dass er keine „generelle Entscheidung“ treffe, stattdessen müsse von „Fall zu Fall“ entschieden werden. Die Haltung des Zensurbeirats zeigt, dass sich dieser strikt an das vorgegebene Begutachtungsverfahren hielt, das eine Überprüfung für jedes Stück einzeln vorsah. Generelle Zensurentscheidungen lehnte er ab, denn sie waren nicht Teil seiner Aufgaben. Da der Beirat in diesem Fall nicht mit der Haltung der Polizeidirektion übereinstimmte, übernahm er hier auch keine Entlastungs- oder Legitimierungsfunktion für die Meinung der Polizeidirektion. Als der Konflikt zwischen der Polizeidirektion und dem Schauspielhaus wenige Wochen später mit *Der König von Paris* in die zweite Runde ging, versuchte die Polizeidirektion vorab den Beirat für sich zu gewinnen. In einem Brief an den Zensurbeirat findet sich hierzu folgende Äußerung:

> Ich ersuche ergebenst um gefl. Äußerung, ob ich für eine das Repertoire dieses Theaters in der gedachten Richtung beschränkende Verfügung, welche formell voll begründet wäre, in sachlicher Beziehung der Unterstützung des Zensurbeirates mich versichert halten kann.[80]

Hier zeigt sich besonders deutlich, dass der Beirat in seiner inhaltlichen Begutachtung den Zweck hatte, die Entscheidung der Polizeidirektion zu beglaubigen. Es lässt sich weiterführend die Hypothese aufstellen, dass sich die Polizeidirektion, wie im Fall von *Buridans Esel* geschehen, deshalb in die Spielplangestaltung des Theaters einmischte, weil sie durch die Schaffung eines Beirats ihre Kompetenz erwei-

---

79 Folgende Ausführungen vgl. ebd., S. 106 – 107.

80 Brief an den Zensurbeirat, 16.11.1910, Zensurbeirat I, zit. in Meyer, *Theaterzensur in München*, S. 108.

tert sah und sich durch ihn dazu befähigt fühlte, sich auch zu Fragen der Spielplangestaltung zu äußern. Um dem nachzugehen, soll im Folgenden die Kompetenz des Beirats näher beleuchtet werden.

3.2.3 Erweiterung der Zensurkompetenzen. Die Mitglieder des Zensurbeirats

Wie die Meinungen über ein Stück ausfielen, hing immer auch vom jeweiligen Beiratsmitglied und seiner moralischen, ästhetischen und politischen Haltung ab. Die ausgewählten Mitglieder sollten „persönlich und beruflich [...] schätzenswert"[81] sein sowie eine „hochstehende Allgemeinbildung bzw. auch durch anerkannte Sachkenntnis Gewähr für Abgabe eines objektiven, maßgebenden Gutachtens bieten"[82]. Darüber hinaus stand für die Polizeidirektion von Beginn an die politische Ausrichtung des Beirats fest: „Es muß, ohne die Moderne zu übersehen, auf Männer konservativer Richtung Bedacht genommen werden."[83] Ihre politische Ausrichtung sollte ferner sicherstellen, dass „die Zensur nicht aus den ihr zukommenden, ihre Existenzberechtigung begründeten Bahnen einer positiven, staatserhaltenden, nationalen und monarchistischen Institution gedrängt wird."[84] Diese Vorgabe verdeutlicht die enge ideologische Anbindung des Zensurbeirats an den Staat und die staatliche Zensurpraxis und führt noch einmal die Legitimationsfunktion des Zensurbeirats für den Staat und die Polizeidirektion eindrücklich vor Augen. Nichtsdestotrotz rückte die staatliche Zensur durch die Einführung des Beirats ein Stück näher an die Öffentlichkeit heran. Durch die Verlagerung der Begutachtung auf mehrere teils in der Öffentlichkeit bekannte Personen wie den Schriftsteller Thomas Mann oder den Intendanten Ernst von Possart, kam es zu einer stärkeren Personalisierung und möglicherweise dadurch zu einer höheren Glaubwürdigkeit der staatlichen Zensurpraxis in der Öffentlichkeit.[85]

Entgegen den Erwartungen, dass die freiwillige und unbezahlte Tätigkeit für die Polizeidirektion vorwiegend auf Ablehnung stoßen würde, gab es in München im Gegensatz zu anderen Städten eine „fast einmütige Bereitschaft"[86] der angefragten

81 Bericht der kgl. Reg., K. d. I. v. Obb., 19.06.1906, Zensurbeirat I.

82 Ebd.

83 Ebd.

84 Ebd.

85 Die Mitglieder des Theaterzensurbeirats wurden auch in der Presse bekannt gegeben.

86 Meyer, *Theaterzensur in München*, S. 86.

Personen zur Teilnahme im Theaterzensurbeirat.[87] Die Münchner Polizeidirektion berief in einer ersten Besprechung jeweils sechs Mitglieder für eine Haupt- und Ersatzkommission.[88] Eine Auflistung der Beiratsmitglieder inklusive ihrer Berufsbezeichnungen gibt Aufschluss über deren personelle Beschaffenheit.[89] An der ausschließlich männlichen Besetzung des Beirats fällt auf, dass die meisten Mitglieder Titel und Ehrenauszeichnungen trugen. Es handelt sich um angesehene und zum Teil auch bekannte Personen aus Münchens „Bildungsbürgertum"[90]. Insgesamt ist eine breite inhaltliche Kompetenz festzustellen, die durch die unterschiedlichen Mitglieder gegeben war. Die große Anzahl an Professoren verschiedener Fachrichtungen, insbesondere aus dem Bereich der Geisteswissenschaften deutet darauf hin, dass Renommee und generell Bildung ein wesentliches Kriterium zur Aufnahme in den Zensurbeirat war und fachliche Kompetenz in Bezug auf das Theater eine geringere Rolle spielte. Zwar waren auch Personen aus dem kreativen Bereich wie die Schriftsteller Max Halbe und Thomas Mann[91], der Bildhauer Adolf von Hildebrand und der Schauspieler und Intendant Julius von Werther im Beirat vertreten, doch diese waren in der Minderheit im Vergleich zu den Hochschullehrenden. Erwähnenswert ist auch, welche Fachleute im Beirat fehlten. Hierzu weist Meyer darauf hin, dass im Zensurbeirat nie Juristen vertreten waren, und auch Theaterkritiker, zum Beispiel Alfred Mensi-Klarbach und Josef Hofmiller, erst ab 1911 im Zensurbeirat mitwirkten.[92] Gerade diese Berufsgruppen situieren sich qua ihrer Profession in einer beurteilenden, beobachtenden Funktion und brächten somit eigentlich die passenden Voraussetzungen für die Arbeit im Zensurbeirat mit. Bei einem mittleren Alter von 51 Jahren waren die Mitglieder im wilhelminischen Kaiserreich sozialisiert.[93] Die Theatermacher Jocza Savits (61), Julius von Werther (71) und Ernst von Possart (67) zählten zu den betagteren Mitgliedern und standen nicht unbedingt für neue Tendenzen im Theater.[94] Konfessionell war der Beirat mit Katholiken und Protestanten ausgewogen, wobei ein leichter Überhang der katholischen Mitglieder bestand.[95] Im Theaterzensurbeirat befanden sich insgesamt eher konservative

87 Die Situation in München unterscheidet sich wesentlich von derjenigen in Berlin. Auch dort sollte ein Theaterzensurbeirat gebildet werden, doch die angefragten Personen verweigerten zum Großteil eine Mitgliedschaft, sodass dieser nie zustande kam.

88 Vgl. ebd.

89 Ebd., S. 86 ff.

90 Vgl. ebd., S. 94.

91 Max Halbe trat am 01.12.1912 aus dem Zensurbeirat aus. Thomas Mann war nur ein knappes Jahr Mitglied im Beirat vom 15.03.1912 – 26.05.1913, Vgl. Meyer, *Theaterzensur in München*, S. 87 f.

92 Vgl. ebd., S. 93.

93 Ebd., S. 94.

94 Vgl. ebd.

95 Ebd., S. 93.

Gutachter, die beruflich erfolgreich im kreativen, erzieherischen, geisteswissenschaftlichen, kulturellen und medizinischen Bereich tätig waren, aus dem christlichen Bildungsbürgertum stammten, überwiegend im mittleren Alter und männlich waren. Repräsentativ ist diese Zusammenstellung für die Öffentlichkeit keineswegs – allein schon deshalb, weil sich keine Frauen unter den Mitgliedern befanden – weshalb eine Begutachtungsfunktion im Sinne der Öffentlichkeit zweifelhaft erscheint. Trotz dieser Verlagerung eines Teils der Zensurpraxis auf den Theaterzensurbeirat und somit einer Aufteilung der Begutachtungsfunktion auf diverse Personen der Öffentlichkeit, agierte dieser – wie herausgearbeitet – hauptsächlich im Sinne der Interessen des Staats, da er dessen staatserhaltende konservative Gesinnung repräsentierte und dabei zu einer Erweiterung der staatlichen Zensurkompetenzen beitrug.

3.2.4 Zensurpraxis. Arbeitsbereich und Arbeitsweise des Zensurbeirats

Mit der Einführung des Theaterzensurbeirats änderte sich der Vorgang der Kontrolle, denn die Polizeidirektion war nicht mehr die alleinige Kontrollinstanz. Ein idealtypischer Zensurvorgang mit Beteiligung des Theaterzensurbeirats sah wie folgt aus.[96] Die Polizeibehörde versendete postalisch die zu überprüfende Textbücher an die Mitglieder der Kommission. Anschließend waren diese aufgefordert, ein Gutachten über die Zulassung oder das Verbot einer möglichen Aufführung zu erstellen.[97] Meyer hat in seinem Buch herausgearbeitet, dass die Erstellung der Mitgliedergutachten im jeweiligen Zensurfall zwischen einer Woche und bis zu zwei Monaten zeitlich variierte. Auch die endgültige Entscheidung der Polizeibehörde, die dann auch der Theaterleitung mitgeteilt wurde, konnte in ähnlicher Weise gleich am nächsten Tag oder erst nach mehreren Monaten getroffen werden.[98] Im Fall einer extremen Verzögerung der Zensurentscheidung ist offensichtlich, dass diese Zeiträume mit den Probenphasen im Theater von wenigen Wochen kollidierten, wodurch die Theatermacher in ihrer Aufführungsplanung unter Umständen stark eingeschränkt wurden. Noch schwieriger war es für die Theaterdirektion und die Regie kurzfristig auf Einwände der Zensur zu reagieren, nachdem die Generalprobe vor Vertretern der Polizei und des Zensurbeirats gespielt worden

96 Vgl. ebd., S. 95f.
97 Die Gutachten der Beiratsmitglieder waren unterschiedlich ausführlich. Sie gingen mindestens über einen Satz hinaus und waren in etwa bis zu einer Seite lang. Begründungen und Ausführungen der Beurteilenden waren also möglich.
98 Vgl. ebd., S. 96.

war.[99] Der Zensurvorgang wies nach Einführung des Theaterzensurbeirats zusammengefasst eine deutliche zeitliche Ausdehnung auf. Als konstantes Merkmal kann festgehalten werden, dass die Zeitlichkeit des Begutachtungsvorgangs mitsamt der polizeilichen Zensurentscheidung vollzogen wurde, bevor das Stück seine öffentliche Premiere feierte. Folglich handelte es sich hierbei um eine präventive Zensurmaßnahme.

Der Zensurbeirat sollte nicht, wie bisher üblich, einzelne Wörter beanstanden.[100] Denn die Zensur dürfe laut dem Landtagsabgeordneten Fischer „nicht nur eine oberflächliche und rein äußerliche Treibjagd nach derben und anstößigen Ausdrücken anstellen“[101], sondern müsse „in den literarischen Geist einer Dichtung eindringen“[102]. Statt einzelner Wörter erlaubte es die erweiterte Kompetenz des Zensurbeirats nun verschiedene Kontexte zu begutachten und damit differenzierter zu beurteilen, ob zum Beispiel ein unzüchtiges Wort seine Wirkung im Kontext erst entfaltet oder der Zusammenhang das betreffende Wort vielmehr ‚entschärft‘. Der ‚Kontext‘ ist gleichwohl aufgrund seiner Offenheit kaum eindeutig zu bestimmen. Das bedeutet, dass die Frage, ob etwas zensiert wird, stärker an die Sichtweise der kontrollierenden Behörde gekoppelt wird. Wie Meyer zum Maßstab des Beirats feststellt, etablierte es sich zum Beispiel zur Feststellung der Sittlichkeit oder Unsittlichkeit eines Stücks, es mit den als ‚unsittlichen‘ empfundenen französischen Boulevard-Komödien abzugleichen.

Im Zweifelsfall war es den Mitgliedern des Zensurbeirats möglich, eine mündliche Besprechung vorzuschlagen oder sich die Generalprobe des Stücks anzusehen. Solche Generalprobenbesuche waren nach Meyer zwar selten, kamen aber vor.[103] Die Möglichkeit einer Aufführung des Stücks als Beiratsmitglied zusätzlich zur Begutachtung des Textes beizuwohnen, bedeutete zugleich auch, dass innerhalb des Zensurvorgangs ein Medienwechsel vom geschriebenen Text zur Aufführung vollzogen wurde. Ein Blick in die Theatergeschichte zu Beginn des 20. Jahrhunderts zeigt, dass der Text bei Inszenierungen dieser Zeit eine zentrale Rolle spielte.[104] Das Regietheater, das aufführungsbezogener arbeitete und einen individuellen Zugang zum dramatischen Text entwickelte, steckte mit Vorreitern wie Otto Brahm, Carl Heine oder Leopold Jessner um 1900 gerade noch in den Kinderschuhen. Eine textbezogene Zensur, die gelegentlich die theatrale Darstellung miteinbezieht, wenn die Beiräte die Generalprobe besuchten, korreliert mit

99 Vgl. ebd., S. 100.
100 Vgl. ebd., S. 72.
101 Stenographischer Bericht der Kammer der Abgeordneten, 156. Sitzung, 20.06.1906, S. 850 f.
102 Ebd.
103 Vgl. Meyer, *Theaterzensur in München*, S. 100.
104 Engelhart, *Das Theater der Gegenwart*, S. 26 f.

der Entwicklung des Theaters von einer textorientierten hin zu einer aufführungsbezogenen Kunst. Dass sich die Theaterzensur durch die Möglichkeit des Generalprobenbesuches für die Beiräte stärker auf die Aufführung hin orientiert, ist zunächst ein notierenswerter Befund der Zensurgeschichte. Die Ergänzung des Gutachtenvorgangs um die Aufführung erfordert damit Kompetenzen, die über das literaturwissenschaftliche Feld hinausgehen. Vielmehr sind dafür analytische Fähigkeiten in Bezug auf die Inszenierung sowie auf die Wirkung der Aufführung von Nutzen.

Die Tätigkeit des Beirats stieß an Grenzen, wenn sich neben literarischen und sittlichen Kontexten auch politische Zusammenhänge eröffneten. In einer Sitzung von Theaterzensurbeirat und Polizeidirektion am 20. März 1908 wurde dahingehend festgelegt, dass der künstlerische und der sittliche Wert eines Stücks als Hauptkriterium für die Zensurentscheidung der Beiratsmitglieder dienen soll.[105] Auf die Nachfrage von Universitätsprofessor Müller, ob auch „politische Fragen dem Gutachten der Sachverständigen unterstellt werden sollten“[106], erklärte der Polizeipräsident, „daß bei solchen dramatischen Werken, welche politischen Bedenken begegnen, zum mindesten die Vorfrage über den künstlerischen Gehalt des Werkes dem Beirat unterbreitet werden.“[107] Politische Fragen fielen laut dem Polizeipräsidenten also weniger in den Zuständigkeitsbereich des Beirats, sondern waren Angelegenheit der Polizei.

Während in Bayern die Urteilsbefugnisse des Zensurbeirats stark durch die Polizeidirektion eingeschränkt waren, wiesen die Beiratsmitglieder Anton Stadler und Richard Du Moulin-Eckert darauf hin, dass in den Vereinigten Staaten und in England die „Theaterverhältnisse durch das Publikum selbst geregelt werden, ohne daß polizeiliches Einschreiten veranlaßt wäre.“[108] Die Aussage erscheint insofern bemerkenswert, als sie offenbar auf ein bestehendes internationales Vorbild referierte und bereits 1908 ausdrückte, was in Deutschland erst nach dem Ersten Weltkrieg theoretisch möglich wurde. Zu differenzieren ist an dieser Stelle, dass nicht von einer Zensur, sondern von einer Regelung der Theaterverhältnisse durch das Publikum gesprochen wurde. Die Polizeidirektion München reagierte ablehnend auf den Vorstoß der beiden Kommissionsmitglieder, da „nach den Erfahrungen der Polizeidirektion im allgemeinen auf einen wirksamen Ersatz für die Zensur durch den Geschmack des Publikums nicht gerechnet werden kann.“[109] Auch wenn,

105 Vgl. ebd., S. 97.

106 Protokoll der Sitzung des Zensurbeirates, 20.03.1908, Zensurbeirat I.

107 Ebd.

108 Ebd.

109 Ebd.

wie Meyer herausstellt, solche „Erfahrungen der Polizeidirektion“ [110] historisch nie gegeben und somit nicht glaubwürdig waren, wird dennoch klar, dass der Publikumsgeschmack für die polizeiliche Zensur eine sehr geringe bis keine Rolle gespielt hat.

3.3 ‚De-Censorship‘. Der Wandel der Theaterzensur (Epochenschwelle 1913 – 1920)

Im Begriff ‚De-Censorship‘ enthalten ist sowohl der Aspekt der Zensur als auch ihrer Aufhebung. ‚De-Censorship‘ kann somit gleichsam einen Übergang als auch eine Simultanität von Zensur und Nicht-Zensur bedeuten. Unter diesem Titelbegriff nimmt das Kapitel die Theaterzensur und ausgewählte gesellschaftliche Entwicklungen innerhalb der „Epochenschwelle“[111] zwischen 1913 und 1920 in den Blick. Der Dreh- und Angelpunkt dieses Abschnittes ist der 11. August 1919, an dem die Theaterzensur per Gesetz endet. Im Spannungsfeld zwischen dem Ereignis der offiziellen Aufhebung und dem Wandel der Theaterzensur, angefangen kurz vor Kriegsausbruch und bis zum Beginn der Weimarer Republik reichend, nimmt das Kapitel zunächst den öffentlichen Protest von Erich Mühsam gegen die Theaterzensur auf, bevor es sich mit der Revolution 1918/1919 in Bayern auseinandersetzt, an deren Ende eine neue Verfassung ohne Theaterzensur stand. Inwieweit die Bühne dazu beitragen kann, den Wechsel der Ordnungen zu gestalten, wird unter Bezugnahme auf Christian Meiers *Entstehung des Politischen bei den Griechen* überlegt. Angefangen mit der Forderung nach einer Aufhebung der Theaterzensur, schließt das Unterkapitel mit dem Kommentar eines Zeitgenossen kurz nach dem Entfall der Theaterzensur im Jahr 1920, worin beklagt wird, dass eine Zensur geübt wird, obwohl diese offiziell nicht mehr besteht.

3.3.1 Anarchistischer Protest von Erich Mühsam

Erich Mühsam, Anarchist und Herausgeber von *Kain. Zeitschrift für Menschlichkeit*, begleitete und kommentierte in mehreren Artikeln brisante Zensurfälle in München. Die Artikel stammen aus den Jahren 1913/1914 und überschneiden sich zeitlich mit dem Ausbruch des Ersten Weltkrieges. Mühsam stellte darin fest, dass sich die

---

110 Vgl. Meyer, *Theaterzensur in München*, S. 98.

111 Koselleck, Das achtzehnte Jahrhundert als Beginn der Neuzeit, S. 270. Zwar hat sich Koselleck mit dem Begriff der Epochenschwelle auseinandergesetzt, zurückgeführt wird er jedoch auf den Philosophen Hans Blumenberg. Vgl. hierzu Blumenberg, *Aspekte der Epochenschwelle*.

Ausübung der Zensur in letzter Zeit verschärft hatte. Veränderungen sah er vor allem in der Rolle des Polizeipräsidenten, des Theaterzensurbeirats und beim Format der ‚geschlossenen Aufführung'. Insbesondere der Umstand, dass der Staat bei den Zensurfällen immer stärker eingriff, empörte Mühsam und er forderte, dass die Zensur aufgehoben werden müsse. Die Texte zur Zensur aus der Zeitschrift *Kain* sind insofern für die Zensurdebatte zu Beginn des 20. Jahrhunderts aufschlussreich, als der Herausgeber darin eine Veränderung der Zensur beobachtete. Diese erscheint nicht als offensichtliche institutionelle Veränderung, wie die Einrichtung des Theaterzensurbeirats oder die wenig später eingeführte Kriegszensur. Die Veränderung wird vielmehr anhand von einzelnen, aktuellen Zensurfällen ersichtlich, die anders gehandhabt wurden als zuvor. Mühsam agierte in gewisser Weise als kritischer Seismograph der Münchner Zensur durch seine genaue Beobachtung von Zensurfällen.

Ein exemplarischer Zensurfall, mit dem sich Mühsam auseinandersetzte, war das Aufführungsverbot von Frank Wedekinds *Lulu* im Münchner Künstlertheater.[112] Mühsam schildert, dass die Zensur die Aufführung von *Lulu* verbot, obwohl Wedekind den Schluss nochmals „abschwächend"[113] umgeschrieben hat und Teile des Stücks, nämlich die Fragmente *Erdgeist* und *Die Büchse der Pandora*, erfolgreich aufgeführt worden waren. *Erdgeist* wurde bereits an den großen Theatern des Reichs öffentlich gespielt und *Die Büchse der Pandora* als ‚geschlossene Vorstellung' in München aufgeführt. Von den zwei geplanten geschlossenen Aufführungen von *Lulu* im Künstlertheater zensierte die Polizei laut Mühsam die zweite ‚geschlossene Aufführung' kurzfristig. Als die Münchener Ortsgruppe des Schriftsteller-Verbandes dieses Vorgehen öffentlich kritisierte, drohte die Polizei der Direktion des Künstlertheaters in einem Brief: „Sollte in den Zeitungen noch eine ähnliche Publikation erscheinen, so werde die Polizei auch die bereits genehmigte ‚geschlossene Aufführung' des Trauerspiels ‚Lulu' verbieten."[114] Die Entrüstung, die diese Ansage bei Mühsam auslöste, springt einem förmlich entgegen, denn im *Kain* verwendete der Herausgeber für diese Äußerung der Polizei fett gedruckte Buchstaben.

Aus den Artikeln geht insgesamt hervor, dass die Polizei besonders im Fokus von Mühsams Kritik stand. Mit unterschiedlichen Argumenten klagt er das Vorgehen und Verhalten der Polizei öffentlich an. So sieht er in der oben zitierten Äußerung der Polizei eine von Beamten ausgeführte „Androhung eines bestimmten Mißbrauches"[115], die strafbar sei. Der Herausgeber des *Kain* weist außerdem auf die

112 Folgende Beschreibung des Zensurfalles zu *Lulu* im Künstlertheater findet sich in: Mühsam, Der Münchner Zensor, 6/1913, S. 42 f.

113 Ebd.

114 Ebd., S. 43.

115 Ebd.

Freiheit der Presse hin, die keiner Aufsicht unterstehe und betont, dass die „Veröffentlichung von Zeitungsnotizen [...] ein staatsbürgerliches Recht" sei.[116] Seine Ausführungen legen nahe, dass die Zensur, wie sie von der Polizeidirektion ausgeübt wurde, nicht nur das Theater betraf, sondern inzwischen auch auf die Presse übergriff, die eigentlich seit 1848 der Pressefreiheit unterlag. Ferner gibt Mühsam zu Bedenken, dass der eingeführte Zensurbeirat „absolut wertlos"[117] und „ohne Einfluss"[118] sei. Vielmehr unterstütze er die Polizeidirektion, was sich nach Austritten von Max Halbe und Thomas Mann nochmals verstärkt habe.[119] Nicht nur aufgrund des Verhältnisses zum Zensurbeirat um das Jahr 1913/1914 hatte nach Mühsam der Polizeipräsident in Bayern „als Theaterzensor sehr weitgehende Machtbefugnisse"[120]. Auch juristisch war es ihm zufolge nicht möglich gegen die Zensurentscheidungen des Polizeipräsidenten vorzugehen.

Unter den Artikeln zur Zensur in Mühsams Zeitschrift *Kain* sticht der Text „Wider die Zensur!"[121] besonders hervor. Neben Vorschlägen, wie die Verweigerung der Theaterdirektoren, Stücke bei der Zensur einzureichen, rät der Autor dazu, nach jedem Zensurverbot einen „Verein [zu gründen] mit dem Zwecke, seinen Mitgliedern und deren Angehörigen die betreffende Vorstellung zugänglich zu machen."[122] Denn im Rahmen einer ‚geschlossenen Aufführung' für Vereinsmitglieder war eine Darbietung verbotener Stücke unter strengen Auflagen möglich. Zusätzlich zu den praktischen Vorschlägen, wie man sich gegen die Theaterzensur wehren könne, aktiviert Mühsam gezielt die Öffentlichkeit, um seine ablehnende Haltung gegenüber der Theaterzensur zu verbreiten und Sympathisanten zu finden. Mühsam sucht entsprechend, die Aufmerksamkeit der Presse für sein Vorhaben zu gewinnen. Dafür bat er „die Tageszeitungen, soweit sie die Abschaffung der Zensur zu ihrer eigenen Forderung gemacht haben, sich mit [...] [seiner, S.K.] Anstrengung

---

116 Zum staatsbürgerlichen Recht: Mühsam, Der Münchner Zensor, 6/1913, S. 43. Zur Freiheit der Presse äußert sich Mühsam außerdem in: Mühsam, Grundherrliche Zensur, 12/1913, S. 143.

117 Mühsam, Der Münchner Zensor, 6/1913, S. 41.

118 Vgl. Mühsam, Wider die Zensur! 7/1914, S. 57.

119 Thomas Mann, von 1912 bis 1913 Mitglied der Kommission, sprach sich bei *Lulu* für die Aufführung des Stücks aus: Sein Wort wog nicht schwer genug, denn trotzdem entschied sich die Polizeidirektion für ein Verbot, woraufhin Mann seine Mitgliedschaft im Beirat aufkündigte. Durch die Austritte von streitbaren Mitgliedern des Theaterzensurbeirats – vor Thomas Mann war schon der Schriftsteller Max Halbe ausgetreten –, wurde laut Mühsam der Beirat homogener als in seiner ursprünglichen Aufstellung und die Gutachten des Beirats erscheinen als eine reine Formalie. Vgl. ebd., S. 42.

120 Ebd., S. 41.

121 Vgl. Mühsam, Wider die Zensur! 7/1914, S. 54–60.

122 Ebd., S. 59.

zu beschäftigen."[123] Mühsams nominalisierter Ausdruck von der „Abschaffung der Zensur" fällt hierbei ins Auge. Die „Abschaffung der Zensur" scheint als ein auf die Zukunft gerichtetes programmatisches Anliegen. Der Nominalstil, der hierfür gewählt wurde, rückt den Akt der Aufhebung in den Vordergrund und das negativ konnotierte Wort der „Abschaffung" drückt aus, dass man sich hier etwas Unliebsamen entledigt. Zusammenfassend formuliert Erich Mühsam sehr klar sein Ziel, dass die Zensur aufgehoben werden müsse. Sein Vorhaben war vornehmlich durch das in seinen Augen zu machtvolle Gebaren der Polizei motiviert. Neben dem beispielhaft genannten Goethebund oder dem öffentlichen Widerstand Erich Mühsams in der Zeitschrift *Kain*, gab es in der Presse noch eine Reihe anderer Proteststimmen gegen die Ausübung einer Theaterzensur. Gleichsam organisierten sich aber auch Interessensgruppen, wie der 1906 gegründete *Münchner Männerverein zur Bekämpfung der öffentlichen Unsittlichkeit*, der sich *für* Zensurmaßnahmen im Theater einsetzte.

Der Erste Weltkrieg, der in die gewählte Epochenschwelle zwischen 1913 und 1920 fällt, steht nicht im Fokus der Untersuchung von Theaterzensur in Verbindung mit der Öffentlichkeit. Die freie Meinungsäußerung in der Presse wurde während der Kriegszeit durch die staatliche Autorität stark kontrolliert und zum Teil unterdrückt, somit entfielen auch die Voraussetzungen für eine öffentliche Debatte über die Theaterzensur, wie sie in den Zeitungen vor und nach dem Krieg geführt wurden. Die Theaterhistorikerin Eva Krivanec weist in ihrem Band *Kriegsbühnen. Theater im Ersten Weltkrieg* darauf hin, dass auch während des Ersten Weltkrieges das kulturelle Leben in den Städten nicht zum Erliegen gekommen sei.[124] Weiterhin fanden unter den Augen der Zensur Theateraufführungen statt. In München setzte der Theaterzensurbeirat seine Arbeit fort. Während des Krieges wurden Stücke wie Karl Schönherrs *Der Weibsteufel* „aus Gründen der Religion und des Burgfriedens" zensiert, was verdeutlicht, wie präsent die nationale Kriegspolitik auch im Theater gewesen ist.[125] Unter der Leitung von Alfons Falkner von Sonnenburg war die an das Kriegsministerium angeschlossenen Pressestelle die „geistige Zentrale"[126] der Zensur in Bayern. Die Theaterzensur während des Ersten Weltkrieges lässt sich als eine scharfe staatliche Kontrolle beschreiben, die aufgrund der besonderen Situation vom Militär ausging und inhaltlich – zum Beispiel in der Erhaltung des Burgfriedens – vorrangig den Interessen der nationalen Kriegspolitik diente. Für die Beschreibung der Vorgänge um ‚De-Censorship' ist der Zeitabschnitt somit von geringerer Bedeutung, weil er im Grunde in die entgegengesetzte Richtung weist und

123 Ebd.
124 Vgl. Krivanec, *Kriegsbühnen*, S. 10.
125 Vgl. Meyer, *Theaterzensur in München*, S. 154.
126 Fischer, *Die Münchner Zensurstelle während des Ersten Weltkrieges*, S. 21.

eher einen Beispielfall für die feste Verankerung einer staatlichen Überwachung des Theaters im Foucaultschen Sinne darstellt.

3.3.2 Eine Revolution und zwei Räterepubliken. Bayerns holpriger Weg in die parlamentarische Demokratie

1918 regten sich in der Bevölkerung immer mehr Anzeichen gegen eine Weiterführung des Krieges. Beim sogenannten ‚Januarstreik' forderte die Münchner Arbeiterschaft den sofortigen Frieden. Der Münchner Gymnasiallehrer und Literaturkritiker Josef Hofmiller notierte am 19. August 1918 in sein Tagebuch: „Keiner glaubt mehr, daß wir den Krieg gewinnen. Alle wissen, daß wir ihn verloren haben, und doch rückt keiner mit der Sprache heraus." [127] Im Sommer kam es zu Tumulten bei einem Truppentransport auf dem Weg zum Bahnhof.[128] Einige Wochen später protestierten Frauen auf dem Marienplatz in München gegen den Lebensmittelmangel.[129] Die Proteste aus der Bevölkerung, die in diesen Monaten reichsweit laut wurden, übten Druck auf die Politik, die Armee und die Justiz aus und signalisierten „den Verfall der bisherigen Autorität und der alten sozial-moralischen Ordnung"[130]. Von der einstigen Kriegseuphorie war vier Jahre später nichts mehr übriggeblieben. In Anbetracht der ausweglosen militärischen Lage Deutschlands forderte die Oberste Heeresleistung von der Regierung am 29. September einen sofortigen Waffenstillstand. Das Deutsche Reich sollte mit den Alliierten in Friedensverhandlungen treten. Eine neue Regierung unter Kanzler Max von Baden und der Parlamentsmehrheit von Sozialdemokraten, Liberalen und Zentrum wurde gebildet.[131] Das Militär und die konservativen Kräfte inklusive Kaiser Wilhelm II. gewährten anlässlich der Friedensverhandlungen den liberalen und sozialdemokratischen Parteien den Vortritt. Dies war ein strategischer Schachzug, um sich der Verantwortung für die Kriegsfolgen zu entziehen. Die Oberste Heeresleitung versuchte die Kriegsschuld auf die demokratischen Parteien zu schieben. Diese vermeintliche Kriegsschuld, die als „Dolchstoßlegende" firmierte, wurde noch viele Jahre nach dem Krieg geglaubt und politisch instrumentalisiert.[132]

In Bayern einigten sich Regierung und Parlament im Oktober darauf, dass das Land in eine parlamentarische Monarchie umgewandelt werden soll. Doch bevor es

127 Hofmiller, *Revolutionstagebuch 1918/19*, S. 11.
128 Geyer, *Verkehrte Welt*, S. 50.
129 Ebd., S. 51.
130 Peukert, *Die Weimarer Republik*, S. 36.
131 Vgl. ebd., S. 37.
132 Vgl. ebd.

dazu kam, brach im November sowohl in Preußen als auch in Bayern die Revolution aus. Diese dauerte in Bayern mehrere Monate an und lässt sich grob in drei Phasen unterteilen. Die erste Phase leitete der gewaltlose Umsturz, angeführt durch Kurt Eisner von der USPD, ein. Am 7. November fand auf der Theresienwiese in München eine Friedenskundgebung mit dem SPD-Vorsitzenden Erhart Auer statt. Am gleichen Platz und zur gleichen Zeit trafen sich Mitglieder der USPD, die sich von der SPD abgespalten hatte, um Kurt Eisners Reden zu hören. Mit etwa 1000 Teilnehmern war Eisners Versammlung der SPD-Kundgebung mit geschätzten 50 000 Teilnehmern zahlenmäßig deutlich unterlegen.[133] Während Auer den Demonstrationszug zum Friedensengel an der Münchner Prinzregentenstraße führte, marschierte Eisner mit seiner Anhängerschaft, die zum größten Teil aus Soldaten bestand[134], in Richtung der Kasernen. Eisner überzeugte die Mitglieder der Kasernen sich seinem Marsch anzuschließen. Auf den Straßen Münchens schlossen sich weitere Passanten dem Zug an. Eisner stieß mit seinem Umsturz auf keinerlei Widerstand. Von der Bevölkerung wurde sein Vorhaben unterstützt. Eine Gegenwehr durch die politischen Ordnungshüter der Armee und Polizei entfiel, da diese nun Eisner folgten.[135] Die spontane Unterstützung von Bevölkerung und Armee verhalf Eisner am 7. und 8. November zur erfolgreichen Revolution. Eisners Ziel war es, eine demokratische Staatsordnung aufzubauen, bei der Arbeiter-, Soldaten- und Bauernräte als Volksvertreter agieren. Mit dieser neuen Ordnung sollten zugleich neue politische Kräfte in die Regierung einziehen und ein Systemwechsel, personell, programmatisch und gesellschaftlich vollzogen werden.[136] Eisner sprach sich für eine sofortige Beendigung des Kriegs und die großzügige Anerkennung der von den Alliierten vorgeschlagenen Reparationen und Annexionen aus. An den Revolutionstagen wurden Bahnhof, Post- und Telegrafenamt, Kasernen, Ministerien und Zeitungen besetzt.[137] Am Abend proklamierte Eisner die Absetzung der Monarchie und den Freistaat Bayern, dessen erster Ministerpräsident er wurde. Mit der Ausrufung der Republik entfiel auch die Zensur. Am 21. November beendete die Polizei die Arbeit des Theaterzensurbeirats.[138] Bei den Wahlen am 12. Januar 1919 – den ersten Wahlen, bei denen Frauen ihr Stimme abgeben durften – erlebte Eisners USPD mit lediglich 2,5 % eine bittere Wahlniederlage. Gewinner der Wahl war mit 33 % die SPD. Ein neuer Landtag konstituierte sich und Eisner plante zurückzutre-

---

133 Vgl. Grau, *Kurt Eisner*, S. 351.
134 Vgl. ebd.
135 Vgl. ebd.
136 Vgl. ebd., S. 346.
137 Vgl. Geyer, *Verkehrte Welt*, S. 54.
138 Vgl. Stephan, Zensur (Altbayern und Bayern), https://www.historisches-lexikon-bayerns.de/Lexikon/Zensur_(Altbayern_und_Bayern).

ten. Doch bevor es dazu kam, wurde Eisner auf dem Weg in den Landtag von Graf von Arco auf Valley erschossen.

Die zweite Phase der Revolution war eingeleitet. Der Mord an Kurt Eisner und ein weiteres Attentat auf den Minister Erhard Auer, dass dieser schwer verwundet überlebte, führten zur Auflösung des Kabinetts und zu einem Machtvakuum. In den folgenden Wochen wurde der Einfluss der Arbeiter-, Soldaten und Bauernräte stärker. Diese bildeten zusammen mit Delegierten des revolutionären Arbeiterrates, Vertretern der SPD und der Gewerkschaften einen Zentralrat.[139] Am 7. April 1919 riefen Vertreter des Zentralrats und des Arbeiterrats die Baierische Räterepublik aus. Der Landtag wurde aufgelöst und eine Regierung der Volksbeauftragten bestimmt. Das Kabinett unter Johannes Hoffmann trat die Flucht nach Bamberg an. Trotzdem sah Hoffmann seine Regierung als die legitime bayerische Staatautorität an, nur eben mit Sitz in Bamberg und nicht in München. Mit der Baierischen Räterepublik, deren Zentrum München war, und der Bamberger Republik regierten zwei Staatssysteme parallel in Bayern, das somit kurzzeitig einer „Doppelherrschaft“[140] unterstand. Ermöglicht wurde dieser erneute Umsturz „ohne jedes Blutvergießen“[141] auch von Polizei und Armee, die sich in das Geschehen nicht einmischten.[142] Als prägende Akteure der ersten Räterepublik traten die Literaten Erich Mühsam, Gustav Landauer und Ernst Toller auf. Da es sich bei allen dreien um Schriftsteller handelte, wird diese Räterepublik in der Forschungsliteratur auch als „Republik der Literaten“ bezeichnet.[143] In der Baierischen Räterepublik wurde Toller Vorsitzender der USPD sowie des Revolutionären Zentralrats.[144] Landauer wurde die Position des Volksbeauftragten für Erziehung und Unterricht zuteil, wo er die Prügelstrafe und das Lehrerinnenzölibat aufhob, und Mühsam, dem man zunächst kein Amt zutraute, wird Osteuropabeauftragter. Die „problematisch[e]“[145], weil nicht politikversierte personelle Besetzung von Ämtern gilt als ein Aspekt für die Erfolglosigkeit dieser ersten Räterepublik. Ziele der neuen Regierung, die jedoch in weiten Teilen aufgrund der kurzen Dauer dieser Republik nicht durchgesetzt werden konnten, waren die Bildung einer Roten Armee, die Sozialisierung der Presse und der Bergwerke und die Reorganisation des Bankenwesens.[146] In den

---

139 Vgl. Pfotenhauer, Die Räterepubliken und ihre Akteure, S. 146.

140 Vgl. Geyer, *Verkehrte Welt*, S. 58. Pfotenhauer, *Die Räterepubliken und ihre Akteure*, S. 146 und Hille, *Revolutionen und Weltkriege*, S. 63.

141 Hille, *Revolutionen und Weltkriege*, S. 62.

142 Vgl. Pfotenhauer, *Die Räterepubliken und ihre Akteure*, S. 155.

143 Vgl. ebd., S. 151.

144 Vgl. ebd., S. 153.

145 Vgl. ebd., S. 154.

146 Vgl. ebd., S. 155.

folgenden Wochen kam es zu Einfuhrstopps, Lieferbeschränkungen, der Unterbrechung des Fernsprechverkehrs und der Einstellung von Geldzahlungen der Reichsbank. Außerdem plante die Räteregierung in den freien Geldverkehr eingreifen, über Wohnraum zu verfügen und das Bürgertum zu entwaffnen.[147]

Die Münchner Bevölkerung war von der politischen Situation unmittelbar betroffen. Durch die Lieferstopps und -beschränkungen hungerten und froren die Menschen. Wie sich die Situation weiter entwickeln würde, war ungewiss, zumal etablierte Kommunikationswege zum Teil nicht mehr funktionierten. Die bürgerlichen Zeitungen waren ab 7. April wieder von einer Zensur betroffen. Als Presseorgan dienten nun die *Mitteilungen des Vollzugsrates der Betriebs- und Soldatenräte* sowie die *Rote Fahne*, die *Neue Zeitung* und nach einer kurzen Beschränkung auch die *Münchner Post.*[148] Wenige Tage später kappte die Regierung Hoffmann Posttelegraphen und Telefonverbindungen.[149] Tausende Flugblätter wurden über München abgeworfen und Proklamationen an Litfaßsäulen angebracht. An verschiedenen Orten in der Stadt, wie auf der Theresienwiese oder in den Bierkellern, in denen Platz für große Versammlungen war, fanden Auftritte von Revolutionären statt. Die eingeschränkten Möglichkeiten der medialen Kommunikation führten in dieser Zeit der raschen Veränderungen allerdings auch zur Verbreitung von Gerüchten und Falschnachrichten.[150]

Die letzte Revolutionsphase setzte am 13. April mit dem Palmsonntagsputsch durch die Republikanische Schutztruppe ein. Diese Initiative von älteren Frontsoldaten versuchte mit der Erlaubnis der Regierung in Bamberg durch Falschmeldungen in München dem Rätesystem ein Ende zu setzen. Nach anfänglichem Erfolg der Schutztruppe organisierten sich die Räteanhänger zum Gegenangriff mit der Roten Armee.[151] Es kam zu mehrstündigen Schießereien, Verwundeten und Toten. Die Situation nach den Gewaltexzessen auf der Straße nutzten Eugen Leviné und Max Levien von der KPD, um ein zweites Räteregime, die Kommunistische Räterepublik zu verkünden. Mitglieder der KPD besetzten nun die wichtigen Posten der Regierung und Vorhaben aus der ersten Räterepublik sollten nun in die Tat umgesetzt werden.[152] Auf Reichsebene und in Bamberg verfolgte man das Geschehen in Bayern mit wachsendem Argwohn. Die Bamberger Regierung forderte eine bedingungslose Kapitulation, die Auslieferung der Anführer und die Abgabe von

147 Vgl. ebd., S. 156 f.

148 Hillmayr, München und die Revolution von 1918/19, S. 483. *Die Münchner Post* erscheint zwischen 12. und 23. April nicht. Die bürgerlichen Blätter erscheinen Ende April, Anfang Mai wieder.

149 Hille, *Revolutionen und Weltkriege*, S. 64.

150 Vgl. ebd. und Hillmayr, *München und die Revolution 1918/19*, S. 483.

151 Vgl. Hille, *Revolutionen und Weltkriege*, S. 65.

152 Vgl. ebd., S. 66 f.

Waffen.[153] Auf Nachdruck des Reichswehrministeriums hin, bereiteten sich im Dienst der Bamberger Regierung mehrere Truppen, Freikorps und Freiwilligenverbände auf die militärische Zerschlagung der Räterepublik in München und weiteren vom Rätesystem besetzten bayerischen Städten vor. Die Weißen Truppen der Bamberger Regierung kreisten München ringförmig ein, um am 2. Mai die Stadt zu erobern. Die zahlenmäßig unterlegene Rote Armee reagierte mit blutigen Gewalttaten. Zehn als Geiseln verhaftete Mitglieder der Thule-Gesellschaft wurden im Luitpold-Gymnasium hingerichtet.[154] Der Einmarsch in die Stadt durch die Regierungstruppen gelang in einigen Bereichen, zum Beispiel in Milbertshofen, ohne Widerstand. In anderen Vierteln, beispielsweise im Westend oder im Stadtzentrum fanden heftige Straßenkämpfe statt.[155] Am Ende dieser Gewaltausbrüche war die letzte Räterepublik zerschlagen und Bayern wurde wenige Zeit später „zumindest auf dem Papier"[156] eine parlamentarische Demokratie.

3.3.3 Die Aufhebung der Theaterzensur – Eine semantische Finte?

Ereignisgeschichtlich sind drei Daten zu nennen, die die Aufhebung der Theaterzensur markieren. Der Münchner Theaterzensurbeirat legte seine Tätigkeit am 21. November 1918 nieder. Das Ende der Theaterzensur wurde gesetzlich in der Weimarer Verfassung vom 11. August 1919 und für Bayern in der Bamberger Verfassung vom 14. August 1919 verankert. Die Weimarer Reichsverfassung deckte die rechtliche Situation in Bayern mit ab, dennoch gab es hier mit der Bamberger Verfassung ein bayerisches Gesetz, das elementare Grundrechte noch einmal gesondert bestimmte. In der Bamberger Verfassung wurde explizit die Freiheit der Kunst garantiert. Laut § 20 ist „[d]ie Freiheit der Kunst, der Wissenschaft und ihrer Lehre [...] gewährleistet und kann nur durch Gesetz und nur zur Wahrung der öffentlichen Ordnung, Sicherheit, Gesundheit oder Sittlichkeit beschränkt werden."[157] Der Begriff der Zensur fand hierin keine Erwähnung, aber die Gewähr und Einschränkungen der Freiheit wurden aufgeführt. In der Weimarer Reichsverfassung war das entsprechende Gesetz etwas ausführlicher und mit anderen Schwerpunkten formuliert. Artikel 118 legte fest: „Jeder Deutsche hat das Recht, innerhalb der Schranken der allgemeinen Gesetze seine Meinung durch Wort,

153 Vgl. ebd., S. 68.
154 Vgl. ebd., S. 71.
155 Vgl. Löffelmeier, München im Banne von Anarchie, Gewalt und neuer Ordnung, S. 179 ff.
156 Hille, *Revolutionen und Weltkriege*, S. 73.
157 Bayerische Staatsregierung: *Verfassung des Freistaats Bayern von 1919 (Bamberger Verfassung)*, 14.08.1919.

Schrift, Druck, Bild oder in sonstiger Weise frei zu äußern.“[158] Hier wurde das Recht der freien Meinungsäußerung nicht nur wie bisher in der Presse, sondern nun auch in Bild und sonstiger Weise, das heißt auch im Theater garantiert. Die Freiheit der Kunst wurde nicht explizit erwähnt. Dafür wird im zweiten Absatz ausgeführt:

> Eine Zensur findet nicht statt, doch können für Lichtspiele durch Gesetz abweichende Bestimmungen getroffen werden. Auch sind zur Bekämpfung der Schund- und Schmutzliteratur sowie zum Schutze der Jugend bei öffentlichen Schaustellungen und Darbietungen gesetzliche Maßnahmen zulässig.[159]

Den genannten Gesetzesartikeln ist gemeinsam, dass sie beide ein neues Verhältnis von Staat und Kunst durch die Freiheit der Kunst beziehungsweise den Entfall der Zensur bestimmten, und in bestimmten Bereichen eine staatliche Eingriffsmöglichkeit vorsahen. Begrifflich wurde die Zensur aus dem Gesetz verbannt, doch gleichzeitig bestand für das Kino, bei Schund- und Schmutzliteratur, zum Schutz der Jugend und allgemein zum Erhalt der öffentlichen Ordnung, Sicherheit und Gesundheit die Möglichkeit einer staatlichen Kontrolle. Einerseits lag also mit dem gesetzlichen Wegfall der Zensur eine völlig neue Situation im deutschen Theater vor, die so – bis auf eine kurze Ausnahme – in der Vergangenheit noch nicht bestanden hat. Andererseits zeichnete sich an der Möglichkeit zur Einschränkung dieser neu gewonnenen Kunst- und Meinungsfreiheit bereits ab, dass eine Kontrolle und die Interventionsmöglichkeit des Staats nicht vollständig entfielen. Dies leitet über zu der Folgefrage: Kann die Zensur von einem Tag auf den anderen wie eine Maschine abgestellt werden, oder wirken Mechanismen der Kontrolle, die über einen langen Zeitraum hinweg das Theater mitprägten, weiterhin fort?

3.3.4 Wechsel der Ordnungen. Die Tragödie als Komplizin der Bürger

Nach vier Jahren des Weltkrieges und nach der Abdankung des Kaisers endete eine von 1871 bis 1918 bestehende konstitutionelle Monarchie, deren Machtmonopol beim Kaiser gelegen hatte. Ab 1919 wurde das Deutsche Reich zu einer parlamentarischen Demokratie. Für die Bürger war dieser systemische Umbruch tiefgreifend. Die Demokratie sprach ihnen neue Rechte und Freiheiten zu. Doch wie die Demokratie in der Praxis funktionieren und gelebt werden sollte, war um das Jahr 1919 herum noch ungewiss. Auch das zensurfreie Theater musste sich in der Demokratie neu positionieren und es stellte sich die Frage, was das Theater und das

158 Huber, Die Weimarer Reichsverfassung, S. 168 f.
159 Ebd., S. 169.

Drama der jungen Demokratie geben könnte. Mit der Funktion der Tragödie in einer neuen Demokratie hat sich der Althistoriker Christian Meier in seiner Studie *Die Entstehung des Politischen bei den Griechen* beschäftigt. Seine Untersuchung setzt 462/461 v.Chr. an, als der Areopag, der als bisheriges Machtzentrum für die Staatsaufsicht zuständig gewesen war, seine politischen Befugnisse verlor. Im Anschluss an den Zusammenbruch dieser alten Ordnung entstand eine neue auf die Volksversammlung gestützte Politik. [160] In der neu entstehenden Demokratie nach dem Wegfall eines über einen langen Zeitraum hinweg bestehenden autoritären Systems liegt eine strukturelle Parallele zur Umbruchsituation vom Kaiserreich zur Weimarer Republik. Diese soll als Anlass zu einem kurzen Exkurs in griechische Antike genommen werden.

Mit dem Wegfall des Areopags sieht Meier die „Ordnung des Zusammenlebens in der Polis“[161] in Frage gestellt und beobachtet gleichsam eine Politisierung der Bürger infolge der Entmachtung des Areopags. In dieser Phase einer neuen Freiheit und zugleich einer neuen politischen Verantwortung mussten sich die Bürger erst neu orientieren. Dabei spielte laut Meier die Tragödie, insbesondere Aischylos' *Orestie*, eine zentrale Rolle.[162] Meier argumentiert, dass „im politischen Denken jenseits aller Parteiungen, [...] deren eigentlich politischer, die Bürgerschaft betreffender Gehalt [lag].“[163] In der Tragödie vollzog sich somit das überparteiliche politische Denken der athenischen Bürger. Dieses „noch lange nicht genug gewürdigte Ausmaß der attischen Tragödie“[164] ergänzt Meier zusätzlich durch den Aspekt, dass die Tragödie in der Umbruchsphase zwischen Entmachtung des Areopags und der Anfangsphase der demokratischen Ordnung in der Polis eine stabilisierende Funktion innehatte.[165] Aufbauend auf Meier kann die Tragödie die Zukunft nicht antizipieren, sie weiß nicht welche Form die neue Ordnung einmal annehmen wird. Aber sie führt durch ihre auf die Ordnung bezogene und gleichsam aus den Ordnungen herausgetretene Perspektive einem Publikum in dramatischer Form Konflikte und Veränderungen der Zeit vor Augen und bildet damit eine externalisierte Perspektive auf das Geschehen, in dem sich das Volk gerade befindet.

Der Rekurs auf Meiers Theorie der Entstehung des Politischen bei den Griechen gereicht trotz der aufgezeigten Parallelen nicht zum Analogieargument, zu weit ist der zeitliche Abstand und zu unterschiedlich sind die Voraussetzungen und einzelnen Parameter. Dennoch verbildlicht sich in Meiers Untersuchung des Theaters

---

160 Vgl. Meier, *Die Entstehung des Politischen bei den Griechen*, S. 148.
161 Ebd., S. 149.
162 Vgl. ebd., S. 157.
163 Ebd.
164 Ebd.
165 Vgl. ebd., S. 158.

an der Schnittstelle zweier Systeme, der tiefgreifende strukturelle Wandel für die Bürger, der sich als solche ebenso im Übergang von Monarchie zu Demokratie um das 1918/1919 herum ablesen lässt. Ergänzend zu den Leitthesen dieser Arbeit, inspiriert Meier danach zu fragen: Inwiefern erfasst oder stabilisiert das Theater die demokratische Ordnung und dies ohne die Hilfe der staatlichen Zensur? Inwieweit trägt die Tragödie zur Politisierung der Bürger in der Weimarer Republik bei? Welche Stücke der 1910er und 1920er Jahre besitzen eine Orientierungsfunktion innerhalb der demokratischen Ordnung? Ist auf der einen Seite, wie mit Meier hier hervorgehoben, die Bedeutung des systemischen Bruchs um das Jahr 1919 zu betonen, der das Ende eines restriktiven Obrigkeitsstaats und den Beginn einer Demokratie mit neuen Freiheiten ohne eine Theaterzensur verspricht, muss auf der anderen Seite auch auf die Kontinuitäten in dieser Übergangszeit insbesondere im Bereich der Zensur geblickt werden.

3.3.5 *Same same but different.* Die Rückkehr der Theaterzensur

Im 1920 veröffentlichten Text des Bühnenleiters und Schriftstellers Max Martersteig zur „Aufhebung der Theaterzensur"[166] bezweifelte dieser, dass die Zensur tatsächlich abgeschafft sei, denn seiner Ansicht nach herrsche eine „‚wilde Theaterzensur' durch kunstunkundige Kommissionen, Stadtverordnetenbeschlüsse und öffentliche Stimmungsmache."[167] Martersteigs Artikel fungiert hier als eine beispielhafte Position, wonach eine Form der Zensur auch nach deren offizieller Aufhebung fortgeführt wurde. Wie Martersteigs Aufsatz argumentiert, verlagerte sich die Zensur auf unterschiedliche Akteure. In Bezug auf das Theater konkretisiert er die weitergeführte Zensurpraxis. Den Theatern falle es immer mehr zu, Theaterzensur ausüben zu müssen. Die zunehmende institutionelle Verankerung von Kommunaltheatern in der Republik bedeute, dass die Verantwortung und oberste Aufsicht über das Theater bei den Intendanten liege. Darüber hinaus gäbe es die „in Kunstfragen so merklich überheizt[e] Denunziationsneigung des Publikums", die eine präventive Zensur der Theater im eigenen Spielplan zur Folge habe. Infolgedessen kam Martersteig zu dem Schluss, dass „die Freiheit, die die Verfassung der Kunst verbürgen will, […] durch diese Praxis jederzeit illusorisch gemacht werden [kann]." Die „formale Aufhebung der Theaterzensur" bedeute daher nicht, dass die Zensur in der Praxis tatsächlich ende.

166 Martersteig, Aufhebung der Theaterzensur, S. 197–199.

167 Folgender Sinnabschnitt: Martersteig, Aufhebung der Theaterzensur, S. 199.

Martersteig sah eine Ursache dieser unklaren Situation zu Beginn der Weimarer Republik darin, dass der Begriff der ‚Kunstfreiheit' im Theater in der Verfassung nicht präzise bestimmt sei. Langfristig solle ein Reichstheatergesetz dagegen Abhilfe schaffen. Bis dahin müsse eine „sachgemässe Präventivzensur nach durchaus freiheitlichen Gesichtspunkten anheimgegeben werden, die unter ständiger Mitwirkung sachverständiger Berater aus Literatur- und Theaterkreisen zu amtieren hätte." Entlang dieser Schilderungen wird weniger ein Bruch nach der Aufhebung der Theaterzensur gezeichnet, sondern eher ein Übergang, der von einer liberalen Theaterzensur begleitet wird und schließlich in einer konkreten Gesetzesbestimmung von Kunstfreiheit einen Abschluss findet. Martersteigs Vorschlag von einer freiheitlichen Theaterzensur mit Unterstützung von Sachverständigen ähnelt dem Theaterzensurbeirat in seiner Besetzung durch Fachleute, unterscheidet sich aber in der liberalen Ausrichtung. Insofern ist in dieser Vorstellung von Martersteig sowohl eine Anknüpfung als auch ein Wandel zur Zensurpraxis vor 1919 zu erkennen.

Fazit

Es wurde gezeigt, dass über die Aufhebung der Theaterzensur schon weit vor 1919 gestritten wurde. Zwischen Schutz- und Restriktionsfunktion der Zensur schloss die Diskussion Anfang des 20. Jahrhunderts an Debatten an, die bereits im 19. Jahrhundert geführt wurden. In der öffentlichen Diskussion um die Jahrhundertwende waren die Stimmen, die zum Protest gegen die Theaterzensur aufriefen, die Zensur beobachteten und die versuchten eine größere Öffentlichkeit dafür zu gewinnen, sehr präsent. Auf politischer Ebene war Anfang des 20. Jahrhunderts eher die gegenläufige Bewegung, nämlich die Verschärfung der Zensur zu beobachten, die sich in der Einführung der Lex Heinze niederschlug. Hier zeigte sich, dass die ‚Sittlichkeit' einen zentralen Aspekt bei Zensurfragen darstellte und den öffentlichen Protest zusätzlich anheizte. Zur Öffentlichkeit ist festzuhalten, dass eine durchaus nennenswerte Gruppe durch den Goethebund zum Protest gegen die Theaterzensur adressiert und mobilisiert wurde. Anhand einer größeren Umfrage zeigte sich jedoch, dass die Meinungen für und wider der Theaterzensur insgesamt ausgeglichen waren, mit einer leichten Tendenz dagegen. An der Zensur wurde kritisiert, dass sie bevormundend wirke und dass sie in dieser Form nicht mehr zeitgemäß sei. Geschätzt wurde an ihr, dass sie Mittel zur Bewahrung der Ordnung war, in verschiedene Richtungen eine Schutzfunktion übernahm und den Theaterleitern Verantwortung abnahm. Es wurden außerdem Überlegungen angestellt, wie eine Kontrolle über das Theater noch aussehen könnte. Anhand von Dagobert von Gerhardt-Amyntors Gedankenspiel zu einer Zensur, die das Publikum mittels

Stimmkarten nach der Aufführung ausübte, wurde dies exemplifiziert. Nicht nur in diesem Gedankenspiel, sondern an mehreren Stellen in diesem Kapitel wurde gezeigt, dass die Idee von einem ‚zensierenden Publikum' innerhalb der Debatte zirkulierte.

Von der Einrichtung des Theaterzensurbeirats profitierte hauptsächlich die Polizei. Nachdem anhand der Mitglieder und seiner Ausrichtung herausgearbeitet wurde, dass der Beirat nicht repräsentativ für die Münchner Öffentlichkeit war, wurde ferner die Beobachtung gemacht, dass dieser quasi die Kompetenzen der Polizeidirektion, die zuvor häufig bemängelt worden waren, erweiterte und sich die Zensurarbeit der Polizeidirektion damit auch stärker auf das ästhetische Gebiet ausweitete. Das beratende Gremium diente somit dazu, pro forma die Entscheidungen zu legitimieren und begutachtete dabei nur künstlerische und sittliche, nicht aber politische Aspekte.

Im Unterkapitel zu ‚De-Censorship' wurde auf den Systemwechsel von Kaiserreich zur Demokratie eingegangen, der sich zwischen Zäsur und Kontinuität aufspannt. Das Ereignis der Aufhebung der Theaterzensur lässt sich dabei als historische Zäsur verstehen, während sich die Debatte darüber kontinuierlich fortschreibt. Bezüglich der gesetzlichen Lage versicherte der entsprechende Gesetzestext keine uneingeschränkte Freiheit, sondern es bestanden Ausnahmen, bei denen der Staat eingreifen konnte. Unter bestimmten Umständen war somit gesetzlich eine Zensur möglich. Die Übergangsphase speziell in Bayern war von heftigen Umwälzungen geprägt, während derer das Verhältnis von Staat und Öffentlichkeit mehrfach neu definiert und wieder verworfen wurde. Mit den Ausführungen in diesem Kapitel wurde der Kontext für die Zeit nach der offiziellen Aufhebung der Theaterzensur geschaffen. Nachfolgend soll nun auf Theaterskandale in diesen Zeitraum eingegangen werden, beginnend noch im gleichen Jahr wie die Revolutionsereignisse, 1919.

4 Der Theaterskandal als Grenzphänomen. Der Fall *Schloss Wetterstein*

In der Silvesterausgabe der *Münchener Rundschau* von 1919 blickte der Autor und Publizist Hermann Eßwein[1] zurück auf die Entwicklungen nach über einem Jahr Freistaat Bayern. Eßwein sprach von der „hartnäckigen Radaustimmung der chauvinistisch-klerikalen Gassenjugend und dem Umstand, daß die Münchner Polizei immer noch als unzweckmäßig militärisch bewaffnete Macht auftritt"[2] und kam zu dem Schluss, dass „eine Frage wieder aktuell geworden ist, die man als zugleich mit dem alten Obrigkeitsstaat ein für alle Mal als erledigt ansehen mußte: Die Zensurfrage." [3] Gerade einmal ein gutes Jahr, nachdem der Zensurbeirat in München seine Arbeit niedergelegt hatte und ein halbes Jahr nachdem die Zensur in Bayern durch die Weimarer Reichsverfassung gesetzlich aufgehoben worden ist, widmete sich Eßwein zum Jahresabschluss erneut der „Zensurfrage". Eßweins Artikel erschien bezeichnenderweise nur wenige Tage, nachdem die Polizeidirektion ein Verbot gegen *Schloss Wetterstein* von Frank Wedekind in den Münchner Kammerspielen ausgesprochen hatte. Anlässlich der Münchner Erstaufführung von *Schloss Wetterstein*, das bis dato von der Zensurbehörde nicht freigegeben worden war, kam es zu mehreren Tumulten im Zuschauerraum der Münchner Kammerspiele, hitzigen Diskussionen in der Presse und schließlich verhängte die Polizeidirektion ein Aufführungsverbot gegen das Stück. Die Vorstellungen zu *Schloss Wetterstein* bildeten nicht nur die erste zensurfreie Inszenierung dieses Werks, sondern sie lösten auch den „ersten großen Theaterskandal"[4] in München nach der Aufhebung der Zensur aus. Es wird anhand dieser Aufführungen von *Schloss Wetterstein* beispielhaft gezeigt, welche Geschehnisse sich hinter dem Theaterskandal verbergen und inwiefern diese in einem Zusammenhang mit der aufgehobenen Theaterzensur stehen. An der Schwelle zwischen Zensur und Kunstfreiheit, zwischen Räterevolution und Weimarer Republik, zwischen Wedekinds Restriktion durch die Theaterzensur und seinem Büh-

---

1 Zur Person: Hermann Eßwein (1877–1934) verbrachte einen Großteil seines Lebens in München und trat als Beobachter, Kommentator und Kritiker für gesellschaftliche Belange und insbesondere für Fragen der Kunst in den ersten Jahrzehnten des 20. Jahrhunderts immer wieder durch Presseartikel öffentlich in Erscheinung. Zwischen 1919 und 1921 leitete er gemeinsam mit Alfred Einstein die *Münchner Kunstschau*, die Wochenbeilage der *Münchner Post für Kunst, Theater und Musik*. Später engagierte er sich kulturpolitisch und gründete die Münchner Volksbühnenbewegung.

2 *Die Kunstschau*, Zur Zensurfrage, Hermann Eßwein, o.Nr., 31.12.1919.

3 Ebd.

4 Meyer, *Theaterzensur in München 1900–1918*, S. 235.

 https://doi.org/10.1515/9783111458946-005

nenerfolg als einer der meistgespielten Autoren der Republik[5], stehen die Ereignisse um *Schloss Wetterstein* 1919 an den Münchner Kammerspielen. Die Untersuchung dieses Theaterskandals berücksichtigt entsprechend die Vergangenheit und nimmt Bezug auf die Stückgeschichte. Dahingehend wird gefragt, inwieweit die Zensurbiographie von Wedekind und seinen Stücken im Theaterskandal nachwirkt. Ebenso stellt sich die Frage, welche Veränderungen in der Situation des Theaterskandals deutlich werden. Dafür werden die Akteure Theater, Polizei und Öffentlichkeit jeweils in den Blick genommen und vorgestellt. Es wird untersucht, inwiefern diese bei dem Skandal eine Kontrollfunktion einnehmen, welche Motivationen sie verfolgen und wo ihre individuellen Grenzen bei Tumulten und in Bezug auf das Stück verlaufen. Die vormals für die Theaterzensur zuständige Polizei ergreift als Akteur im Theaterskandal verschiedenen Kontrollmaßnahmen, um die Ordnung im Theater wiederherzustellen. Ferner wird die Rolle des Theaters untersucht. Im Fokus steht dabei, wie sich das Theater zu den Tumulten positioniert sowie die Erwartungshaltungen der anderen Akteure an das Theater in diesem Skandalfall. Verschiedene Akteure des Publikums und der Presse werden im letzten Unterkapitel beispielhaft herausgearbeitet, hierbei wird auf den Aspekt der Zuschreibungen durch die Presse eingegangen und die semantischen Wendungen einer ‚Zensur des Publikums' analysiert.

4.1 *Schloss Wetterstein* von Frank Wedekind

Im Zuge seiner ersten Theatererfolge zu Beginn des 20. Jahrhunderts rückte der Schriftsteller Frank Wedekind zunehmend in den Fokus der Öffentlichkeit. Seine Stücke *Frühlings Erwachen*, die *Lulu*-Dramen und *Der Marquis von Keith* gehören zu den bekannten und gut erforschten Werken des Dichters.[6] Zwischen Jahrhundertwende und dem Beginn des Ersten Weltkrieges nahm das Interesse an dem Dichter stetig zu.[7] Bis zum Kriegsausbruch avancierte der Autor, wie der Wedekind-Forscher Hartmut Vinçon ausführt, „sowohl zum wichtigsten als auch zum umstrittensten Theaterautor seiner Epoche"[8]. Die Verbote seiner Werke durch die Theaterzensur und seine Auseinandersetzungen mit der Zensurbehörde verhalfen Wedekind nicht nur in literarischen Kreisen zu Bekanntheit, sondern verschafften ihm auch in einer breiteren Öffentlichkeit Prominenz.[9] Zum Durchbruch auf den Bühnen kam es jedoch erst in der Weimarer Republik. Laut Vinçon war der 1918

5 Vinçon, *Frank Wedekind*, S. 118.
6 Ebd., S. 122.
7 Vgl. ebd., S. 104.
8 Ebd.
9 Vgl. Seehaus, *Frank Wedekind und das Theater*, S. 35.

verstorbene Wedekind einer der am häufigsten gespielten Theaterautoren der Nachkriegszeit.[10] 1919 kam es so zu mehreren Erstaufführungen von *Schloss Wetterstein* in Hamburg (18. Oktober 1919), Berlin (23. Oktober 1919) und schließlich in München (6. Dezember 1919).[11] Das Stück entstand bereits zwischen 1909 und 1913.[12] 1910 fand eine ‚geschlossene Vorlesung' des Dichters statt, sonst wurde das Stück nicht vor einem Publikum präsentiert.[13] Mehrere Anträge für eine Inszenierung wurden von der Zensurbehörde abgelehnt.[14]

4.1.1 Unruhiges München

In Bayern wurde formal erst mit Wirkung zum 1. Dezember 1919 der Kriegszustand aufgeboben. Im übrigen Reich wurde der Kriegszustand hingegen bereits im November 1918 aufgehoben und die Republik ausgerufen. Die *Wetterstein*-Tumulte stehen damit zeitlich an der Schwelle zwischen Kriegszustand, Revolution und Republik. Wie sehr die Räterepublik auch noch im Jahr nach den Kämpfen in der Stadt nachwirkte, zeigen die Demonstrationen und die ausführliche mediale Berichterstattung, die durch den Prozess um Graf Arco, der am 21. Februar 1919 Kurt Eisner erschossen hat, hervorgerufen wurden. Vor dem Justizpalast, wo der Prozess am 16.01.1920 begann, versammelten sich circa 1000 Demonstranten, unter denen sich Studierende und Mitglieder der Reichswehr befanden, zu einer vaterländischen Kundgebung und drückten ihre Sympathie für die Tat Graf Arcos aus. Es gab Demonstrationszüge und weitere, über die Stadt verteilten Kundgebungen. Diese wurden teilweise von einem Aufgebot der staatlichen Polizei und Schutzleuten aufgelöst.[15] Nachdem sich unter den Aktivisten eine große Zahl an Studierenden befand, wurde auch die Universität zum Schauplatz von Kundgebungen für Graf Arco. Einem Artikel der *Münchner Post* vom 22. Januar 1920[16] zufolge rügte Max Weber in seiner Vorlesung einen Studierenden, der einen Kommilitonen ob seiner sozialistischen Gesinnung beleidigt hatte. Der Streit wurde durch Vermittlung des Rektors daraufhin beigelegt und Professor Weber nahm seine Zurechtweisung zurück. In der nächsten Vorlesung erschien eine große Zahl an Studierenden und störte die Vorlesung mit Pfeifen, Johlen und antisemitischen Rufen. Die Veran-

---

10 Vinçon, *Frank Wedekind*, S. 118.
11 Vgl. Seehaus, *Frank Wedekind und das Theater*, S. 663.
12 Vgl. Irmer, *Der Theaterdichter Frank Wedekind*, S. 161.
13 Meyer, *Theaterzensur in München 1900–1918*, S. 225–234.
14 Ebd.
15 Vgl. *Bayerische Staatszeitung*, Kundgebungen für Graf Arco, o.A., [...], 17.01.1920.
16 Vgl. *Münchner Post*, Pöbeleien und Aufschneidereien der Studenten, o.A., o.Nr., 22.01.1920.

staltung musste daraufhin abgebrochen werden. Die *Bayerische Staatszeitung* erklärte das Verhalten der Studierenden damit, dass sich Webers Rüge „gegen die Ueberzeugung der Studentenschaft in ihrer Mehrheit gerichtet hat unter schwerer Verletzung ihrer Empfindungen."[17] Die *Münchner Post* berichtet weiter, dass Studierende ihre Version der Geschichte in einer Gaststätte in der Altstadt erzählten und dadurch die Proteste über die Universität hinaus „rasch"[18] in eine breitere Öffentlichkeit trugen.

Der Streitfall in Max Webers Vorlesung und die Aufstände anlässlich des Prozesses um Graf Arco zeigen, dass in München um 1919 auf verschiedenen Ebenen Unruhen und Konflikte weiterhin ‚brodelten'. Auch das Theater blieb von den Aufruhren in dieser Zeit nicht verschont. An den Münchner Kammerspielen erlebten die Zuschauer im Dezember 1919 bei einigen Aufführungen von *Schloss Wetterstein* Unterbrechungen und Streit während der Vorführungen. Ähnlich dem Fall von Max Webers Konflikt im Hörsaal mit einem Studierenden, handelte es sich auch bei *Schloss Wetterstein* um eine mutwillige Unterbrechung einer öffentlichen Veranstaltung. Diese erzeugte eine verstärkte öffentliche Aufmerksamkeit, was sich in der zunehmenden Kommentierung der Beteiligten, allen voran der Presse, niederschlug. Die Ereignisse um die Aufführungen von *Schloss Wetterstein* in den Münchner Kammerspielen gingen, was die zeitliche Ausdehnung, die Zahl der Beteiligten, den Grad an Eskalation und die öffentliche Aufmerksamkeit anbelangt, weit über den Vorfall an der Universität hinaus. Die Presse nannte die Vorgänge um *Schloss Wetterstein* einen „Theaterskandal"[19].

4.1.2 Chronologie der Tumulte

Am Premierenabend, dem 6. Dezember 1919, kam es zu Tumulten und wiederholt zu von Zuschauern verursachten Unterbrechungen der Aufführung. Die Direktion des Theaters wurde bereits vor der Aufführung per Mitteilung über geplante „Demonstrationen" [20] informiert. Laut Münchner Kammerspiele begann im dritten Akt der Tumult.[21] Obwohl ein Teil des Publikums bestrebt war die Fortsetzung der

---

17 *Bayerische Staatszeitung*, Zu der Demonstration in der Universität, o.A., Nr. 19, 24.01.1920.

18 *Münchner Post*, Pöbeleien und Aufschneidereien der Studenten, o.A., o.Nr., 22.01.1920.

19 Vgl. hierzu zum Beispiel: *Bayerische Staatszeitung*, Schloß Wetterstein. Schauspiel in drei Akten von Frank Wedekind. Erstaufführung in den Kammerspielen, hm., Nr. 297, 09.12.1919; *Augsburger Postzeitung*, Münchner Kammerspiele: Schloß Wetterstein. o.A., Nr. 556, 11.12.1919; *Münchner Neueste Nachrichten*, Theaterskandale, Richard Elchinger, Nr. 511, 16.12.1919.

20 *Erklärung der Münchner Kammerspiele*, S. 2.

21 Ebd.

Vorstellung zu verhindern, setzte sich laut Beschreibung der Kammerspiele „der überwiegende Teil des Publikums, der das Stück in Ruhe anzuhören wünschte“[22], durch und die Aufführung konnte „ohne Störung“[23] zu Ende gespielt werden.

Im Anschluss an die Premiere erschienen unter anderem Kritiken des *Bayerischen Kuriers*, der *Bayerischen Staatszeitung*, der *Münchner Neuesten Nachrichten*, der *Münchner Zeitung*, der *Münchner Post* und der *Münchner-Augsburger Abendzeitung*.[24] So sprachen die *Münchner Neuesten Nachrichten* anlässlich der Premiere von „Radauszenen im Zuschauerraum [...], die über den üblichen Rummel bei hiesigen Wedekind-Premieren weit hinausgingen.“[25] Laut der *Bayerischen Staatszeitung* kam es zu „einem Lärm, bei dem sich die für und wider das Stück streitenden Parteien Schimpfworte aus dem politischen Kampfe an den Kopf warfen“[26], und der sich im Laufe der Vorstellung immer weiter gesteigert habe. Eine solche Zuspitzung des Protests nahm auch der *Bayerische Kurier* wahr: „Nachdem bereits nach dem ersten und nach dem zweiten Akt sich in dem stürmischen Beifall eines Teiles der Besucher [...] vernehmliches Zischen gemischt hatte, kam es im dritten Akt bei offener Bühne zu einem glatten Skandal.“[27] Sehr energische Worte zu diesen Ereignissen wählte der Redakteur Hanns Braun von der *Münchner Zeitung*, denn er schrieb, dass im letzten Akt „die Hölle los[ging], man schrie, pfiff, zischte, trampelte im Parterre und Rang. Man erhob sich in den vorderen Reihen und knallte ostentativ Beifall“[28].

Bei der sechsten Aufführung kam es laut Münchner Kammerspiele erneut zu Szenen des Tumults, der dieses Mal im zweiten Akt ausbrach.[29] Nachdem die Proteste erneut im Voraus bei der Direktion gemeldet worden waren, verständigte der Direktor Otto Falckenberg die Polizei, die jedoch erst das Theater erreichte als die

22 Ebd.

23 Ebd.

24 *Bayerischer Kurier*, „Schloss Wetterstein“. Familientrilogie von Frank Wedekind, o.Nr., 08.12.1919; *Bayerische Staatszeitung*, Schloß Wetterstein. Schauspiel in drei Akten von Frank Wedekind. Erstaufführung in den Kammerspielen, hm, Nr. 297, 09.12.1919; *Münchner Neueste Nachrichten*, Theater und Musik. Kammerspiele, o.A., Nr. 499, 08.12.1919; *Münchner Post*, Theater und Musik. Eine [...] Kundgebung in den Münchener Kammerspielen, h.e., Nr. 288, 08.12.1919; *Münchner-Augsburger Abendzeitung*, „Bordell Wetterstein“, Friedrich Möhl, Nr. [496], 08.12.1919.

25 *Münchner Neueste Nachrichten*, Theater und Musik. Kammerspiele, o.A., Nr. 499, 08.12.1919.

26 *Bayerische Staatszeitung*, Schloß Wetterstein. Schauspiel in drei Akten von Frank Wedekind. Erstaufführung in den Kammerspielen, Nr. 297, 09.12.1919.

27 *Bayerischer Kurier*, „Schloß Wetterstein“ Familientrilogie von Frank Wedekind, o.A., o.Nr., 08.12.1919.

28 *Münchner Zeitung*, [o.T.], Hanns Braun, o.Nr., 08.12.1919. In: *Die Kritik. Zeitschrift und Sammelwerk für Theater-Interessenten*, I/17 (1919), S. 452 f.

29 *Erklärung der Münchner Kammerspiele*, S. 2.

Unruhen schon in vollem Gang waren. Dem Bericht der Kammerspiele zufolge verließen die Schauspieler die Bühne und der Direktor erschien, um die Situation zu beruhigen. Zuschauer warfen daraufhin Gegenstände auf die Bühne und eine Stinkbombe wurde gezündet. Wie der Bericht weiter ausführte, ordnete ein Polizeikommissar daraufhin an, den eisernen Vorhang zu schließen. Auf eigene Verantwortung erklärte er die Vorstellung für beendet mit der Begründung, die Tumulte könnten nur auf diese Weise beruhigt werden. Nach diesem Abend wies laut Kammerspiele der Polizeipräsident das Theater an, eine hauseigene Schutzmannschaft für die folgenden Vorstellungen einzusetzen. Die Tumulte setzten sich nichtsdestotrotz fort.

Bei der siebenten Aufführung verursachte ein Vizefeldwebel eines Münchner Schützenregiments zwei Detonationen, die das Publikum in Panik versetzten. Eine geplante Folgeaufführung musste laut Kammerspiele von der Theaterdirektion aus Sicherheitsbedenken kurzfristig abgesagt werden, da eine „Anzahl Pioniere der Reichswehr, geführt von einem Offizier, plane, die Vorstellung zu sprengen, die Bühne zu stürmen und zu demolieren“[30].

Die achte Aufführung war dem Bericht der Kammerspiele zufolge die letzte Vorstellung von *Schloss Wetterstein*, denn anschließend verbot der stramm konservative Polizeipräsident Ernst Pöhner weitere Vorführungen des Stücks. Auch diese Vorstellung verlief nicht reibungslos. Der Direktor des Hauses bemannte vorsorglich die Hauspolizei noch stärker als zuvor und ließ jeden Besucher eine Einverständniserklärung der Sondervorschriften unterzeichnen. Trotzdem brachen – wie die Kammerspiele berichten – im zweiten Akt erneut Ruhestörungen aus. Die Hauspolizei verwies die für die Unruhen verantwortlichen Zuschauer aus dem Theater. Während die Vorstellung drinnen ohne Zwischenfälle zu Ende gebracht werden konnte, setzten sich die Unruhen außerhalb des Theaters fort, wie die Kammerspiele berichten: „Auf der Straße [...] [wurden], im Beisein der Polizei, drohende und politisch verhetzende Reden gehalten; bis endlich bei Theaterschluss ein größeres Aufgebot an Schutzmannschaft die angesammelte Menge zerstreut[e].“[31] Die vor Ort anwesende Polizei benötigte zur Verstärkung zwölf Schutzleute der Münchner Polizeiwache, um die aufgebrachte Menge vor dem Theater zu beruhigen und „die Ruhe auf der Straße wiederherzustellen“[32]. Der Polizeisekretär Neboisa beschreibt dazu bildhaft die Überschneidung von theatraler Öffentlichkeit und ‚Straßen-Öffentlichkeit‘. Hiernach verließen die Ruhestörer das Theater und „mischten sich aber unter die Straßenpassanten, die inzwischen

---

30 *Erklärung der Münchner Kammerspiele*, S. 4.

31 Ebd., S. 5.

32 *Bayerische Staatszeitung*, Neue Kundgebungen gegen ‚Schloß Wetterstein‘, o.A., Nr. 316, 24.12.1919.

vor dem Theater sich angesammelt hatten, und versuchten, unter diesen Stimmung zu machen.[33] Obgleich sich die Störer mit den Straßenpassanten räumlich vor dem Theater vermischten, gelang es den aus dem Theater kommenden Ruhestörern nicht, die Aufmerksamkeit der Straßenpassanten in der Schwabinger Augustenstraße für eine noch größere Empörung zu nutzen, denn wie Neboisa ausführte, „fanden [sie] jedoch wenig Gehör."[34] Die Aufmerksamkeit der Anwesenden vor dem Theater richtete sich folglich nicht auf ein gemeinsames Ziel. Während das Interesse der Straßenpassanten offensichtlich aus Neugierde an den Unruhen und der Menschenansammlung bestand, beschäftigte die Ruhestörer das Stück und der Platzverweis aus dem Zuschauerraum. Es ist in diesem Zusammenhang bezeichnend, dass *Schloss Wetterstein* gerade nach dieser achten Aufführung, die zur Folge hatte, dass sich der Skandal in einen allgemeinen öffentlichen Bereich ausdehnte, abgesetzt wurde. Wie sich die dargelegten Unterbrechungen und die Proteste im und um das Theater einordnen lassen und worin sie sich dabei von Protesten, wie sie etwa in der Vorlesung Max Webers auftraten, unterscheiden, möchte der folgende Unterabschnitt klären.

4.1.3 Stinkbomben, Knallfrösche und Kartoffeln. Die Zuschauer führen (sich) auf

In einem Vortrag am 27. Juni 1920 erläuterte der Theaterwissenschaftler Max Herrmann, was das Theater von anderen Formen der Kunst abhebt. „Das Publikum ist als mitspielender Faktor beteiligt. Das Publikum ist sozusagen der Schöpfer der Theaterkunst."[35] Mit Blick auf die Chronologie der Ereignisse von *Schloss Wetterstein* in den Münchner Kammerspielen ist festzustellen, dass auch hier das Publikum in entscheidendem Maße diese Theaterabende geprägt hat. Demnach sind auch die protestierenden Zuschauer im Theaterskandal schöpferischer Bestandteil des Theaters. Weiter definiert Herrmann den „Ur-Sinn des Theaters"[36] als ein „Spiel Aller für Alle. Ein Spiel, in dem Alle Teilnehmer sind, – Teilnehmer und Zuschauer."[37] In den Tumult-Aufführungen von *Schloss Wetterstein* war die Teilnahme einiger Zuschauer besonders stark ausgeprägt. Die Theaterwissenschaftlerin Erika Fischer-Lichte, die Max Herrmanns Begriff des Theaters „Aller für Alle"[38] als Aus-

33 Bericht von Polizeisekretär Neboisa, Betreff „Aufführung des Schauspieles ‚Schloss Wetterstein' in den Münchner Kammerspielen", 23.12.1919.

34 Ebd.

35 Herrmann, Über die Aufgaben eines theaterwissenschaftlichen Institutes, S. 19.

36 Ebd.

37 Ebd.

38 Ebd.

gangspunkt für die Bestimmung ihres performativen Aufführungsbegriffs genommen hat[39], führt als Konsequenz des nicht-passiven Zuschauerkonzepts den Aspekt der Mit-Verantwortung der Zuschauer ins Feld.[40] Unabhängig davon, ob der Zuschauer in einer Aufführung etwa durch Lärm und Zischen seiner Meinung Ausdruck verleiht oder ob er sein Urteil eher durch zurückhaltendes Applaudieren zu verstehen gibt, meint Fischer-Lichte: „Wer anwesend ist und sich beteiligt, willigt in das ein, was in ihr geschieht, und trägt entsprechend Mit-Verantwortung für das, was sich in der Aufführung zuträgt."[41] Der Zuschauer wird – entgegen der zu Beginn des 20. Jahrhunderts verbreiteten Ansicht – also nicht von der Inszenierung in Bann gezogen.[42] Vielmehr ist der Zuschauer selbst ein konstituierender Teilnehmer, der über sein Verhalten entscheidet und damit Verantwortung übernimmt, in welcher Form er seiner Meinung Ausdruck verleiht. Die Mit-Verantwortung betrifft sowohl den unruhestiftenden Zuschauer als auch den still beobachtenden Zuschauer. Mit-Verantwortung und die Teilnahme des Zuschauers nach Herrmann und Fischer-Lichte bilden wesentliche Voraussetzungen dafür, dass die Kritik beziehungsweise die Kontrolle der Aufführung durch den Zuschauer stärker ins Blickfeld gelangt. Dies schließt gleichsam an die Fragestellung nach der Kontrolle der Öffentlichkeit an.

Im Anschluss an diese Vorüberlegungen soll darauf eingegangen werden, wie das besonders aktive Verhalten einiger störender Zuschauer bei den Aufführungen von *Schloss Wetterstein* bewertet wurde. Die *Bayerische Staatszeitung*, die grundsätzlich die Aufführungen von *Schloss Wetterstein* ablehnte, sah in dem Einsatz von Knallkörpern, den ‚Fröschen', eine nicht angemessene Form des Widerstands. Sie schreibt dazu: „Jedenfalls hat der ‚Frosch' nichts zu tun mit den Kundgebungen gegen ‚Schloss Wetterstein', den statthaften Aeußerungen der dem Publikum überlassenen Zensur."[43] Ebenso betrachtet der *Schutzverband deutscher Schriftsteller, Ortsgruppe München* „Stinkbomben, Kartoffeln, pöbelhafte Angriffe auf die Schauspieler, Tätlichkeiten gegen Zuschauer [...] [als] keineswegs würdige Mittel, gegen ein Stück Stellung zu nehmen"[44]. Wie für die *Bayerische Staatszeitung* waren auch für den *Schutzverband deutscher Schriftsteller* Gegenstände, die an sich nichts mit dem Theater zu tun haben, keine geeigneten Mittel des Protests. „[Z]um Pfeifen, Zischen, Brüllen berechtigen Meinungsverschiedenheiten über Geschmacksfragen

39 Fischer-Lichte, *Theaterwissenschaft*, S. 24.
40 Ebd., S. 233.
41 Ebd.
42 Ebd., S. 232 f.
43 *Bayerische Staatszeitung*, Ein Unfug in den Kammerspielen, o.A., Nr. 384, 17.12.1919.
44 *Berliner Tageblatt*, Ein Protest des Schutzverbandes deutscher Schriftsteller, o.A., Nr. 620, 28.12.1919.

auf gar keinen Fall“[45], meint der Journalist Herrmann Eßwein, während ein Redakteur im *Neuen Münchner Tagblatt* sich frägt: „Warum soll es zum Beispiel ein Verbrechen sein, im Theater zu zischen? Es ist auch nicht verboten zu applaudieren.“[46] Letzerem schließt sich Rechtsanwalt Treitel an: „Klatschen und Zischen sind [...] im Theaterbetrieb übliche, gewohnheitsrechtlich anerkannte Kundgebungen des Publikums, mit denen es die Vorstellungen kritisch begleitet.“[47]

Nicht jedes Mittel der Missfallenskundgebung, auch wenn es sich als wirkungsvoll erwies, war als Form des Protests rechtmäßig. Gemäß Gesetz hatte der Theaterbesucher laut Rechtsanwalt Herbert Starer ein Recht auf die freie Meinungsäußerung im Theater.[48] Somit habe er auch das Recht seiner Ablehnung Ausdruck zu verleihen, solange er dabei nicht den Bestimmungen des Strafrechts zuwiderhandle. Wenn Starer zufolge ein Zuschauer andere Zuschauer beleidigt, groben Unfug verübt oder wegen ungebührlicher Erregung ruhestörenden Lärms auffällt, Hausfriedensbruch verübt oder sich Nötigung, Sachbeschädigung und Körperverletzung zu Schulden kommen lässt, ist damit eine Grenze der Rechtsmäßigkeit von Zuschaueräußerungen erreicht. Die Erregung von ungebührlichem Lärm, der die öffentliche Ordnung gefährdet, ist nach Starer dann erreicht, „wenn die Kundgebung kein Urteil mehr über künstlerische Leistungen darstellt“, „wenn sie an ungewöhnlicher Stelle geschieht“ oder sie „vorsätzlich“[49] erfolgt. Den Tatbestand der Nötigung sieht Starer dann erfüllt, wenn der Missfallensausdruck auf „die zeitweilige oder endgültige Unterbrechung der Vorstellung gerichtet“ ist und damit nicht nur „seinem Mißfallen und seiner Entrüstung Ausdruck“[50] verleiht.

Aus der Stellungnahme lässt sich zusammenfassen, dass Missfallenskundgebungen der Zuschauer als kritischer Ausdruck insgesamt durchaus erwünscht waren, aber nur in bestimmten Momenten und dabei „maßvoll“[51] bleiben mussten. Wenn das nicht der Fall war, lag eine (gegebenenfalls strafbare) ‚Störung‘ vor. „Der öffentliche Theaterskandal erweist sich also als ein Ereignis“, schlussfolgert Starer, „das in die verschiedensten Rechtssphären verschiedener Personen störend eingreift“[52]. Das bedeutet, dass die ‚Störung‘ für den Theaterskandal – wie Starer ihn bestimmt – immanent ist. Nachdem in diesem Unterabschnitt die Aufführung der ruhestörenden Zuschauer von *Schloss Wetterstein* näher beschrieben und einge-

45 Eßwein, Hermann: Theaterskandale. In: *Münchner Volksbühne* 5 (Januar 1920), S. 34.
46 *Neues Münchner Tagblatt*, Kreuz und quer durch München, J.D., Nr. 356, 21.12.1919.
47 *Bayerischer Kurier*, Beifalls- und Mißfallenskundgebungen im Theater, o.A., Nr. 7/8, 26.08.1920.
48 Starer, *Recht auf den Theaterskandal*, S. 1–10.
49 Ebd., S. 4.
50 Ebd., S. 5.
51 Ebd., S. 3
52 Ebd., S. 8.

ordnet wurde, stellt sich fortfolgend die Frage wie die Aufführung der Inszenierung auf der Bühne wahrgenommen wurde.

4.1.4 Aufgewärmte Theaterkritik

Die Zeitungskritiken zu den ersten öffentlichen Aufführungen von *Schloss Wetterstein* fokussierten sich sehr stark auf die Person Frank Wedekind, der zum Teil heftig verurteilt wurde. Der Autor hatte sich durch zahlreiche Auseinandersetzungen mit der Zensurbehörde als scharfer Kritiker des wilhelminischen Bürgertums einen Namen gemacht. In seinen Stücken setzte er sich für individuellen Liberalismus und für die Emanzipation von Frauen sowie gegen die bürgerliche Doppelmoral und die Sexualitätsfeindlichkeit ein.[53] Dass gerade Wedekind als Systemkritiker des Kaiserreichs nach dessen Ende weiterhin als Feindbild ‚warmgehalten' wurde, ist verwunderlich und fordert eine genauere Betrachtung der Situation ein.

Die Berichte über *Schloss Wetterstein* gruppierten sich auffallend deutlich, entweder in starker Ablehnung oder in kräftiger Zustimmung. Die große Mehrheit der Artikel ist als negative Kritik oder gar als Verriss einzuordnen. Die *Münchner Zeitung* bezeichnete das Stück als „bodenlos schlecht und bodenlos langweilig."[54] Der *Bayerische Kurier* polemisierte im ähnlichen Stil wie die *Münchner Zeitung* und kritisierte außerdem, dass „die Kammerspiele sogar unter der anrüchigen Dramatik noch ein Erzeugnis herausgraben, das auch in formal technischer Hinsicht völlig versagt."[55] Positiv hingegen bewertete zum Beispiel Herrmann Eßwein in der *Münchner Post* „[d]as Stück, [als] eines der reifen und starken Werke Wedekinds, [das] mit den verkommenen Schichten, die vor der Revolution gesellschaftlich führend waren, unerbittlich ins Gericht geht"[56]. Die Redaktion der *Münchner Neuesten Nachrichten* ordnete *Schloss Wetterstein* „zu den schwächeren Werken des Dichters. Wiederholt wird die Situation der Lulu-Tragödie"[57] und referierte damit auf die Bekanntheit des Autors und seiner Stücke, wie *Lulu* (1913) oder *Frühlings Erwachen* (1906), von vor dem Krieg. Die Zeitung hatte sich bereits eine

53 Sucher, *Henschel Theaterlexikon*, S. 917 f.

54 *Münchner Zeitung*, [o.T.], Hanns Braun, o.Nr., 08.12.1919. In: *Die Kritik. Zeitschrift und Sammelwerk für Theater-Interessenten* I/17 (1919), S. 452 f.

55 *Bayerischer Kurier*, „Schloss Wetterstein". Familientrilogie von Frank Wedekind, o.Nr., 08.12.1919.

56 *Münchner Post*, Theater und Musik. Eine [...] Kundgebung in den Münchener Kammerspielen, h.e., Nr. 288, 08.12.1919.

57 *Münchner Neueste Nachrichten*, o.T., o.A., o.Nr., 09.12.1919. In: *Die Kritik. Zeitschrift und Sammelwerk für Theater-Interessenten* I/17 (1919), S. 452.

Meinung über Wedekinds Werk gebildet und sah in *Schloss Wetterstein* nichts wirklich Neues. Wiederholt wurde in den Aufführungsberichten auf die Zeit des Kaiserreichs, die Rezeption von Wedekind damals und seine Schwierigkeiten mit der Theaterzensur eingegangen. Es wäre den Journalisten auch möglich gewesen andere Kontexte zu liefern. Für Wedekinds Opponenten liegt in Bezug auf seine Zensurbiografie jedoch ein wesentlicher Vorteil. Da fast alle seine Werke durch die Zensur verboten worden sind, kam jenem seit jeher die Rolle des Querulanten zu, der von der herrschenden Ordnung des Kaiserreichs in seinem Schaffen unterdrückt und ausgeschlossen wurde. In der nahezu einhelligen Ablehnung von *Schloss Wetterstein* wird deutlich, dass die bayerische Presse durch ihre retrospektive Betrachtung des Autors sich gleichermaßen auf das Wertesystem der wilhelminischen Gesellschaft bezog und damit die gesellschaftliche Außenseiterposition Wedekinds aktualisierte. Der Maßstab nach dem *Schloss Wetterstein* durch die bayerische Presse bewertet wurde, ist somit der gleiche wie zur Zeit des Kaiserreichs. Wie der Historiker Detlev Peukert hervorhebt, ist eine solche Bezugnahme auf das Kaiserreich und den Ersten Weltkrieg ein probates Mittel von politisch rechten Gruppen gewesen, um die republikanische Ordnung der Weimarer Republik anzugreifen.[58]

Zusammengefasst bildete sich die Theaterkritik angesichts der ersten Aufführungen von *Schloss Wetterstein* eher keine neue Meinung über das Stück, sondern griff bestehende Bewertungen auf. Somit änderte sich an der Funktion der Theaterkritik in Bezug auf die Inhalte von Wedekinds Stück trotz Aufhebung der Theaterzensur erst einmal nichts. Neu an der Berichterstattung zu dem Stück war ein insgesamt erregterer und schärferer Tonfall in den Artikeln, auf die in Verbindung mit den Inhalten des Stücks nun eingegangen werden soll.

4.1.5 Sex und die Sitte. Zum Inhalt des Stücks

In der Vorbemerkung seines Stücks betont Wedekind, dass es ihm in dem Theatertext um „die inneren Notwendigkeiten, auf denen Ehe und Familie beruhen" [59] geht. Die Handlung sei dabei eher als Nebensache zu verstehen. Kritiker seines Stücks bittet er darum, ihr Urteil erst dann zu fällen, wenn es zu einer Aufführung des Stücks kommt, weil ihm dramatische Steigerungen und Bühnenwirksamkeit wichtig seien. In Reaktion auf seine regelmäßigen Auseinandersetzungen mit der Zensurbehörde, kommentiert Wedekind: „Zensurverbote dieses Schauspiels werden mich nicht überraschen, da sie nur eine logisch bedingte Begleiterscheinung

58 Peukert, *Die Weimarer Republik*, S. 83 f.
59 Wedekind, *Schloß Wetterstein*, S. 5.

der notorischen Gleichgültigkeit und Stumpfheit sind, die unser gesamtes öffentliches Leben kennzeichnen."[60]

Wedekind eröffnet das Stück mit den Frauenfiguren Leonore und Effie und der Rezipient lernt sie als Mutter und Tochter mit je eigenen Vorstellungen vom Frau-Sein und Partnerschaft, kennen. Die Witwe Leonore heiratet zum Ende des ersten Aktes Rüdiger, Freiherr von Wetterstein, und auch Effie verlobt sich. In einem Gespräch über Liebe und Ehe unterbreitet Rüdiger Leonore sein Eheverständnis, wonach sich die Frau frei entwickeln darf und nur sich selbst gehört: „Die Ehe ist für den Menschen da, nicht der Mensch für die Ehe!"[61], überzeugt Rüdiger sie. Zudem offenbart ihr Rüdiger die Affäre von Leonores verstorbenen Mann mit seiner Ex-Frau. Dabei habe Rüdigers Ex-Frau diesen verführt und betrogen, zum Beispiel, indem sie Leonores Partner in einem Brief mitteilte, dass Leonore ihn hintergehe. Leonore stellt sich daraufhin die Schuldfrage am Tod ihres Ehemanns und heiratet den vermeintlich aufrichtigen Rüdiger. Im zweiten Akt stellt sich heraus, dass Rüdiger im Diamantengeschäft hohe Geldsummen veruntreut hat. Sein Geschäftspartner Luckner will Leonore als Ersatz ‚pfänden'. Das Ehepaar sieht aus dieser Situation keinen anderen Ausweg als sich das Leben zu nehmen. Bevor es jedoch dazu kommt, erscheint Effie, die mit ihrem Ehemann unzufrieden ist. Nachdem Leonore im Zwist mit Rüdiger die Szene verlassen hat, nähern sich Rüdiger und Effie einander an. Die Szene wird von der aufgelösten Leonore unterbrochen, weil diese Zeugin von Luckners Selbstmord geworden war und eine Mitschuld fühlt. Der dritte Akt spielt auf Schloss Wetterstein. Stilistisch unterscheidet sich dieser von den vorangegangenen Akten. In einigen Abschnitten sprechen zum Beispiel alle Figuren in Versen. Zudem enthält der Akt satirische Elemente.[62] Neben Rüdiger, Leonore und Effie sind noch eine Reihe weiterer Figuren anwesend. Effie – inzwischen von ihrem Ehemann getrennt – hat sich zur „Edelhure"[63] von Schloss Wetterstein gewandelt. Die junge Frau erklärt, dass es sich bei der Prostitution, womit sie nun Geld für ihre Familie verdient, um ihre Weltanschauung handelt.

Effies neuer Kunde Chagnaral Tschamper bietet ihr eine hohe Summe für den Dienst an, dass er sich in Anwesenheit der nackten Effie das Leben nimmt. Effie willigt ein und Tschamper möchte von Effie das traurigste Ereignis in ihrem Leben hören. An dieser Stelle wird klar, dass es bei Tschampers Bedingung nicht um eine körperliche, sondern um psychische Nacktheit geht. Effie – obgleich irritiert – lässt sich darauf ein und durchlebt den Schock, als sie ihren toten Vater sah, erneut. Dies stürzt sie in tiefe Verzweiflung und Effie vergiftet sich, was Tschamper lustvoll

---

60 Ebd.

61 Ebd., S. 27.

62 Vgl. Vinçon, Einige unvorgreifliche Bemerkungen zu *Schloß Wetterstein*, S. 136.

63 Ebd.

mitansieht. Am Thema der Nacktheit, das hier am Höhepunkt des Dramas entscheidend wird, lässt sich beispielhaft veranschaulichen, wie Wedekind mit den Mitteln des Dramas und der Bühne Grenzen des Publikums auslotet. Trotz einsetzender Nacktkultur im Kaiserreich und in der Weimarer Republik unterlag Nacktheit auf der Bühne noch strenger Restriktion und war dem Vorwurf der Unsittlichkeit ausgesetzt.[64] Wedekind spielt mit der Erwartungshaltung der Zuschauer, dass Effie am Ende des Stücks vermeintlich nackt auf der Bühne zu sehen sei. Da sich im weiteren Verlauf der Szene herausstellt, dass die Nacktheit in dieser Szene im übertragenen Sinne eine emotionale Schutzlosigkeit meint, führt Wedekind dem Zuschauer seinen eigenen Voyeurismus vor Augen. Hieran wird deutlich, dass Wedekind sich in dem Stück mit Grenzen des gesellschaftlichen Wertesystems befasste. Offensichtliche Grenzen wie zum Beispiel die Nacktheit zeigte er ebenso auf wie weniger sichtbare Grenzen, etwa den von Tschamper initiierten „Lustmord"[65] Effies, über den sich die *Augsburger Postzeitung* echauffierte. Durch die Sichtbarmachung solcher Grenzbereiche der Gesellschaft, waren die Zuschauer aufgefordert sich zu diesen zu verhalten.

Der Kritiker Herrmann Eßwein äußerte sich anlässlich der Aufführung 1919 unbesorgt. Das Stück „enthält durchaus nichts, was außerhalb eines erbärmlich engen reaktionären [...Kreises] bei gebildeten und erwachsenen Theaterbesuchen Anstoß erregen könnte."[66] Damit stellt Eßwein allerdings eine Ausnahme in der Berichterstattung der Presse dar, wie die *Allgemeine Rundschau* betont: „Zum ersten Mal hat sich von einer Ausnahme abgesehen auch die gesamte liberale Presse auf unsere Seite gestellt."[67] Laut der *Allgemeinen Rundschau* verdeutlicht sich in *Schloss Wetterstein* ein immer weiter fortschreitender sittlicher Verfall.[68] Im Hinblick auf die Rezeption von *Schloss Wetterstein* gab insbesondere der Umgang mit den Themen Liebe, Ehe, Sexualität und in diesem Zusammenhang auch Betrug, Begehren, Schuld und psychische Abhängigkeit Anlass zur Kritik. Der Großteil der ablehnenden Kritiken war sich darin einig, dass das Stück moralisch verwerflich und unsittlich war:[69] „Es ist jedenfalls unerträglich, dass [...] einem sensationslüsternen Publikum die Perversitäten der Prostitution bis zum in extenso vorgeführten

64 Traub, *Theater der Nacktheit*, S. 62.
65 *Augsburger Postzeitung*, Münchner Kammerspiele: Schloß Wetterstein. o.A., Nr. 556, 11.12.1919.
66 *Münchner Post*, Theater und Musik. Eine [...] Kundgebung in den Münchener Kammerspielen, h.e., Nr. 288, 08.12.1919.
67 *Allgemeine Rundschau*, Kammerspiele, L.G Oberlaender, Nr. 51, 20.12.1919.
68 Ebd.
69 Vgl. Meyer, *Theaterzensur in München 1900–1918*, S. 238.

Lustmord so und so oft mal in der Woche aufgetischt werden“[70], kommentierte die *Neue Zeitung.* Die *Augsburger Postzeitung* sieht in dem Stück nur „Schamlosigkeit“ und „Widerwärtigkeiten“[71]. Die Reihe an Beispielen, die Aspekte der Unsittlichkeit kritisierten, ließe sich noch weiter fortsetzten. Die Artikel variieren lediglich in der Heftigkeit ihres Ausdrucks. Insbesondere der Artikel „Bordell Wetterstein“ aus der *Münchner-Augsburger Abendzeitung* hält, was der Titel verspricht und ergießt sich in einer halbseitigen Polemik über die Unsitte des Stücks und der Gesellschaft allgemein.[72] Insgesamt fällt auf, dass der Vorwurf der Unsittlichkeit schlagwortartig in den Zeitungsartikeln zu finden ist. Anstoß wurde zum Beispiel konkret an der Figur der Effie genommen. Nicht nur der Aspekt, dass sich die junge Effie ihr Geld mit Prostitution verdient, empörte die Kritiker, sondern vielmehr noch der Umstand, dass sie dabei als wirtschaftlich erfolgreiche „Lustdirne“[73] für den Unterhalt der Familie sorgt.

Aus der Berichterstattung der Presse soll festgehalten werden, dass eine starke thematische Fokussierung auf das Thema Sittlichkeit und deren Unangemessenheit bestand. Dies ist insofern erwähnenswert, als Sittlichkeit ein zentrales Kriterium in der Zensurausübung gewesen ist: Die Berichterstattung der Presse zu diesem Thema nahm viel Raum in den Artikeln ein und rückte es verstärkt ins Bewusstsein des Publikums. Damit markierte die Presse gleichsam seine Toleranzgrenze bei Darstellungen in Bezug auf das Thema Sittlichkeit und vermittelte diese an seine Leser. Da hier die Öffentlichkeit das Drama auf unsittliche Elemente hin überprüft, kann dieser Vorgang als ein Hinweis für deren Kontrollfunktion aufgefasst werden.

Dass Herrmann Eßwein auf der einen Seite an *Schloss Wetterstein* nichts Anstößiges fand und viele andere Zeitungsredakteure auf der anderen Seite eine skandalöse Unsittlichkeit in dem Stück erblickten, führt zu der Frage, was unter Sittlichkeit im Theater und in der Kunst generell verstanden wurde. 1920 beschäftigte sich Theaterdirektor Max Martersteig in einem Aufsatz mit dem Begriff der Sittlichkeit. In seinen Überlegungen ging er gleichsam auf das Verhältnis von Sittlichkeit und Zensur beziehungsweise der nun nicht mehr bestehenden Zensur ein, was ihn als Quelle für das Thema Sittlichkeit im *Wetterstein*-Skandal bedeutsam werden lässt. In dem Text wies er auf den entscheidenden Umstand hin, wonach es „im Charakter der dramatischen Dichtung [liegt], dass sie die im geltenden Rechte, aber auch die laut Übereinkunft der Gesellschaft festgewordenen Anschauungen

70 *Neue Zeitung*, Frank Wedekind: „Schloß Wetterstein“. Erstaufführung in den Kammerspielen, o.A., Nr. 281, 10.12.1919.

71 *Augsburger Postzeitung*, Münchner Kammerspiele: Schloß Wetterstein. o.A., Nr. 556, 11.12.1919.

72 Vgl. *Münchner-Augsburger Abendzeitung*, „Bordell Wetterstein“, Friedrich Möhl, Nr. [496], 08.12.1919.

73 *Augsburger Postzeitung*, Münchner Kammerspiele: Schloß Wetterstein. o.A., Nr. 556, 11.12.1919.

und Begriffe vom Sittlich-Zulässigen immer wieder flüssig macht."[74] Deshalb war der Sittlichkeitsbegriff in der Kunst laut Martersteig grundsätzlich unscharf. Um dieser Schwierigkeit zu begegnen und weil er bezweifelte, dass die Zensur wirklich aufgehoben worden ist, forderte er die zentralen Begrifflichkeiten „Sittlichkeit" und „Freiheit der Kunst" zu klären und gesetzlich festzulegen.

Es wurde in diesem Abschnitt ein Einblick in die aufgrund der ‚Unsittlichkeit' des Stücks tendenziell ablehnende Kritik und die heftigen Proteste im Zuschauerraum gegen die Aufführungen von *Schloss Wetterstein* gegeben und gezeigt, dass diese grundsätzlich als Teil der Aufführung zu verstehen sind sowie für den Theaterskandal immanent sind. Ablehnung ebenso wie Zustimmung gegen Aufführungen war bis zu einem gewissen Maß legitim. Die Gewalt, die mitunter mit den Protesten einherging, ist dabei nicht zu vernachlässigen. Gegen diese und im Sinne des Schutzes und der Wiederherstellung der öffentlichen Sicherheit, Ruhe und Ordnung ging bei Theaterskandalen oftmals die Polizei vor, die Thema im nächsten Unterabschnitt ist. Es wird gefragt, wie die Polizei – gleichsam in der Rolle des ehemaligen Theaterzensors – mit den Tumulten im Zuschauerraum umging.

4.2 Die neue (Kont-)rolle der Polizei

Mit der gesetzlichen Aufhebung der Theaterzensur, endete auch die Tätigkeit des Theaterzensors, hier der Polizeidirektion München. Doch angesichts der Tumulte um *Schloss Wetterstein* war diese erneut involviert. Über die neue Rolle der Polizei bei dem Theaterskandal, reflektiert folgender Unterabschnitt und frägt dabei insbesondere danach, welche Kontrollmaßnahmen die Polizei ergriff, wie diese wirkten und von der Öffentlichkeit bewertet wurden. Um der Leitfrage nach der Verlagerung der Kontrolle vom Staat auf die Öffentlichkeit nachzugehen, ist es zuerst notwendig zu überprüfen, inwiefern sich die Kontrollfunktion der Polizei im Skandal um *Schloss Wetterstein* fortsetzte oder veränderte. Einen wesentlichen Aspekt der polizeilichen Kontrolle, der auch über das Verhältnis von Polizei und Öffentlichkeit Aufschluss gibt, bildete die polizeiliche Aufgabe Hüterin der öffentlichen Sicherheit, Ruhe und Ordnung zu sein. Gerade in Bayern, wo sich Anfang der 1920er Jahre die „Ordnungszelle" des deutschen Reiches formte, wird der Begriff der Ordnung besonders hoch aufgehängt, was an der Kontrolle von ‚Störungen' der Ordnung deutlich wird.

74 Martersteig, Aufhebung der Theaterzensur, S. 197.

4.2.1 ‚Gestörte' Ordnungen. Tumulte in der bayerischen Ordnungszelle

Als sich Vertreter der Münchner Kammerspiele und der Polizeipräsident am Morgen nach den Tumulten bei der Aufführung am 14. Dezember 1919 zu einem Gespräch zusammenfanden, bestanden unterschiedliche Vorstellungen davon, was als ‚Störung' wahrgenommen wurde. Während der Assessor des Polizeipräsidiums fand, dass es das einfachste sei „die Ursache der Ruhestörung durch Unterlassung weiterer Aufführung des Stückes"[75] zu beseitigen und somit die Aufführung als störendes Element markierte, hielten die Vertreter der Kammerspiele dagegen und argumentierten, „nicht Schloß Wetterstein, nur organisierte Hetze bringt Unruhe."[76] Laut Kammerspiele belegten dies die vier ungestörten Aufführungen des Stücks. Aus ihrer Perspektive waren Hetze und Unruhe in der Aufführung Störfaktoren, die in den Zuständigkeitsbereich der Polizei fielen. Doch der Polizei-Assessor fand, dass die „Aufrechterhaltung der Ruhe [...] zunächst allein Sache des Hausherrn"[77] sei, was die Leitung des Theaters in die Pflicht nehme. Die Kammerspiele hingegen, „verlang[t]en den Schutz, den die Polizei nach dem Gesetz und der Verfassung uns schuldet."[78] Sie argumentierten, dass die Störung organisiert war und ein „ein strafbarer Nötigungsversuch vor[lag], die Theaterleiter und die Schauspieler zur Unterlassung der Aufführung zu nötigen."[79] Wechselseitig sahen die Vertreter der Kammerspiele und der Polizeipräsident den jeweils anderen zuständig für die Beseitigung und Vermeidung von Ruhestörungen. In der Aufstellung der Schutzleute für die folgenden Aufführungen von *Schloss Wetterstein* spiegelte sich dieser Zuständigkeitskonflikt wider. Die Kammerspiele stellten auf die Anordnung der Polizeidirektion theatereigene Schutzleute, die „Hauspolizei"[80], zur Verfügung und der Polizeipräsident sendete sechs Polizeibeamte „zur Aufrechterhaltung von Ruhe und Ordnung"[81].

‚Ruhe', ‚Sicherheit' und ‚Ordnung' spielten anlässlich der ‚Störungen' im Theater eine zentrale Rolle. Nicht nur in den konkreten Situationen von Tumult, sondern auch als Polizeipräsident Ernst Pöhner am 25. Dezember 1919 eine Absetzung der weiteren Aufführungen von *Schloss Wetterstein* verhängte, begründete er dies damit, dass „[u]nter diesen Umständen [...] die Polizeidirektion die Verantwortung für die öffentliche Ruhe und Sicherheit bei der weiteren Aufführung des Stückes nicht

---

75 *Erklärung der Münchner Kammerspiele,* S. 16.

76 Ebd., S. 17.

77 Ebd.

78 Vgl. ebd., S. 19.

79 Ebd.

80 Ebd., S. 20.

81 Ebd., S. 22.

mehr übernehmen“[82] könne. Bevor es jedoch soweit kam, wurde nach wiederkehrenden Unterbrechungen und Tumulten in der Aufführung am 15. Dezember 1919 in Absprache mit der Polizeidirektion und der Direktion der Münchner Kammerspiele eine schriftliche Bekanntmachung im Theater angebracht, die potentielle Ruhestörer und das gesamte Publikum adressierte.

> Nach Rücksprache zwischen Polizeipräsidium und Theaterleitung sind Vorkehrungen getroffen, um Ruhestörer zur strafgerichtlichen Verfolgung zu bringen [...]. Die mit der Aufrechterhaltung der Ordnung betrauten Organe werden nötigenfalls zur Festnahme der Ruhestörer schreiten. Der ordnungsliebende Teil des Publikums wird gebeten, sich auf Beifalls- oder Mißfallensäußerungen nach den Aktschlüssen zu beschränken und während des Spiels selbst bei Provokationen der Ruhestörer, die Aufrechterhaltung der Ordnung ausschließlich den Beamten der Staatspolizei und der Hauspolizei zu überlassen.[83]

Es fällt auf, dass die Bekanntmachung sehr stark auf die Bewahrung beziehungsweise Wiederherstellung der Ruhe und Ordnung ausgerichtet war. Nicht nur inhaltlich, sondern auch durch die mehrfache Nennung von ‚Ordnung‘ und ‚Störung der Ordnung‘ wird dies offensichtlich. Ordnung wird erstens gewährleistet, wenn die Zuschauer ihre Beifalls- und Missfallensäußerungen erst nach den Aktschlüssen kundtun und sich bei Provokationen und Unruhen nicht einmischen. Zweitens wird die Ordnung durch die Androhung von strafgerichtlicher Verfolgung aufrechterhalten und drittens wird klar die Ordnungs-Zuständigkeit festgelegt, dass ausschließlich die Mitglieder der Staats- und Hauspolizei gegen die Ruhestörer vorgehen dürfen. An der Bekanntmachung ist darüber hinaus bezeichnend, dass sie die ‚Ruhestörung‘ und die ‚Ruhestörer‘ nicht definiert. Ein Zusammenhang von Aufrechterhaltung der Ruhe und Ordnung und ‚Störung‘ ist somit evident, doch bleibt unklar, wie die Ursache aussieht, auf die dann bestimmte Maßnahmen erfolgen. Wenn die Begriffe von ‚Ruhe‘ und ‚Ordnung‘ in Abhängigkeit von der ‚Ruhestörung‘ bis zu einem gewissen Grad unbestimmt bleiben, ergibt sich daraus für die Zuständigen einerseits der Nachteil, dass weiterhin nicht klar ist, wann ein Einschreiten angebracht ist, andererseits bietet dies für die Polizei den Vorzug selbst definieren zu können, wann eine ‚Ruhestörung‘ vorliegt und wann nicht.

Diese sehr augenfällige Ausrichtung auf Ruhe und Ordnung während der Tumulte bei *Schloss Wetterstein* im Dezember 1919 ist für die Zeit – nur wenige Monate nach den Räterevolutionen in Bayern, während denen Ordnungen mehrfach untergraben und neu konstituiert wurden und vor dem Amtsantritt des Regierungs-

82 Brief der Polizeidirektion München an das Staatsministerium des Inneren, Betreff „Theaterskandale in den Münchner Kammerspielen, gez. Pöhner, 25.12.1919.
83 *Erklärung der Münchner Kammerspiele*, S. 3.

präsidenten Gustav von Kahr am 16. März 1920 – besonders aussagekräftig. Von Kahr hat das Konzept von Ordnung im nachrevolutionären Bayern mit der „Ordnungszelle Bayern" auf die Agenda gesetzt, nachdem er in der *Bayerischen Staatszeitung* äußerte:

> Der Blick ist von auswärts deshalb vielfach auf Bayern gerichtet, weil man weit über die Grenzen des Reiches hinaus hier in Bayern die Zelle erblickt, von der aus die Ruhe und Ordnung ihren Weg sich bahnen werden über weite Teile des deutschen Reiches, der Weg zur Ordnung und zur Ruhe, die nicht bloß dem deutschen Volke Lebenssache sind, sondern auch in manchen fremdländischen Kreisen erhofft wird.[84]

Bayern wird zum Vorreiter und Ausgangspunkt für die Herstellung von Ruhe und Ordnung im deutschen Reich stilisiert. Was Ordnung dabei konkret bedeutete, führen die Historiker Matthias Bischel und Franz Menges aus.[85] Ordnung manifestiere sich nach dem Zeitverständnis Anfang der 1920er Jahre im Kampf gegen den Bolschewismus, womit nicht nur eine Ablehnung gegenüber Russland gemeint sei, sondern das auch ein sprachliches Sinnbild für die mutwillige Zerstörung des geordneten staatlichen und gesellschaftlichen Lebens darstellte. Bischel und Menges zufolge nahmen die Verfechter der ‚Ordnungszelle Bayern' das ‚rote' Berlin, radikalisierte Arbeiter in industriellen Großbetrieben und ‚wurzellose' Intellektuelle als Bedrohung wahr. Die chaotische, destruktiv anmutende Situation bei den Tumulten in der ersten und sechsten Aufführung, sowie der intellektuelle Autor Wedekind, können als eben solche Bedrohungen für die ‚Ordnungszelle Bayern' gelesen werden.

Das Konzept der ‚Ordnungszelle Bayern' passt im Fall der Tumulte insbesondere auch deshalb, weil – wie der Historiker Sebastian Zehetmaier ausführt – die „Keimzelle des späteren Ordnungszellen-Regimes in Bayern [...] im staatlichen Sicherheitsapparat [lag]."[86] In der oben dargestellten Bekanntmachung, die als Ziel die Erhaltung der Ruhe und Ordnung bestimmt und die Polizei als das dafür zuständige Organ benennt, veranschaulicht sich bereits im Dezember 1919 einige Monate vor Von Kahrs Amtsantritt im März und dessen Rede von der ‚Ordnungszelle' im Mai, die entscheidende Rolle der Polizei für den Ausbau der ‚Ordnungszelle Bayern'.

Im ersten Jahr der Republik war die bayerische Regierung mit großen Herausforderungen konfrontiert. Die Bevölkerung litt unter Versorgungsengpässen und die Wirtschaft erholte sich nur langsam. Die neue Staatsordnung musste gefestigt werden, wobei hier laut Bischel und Menges die Vermeidung von neuerli-

84 *Bayerische Staatszeitung*, [...], Nr. 103, 04.05.1920.
85 Folgende Ausführungen vgl. Bischel/Menges, Bayern in der Weimarer Republik, S. 259 f.
86 Zehetmair, *Im Hinterland der Gegenrevolution*, S. 148.

chen Gewaltausbrüchen wie in der Räterepublik das vorrangige Ziel war. Die Regierung richtete dafür Volksgerichte ein und bildete eigenständig verwaltete Wehrorganisationen.[87] Laut dem Gesetz durften Volksgerichte bei Verbrechen, bei denen „die öffentliche Sicherheit, Ruhe und Ordnung [...] gestört oder gefährdet“[88] wurde, eingesetzt werden. Darüber hinaus förderte die Regierung die Gründung und Tätigkeit von Einwohnerwehren, die zeitweise in München besonders aktiv und öffentlich sichtbar waren.[89] Die Vereinigungen verschrieben sich laut Bischel und Menges dem „Konzept des Selbstschutzes“[90], dessen Verfechter davon ausgingen, „dass der Staat und seine Sicherheitskräfte in der Revolution nicht vermocht hatten, ihrer Autorität Geltung zu verschaffen“[91]. Ausgehend davon leiteten sie daraus „das Recht des einzelnen ab, selbst aktiv zu werden“[92]. In der Selbstschutzbewegung, deren Zentrum ab Mai 1920 München war, artikulierte sich sowohl deutlich die Unabhängigkeit vom Staat als auch ein starkes Gefühl von Autonomie und Eigenverantwortlichkeit. [93] Dies mutet zunächst paradox an, da die Bewegung gleichsam vom Ministerpräsidenten von Kahr und dem Polizeipräsidenten Pöhner ideologisch und politisch mitgetragen wurde, doch war diese als eine Abgrenzung von den Reichsentscheidungen aus Berlin gedacht. In Bayern wurde mittels der Selbstschutzbewegung und der Ordnungszelle ein eigener Maßstab für Ruhe, Sicherheit und Ordnung etabliert.

Im Fall von Ernst Pöhners Aufführungsverbot von *Schloss Wetterstein* wurde Ruhe, Sicherheit und Ordnung als Entscheidungskriterium herangezogen, was insofern besonders aufschlussreich ist, als der Polizeipräsident schon früher über Verbot oder Freigabe von Theateraufführungen entschieden hat, nur damals im Auftrag der Theaterzensur. Im Fall von *Schloss Wetterstein* erläuterte Pöhner: „Ich spreche kein Wort als Zensor. Die Zensur ist abgeschafft. Von Zensurwegen [sic] darf nach der Verfassung kein Stück verboten werden. Als Staatskommissar kann ich das Stück verbieten. Ich sorge für Ruhe und Ordnung.“[94] Damit entscheidet der Polizeipräsident wie zur Zeit der Zensur über Verbote von Aufführungen, nur geschieht dies anders als zur Zeit der Zensur nicht bereits vor der Aufführung,[95] sondern erst

87 Bischel/Menges, Bayern in der Weimarer Republik, S. 249.

88 Bauer, *Volksgerichte, 1918–1924*, https://www.historisches-lexikon-bayerns.de/Lexikon/Volksgerichte,_1918-1924; hier: Gesetz- und Verordnungs-Blatt für den Freistaat Bayern. Nr. 43, 22.07.1919.

89 Bischel/Menges, Bayern in der Weimarer Republik, 250.

90 Ebd.

91 Ebd., S. 251 f.

92 Ebd.

93 Vgl. ebd. S. 261.

94 *Erklärung der Münchner Kammerspiele*, S. 18.

95 Vgl. Plachta, *Zensur*, S. 165.

nach Tumulten aus dem Publikum, und unter Berufung auf die öffentliche Sicherheit und Ordnung.

4.2.2 Fortgesetzte Überwachung. Fokusse und Maßstäbe der Polizei

Wie die internen Aufführungsberichte der Polizeidirektion München zu mehreren Aufführungen von *Schloss Wetterstein* verdeutlichen, endete die polizeiliche Überwachung des Theaters mit der Aufhebung der Theaterzensur nicht. Weiterhin war die Polizei im Theater präsent und sah sich als Beobachterin des Geschehens im Theater, wie die einleitenden Worte von Oberkommissar Heinrich Mayer in seinen Bericht zur *Wetterstein*-Premiere veranschaulichen: „Im Auftrage der Abt. VI überwachte ich die am Sonntag, 12. Dezember 1919 abends 7 Uhr beginnende Aufführung des Wedekind'schen Schauspiels ‚Schloss Wetterstein'."[96] Mayer sah seine Aufgabe darin die Aufführung zu „überwachen"[97] und referiert damit expressis verbis auf die beaufsichtigende Funktion der Polizei. Dass sich hier eine Überwachungsstruktur aus der Zeit des Kaiserreichs fortsetzte, macht die Entsendung von Oberkommissär Gabel zur Erstaufführung von *Schloss Wetterstein* deutlich. In seinem Polizeibericht erläuterte er: „Der Inhalt des Stückes ist mir von der wiederholten zensurpolizeilichen Ueberprüfung her wohl bekannt." [98] Die Bewertung des Stücks von damals übertrug Gabel auf die Aufführung von *Schloss Wetterstein* im Dezember 1919 und wunderte sich dahingehend nicht, dass es „bei gesund und natürlich empfindenden Menschen lebhaften Widerspruch auslöste."[99] Das heißt, nicht nur die Beobachtung und Kontrolle von Stücken durch die Polizei setzte sich kurz nach der Aufhebung der Zensur fort, sondern in Bezug auf Wedekind änderte sich auch der Bewertungsmaßstab der Polizei nicht.

In den fünf vorliegenden Polizeiberichten über den Skandal um *Schloss Wetterstein* offenbart sich nicht nur die Überwachung durch die Polizei, sondern auch die je individuelle Sichtweise der berichtführenden Polizisten. In mehreren Fällen merkt man den Berichten eine subjektive Färbung an. Drei Berichte sind sogar explizit mit einem Abschlusssatz mit der eigenen Meinung des diensthabenden

96 Bericht von Oberkommissar Heinrich Mayer an die Polizeidirektion München, Betreff „Münchner Kammerspiele, hier Aufführung des dreiaktigen Schauspiels ‚Schloss Wetterstein' von Frank Wedekind", 14.12.1919. [S.K.]: Unter Abteilung VI wurde polizeiintern ein Arbeitsbereich für Theaterangelegenheiten bezeichnet.

97 Ebd.

98 Bericht von Oberkommissar Gabel an die K. Polizeidirektion, Betreff „Erstaufführung des Schauspiels ‚Schloss Wetterstein"' von Wedekind, 07.12.1919.

99 Ebd.

Polizisten zum Theaterskandal versehen. Sicherheitskommissar Heinrich Mayer, der in Eigenregie die Vorstellung am 14. Dezember 1919 vorzeitig beendete, warnte etwa vor einer Eskalation bei den Folgeaufführungen und hält „weitere Aufführungen dieses Stückes im Rahmen einer öffentlichen Theatervorführung als nach jeder Richtung hin für äusserst bedenklich." [100] Erwähnenswert ist an dieser Stelle, dass der Polizist mit seiner Meinung die Begründung des Polizeipräsidenten Ernst Pöhner für die Absetzung von *Schloss Wetterstein* einige Wochen vorwegnahm.

Der Bericht von Schutzmann Gerum zur nächsten Vorstellung charakterisiert sich vor allem durch seine ideologische Aufladung. Gerum kommentierte die Störung der Aufführung durch einen Vizefeldwebel mit folgenden Worten: „Man kann es leicht begreifen, wenn ein Deutscher, der noch einigermaßen deutsch fühlt, und nicht moralisch und sittlich verkommen ist, mit äusserstem Widerwillen mit ansieht, wie eine verkommene Jugend sich an der Vorstellung ergötzt."[101] An diesem Zitat wird offensichtlich, dass sein Bewertungsmaßstab stark durch eine nationalistische Perspektive geprägt ist. Gerum, der im folgenden Jahr in die NSDAP eintritt, weist dahingehend eine bezeichnende Biographie auf.[102] Weniger ideologisch, aber nicht weniger feindselig resümiert Hilfsarbeiter Fritz Preiß über die Vorstellung am 22. Dezember 1919. Zunächst lassen die Störungen bei den Aufführungen bei ihm Zweifel an dem angeblich „einwandfreien"[103] Stück *Schloss Wetterstein* aufkommen. Anschließend beschimpft er in deutlich aggressiverem Ton die Direktion der Kammerspiele. Diese würde mithilfe der theatereigenen Hauspolizei ihr „lüsternes Publikum" vor Andersdenkenden beschützen.[104]

Neben den herausgestellten Einflussfaktoren auf den Bewertungsmaßstab ist darüber hinaus aufschlussreich, wen und was die beobachtenden Polizisten als Gefährder beziehungsweise als Gefahr wahrnahmen. Das Stück *Schloss Wetterstein* und sein Autor Frank Wedekind, von dem infolge seiner Zensurgeschichte ver-

---

100 Bericht von Oberkommissar Heinrich Mayer an die Polizeidirektion München, Betreff „Münchner Kammerspiele, hier Aufführung des dreiaktigen Schauspiels ‚Schloss Wetterstein' von Frank Wedekind", 14.12.1919.

101 Bericht von Schutzmann Gerum an die Polizeidirektion München, Betreff „Fink, Otto, led. Vizefeldwebel [...]. München", 18.12.1919.

102 1920 trat Gerum in die NSDAP und 1923 in den Stoßtrupp Hitler ein. Er nahm am Hitler-Ludendorff-Putsch teil, wofür er verurteilt und aus dem Polizeidienst entlassen wurde. Unter Heinrich Himmler war Gerum ab 1933 in der Bayerischen Politischen Polizei (BPP) und wurde 1934 zum Leiter der Würzburger Außenstelle der BPP. Für seine Härte gegen politische Gegner war Gerum bekannt. Während des Krieges er in der Münchner Gestapo tätig. Vgl. Schröder, *Die Münchner Polizei und der Nationalsozialismus*, S. 35.

103 Vgl. Bericht von Hilfsarbeiter Preiß an die Polizeidirektion München, Betreff „Bericht über die Aufführung des Schauspiels ‚Schloß Wetterstein' in den Kammerspielen am 22.12.1919", 23.12.1919.

104 Vgl. ebd.

meintlich eine potenzielle Gefahr ausging, sowie die öffentliche Aufführung des Dramas standen hierbei besonders im Vordergrund. Die Aufhebung der Zensur stellte keinen Anlass dar, dass Wedekind nicht mehr auf dem Radar der Polizei war oder weniger als Bedrohung für die Rezipienten wahrgenommen wurde. Darüber hinaus wurden noch andere Akteure als Bedrohung identifiziert: Die Theaterdirektion sowie ihre Hauspolizei und vor allem Teile des anwesenden Publikums sind hier zu nennen. Auf einer allgemeineren Ebene richtete sich die Aufmerksamkeit der Polizei vor allem auf diejenigen, die die Aufführungen von *Schloss Wetterstein* unterstützten, in Schutz nahmen und damit auch zu deren Erfolg beitrugen. Vor allem die Beaufsichtigung des Publikums und des Geschehens im Zuschauerraum scheint darüber hinaus einen wichtigen Stellenwert bei der Polizei eingenommen zu haben. Mehr als zwei Drittel des Berichts von Oberkommissar Gabler beschreiben etwa die Vorgänge im Publikum. Die Kontrolle des Publikums war für die Polizei eine neue Situation. Bis zum Zeitpunkt der Uraufführung in Zürich am 15. November 1917 wurden alle vorangegangen Versuche das Stück zu inszenieren im Vorfeld bereits zensiert. Die Polizei besaß somit keine Erfahrung mit den Reaktionen beziehungsweise den Störversuchen in einer *Aufführung* von *Schloss Wetterstein.* Nachdem über die Untersuchung der Polizeiberichte die Perspektive der Polizei deutlich gemacht und persönliche, moralische, politische und sittliche Grenzen der Polizei aufgezeigt wurden, soll nun auf das Verhalten der Polizeibeamten im Zuschauerraum eingegangen werden.

4.2.3 Polizei versus Hauspolizei. Die Maßnahmen der Ordnungshüter im Zuschauerraum

In der sechsten Aufführung von *Schloss Wetterstein* kam es, wie in der Premiere, zu Ruhestörungen. Sicherheitskommissar Heinrich Mayer schrieb in seinem Bericht, dass er zum Zwecke der polizeilichen Überwachung seit Anfang des Vorstellungsabends im Theater gesessen hatte.[105] In seiner Schilderung führte er aus, wie im zweiten Akt auf Kommando Johlen und Pfeifen einsetzten. Die Schauspieler verließen daraufhin die Bühne, der Vorhang wurde heruntergelassen, das Saallicht angedreht, Spielleiter Erwin Kalser versuchte die Situation vergeblich zu beruhigen, währenddessen warfen einige Zuschauer Gegenstände auf die Bühne. An dieser Stelle, so Mayer, beschloss er in die Situation einzugreifen und „die heutige Vor-

105 Vgl. Bericht von Oberkommissar Heinrich Mayer an die Polizeidirektion München, Betreff „Münchner Kammerspiele, hier Aufführung des dreiaktigen Schauspiels ‚Schloss Wetterstein' von Frank Wedekind", 14.12.1919.

führung wegen Besorgnis der Gefährdung der öffentlichen Ordnung ein[zu]stellen“[106]. Wie Mayer ausführte, hielten die Zuschauer ihn für ein Bühnenmitglied und bewarfen ihn mit Lebensmitteln, als er von der Bühne aus zum Publikum zu sprechen versuchte. Der Tumult flaute ab, nachdem der Kommissar im Zuschauerraum mit dem Publikum sprach und die Teilnehmer der einzelnen Protestgruppen in die Polizeidirektion verwies. Einige Schutzmänner seien ihm dafür zu Hilfe gekommen.

Im Bericht finden sich zwei Hinweise darauf, dass Mayers Handeln spontan aus der Situation heraus entstand, und er sich somit zunächst nicht verantwortlich fühlte, es dann aber zu seiner Aufgabe machte, die Tumulte unter Kontrolle zu bringen: Erstens bemerkte er, dass die Maßnahmen des Theaterteams zur Kontrolle der Situation beim Publikum abprallten und die Verantwortlichen der Kammerspiele folglich mit der Situation überfordert waren und Unterstützung benötigten. An Mayers Abstimmung mit Spielleiter Erwin Kalser in Vertretung für die Direktion des Theaters wird zweitens deutlich, dass er sich nicht als vorrangig kontrollierender Akteur sah, sondern vor seinem Eingreifen erst die Bestätigung der Vertretung der Direktion erbat, die er damit als Verantwortliche markierte. Der Beispielfall veranschaulicht, dass der diensthabende Polizist seine Kontrollfunktion zunächst nur in einer passiven Überwachung der Bühnendarbietung sah, aber angesichts der Tumulte sowie der Gefährdung der öffentlichen Ordnung und der damit einhergehenden Überforderung der Theatermacher und des Publikums die Verantwortung übernahm und aktiv versuchte, die Situation unter Kontrolle zu bringen.

Vor der siebten Aufführung von *Schloss Wetterstein* am 15. Dezember 1919 wurde als weitere Sicherheitsmaßnahme das polizeiliche Schutzaufgebot verstärkt. Nach dem Polizeibericht vom 18. Dezember 1919 befanden sich sechs Polizisten in der Vorstellung. Zudem erhielten die Kammerspiele die Anweisung ihre „Hauspolizei“[107] aufzustellen. In der Aufführung wurde die Neuaufstellung und Verstärkung des Polizeiaufgebotes sogleich auf die Probe gestellt. Zu Beginn der Vorstellung versetzte ein wiederholtes Knallen das Publikum in Schrecken. Die Hauspolizei der Kammerspiele machte den Urheber ausfindig und die staatliche Polizei nahm die Personalien des Täters auf. Sie befragte ihn nach seinem Motiv und entfernten ihn aus dem Theater. Die Vorstellung wurde anschließend störungsfrei fortgesetzt. Zum einen konnte die Polizei die Störung deshalb rasch unterdrücken, weil sie bereits zu Beginn der Vorstellung im Theater mit mehreren Kräften anwesend war und nicht erst ausrücken musste. Der Theaterraum stand somit unter der Aufsicht der an-

106 Vgl. ebd.
107 *Erklärung der Münchner Kammerspiele*, S. 20.

wesenden Polizei. Durch den Knall alarmiert griff die Polizei unmittelbar kontrollierend in das Geschehen im Zuschauerraum ein. Zum anderen erlangte die Polizei die Kontrolle über die Situation nach dem Knall, weil sie, anders als bei der ersten und der sechsten Vorstellung, in der Überzahl war. Für den ersten Abend wurden laut einem Bericht der *Münchner Neuesten Nachrichten* überraschenderweise 50 Balkonkarten auf einmal verkauft. Waren es also in vorangegangenen Vorstellungen mehrere Dutzende störender Zuschauer[108], denen ein einzelner – eigentlich nur beobachtender – Polizist entgegenstand, handelte es sich bei der siebten Vorstellung um etwa ein Dutzend Schutzmänner, die gegen einen einzelnen Störer vorgingen. Das Kräfteverhältnis drehte sich also um. Obwohl es der Polizei bei der siebenten Aufführung gelang, die Situation unter Kontrolle zu bringen, erschien einigen Beteiligten und Beobachtern das Vorgehen der Ordnungsmänner nur bedingt als souverän. Ein näherer Blick auf das Verhältnis von staatlicher Polizei und Hauspolizei veranschaulicht dies.

Der protokollführende Schutzmann Gerum beschrieb die von den Kammerspielen eingerichtete Hauspolizei als „einige sehr zweifelhaft erscheinende Persönlichkeiten (Schaukelburschentyp)“[109] sowie an anderer Stelle als „mehrere Burschen in schlechter Kleidung, einige in abgeänderter Matrosenuniform“[110]. Aus dieser Bemerkung tönt deutlich die Skepsis des Polizisten gegenüber der Hauspolizei. Schutzmann Gerum unterstellt der Hauspolizei nicht nur etwas Laienhaftes und Unseriöses in ihrem Auftreten, sondern er kritisiert auch das Verhalten der Hauspolizei gegenüber dem Ruhestörer. Seinem Polizeibericht zufolge erreichte er den Ort der Explosion erst, als die Hauspolizei bereits den Verursacher des Knalls ausfindig gemacht hatte. Die Männer der Hauspolizei pöbelten – laut Gerum – den Verursacher des Knalls an. Es fielen Bemerkungen, dass man auf ihn einschlagen solle. Daraufhin drängte Schutzmann Gerum mit einem Kollegen von der staatlichen Polizei die Hauspolizei zurück, „um ihn [den Täter, S.K.] vor Misshandlungen zu schützen und um eine Schlägerei im Theater zu vermeiden.“[111] Anschließend verhörte die staatliche Polizei den Verursacher der Explosion, der sich als Vizefeldwebel Otto Fink aus einem Schützenregiment herausstellte.

Weil zwischen Polizei und Hauspolizei unterschiedliche Gefährder identifiziert wurden, richtete sich die Aufmerksamkeit der Hauspolizei und der Staatspolizei auf verschiedene Akteure. Daraus resultierten entsprechend unterschiedliche Hand-

---

108 Vgl. *Münchner Neueste Nachrichten*, Polizeiliche Schließung der Sonntags-Aufführung des Dramas ‚Schloß Wetterstein', o.A., Nr. 510, 15.12.1919.

109 Bericht von Schutzmann Gerum an die Polizeidirektion München, Betreff „Fink, Otto, led. Vizefeldwebel [...]. München“, 18.12.1919.

110 Ebd.

111 Ebd.

lungen und das, obwohl sich sowohl das Schutzaufgebot der Kammerspiele als auch das der Polizei gleichsam für Ruhestörungen im Theater verantwortlich zeigte. Das bedeutet, dass das gemeinsame Ziel, nämlich die Bewahrung und Wiederherstellung von Ruhe und Ordnung im Theater,[112] unterschiedlich ausgelegt wurde. Die Hauspolizei kontrollierte das Geschehen im Hinblick auf Störungen der Vorstellung. Die Polizisten um Schutzmann Gerum prüften wiederum die Hauspolizei, weil nach ihrer Ansicht die größere Gefahr von der neuen Laien-Polizei ausging.

Bei der achten Aufführung am 22. Dezember 1919 verschärften sich die Spannungen zwischen Polizei und Hauspolizei noch weiter. Dieses Mal befanden sich sechs Beamte der Polizei und acht Mitglieder der Hauspolizei in der Aufführung. Auch in dieser Aufführung war die Hauspolizei zur Stelle, als Ruhestörer die Vorstellung unterbrachen, und verwies diese aus dem Theater. Obwohl es die Hauspolizei und nicht die staatliche Polizei war, die die Ordnung erfolgreich wiederherstellte, beanspruchte der berichtführende Hilfspolizist Preiß für die staatliche Polizei die Funktion ordnend und „beruhigend auf das Publikum ein[zuwirken]"[113]. Wie auch in der vorangegangenen Aufführung traten zwischen Polizei und Hauspolizei Unstimmigkeiten in der Zuständigkeit und in der Art und Weise des Vorgehens deutlich hervor.

4.2.4 Außer Kontrolle. Die Perspektive der Presse auf das Vorgehen der Polizei

Inhaltlich sparte die Münchner Presse nicht an Vorwürfen gegenüber dem unstimmigen Auftreten der Polizei und Hauspolizei im *Wetterstein*-Skandal. Noch während der turbulenten Aufführungen, warfen Zeitungen der Polizei Versagen vor. Mehrfach kritisierte die *Münchner Post* die Einsätze der Polizei[114], vorwiegend die misslungenen Wiederherstellungen von Ruhe und Ordnung. Noch härter bewertete die konservative *Münchner-Augsburger Abendzeitung* die Rolle der Polizei, denn sie stellte fest, dass diese die Tumulte nicht verhindern konnte. Anstelle einer Kontrolle der Polizei – im Sinne einer Beherrschung der Situation – wird hier die Machtlosigkeit der Polizei angesichts der Skandale aufgezeigt.[115] Ein Artikel der *Allgemeinen Rundschau* ist für die Kontrollfunktion der Polizei ferner aufschluss-

112 Vgl. *Erklärung der Münchner Kammerspiele*, S. 3.

113 Bericht von Hilfsarbeiter Preiß an die Polizeidirektion München, Betreff „Bericht über die Aufführung des Schauspiels ‚Schloß Wetterstein' in den Kammerspielen am 22.12.1919", 23.12.1919.

114 Vgl. *Münchner Post*, Bestien, o.A., Nr. 292, 16.12.1919; *Münchner Post*, Der Skandal in den Kammerspielen, o.A., Nr. [293], 17.12.1919.

115 Vgl. *Münchner-Augsburger Abendzeitung*, Verbot der weiteren Aufführungen von ‚Schloß Wetterstein', q.e.d., Nr. 522, 25.12.1919.

reich, weil er eine weitere Facette des polizeilichen Verhaltens vorbringt. Darin wird ausgeführt, dass „[d]ie Polizei [...] sich geradezu rührend bemüht [hat], die Vorstellungen von ‚Schloß Wetterstein' zu beschützen."[116] Mit ihrer Äußerung schreibt die *Allgemeine Rundschau* der Polizei im spöttischen Ton die Funktion der Beschützerin der Aufführungen von Frank Wedekinds *Schloss Wetterstein* zu. Das lässt sich insofern als ein Seitenhieb auf die Polizei lesen, als diese in der Vergangenheit eben nicht Wedekinds Stücke geschützt hatte, sondern vielmehr die Öffentlichkeit durch die polizeiliche Zensur *vor* dessen Werken beschützt hat. Eine Schutzfunktion findet sich auch in einem Artikel des *Neuesten Münchner Tagblatts,* der die Frage aufwarf: „Die Polizei ist wohl dazu da, die Aufführung solcher Skandalstücke zu ermöglichen?"[117] Wie in der Äußerung der *Allgemeinen Rundschau* wurde auch hier die Beobachtung gemacht, dass die Polizei *für* die Aufführungen agierte. Während in der *Allgemeinen Rundschau* die neue Funktion der Polizei, die nun schützte, was sie zuvor bekämpft hat, belächelt wurde, spricht aus dem Artikel des *Neuesten Münchner Tagblatts* noch deutlicher Verwunderung darüber, dass der Schutz von, wie sie sagen „Skandalstücken", nun in den Aufgabenbereich der Polizei fallen soll.

Insbesondere die Entscheidung des Polizeipräsidenten, die Vorstellung abzusetzen, veranlasste auch die überregionale Presse zu Kommentaren. So wird der Münchner Polizei, „die sich bisher außerstande gezeigt hat, die Ordnung in dem kleinen Hause der Kammerspiele aufrecht zu erhalten"[118] von der liberalen *Frankfurter Zeitung* Unfähigkeit im Hinblick auf ihre Ordnungskompetenz unterstellt.[119] Verstärkend zu der ablehnenden Bewertung aus Frankfurt, wurde auch im *Berliner Tageblatt* das ungenügende Verhalten der Münchner Polizei festgestellt. Das Blatt ergriff deutlich Partei gegen die Münchner Polizei. Es kritisierte besonders das mangelnde Durchsetzungsvermögen der Polizei in München im Vergleich zur Berliner Polizei: „Auch in Berlin hatten wir ähnliche pöbelhafte Versuche, eine Theateraufführung unmöglich zu machen, aber es scheint, als ob die Berliner Polizeibehörde der Lage gewachsen und nicht geneigt ist, sich vor den Radaubrüdern zu verkriechen."[120] Dieser Blick aus Berlin stellte das Verfehlen der Münchner Polizei deutlich heraus, indem ein Berliner Skandalfall als vergleichender Maßstab herangezogen wurde.

---

116 *Allgemeine Rundschau,* o.T., o.A., Nr. 1, 03.01.1920.

117 *Neues Münchner Tagblatt,* „Neue Kundgebungen in den Kammerspielen", o.A., Nr. 358, 23.12. 1919.

118 *Frankfurter Zeitung,* „Wedekinds Athletengarde", o.A., Nr. 367, 29.12.1919.

119 Ebd.

120 *Berliner Tageblatt,* „Der Fall ‚Schloß Wetterstein'". o.A., Nr. 112, 01.03.1920.

Die Polizei wurde also von der Presse prüfend beurteilt, doch auch umgekehrt blickte die Presse zum Teil durch die Augen der Polizei auf den Skandal. Deutlich sichtbar und verständlich aufgrund der programmatischen Nähe zum Staat wurde dies in Berichten der *Bayerischen Staatzeitung* vom 16. Dezember 1919 und vom 25. Dezember 1919, worin der Verlauf des Tumults von Polizeibeamten beschrieben sowie Aussagen des Polizeipräsidenten zitiert wurden. Anstelle der Stimme eines Journalisten wurde die Stimme eines Polizeibeamten in der Zeitung gedruckt. Der pragmatische Grund, um diesen merkwürdigen Umstand zu erklären, könnte sein, dass Zeitungen ihre Redakteure in der Regel zur Premiere eines Stücks entsendeten. Während des laufenden Repertoirebetriebs war keine Presse anwesend, denn auf ästhetischer Ebene gab es nach der Premiere nichts Neues zu berichten. Als vermeintlich objektive Quelle aufgrund des berichtenden Stils für den Verlauf der Ruhestörungen könnte hier der Polizeibericht angesehen worden sein.

4.3 Kunst und Kontrolle. Eine Neuverortung des Theaters

Um weiterführend das Verhalten und die Kontrollmaßnahmen der Kammerspiele zu beleuchten, werden sowohl die schriftliche Zusammenfassung der Theater-Perspektive als auch die Verantwortungszuschreibungen, die aus der Presse an das Theater herangetragen wurden, als Mittel der Kontrolle untersucht. Die Ausführungen werden ferner in einem größeren Rahmen gesetzt, in dem das Theater in seiner Bedeutung für die Zeitgenossen verortet und es im Zusammenhang mit der Kunststadt München gelesen wird.

4.3.1 Das Theater zwischen Warenhaus, Tempel und Bildungsinstitut.

Anlässlich der gehäuft auftretenden Theaterskandale zwischen Ende der 1910er und Anfang der 1920er Jahre, worunter auch der Skandal um *Schloss Wetterstein* fällt, wurde die Frage verhandelt, welche Art von Ort das Theater darstellt. Hermann Eßwein grenzte das Theater dahingehend von anderen öffentlichen Orten ab. „Das Theater ist kein Vergnügungslokal, kein Wirtshaus, wo jeder Flegel in den Biertisch hineinhauen und seine dummen Einfälle in den Saal brüllen mag."[121] Ebenso war für Eßwein das Theater

> freilich auch kein Tempel, keine Kirche, aber es gleicht ihnen, ja es ist für viele, sehr viele nicht kirchlich, aber idealistisch-fromm Empfindende von heute in der Tat ein Ort der Erbauung, der

121 Eßwein, Theaterskandale, S. 34.

> Heiligung und darum sollen wir, wenn wir mit ernster, auf seelische Erhebung gerichteter Gesinnung das Theater betreten, uns dort nicht schlechter benehmen wie der Kirchlichgesinnte in seiner Kirche.[122]

Aus dem Vergleich mit dem Ort Kirche leiten sich für Eßwein darüber hinaus Verhaltensregeln für das Theater ab. Tumulte, wie sie bei einigen Aufführungen von *Schloss Wetterstein* auftraten, sind nach dieser Kontextualisierung unangemessen. Auch Hanns Braun fasste in der *Münchner Zeitung* das Theater als heiligen Ort auf. Doch anders als Eßwein wandelte sich nach Braun die Funktion des Theaters von einem „Tempel der Kunst" [123] hin zu einem „Warenhaus" [124], was der heterogene Spielplan der Kammerspiele beweise. Im Wandel des Theaters vom Kunsttempel zum Warenhaus erblickte Braun auch eine Profanisierung des Theaters, die dieses herabwürdige. Noch negativer urteilte der *Bayerische Kurier* über die Münchner Kammerspiele anlässlich der Inszenierung von *Schloss Wetterstein.* Er warf ihnen vor, sich in den „unverfrorensten Kassabetrieb" [125] hinzubegeben und begründete dies mit der „Tatsache, daß der kleine ‚Kunsttempel' an der Augustenstraße sein Allheil bei einem sogenannten Zensurstück sucht, welches nur unter den neuen politischen Verhältnissen ‚frei' geworden ist."[126] Die Zuschauer und Zuschauerinnen, die aufgrund dieser Vorgeschichte in die Aufführung gelockt wurden, bescherten den Kammerspielen einen guten Umsatz, so der Vorwurf des *Bayerischen Kuriers.*

Zur Verortung des Theaters allgemein äußerte sich der *Bayerische Kurier* in einem späteren Artikel konkreter. Begleitend zu der von einigen wahrgenommenen Tendenz der Kommerzialisierung des Theaters, beklagte die Zeitung den Niedergang der Sittlichkeit, für den das Theater verantwortlich sei. „In der Verfallszeit der deutschen Kultur, die mit rasender Schnelligkeit nach dem Weltkrieg einsetzte", so der *Bayerische Kurier,* „spielen unsere Theater eine der schlimmsten Führerrollen."[127] Der Verfasser dieses Artikels betont hier die bedeutende Funktion des Theaters für die Kultur insgesamt und nimmt eine Verschärfung dieses ‚Verfalls' wahr, seit „im Freiheitstaumel der Revolution die letzte Schranke – die Zensur – niedergerissen wurde"[128]. Den obigen Äußerungen folgend wurde das Theater zu

---

122 Ebd.

123 *Münchner Zeitung,* [o.T.], Hanns Braun, o.Nr., 08.12.1919. In: *Die Kritik. Zeitschrift und Sammelwerk für Theater-Interessenten* I/17 (1919), S. 452 f.

124 Ebd.

125 *Bayerischer Kurier,* „Schloss Wetterstein". Familientrilogie von Frank Wedekind, o.Nr., 08.12.1919.

126 Ebd.

127 *Bayerischer Kurier,* Eine rote Schutztruppe vor ‚Schloß Wetterstein', o.A., Nr. 364, 29.12.1919.

128 Ebd.

Beginn der 1920er Jahre im Spannungsfeld zwischen sakraler, profaner und kommerzieller Funktion – wobei in den ausgewählten Zitaten eine deutliche Tendenz zum Theater als heiligen, erbaulichen Ort besteht – verortet. Die Auffassung vom Theater als heiligen Ort und die Ablehnung des profanen, kommerziellen und auch zensurfreien Theaters vertraten dabei keineswegs nur streng konservative Stimmen wie der *Bayerische Kurier*, der sich hierzu sehr vehement positionierte, sondern auch der zu dieser Zeit gemäßigt konservative Schreiber Hanns Braun oder Hermann Eßwein, der auch für die sozialdemokratische *Münchner Post* schrieb.

Für die *Münchner Volksbühne* stellte das Theater ein „Bildungsinstitut für sittlich reife, selbstverantwortliche Erwachsene dar"[129]. Die Bühne soll „Erwachsenen Erkenntnis vermitteln, ihr selbstständiges sittliches Urteil anregen". Es geht laut *Münchner Volksbühne* nicht darum, den Erwachsenen „erzieherische, in Wirklichkeit aber oft unheilvoll verblendende Musterbeispiele des ausschließlich Schönen, Wahren und Guten vor Augen [zu] rücken", sondern darum, auch das Gemeine zu thematisieren und „ehrliche, lebensnahe Kunst" zu zeigen. In diesem Sinne stellt das Theater nicht nur einen Bildungs- und Lernort dar, sondern auch einen Ort der Urteilsbildung und der Positionierung. Wenn allerdings die Aufführung oder sein Verfasser beleidigt, gestört und angegriffen wird – wie das zum Beispiel im Skandal der Fall sein kann – laufe dies laut *Münchner Volksbühne* der Vorstellung von der Bühne als ‚Urteils-Bildungsinstitut' zuwider. Darüber hinaus war das Theater dem Vorwurf ausgesetzt ein exklusiver Ort geworden zu sein. Eine andere Zeitung behauptete dazu, dass das Theater „schon lange keine Angelegenheit der ganzen Nation mehr, sondern Liebhaberei besonderer Kreise"[130] sei. Diese sehr unterschiedlichen vorherrschenden Auffassungen vom Theater als erhabenen, heiligen Ort, als kommerziellen Betrieb, als exklusiven Ort oder als Bildungsstätte verdeutlichen, dass das Theater in dieser Zeit verschiedene Funktionen erfüllte beziehungsweise zugeschrieben bekam und damit auch jeweils ein etwas anderes Publikum adressierte.

Zwischen diesen Auffassungen positionieren sich die zur Untersuchung stehenden Münchner Kammerspiele als ein Theater, das nicht mehr an „einem einzigen gemeinsamen Sinn orientiert" ist, sondern sich gerade durch „die Zerrissenheit und Gegensätzlichkeit der in ihr waltenden geistigen Überzeugungen"[131] charakterisiert. Im Spielplan von Dezember 1919 wurde dies beispielhaft sichtbar. Neben dem ‚unsittlichen' Stück *Schloss Wetterstein* stand ebenso das katholisch gesinnte Stück *Verkündigung* von Paul Claudel auf dem Spielplan. Gleichzeitig sahen

129 Die Ausführungen zu diesem Sinnabschnitt: *Münchner Volksbühne*, Die Theaterskandale und die Zensurfrage, o.A., Nr. 7, März [o.A.].

130 [... *Kurier*], Zum Thema „Theaterelend", P.F., Nr. 66/67, 06./07.03.1920.

131 *Erklärung der Münchner Kammerspiele*, S. 8.

die Münchner Kammerspiele ihr Theater weiterhin als „Ausdruck und Pflegestätte eines gemeinsamen Glaubens“ [132], der für die einzelnen widerstrebenden Zuschauer durch die gemeinschaftliche Erfahrung der Aufführung erlebbar wurde. [133] Nachdem unterschiedliche Vorstellungen vom Ort ‚Theater‘ skizziert wurden, geht der folgende Abschnitt nun auf das Theaterpersonal ein und fragt nach dessen Kontrollmaßnahmen bei den Tumulten. Der Weiteren wird ausgeführt, welche Erwartungen die Presse an das Theater herantrug.

4.3.2 Was soll das Theater tun? Verantwortungszuschreibungen aus der Presse

Nicht nur die Polizei, sondern auch das Theater stand während des Theaterskandals um *Schloss Wetterstein* im Fokus der öffentlichen Aufmerksamkeit. Hermann Eßwein schlug in der *Münchner Post* einen möglichen Umgang mit zukünftigen Störungen im Zuschauerraum vor. Dazu adressierte er konkret die Theaterdirektion. So seien es die „Leitungen aller Münchner Bühnen“[134], die in der Verantwortung stünden, „daß beim nächsten Hausfriedensbruch energischer durchgegriffen wird.“[135] Allerdings meinte er hier nicht etwa, dass das Theaterpersonal in Tumult-Situationen schlichtend auftreten soll, dafür sorgten stattdessen ein „Dutzend muskulöser Hausbeamter“[136], sondern die Leitung sei in der Pflicht, wenn es um die Anordnung von Maßnahmen gehe. Mit „Hausbeamte“[137] meinte er durchsetzungsfähige Ordnungskräfte zur Kontrolle der Tumulte, die vom Intendanten angeleitet werden, nicht die unter der Führung des Polizeipräsidenten agierenden Polizisten. In dem Artikel übernahm die *Münchner Post* die Rolle des verantwortungsvollen, kritischen Beobachters, denn sie teilte ihre Erfahrungen und ihr Wissen im Hinblick auf den Theaterskandal öffentlich und bündelte dieses unter Berücksichtigung aller Akteure zu einem Lösungsvorschlag. Auf der Basis ihrer Vorerfahrungen klärte sie Zuständigkeiten und adressierte Verantwortliche. Es wird dabei deutlich, dass verschiedene Akteure Verantwortung übernahmen. Die *Münchner Post* zeigte eine ‚verantwortungsbewusste Wachsamkeit‘ im Hinblick auf die Kammerspiele, der Theaterleitung wurde eine organisatorische Verantwortung zugeschrieben und die

132 Ebd., S. 8 f.

133 Ebd.

134 *Münchner Post*, Theater und Musik. Eine […] Kundgebung in den Münchener Kammerspielen, h.e., Nr. 288, 08.12.1919.

135 Ebd.

136 Ebd.

137 Häufiger wird in den Quellen nicht wie hier von „Hausbeamten“, sondern von der „Hauspolizei“ gesprochen. Vgl. 4.2.3.

Hausbeamten verantworteten die Wiederherstellung der Ordnung im Zuschauerraum. Auch die *Neue Zeitung* nahm in ihrem Artikel vom 10. Dezember 1919 die Theaterleitung in die Verantwortung. Sie erwartete

> von einer künstlerisch feinfühlenden Theaterleitung [...], dass sie zu unterscheiden versteht zwischen Werken, die sie einer unvorbereiteten breiten Oeffentlichkeit ohne Schaden vorsetzen darf, und Werken, die einem Kreise gereifter Eingeweihter vorbehalten bleiben müssen.[138]

Die Zeitung sah es als Aufgabe der Theaterleitung an, ein Wissen von seinem Publikum in Verbindung mit den aufgeführten Stücken zu besitzen. Gleichzeitig sensibilisierte der Artikel die Theaterleitung für die unterschiedlichen Öffentlichkeiten, mit denen im Theater zu rechnen war. Notwendig erschien dies, nachdem bestimmte Stücke, wie die von Frank Wedekind, die zunächst nur einem ausgewählten Publikum in ‚geschlossenen Vorstellungen' zugänglich waren, mit der Aufhebung der Theaterzensur einem breiten Publikum offenstanden. Daraus lässt sich ableiten, dass die *Neue Zeitung* statt der Zensur nun den Intendanten in der Verantwortung sah, das ‚unvorbereitete' Publikum vor bestimmten Stücken zu schützen. Die *Allgemeine Rundschau* nahm die Theaterleitung in die Verantwortung bezüglich der Prävention und Reaktion auf die Tumulte. Sie warnte die Direktion davor zu glauben, „es handle sich um ein paar Radaumacher, wo sich eine wachsende sittliche Empörung Bahn gebrochen hat."[139] Die Verantwortung der Theaterleitung lag nach Meinung der *Allgemeinen Rundschau* in einem souveränen Umgang mit einer solchen Situation. Statt sich gegen die Tumulte durch eine ‚Hauspolizei' zu wehren, empfahl die Zeitung potenzielle Skandal-Inszenierungen – wobei sich die Frage stellt, wie diese zu erkennen sind und wer darüber entscheidet – durch „Krankheitsurlaub"[140], das meint einen Vorstellungsausfall aufgrund von Krankheit im Ensemble, zu beseitigen. Dieser Lösungsvorschlag wies, ähnlich wie in den obigen Äußerungen auch, wieder der Theaterleitung Verantwortung zu. Der ‚Krankheitsurlaub' wurde der Theaterleitung als verantwortungsvolle, administrative Maßnahme gegen eventuelle Tumulte der vorgeschlagen.

Die dargelegten ‚Responsibilisierungsbestrebungen' der Presse schrieben dem Intendanten konkrete Aufsichts-, Kontroll- und Entscheidungsfunktionen im Zusammenhang mit Tumult-Situationen im Theater zu. Der Intendant sollte für die Auswahl der Stücke in Verbindung mit dem jeweiligen Publikum sowie für die Umdisponierung des Spielplans bei drohenden Tumulten und für die Anweisung

---

138 *Neue Zeitung*, Frank Wedekind: „Schloß Wetterstein". Erstaufführung in den Kammerspielen, o.A., Nr. 281, 10.12.1919.

139 *Allgemeine Rundschau*, o.T., o.A., Nr. 1, 03.01.1920.

140 Ebd.

der ‚Hausbeamten' zuständig sein. Die Presse stilisierte in den dargelegten Äußerungen den Intendanten zum Hauptverantwortlichen in allen Angelegenheiten des Theaters. Vielmehr noch als die Theaterzensoren sollte dieser die Inhalte der Stücke, den Theaterbetrieb und das Publikum so gut kennen, dass er zukünftige Tumulte schon vorab zu antizipieren vermochte. Diese nahezu „übernatürlichen oder übermenschlichen oder mindestens spezifisch außeralltäglichen, nicht jedem andern [sic] zugänglichen Kräft[e]"[141], die von der Presse als Anforderungen an den Intendanten herangetragen wurden, bezeichnet Max Weber als charakteristisch für den charismatischen Herrscher. Christopher Balme hat in seinem Aufsatz *Die Krise der Nachfolge* Max Webers Konzept der charismatischen Herrschaft auf die Intendantenfigur – insbesondere mit dem Modell des regieführenden Intendanten, das sich mit der NS-Zeit und in der Nachkriegszeit durchsetzte – angewandt.[142] Hatten Pressestimmen aus der *Münchner Post* und der *Allgemeinen Rundschau*, wie dargestellt (4.2.4), die Aufsichts- und Kontrollfunktion der Polizei bei den Tumulten noch heftig bemängelt, sahen sie nun den Intendanten in der Verantwortung die zentrale Aufsichts- und Kontrollfunktion zu übernehmen. Indem die Presse in ihrer Berichterstattung den Fokus von der Polizei zum Intendanten verschob und diesem diese Kompetenzen zuschrieb, steuerte sie die Neuausrichtung der Kontrollfunktion, nämlich die Verschiebung der Kontrolle von der staatlichen Instanz auf das Theater. Auch wenn die Presse dabei selbst keine Kontrollfunktion innehatte – denn sie bewertete hier den Intendanten (noch) nicht, sondern sie zeigte Zuständigkeiten und Handlungsoptionen in der Situation der Überforderung bei den Aufführungen von *Schloss Wetterstein* auf – ging sie durch die Stilisierung des Intendanten als charismatischen Herrscher mit diesem eine machtvolle Beziehung ein. So konnte die Presse dem Intendanten etwa durch Responsibilisierung Macht verleihen, diese ihm aber im Umkehrschluss auch wieder entziehen. Im Anschluss an die von der Presse zugedachten Verantwortlichkeiten und Zuständigkeiten der Theaterdirektion, soll nun umgekehrt die Perspektive des Theaters auf die Geschehnisse bei *Schloss Wetterstein* beleuchtet werden.

4.3.3 Der Fall „Schloss Wetterstein". Die Perspektive der Münchner Kammerspiele

Eine besonders umfangreiche und in ihrer Art außergewöhnliche Quelle zum Theaterskandal um *Schloss Wetterstein* ist *Der Fall „Schloss Wetterstein"*, eine 39-

---

141 Weber, Wirtschaft und Gesellschaft, S. 140.

142 Vgl. Balme, Die Krise der Nachfolge, S. 37–54.

seitige Erklärung der Münchner Kammerspiele. Darin fassten diese das Geschehen aus der Perspektive des Theaters zusammen und ordneten dieses ein. Neben einer Beschreibung der Ereignisse in den einzelnen Vorstellungen, finden sich in der Erklärung ein abgedrucktes Gespräch mit den Polizeipräsidenten, die Stellungnahme eines Rechtsanwalts, Ausführungen zu Frank Wedekind und im Anhang einige Zuschauerstimmen. Es war weniger der Skandal als solcher, der die Kammerspiele veranlasste „ihr bisher beobachtetes Stillschweigen zu brechen“[143], als vielmehr der Umstand des Aufführungsverbotes der „die vom deutschen Gesetz gewährleistete Freiheit des geistigen Ausdrucks tatsächlich zunichte mach[e]“[144] und gleichzeitig „die Existenzmöglichkeit des Theaters bedroh[e]“[145]. Darüber hinaus reagierten die Kammerspiele mit der Erklärung auch auf die Angriffe „gegen die künstlerisch-sittliche Haltung der Theaterleitung“[146]. Zweck der Erklärung war es, „den im Hin und Her der öffentlichen Meinung verwirrten Sachverhalt [zu] klären und denen, die ein Bedürfnis danach haben, es möglich [zu] machen, über das Ganze des Falles ein selbstständiges Urteil zu gewinnen.“ [147] Konkret geschehe dies, indem ein eigener Standpunkt vertreten wurde. Damit könne das Verständnis von Lesern gewonnen werden, die bereit waren, sich auf Argumente einzulassen und ihre Meinung gegebenenfalls zu verändern.[148] Der *Fall „Schloss Wetterstein“* war dahingehend eine wertvolle Handreichung für Interessierte, die sich ausführlicher über die Geschehnisse bei den Aufführungen informieren wollten.

Anlässlich der Veröffentlichung verwiesen die *Münchner Post* und das *Berliner Tageblatt* auf die Stellungnahme der Kammerspiele als selbstständige Publikation im Georg Müller Verlag. Als Kulturverlag adressierte dieser eine kulturaffine Leserschaft und damit nicht unbedingt alle, die den Theaterskandal um *Schloss Wetterstein* mitverfolgten und sich dabei eine Meinung bildeten. Der Verlag publizierte Autoren wie Otto Julius Bierbaum, August Strindberg und eben auch Frank Wedekind. Nachdem er auch die Herausgeberschaft für Wedekinds *Schloss Wetterstein* verantwortete, ist die Veröffentlichung von *Der Fall „Schloss Wetterstein“* nicht nur als Dienstleistung für die interessierte Öffentlichkeit zu verstehen, sondern auch als verlagsstrategische Maßnahme zu begreifen. Der Verlag könnte von weiteren öffentlichen Aufführungen von *Schloss Wetterstein* profitiert haben, zum Beispiel in Form von Tantiemen.

143 *Erklärung der Münchner Kammerspiele,* S. 1.
144 Ebd.
145 Ebd.
146 Ebd.
147 Ebd.
148 Vgl. ebd.

Wie die Ereignisse im Theaterskandal dargestellt wurden, beeinflusste gleichfalls die Bewertung der Situation. Insofern ist es aufschlussreich, dass die Münchner Kammerspiele die ‚Störungen' und Tumulte anders einordneten als viele Presseartikel und zum Teil auch Polizeiberichte. Insgesamt nahmen die Kammerspiele die Tumulte als „spontane[n] Gefühlsausdruck des Publikums"[149] wahr. Außerdem stellten sie heraus, dass es sich bei den Protesten nur um Äußerungen weniger Ruhestörer gehandelt habe.

> Das Publikum hat auch in sieben von acht Fällen, nämlich den ausgenommen, wo gewalttätige Personen in der Übermacht waren, gar keinen Zweifel darüber gelassen, wie es, ganz abgesehen von seiner persönlichen Stellung zum Stück, über die Ruhestörer dachte und daß es ihnen keineswegs den guten Glauben an ihre sittliche Entrüstung zubilligte.[150]

Hier stehen nicht die wiederholten Störungen der Unruhestifter im Vordergrund, sondern vielmehr steht das nichtstörende Publikum im Fokus. Die Kammerspiele beobachteten ein Publikum, dass sich über die wenigen Ruhestörer allenfalls empörte und „das Stück in vollkommener Ruhe oder unter Bezeigungen des Beifalls anhörte."[151] Nachdem die Kammerspiele in ihrer Erklärung die Haltung des Publikums über die gesamten acht Aufführungen betrachteten, blickten sie entsprechend aus einem weiten Blickwinkel auf das Geschehen. Die einzelnen Störungen erscheinen vor diesem Hintergrund geringfügiger als die mehrheitlich reibungslosen Vorstellungen.

Da die Presse tagesaktuell und ereignisorientiert berichtete, ist ihr Blickwinkel hingegen wesentlich enger und richtete sich meist nur auf eine einzelne Vorstellung. Der Fokus des Theaters lag dagegen auf der erfolgreichen Durchführung von Inszenierungen und Aufführungen im Repertoirebetrieb. Entsprechend richtete sich das Interesse des Theaters – allein schon aus ökonomischen Gründen – weniger auf die Ruhestörer. Es zeigte sich also, dass die Kammerspiele in ihrer Erklärung eine neue Perspektive in den Diskurs um den *Wetterstein*-Skandal einbrachten, die sich von der Perspektive der Presse abhob und die die ‚Störungen' als geringfügiger darstellten.

Abschließend zu dem Teilkapitel 4.3 soll noch einmal von den unmittelbaren Skandalgeschehnissen herausgezoomt werden und nach der Bedeutung des Theaterskandals für die Kunst in der Stadt München gefragt werden.

---

149 Ebd., S. 11.
150 Ebd., S. 11 f.
151 Ebd. S. 11.

4.3.4 Skandal in der Kunststadt

„Hundert Jahre lang ist München Kunststadt gewesen", resümierte ein Redakteur in der Zeitschrift *Der Zwiebelfisch* 1921 und „[n]un hat eine bürokratische Regierung und der engherzige Partikularismus seiner Pfahlbürger jede Entwicklung aufwärts und in die Weite abgebrochen."[152] Das Narrativ von München als Kunststadt, aber auch von deren Niedergang wurde ab dem 19. Jahrhundert immer wieder heraufbeschworen. Auch im Theaterskandal um *Schloss Wetterstein* bedienten sich die Kommentatoren dem geflügelten Wort der ‚Kunststadt' München. In einem Artikel der *Münchner Post* zum Beispiel wurde der Verfasser nicht müde zu betonen, dass durch den Theaterskandal um *Schloss Wetterstein* München seinen „Ruf als Kunststadt"[153] verlieren werde. Die Theaterskandale schädigten, so die *Münchner Post*, diesem Ruf insofern, als die Künstler aus Furcht vor einem Theaterskandal aus München abwandern könnten. Dabei konnte der Theaterskandal auch den gegenteiligen Effekt besitzen. Gerade weil er für Diskussionen über die Kunst sorgte – in Zeiten eines in München stark zunehmenden Fremdenverkehrs[154] – wurde ein erhöhtes Interesse für die auswärtige Öffentlichkeit generiert, die Stadt und das entsprechende Theater zu besuchen. Diese Dialektik von Chance und Bedrohung, die Theaterskandale für die ‚Kunststadt' München bedeuten konnten, gibt Anlass sich mit dem Konzept und seinen Wurzeln näher auseinanderzusetzen. Historische Entwicklungen wie die Industrialisierung, die Urbanisierung und das verstärkte Aufkommen von Tourismus führten zu einer, wie die Kulturanthropologin Simone Egger es ausdrückt, „anwachsende[n] Bedeutung städtischer Wahrzeichen und Symbole"[155]. Gerade in Zeiten des Wandels identifizieren sich laut Egger die Stadtbewohner und Stadtbewohnerinnen mit den Besonderheiten der Stadt. Die Bedeutung der Kunst und Kultur für München wurde besonders in den schwierigen Anfangsjahren der Weimarer Republik immer wieder in Erinnerung gerufen. Die Zeitschrift *Münchner Volksbühne* präsentierte zum Beispiel die Besonderheit der Stadt. „München, daß ohne nennenswerte Großindustrie ist, steht und fällt mit dem, was es der Welt an geistigen, an kulturellen, an künstlerischen Werten zu bieten hat."[156] Geradezu abhängig war demnach die Stadt von der Kultur, Wissenschaft und Kunst, was eine Erklärung dafür liefert, warum in München der Sorge um den Verlust der Betitelung ‚Kunststadt' eine so große Bedeutung beigemessen wurde.

---

152 Von Weber, Münchens Ende als Kunststadt, S. 6.

153 *Münchner Post*, Theater und Musik. Eine [...] Kundgebung in den Münchener Kammerspielen, h.e., Nr. 288, 08.12.1919.

154 Vgl. Schuster, München – die Kunststadt, S. 230.

155 Egger, *München wird moderner*, S. 76.

156 [Eßwein], Zur Staatstheater–Krise, S. 42.

Maßgeblich daran beteiligt, dass München ein Zentrum für Kunst und Kultur, zum ‚Isarathen' wurde, war der bayerische König, Ludwig I., der in der ersten Hälfte des 19. Jahrhunderts die Kunst in München großzügig förderte.[157] In Anlehnung an die griechische Antike ließ er klassizistische Bauten auf dem Königsplatz und in der Ludwigsstraße errichten. Mit Bauwerken und Kunstsammlungen aus verschiedenen Ländern und Zeiten erweiterte Ludwig I. seine Macht durch die Bildung von künstlerischem Kapital und unterschied sich damit etwa von Berlin, das in dieser Zeit seine politische und wirtschaftliche Macht verstärkt ausbaute.[158] Zuvor hatte sein Vater, Max I. Joseph, 1810 den Bau eines Nationaltheaters in München verordnet, das nach dem Vorbild des Pariser Odeon gebaut wurde. Das Platzvermögen des Hof- und Nationaltheaters umfasste über 2400 Sitzplätze bei einer Einwohnerzahl Münchens von etwa 50 000 Menschen zu der Zeit.[159] Diese opulenten kulturpolitischen Investitionen in die Stadt München erlaubten es dem Königreich Bayern eine Großmachtstellung für sich zu proklamieren.[160] Um die Jahrhundertwende sammelten sich in der ‚Kunststadt München', vor allem im Stadtviertel Schwabing, Künstler, Schriftsteller, Schauspieler, Tänzer und Musiker aus dem gesamten deutschen Reich. Auch die Münchner Kammerspiele waren bis 1926 in Schwabing ansässig. Künstler und Künstlerinnen kamen an die Kammerspiele sowohl um an den Produktionen mitzuwirken als auch um als Zuschauer die Kunst anderer Kunstschaffenden zu sehen. Vom jungen Bert Brecht ist zum Beispiel bekannt, dass er Aufführungen der Tänzerin Valeska Gert und des Komikers Karl Valentin in den Kammerspielen gesehen hatte und sich dies nachhaltig auf sein späteres Theaterschaffen ausgewirkt hat.[161]

Der Hinweis, dass im Publikum der Kammerspiele selbst Künstler waren, führt weiter zu der Frage nach der Zusammensetzung des Publikums bei den Aufführungen von *Schloss Wetterstein.* Dahingehend stellt das nächste Teilkapitel die Personengruppen, die im Publikum der Kammerspiele zu den Aufführungen von *Schloss Wetterstein* saßen, vor und fragt dabei nach deren Verhältnis zum Stück und zu den Tumulten.

---

157 Vgl. Nerdinger, Die ‚Kunststadt' München, S. 93.

158 Vgl. ebd.

159 Vgl. Schläder, *Vision und Tradition*, S. 17.

160 Vgl. ebd.

161 Vgl. Kanthak, Early Stagings of Brecht's *Trommeln in der Nacht* (1922) and *Im Dickicht* (1923), S. 226 f.

4.4 Das Publikum des Skandals

Anhand von ausgewählten Publikumsgruppen, den Zuschauerinnen und dem Bürgertum, soll untersucht werden, wie diese in der Presse durch die Berichterstattung über den Theaterskandal dargestellt wurden. Für die Beschreibung der Akteure der Öffentlichkeit ist der Umstand wesentlich, dass die Quellen dazu in erster Linie aus der Presse stammen. Hierzu soll über die Art und Weise der Darstellung reflektiert werden und auf die skandalisierende Wirkung dieser Darstellung eingegangen werden. Im Folgenden wird gezeigt, dass sich die Presse hierbei häufig Zuschreibungen bedient. Inwiefern eine Kontrolle durch die Öffentlichkeit vorliegt, soll in diesem ersten Skandalfall mittels einer semantischen Annäherung an den in verschiedener Ausprägung auftretenden Ausdruck der ‚Zensur des Publikums' beleuchtet und werden.

4.4.1 Geteilte Öffentlichkeiten?

‚Nationalisten', ‚Antisemiten', ‚Studenten', ‚Frauen', ‚Konservative', ‚Juden', ‚Kommunisten'. Das sind nur einige Beispiele für Publikumsgruppen, die die Presse im Zusammenhang mit dem Theaterskandal um *Schloß Wetterstein* benannte. Obgleich diese Auswahl sicherlich nicht vollständig ist, zeigt sich darin doch eine gesellschaftliche Bandbreite, die sich zur Aufführung von *Schloß Wetterstein* im Theater einfand. Die Situation, dass im Theater – das nach Ziolowski *die* „öffentliche Angelegenheit" schlechthin ist[162] – diverse gesellschaftliche Gruppen aufeinandertreffen, lässt sich mit dem Konzept von „differenten Öffentlichkeiten"[163] nach Nancy Fraser verbinden. Fraser lehnt Jürgen Habermas' 1962 vorgeschlagenes Modell von einer singulären bürgerlichen Öffentlichkeit ab, weil dieses auf der Zurückdrängung von anderen sozialen Gruppen – etwa Arbeiter, Frauen, People of Colour – beruht. Ihr Verständnis von Öffentlichkeit fokussiert das Element der Teilhabe von differenten Gruppen.

> I contend that, in stratified societies, arrangements that accommodate contestation among a plurality of competing publics better promote the ideal of participatory parity than does a single, comprehensive, overarching public.[164]

162 Ziolowski, *Scandal on Stage*, S. 12.
163 Fraser, *Justice Interruptus*, S. 81.
164 Ebd., S. 81.

Als Instrument für die Ausübung der gesellschaftlichen Teilhabe nennt Fraser die öffentliche Meinung.[165] Im Theaterskandal, bei dem verschiedenen Meinungen aufeinandertreffen, lassen sich eben diese konkurrierenden Öffentlichkeiten feststellen. Die unterschiedlichen Meinungen sind im Theaterraum in konzentrierter Form – teilweise sogar physisch – erfahrbar. Durch das konfliktgeladene Aufeinandertreffen von verschiedenen öffentlichen Meinungen im Kontext des Theaterskandals treten die beteiligten Zuschauergruppen verstärkt in ihrer Verschiedenheit und Eigenart hervor. Im Hinblick auf die Gruppen, die speziell im Theaterskandal erschienen, ist von Nancy Fraser das Modell der ‚Gegen-Öffentlichkeiten' oder synonym ‚Teil-Öffentlichkeiten' aufschlussreich, weil es Impulse für die Untersuchung der Streit-Situationen im *Wetterstein*-Skandal gibt. Die Wirkweisen und Implikationen dieser ‚Gegen-Öffentlichkeiten' gegenüber einer dominanten Öffentlichkeit beschreibt sie, wie folgt:

> Still, insofar as these counter-publics emerge in response to exclusion within dominant publics, they help expand discursive space. In principle, assumptions that were previously exempt from contestation will now have to be publicly argued out.[166]

Demnach entstehen Gegen-Öffentlichkeiten durch den Ausschluss von dominanten Öffentlichkeiten und tragen dazu bei, dass sich das diskursive Feld ausdehnt. Konkret zeigen sich diese während dem Theaterskandal in den zahlreichen Bestrebungen der Presse die Akteure voneinander abzugrenzen, also aufzuzeigen wer auf der einen Seite die dominante Öffentlichkeit ist und welche Haltung diese vertritt und auf der anderen Seite, wer die Gegen-Öffentlichkeit ist, die diese stört. Das Konzept ist fruchtbar, weil es den Streit der miteinander konkurrierenden Öffentlichkeiten wiedergibt und deren hierarchischen Strukturen berücksichtigt. Gerade in der uneindeutigen Situation des Theaterskandals, in der die Rollen der Akteure nicht feststehen, kann jede Gegen-Öffentlichkeit potenziell zur dominierenden Öffentlichkeit und vice versa werden. Weil der Theaterskandal also im Besonderen differente Publikumsgruppen sichtbar werden lässt, kann der Vorgang, bei dem bisher unter dem Radar existierende Gegen-Öffentlichkeiten den Diskurs ausweiten, als Strukturprinzip des Theaterskandals beschrieben werden. An einigen Skandaldynamiken bei *Schloss Wetterstein* sollen diese theoretischen Überlegungen konkretisiert werden.

Dass es differente Öffentlichkeiten gibt, zeigt sich zunächst an den Beschreibungen der Kammerspiele anlässlich der ersten Aufführung, in der Beifalls- und Missfallensäußerungen innerhalb des Publikums miteinander konkurriert ha-

---

165 Ebd., S. 90.
166 Ebd., S. 82.

ben.[167] Von einem Publikum, das in seiner Gesamtheit die Aufführung ablehnte, war in dieser Beschreibung der Vorgänge nicht die Rede. Die konservative *Bayerische Staatszeitung* sah eine Dominanz im Gebaren der Anhängerschaft von Frank Wedekinds Werk, die einen „Beifallsradau" veranstalteten, „wie ihn rein künstlerische Ergriffenheit auch bei Meisteraufführungen von Werken unserer Größten kaum je gespendet hat und spendet."[168] Eine Teil-Öffentlichkeit Wedekind-affiner Zuschauer überbot demnach durch unverhältnismäßig lauten Beifall den angeblich angemessenen Protest einiger Zuschauer. Die Gegen-Öffentlichkeit der über *Schloss Wetterstein* verärgerten Zuschauer konnte sich am Premierenabend nicht durchsetzen. Ihre Meinung wurde erst später durch mediale Berichterstattung, federführend von der *Bayerischen Staatszeitung* und dem *Bayerischen Kurier*, verstärkt kommuniziert. Es wird an dem Beispiel deutlich, dass die Bestimmung von dominierenden und unterlegenen Öffentlichkeiten durch die Presse geschah, indem sie den Akteuren im Theaterskandal Motive, Phänotypen und Gesinnungen zuschrieb. Nach diesem theoretischen Einstieg macht das folgende Unterkapitel die Akteure hinter diesen Öffentlichkeiten sichtbar und untersucht ihre Darstellung in der Berichterstattung zum Skandal. Dabei lassen sich verschiedene Funktionen der Akteure feststellen.

4.4.2 Skandalisierung durch Zuschauer- und Störernarrative

Die Zeitungen, die in den 1910er und 1920er Jahren über die Theaterskandale in München berichteten, können unterschiedlichen politischen Richtungen zugeordnet werden. Auch in den Artikeln über die Theaterskandale sind politische Gesinnungen zu beobachten. So berichteten die sozialdemokratisch orientierte *Münchner Post*, die regierungsnahe *Bayerische Staatszeitung*, die einst liberalen, aber 1920 schon rechtskonservativen *Münchner Neueste Nachrichten*, die regierungstreue *Münchner Zeitung*, der konservativ, katholische *Bayerische Kurier* und die deutschnationale *Münchner-Augsburger Abendzeitung* über den Fall. Bedingt durch die politische Richtung der jeweiligen Zeitung ergibt sich, dass die Zeitungen denselben Akteuren jeweils unterschiedliche Interessen und Motive zuschrieben. In dieser Darstellung wurden die Akteure dann für das Publikum des Skandals öffentlich sichtbar. Hermann Eßwein beschrieb zum Beispiel in einem Artikel in der *Münchner Volksbühne* einzelne Zuschauertypen bei der Aufführung von *Schloss Wetterstein*. Hier sehe man „de[n] vergeblich durch eine höhere Schule gegange-

167 Vgl. *Erklärung der Münchner Kammerspiele*, S. 2.
168 *Bayerische Staatszeitung*, o.T., o.A., 09.12.1919.

ne[n] junge[n] Mann im Smoking", dort „die sogenannte[n] junge[n] Damen [...] in recht ungraziöser Aufmachung, die eine vollkommene und sehr anmutige Dame in unflätiger Weise anzurülpsen wagen"[169]. Eßwein beschreibt hier unterschiedliche Phänotypen und gesellschaftlichen Gruppen, die die Aufführung besuchten. „Konservative", „Politisch Andersdenkende" und die „Deutsche Jugend"[170] sah er als Verursacher der Tumulte und mahnte diese, dass unabhängig von ihrer politischen Gesinnung und ihrer moralischen Einstellung während der Aufführung der Anstand gewahrt werden müsse.[171] Auch in der *Münchner Post* wurden die störenden Zuschauer als „Agenten reaktionärer politischer Gruppen"[172] bezeichnet. Zusammengenommen bedeutet das: Nicht etwa verärgerte oder empörte Theaterbesucher wurden als Skandalverantwortliche identifiziert, sondern politische Gruppen.

In der rechten Presse wurde die politische ‚Aufladung' der Zuschauergruppen zum Teil bis hin zu antisemitischen Äußerungen weitergetrieben. Der *Bayerische Kurier* interpretierte den Skandal „als die Machtprobe eines kleinen jüdischen Literaturklüngels"[173] gegenüber dem „deutschfühlende[n] Teil des Publikums"[174], auch wenn die Anwesenheit sozialistischer Gruppen oder jüdischer Akteure nicht weiter belegt wurde. Der Redakteur Möhl von der *Münchner-Augsburger Abendzeitung* fragte nach den „Menschen, die solchen Szenen Beifall klatschen"[175] und bestimmte die klatschenden Anhänger des Wedekind Stücks als Gefährder. Auch in diesem Artikel wurde nicht von spezifischen Theaterpublikumsgruppen gesprochen, stattdessen wurden die Wedekind-Anhänger sogleich in einen gesamtgesellschaftlichen Kontext eingebunden. Diese seien „Elemente, die [...] auch in der Politik wie in unserem ganzen Gesellschafts- und Wirtschaftsleben als gefährliche, volksfremde Parasiten den Stamm unserer deutschen Kultur zernagen, unterwühlen und verseuchen."[176] Weiter beschrieb Möhl diese als „faule" und „unterhaltungssüchtige Nichtsnutze"[177] von deutscher und jüdischer Abstammung. Auf der anderen Seite standen laut Möhl die von diesen Kräften Gefährdeten, worunter für ihn Arbeiter, der deutsche Bürger und das deutsche Volk fiel. Der Redakteur konstatierte in dem

---

169 Vgl. Eßwein, Theaterskandale, S. 35 f.
170 Ebd.
171 Ebd.
172 *Münchner Post*, Theater und Musik. Eine [...] Kundgebung in den Münchener Kammerspielen, h.e., Nr. 288, 08.12.1919, S. 3.
173 Ebd.
174 Ebd.
175 *Münchner-Augsburger Abendzeitung*, „Bordell Wetterstein", Friedrich Möhl, Nr. [496], 08.12. 1919.
176 Ebd.
177 Ebd.

Artikel schließlich einen „deutschen Kulturkampf“[178], in dem sich die widerstreitenden Gruppen befänden. Hieran wird beispielhaft deutlich, dass die Diskussion um *Schloss Wetterstein*, deren Konflikt – wie eingangs ausgeführt – sich eigentlich um die ‚unsittlichen‘ Darstellungen drehte, in einem Konflikt der Gesinnungen überging. Der Skandal um *Schloss Wetterstein* stellt somit nicht nur die Entladung eines ästhetischen Ärgernisses des Theaterpublikums dar, sondern das Ärgernis über die Aufführung wird auch zunehmend politisiert.

Bei der Darstellung des Publikums und der Störer handelte es sich hauptsächlich um interessensgeleitete Zuschreibungen durch die Presse, die das Publikum anprangerten und damit skandalisierten. Solche Zuschreibungen jedoch, die einer empirischen Grundlage entbehren, definieren erst Personengruppen. Beispielsweise wurden die ‚Anhänger Wedekinds‘ als Zuschauergruppe markiert. Dabei bedienten sich solche Gruppendarstellungen bestimmter Narrative, etwa dem einer vermeintlichen ‚jüdischen Bedrohung‘, die zu einer Skandalisierung genutzt wurden. In der Unterscheidung von ‚Wedekind-Anhängern‘ und ‚Wedekind-Gegnern‘ drückte sich zudem mit Steffen Burkhardt gesprochen eine „symbolisch[e] Binarisierung der Aktanten“[179] durch die Medien aus, die ein typisches Merkmal von Medienskandalen darstellt. Anhand der Zuschreibungen wird deutlich, dass es sich dabei um intendierte Pauschalisierungen von Publikumsgruppen zum Zweck der Skandalisierung handelte und differenzierte Meinungen zur Aufführung oder Beschreibungen des Publikums außer Acht gelassen wurden.

Die Zuschreibungen deuten schließlich auch darauf hin, dass die eigentlichen Verursacher der Unterbrechungen der Presse nicht wirklich bekannt waren, was nicht verwunderlich ist, denn selbst die Polizei und die Kammerspiele konnten diese nur zum Teil, gar nicht oder erst spät identifizieren. Umso mehr war dadurch die Wachsamkeit der Presse nach den eigentlichen Störern geschärft. Dahingehend fragte ein Artikel in der *Münchner Post* nach der Identifizierung der Störer: „Ob die Auftraggeber dieser Rowdy-Bande, [...] im klerikalen oder im knalldeutsch-antisemitischen Lager sitzen, wird sich zeigen, sobald man endlich einmal, es ist hohe Zeit, zufaßt und diese Elemente aus ihrer Anonymität aufstöbert.“[180] Hinter der Aufdeckung der Störer steht das Interesse nach den „Auftraggebern“ und deren Gesinnung. Sind die Verantwortlichen für die Tumulte bekannt, ermöglicht dies theoretisch eine differenziertere Darstellung in der Presse sowie eine strafrechtliche Verfolgung. Einer weiteren Skandalisierung der Presse durch Zuschreibungen würde dies allerdings den Wind aus den Segeln nehmen.

---

178 Ebd.

179 Burkhardt, *Medienskandale*, S. 341.

180 *Münchner Post*, Theater und Musik. Eine [...] Kundgebung in den Münchener Kammerspielen, h.e., Nr. 288, 08.12.1919.

4.4.3 Wählerinnen im Theater

Weniger anonym, aber nicht unbedingt als Zuschauergruppe zu Beginn der 1920er Jahre im Theater besonders stark sichtbar waren die weiblichen Zuschauerinnen. Wedekind griff diesen Umstand für eine Szene im ersten Aufzug von *Schloss Wetterstein* auf. In diesem führen Mutter Leonore und Tochter Effie ein Gespräch. Effie kündigt an, dass sie ins Theater geht, um ein Stück zu sehen. Die Mutter verbietet es ihr, weil sie es nicht für angemessen hält, dass Effie als alleinstehende, junge Frau das Theater besucht. Effie widerspricht ihrer Mutter und führt an, dass sie sich im Theater bilden möchte, um einmal eine anständige Frau zu werden. Der Szene liegt ein Verständnis zugrunde, dass das Theater gleichzeitig sozialer und repräsentierender Ort ist. Einerseits wurden hier Frauenbilder repräsentiert und verhandelt, andererseits geht es um das soziale ‚Gesehen-Werden'.

Geradezu bezeichnend ist dahingehend, dass die – soweit bekannt – männlichen Kritiker nicht nur die Frauenfiguren in *Schloss Wetterstein* bewerteten, sondern dazu auch die Reaktionen der weiblichen Zuschauerinnen explizit erwähnten. Der Redakteur des *Bayerische Kuriers* argwöhnte: „Daß aber deutsche Frauen und Mädchen, die in großer Zahl anwesend waren, jubeln und stürmischen Beifall spenden, wenn Frauenehre und Frauenwürde zu tiefst in den Kot gezogen werden, das sollte man allerdings nicht für möglich halten."[181] Die Zeitung prangerte sowohl die Darstellung der Frauenfiguren im Stück als auch die begeisterte Zustimmung der Zuschauerinnen an, weil diese nicht ihrem Bild einer sittsamen Frau entsprachen. Durch die explizite Verwunderung über das Verhalten der Zuschauerinnen wird die Aufmerksamkeit der Leser auf das Verhalten der Frauen im Zuschauerraum gelenkt. Dem Redakteur Hanns Braun wurde im Zuge der Unruhen bei seinem Aufführungsbesuch bewusst, als der sich „umblickend, gewahrte, daß gerade die perlengeschmückten Damen und Dämchen der ersten Reihen sich zu Verteidigerinnen einer Lustmordszene aufwarfen"[182] und die Zuschauerinnen um Braun herum bekundeten: „So ist das Leben! Geradeso geht es zu!"[183] Was im *Bayerischen Kurier* noch als unangemessene, grenzüberschreitenden Äußerung markiert wurde, sahen die Frauen im Publikum als lebensnahe Darstellung. Auch wenn sich Braun von dieser Sicht der Frauen distanzierte, beschrieb er in seinem Artikel weiter, dass sich die Zuschauerinnen nicht nur inhaltlich, sondern auch äußerlich mit den weiblichen Bühnenfiguren identifizierten, denn im Publikum saßen „die Lulus und Effies, getreulich nachgebildet"[184]. Ob eine Bühnendarstellung gerade als

181 *Bayerischer Kurier*, o.T., o.A., o.Nr., 08.12.1919.

182 *Münchner Zeitung*, [o.T.], Hanns Braun, o.A., 08.12.1919.

183 Ebd.

184 Ebd.

treffend oder im Gegenteil als Grenzüberschreitung und skandalös wahrgenommen wurde, hing somit von den jeweiligen Rezipienten ab. Die Frauen und Mädchen machten im Zuge der Aufführungen durch ihre zahlreiche Anwesenheit und ihre deutliche Zustimmung, die sie gegen die unterbrechenden Ruhestörer des Stücks artikulierten, klar, dass sie hier keine Grenzüberschreitung sahen. Obwohl die Zuschauerinnen im Theaterraum wie gezeigt eine sehr präsente Gruppe darstellten, ist festzuhalten, dass die männlich geprägte Berichterstattung die weibliche Figurendarstellung in dem Stück als unangemessen bewertete und die Meinung der applaudierenden weiblichen Gruppe auf medialer Ebene keinen weiteren Nachhall oder Unterstützung fand.

Diese ‚weibliche Öffentlichkeit' als eine beispielhafte Teil-Öffentlichkeit[185] im Theater nach Nancy Fraser herauszustellen, lohnt sich, da sich das Frauenbild vom Kaiserreich bis zum Ende der Weimarer Republik signifikant wandelte. Das neu eingeführte Recht für Frauen zu wählen und eine zunehmende Berufstätigkeit seit dem Ende des 19. Jahrhunderts bestärkte die Position der Frauen in der Weimarer Republik, wie die Germanistin Kerry Wallach ausführt, und schuf das Bild der Frau als begehrte Konsumentin, Kinogängerin und Wählerin.[186] Gemäß diesem Bild war die Frau für das Theater interessant, weil sie zahlungskräftig und kulturell interessiert war. Umgekehrt war das Theater für die Frau attraktiv, weil dieses den kulturellen und demokratischen Bedürfnissen der ‚neuen' Frau, etwa durch Stücke wie *Schloss Wetterstein*, entgegenkam. Dass Zuschauerinnen auch Wählerinnen waren und in gesellschaftlichen und politischen Fragen bei Wahlen abstimmen durften, macht die Frau im Theater gleichsam zur Mit-Entscheiderin über den Erfolg der Aufführungen. An den Münchner *Wetterstein*-Aufführungen lässt sich dies veranschaulichen, denn dort haben sich die Zuschauerinnen im Theater öffentlich positioniert und ihre Entscheidung *für* das Stück getroffen. Gerade in der Situation, in der die Einstellung der Zuschauerinnen im Theater und die Meinungen in der beispielhaft genannten Presse stark voneinander abwichen, verdeutlicht sich eine differente Öffentlichkeit nach Nancy Fraser, die die widersprechenden Akteure in ihrer Verschiedenheit sichtbar werden lässt. Für die Zuschauerinnen war dies von entscheidender Bedeutung, denn sonst waren sie als meinungsbildende Zuschauergruppe im Theater weitestgehend unsichtbar.

---

185 Weiterführend hierzu ist die Haltung von Nancy Fraser zu Ausschlussmechanismen von Frauen im Diskurs über die Öffentlichkeit wichtig: „Thus, the view that women and blacks were excluded from „the public sphere" turns out to be ideological; it rests on a class- and gender-biased notion of publicity, one that accepts at face value the bourgeois public's claim to be *the* public." Fraser, *Justice Interruptus*, S. 75.

186 Vgl. Wallach, Visual Weimar, S. 730.

4.4.4 Schauspielendes Bürgertum?

Die Unterstützer von Frank Wedekind und seinem Stück waren eine in der Diskussion um *Schloss Wetterstein* sehr präsente Gruppe. Als „Wedekindgemeinde"[187] bezeichnete Friedrich Möhl von der *Münchner-Augsburger Abendzeitung* einmal die ‚Fans' von Frank Wedekind. Damit markierte das Blatt nicht nur eine Zuschauergruppe, die durch das gemeinsame Interesse an Wedekind verbunden war, sondern es stilisierte Wedekind dadurch auch zum Anführer dieser Gruppe, gegen den sich die Zeitung anschließend positionierte.[188] Schon anlässlich der ersten Lesung von *Schloss Wetterstein* war das interessierte Publikum Angriffen aus der Presse ausgesetzt. So ‚entlarvte' die *Allgemeine Rundschau:*

> Seine Gemeinde ist gar nicht so groß, wie es scheint. Viele tun nur so, es fehlt ihnen der Mut zur Wahrheit. Sie schwatzen es einander nach, daß sie eben ‚modern empfinden', im Inneren nennen sie es auch eine Schweinerei; und aus Denkfaulheit, Bequemlichkeit und Literatendünkel, der sich vom ‚Volk' abheben will, tragen sie das Gift in immer weitere Kreise.[189]

Was hier – abgesehen von der Polemik – zum Ausdruck kommt, ist der Vorwurf, dass das Publikum nicht aus eigener Überzeugung heraus Wedekinds Schaffen unterstützte. Vielmehr sieht der Autor dieses Zitats in diesem Verhalten ein Mittel der sozialen Disktinktion vom ‚Volk'. In diesem Sinne strebte die Anhängerschaft nach einem gesellschaftlichen Aufstieg und verpflichtete sich damit einer ‚Moderne', als dessen Vertreter Wedekind gehandelt wurde. Folgt man der Argumentation bewerteten die Anhänger Wedekinds sein Schaffen nicht aus ästhetischen Gründen positiv, sondern sie folgten damit einer sozialen Intention. Eine künstlerische Kritikfähigkeit wurde dem Wedekind-Publikum hier abgesprochen. Noch weiter ging Hanns Braun 1919 in der Kritik an Wedekinds Anhängern in der *Münchner Zeitung*. Wie der Redakteur in der *Allgemeinen Rundschau* wollte auch Braun die Aufmerksamkeit seiner Leser auf die „Wedekindgemeinde" lenken und nutzte dafür die visuelle Rhetorik des ‚Licht-ins-Dunkle-bringen'. Hierdurch stilisierte sich der Kritiker rhetorisch zum seriösen Aufklärer einer vermeintlich vorgetäuschten Begeisterung der Wedekind-Anhänger.

> Ich will also auch Licht anknipsen, und wenn ich mir daraufhin gleichfalls eine Stille ersehne, so ist es die Stille des Grabes über „Schloss Wetterstein", über diesen instinkt- und kritiklosen

---

187 *Münchner-Augsburger Abendzeitung*, „Bordell Wetterstein", Friedrich Möhl, Nr. [496], 08.12. 1919.

188 Ebd.

189 *Allgemeine Rundschau*, Frank Wedekind und seine Freunde. Aus dem dekadentesten München, W. Chamerus, Nr. 47, 19.11.1910.

> posthumen Wedekind-Kult, die Stille des Grabes endlich über diese beispielslose Blamage der bourgeoisen Snob-Gesellschaft, derselben Gesellschaft, die Wedekind noch vor drei, vier Jahren auszischte, weil es damals chick [sic] war, prüde zu tun, und die ihn heute feiert, weil es heute chick ist, schrankenlos zu tun.[190]

Braun stellte fest, dass das Ansehen Frank Wedekinds nach dessen Tod im März 1918 noch einmal zugenommen hatte und Bürger, die den Autor zuvor abgelehnt hatten, sich nach der Aufhebung der Theaterzensur zu dessen Anhängern mauserten. Ein Eindruck, der trotz seiner Polemik insofern zutrifft, als Wedekind nach dem Krieg zu einem der meistgespielten Autoren auf den deutschen Bühnen avancierte.[191] In Übereinstimmung mit der *Allgemeinen Rundschau* bemängelte Braun den „instinkt- und kritiklosen posthumen Wedekind-Kult“[192]. Nicht eine Kritik, im Sinne einer künstlerischen Reflexion, lag dem Urteil der Wedekind-Anhänger zugrunde, sondern schlicht der „Kult“ um den Autor. Ob man Wedekind feierte oder nicht, war demnach eine Glaubensfrage. Es war Braun zufolge aber auch eine Frage des Zeitgeistes und was als „chick“ galt. Nur wenige Jahre vor 1919 sei es en vogue für die Bourgeoisie gewesen, prüde zu sein. Inzwischen sei „Schrankenlosigkeit“ angesagt. Es fällt auf, dass das, was jeweils als „chick“ wahrgenommen wurde, zuerst dem Zeitgeist des Kaiserreichs entsprach und dann die kulturellen Freiheiten der Weimarer Zeit spiegelte. Braun ahnt einen Wandel im Verständnis der bürgerlichen Zuschauer. Die Transformation vollzieht sich von einem „prüden“, einem schamhaften und sittsamen Publikum, hin zu einem befreiten, liberalen, „schrankenlosen“ Zuschauerkreis. Auf Basis der Annahme, dass verschiedene soziale Gruppen eine Position innerhalb der gesellschaftlichen Strukturen einnehmen und diese Position variabel ist, scheint es, als ob das bürgerliche Milieu zu Beginn des 20. Jahrhunderts eine flexible Position in diesem Gefüge besitzt. Indem es sich „schrankenlos“ und nicht mehr „prüde“ zeigte, testete das bourgeoise Publikum möglicherweise neue Positionen in der Gesellschaft aus oder übte sie sogar ein. Sichtbar wurde dieser Effekt in der Aufführung zensurfreier Stücke und in der öffentlichen Kommentierung des ‚veränderten‘ Publikums durch die Presse.

190 *Münchner Zeitung*, [o.T.], Hanns Braun, o.Nr., 08.12.1919, S. 452 f.
191 Vinçon, *Frank Wedekind*, S. 118.
192 *Münchner Zeitung*, [o.T.], Hanns Braun, o.Nr., 08.12.1919, S. 452 f.

4.4.5 Zensierende Zuschauer

Wie die vorangegangenen Unterkapitel gezeigt haben, wurde im Theaterskandal um *Schloss Wetterstein* immer wieder über die Grenzen und Schranken verschiedener Zuschauergruppen diskutiert und berichtende Redakteure zeigten ihre jeweiligen Grenzen im Skandal auf – ein Beleg dafür, dass sich die Kontrolle auf Akteure der Öffentlichkeit verlagerte und durch Akteure der Öffentlichkeit ausgeführt wurde. Doch dass die Zensur damit aus dem Diskurs verschwand, war mitnichten der Fall. Im Gegenteil: Betrachtet man die Zeitungsartikel zu dem Theaterskandal um *Schloss Wetterstein* fällt auf, dass der Aspekt der Zensur vielfach aufgegriffen wurde. Zahlreiche Presseartikel in diesem Skandal sprachen etwa von einer ‚Zensur des Publikums'. Allein in den für diese Arbeit vorliegenden Artikeln zum Skandal um *Schloss Wetterstein* finden sich circa 20 Nennungen von Zensur, obwohl diese offiziell seit einigen Monaten aufgehoben worden war. Litt das deutsche Theater der Weimarer Republik bildhaft gesprochen unter Phantomschmerzen, die infolge der abrupten Beseitigung der fest im Theaterbetrieb verankerten Theaterzensur ausgelöst wurden?

Die Rede von einer ‚Zensur des Publikums' ist in diesem Zusammenhang eine auffallende sprachliche Wendung. Dass dezidiert vom Publikum als Zensor gesprochen wurde und nicht vom einzelnen Zuschauer, ist in mehrfacher Hinsicht bemerkenswert. Angesichts der Skandal-Aufführungen ist die Wendung generalisierend, denn – wie aufgezeigt – war es nicht das Publikum in seiner Gesamtheit, das die Aufführung ablehnte oder befürwortete. Vor diesem Hintergrund kann der Ausdruck der ‚Zensur des Publikums' als rhetorische Übertreibung interpretiert werden. Aus einzelnen Störern wurde ungeachtet der tatsächlichen Vorgänge eine protestierende Masse herausstilisiert, die über die Möglichkeit verfügte, die Aufführungen zu unterbrechen und die schlussendlich eine Absetzung erwirken konnte. Die Wirkkraft der einzelnen Störenden wurde somit durch die Rede von einem ganzen Publikum vervielfacht. Die fehlende Berücksichtigung der widerstreitenden Meinungen im Publikum führt zum Bild eines homogenen ‚zensierenden' Publikums in der Presse. Eine Zensur, die von vielen Menschen zugleich ausgeübt wird, ist eine besondere Situation. Der zuvor bestehende Münchner Zensurbeirat umfasste zwar mehrere Mitglieder, ist jedoch mit der Anzahl und Zusammensetzung eines Theaterpublikums nicht vergleichbar. Die historisch spezifische Singularität des Zensors bildet einen Gegenpol zu der Menge, die das zensierende Publikum umfasste.[193] Im Spannungsfeld zwischen einzelnen und vielen Zensierenden offenbaren sich unterschiedliche Facetten.

---

193 Vgl. Plachta, *Zensur*, S. 13.

Anlässe dafür, dass der Zensur-Begriff wieder ins Gespräch gebracht wurde, ist der Theaterskandal insgesamt, die damit einhergehenden Tumulte, das Verbot, das Drama von Frank Wedekind und die neue Situation der kürzlich erst entfallenen Theaterzensur. Letzteren Aspekt aufgreifend, wunderte sich die *Augsburger Postzeitung* gerade nicht über die Tumulte im Theater seit der Aufhebung der Theaterzensur, da „dem Publikum seinerzeit gesagt wurde, es müsse künftig selbst Zensur üben“ [194]. Zensur wurde in diesem Zusammenhang verwendet, wenn es darum ging, Skandal, Radau und Tumult, zu veranstalten, wie das *Neue Münchner Tagblatt* vom 21. Dezember 1919 auf den Punkt brachte. „Da die Behörde nicht mehr für Ordnung und Reinlichkeit auf der Bühne sorgt, griff es [das Publikum, S.K.] zur Selbsthilfe und machte mehr oder weniger energisch Front gegen den Schmutz, der sich auf der Bühne breitmachte.“[195] Die Selbsthilfe des Publikums wird angetrieben von dem übergeordneten Ziel, dass jemand für Ordnung auf der Bühne sorgen soll. Dieses „Ordnungsverlangen“[196], das nach Plachta charakteristisch für die junge Weimarer Republik war und sich hier offenbar auf das Publikum verlagerte, zeigt „auch die tiefe Verunsicherung, mit der die alten Eliten und neue soziale Gruppierungen [...]“[197] auf die Umbruchsituationen reagierten.

Unter einer ‚Zensur des Publikums‘ wurden offensichtlich nicht nur die tumultartigen Proteste verstanden, sondern auch sämtliche Publikumsäußerungen, die auf die Bühnendarbietung reagierten. Etwa forderte der *Bayerische Kurier*, „dass auch der wohlgesittete Teil des Theaterpublikums die Zensur in den richtigen Grenzen selbst ausüben darf.“[198] Die *Neue Zeitung* sieht daran anknüpfend eine „verhüllte“ Zensur in der Art und Weise, wie Missfallen über das Stück ausgedrückt wird. „Wir haben gewiss keine Zensur, aber wenn künftig irgendeiner Richtung irgendein Stück nicht gefällt so braucht sie nur Radau zu inszenieren und automatisch ist das verhüllte Zensurbeil in Betrieb.“[199] Ob von einer Zensur gesprochen wurde oder nicht, hing demnach entscheidend mit dem Ausmaß der Unterbrechung in Bezug auf die gegebene Ordnung zusammen. Dazu definierten die *Münchner Neuesten Nachrichten* die Anzahl der Störenden als maßgeblich für die neue Zensur der Öffentlichkeit.

> Bei welcher Zahl von Störern der Ruhe und Ordnung und der Ausübung eines Rechts erlischt der Anspruch des Staatsbürgers, Ruhe und Ordnung und sein gutes Recht geschützt zu sehen?

194 Ebd.
195 *Neues Münchner Tagblatt*, Kreuz und quer durch München, J.D., Nr. 356, 21.12.1919.
196 Plachta, *Zensur*, S. 153.
197 Ebd.
198 *Bayerischer Kurier*, [Wedekind]-Skandal. o.A., Nr. 353, 18.12.1919.
199 *Münchner Post*, Ein unerhörter Uebergriff, o.A., Nr. 300, 27./28.12.1919.

> Antwort: Bei derjenigen Zahl, derer die Polizei nicht mehr Herr wird. Man sollte diese Zahl gesetzlich festlegen und ansprechen, daß an die Stelle der abgeschafften Zensur als Kunstrichter der Skandal getreten ist.[200]

Die *Münchner Neuesten Nachrichten* identifizieren eine neue Zensur, die im Skandal verortet wird und eine bestimmte Anzahl an Störenden gekoppelt ist. Die Annahme, dass der Skandal die Funktion des Zensors übernahm, beschreibt die Situation zutreffender als eine ‚Zensur des Publikums'. Denn – wie gezeigt – führten die Tumulte im Zuschauerraum nur indirekt zu einer Absetzung von *Schloss Wetterstein*, die zwar von Zuschauern angestoßen, aber final von der Polizeidirektion entschieden und von den Kammerspielen durchgeführt wurde.

Mit der Wendung einer ‚Zensur des Publikums' werden ferner neue Verantwortungsträger adressiert. So wies der Polizeipräsident in seinem Gespräch mit den Münchner Kammerspielen darauf hin, dass er „kein Wort als Zensor"[201] spreche, da die staatliche Zensur aufgehoben worden sei. Die „Zensur der Öffentlichkeit" hingegen könne nicht aufgehoben werden, argumentierte er anlässlich der Tumulte bei *Schloss Wetterstein.* Damit schreibt er der Öffentlichkeit eine Kontrollfunktion und Verantwortung für die Überprüfung des Stücks zu. Dass er das Stück letztlich verbietet und damit ebenso Kontrolle in Bezug auf das Stück ausübt, erwähnte er nicht. Mittels einer Neubestimmung des Zensors wies Pöhner damit jegliche Verantwortlichkeit an einer ‚Zensur' durch Verbot zurück. Auch der *Bayerischen Staatszeitung* zufolge liegt die Zensur beim Publikum, wobei „den Kundgebungen gegen Wedekinds Drama nach zu urteilen," der Maßstab der Kontrolle unverändert blieb, da er „an ästhetischer und ethischer Urteilfähigkeit nichts eingebüßt"[202] habe.

Fazit

Aufgrund der besonderen zeitlichen Verortung des Theaterskandals *Schloss Wetterstein* 1919 an der Schwelle zwischen Kaiserreich und Demokratie sowie unmittelbar nach der Aufhebung der Theaterzensur, soll hier zusammengefasst werden, wie sich die Situation ohne offizieller Theaterzensur veränderte und an welchen Stellen sich Spuren der Theaterzensur fortsetzten.

Auffällig bei der Diskussion über *Schloss Wetterstein* 1919 ist die enge Anbindung an den Zensurbegriff, der unter dem Schlagwort der ‚Zensur des Publikums'

---

200 *Münchner Neueste Nachrichten*, Zur Münchner Wetterstein-Hetze, o.A., Nr. 18, 15.01.1920.

201 *Erklärung der Münchner Kammerspiele*, S. 18.

202 *Bayerische Staatszeitung*, Neue Kundgebungen gegen ‚Schloß Wetterstein', o.A., Nr. 316, 24.12.1919.

unter den Zeitgenossen kursierte. Neu und für den Theaterskandal spezifisch waren die Tumulte, die einige Vorstellungen unterbrachen. Diese wurden – wie mehrere Zitate darlegten – als Ausdruck gegen ein unliebsames Stück sowie als Mittel einiger Zuschauer, um die weitere Aufführung zu verhindern, aufgefasst. Die Tumulte waren also Missfallenskundgebung und ‚Zensur' im Sinne einer Unterdrückung der öffentlichen Aufführung. Dieser neue radikale Ausdruck einiger Zuschauer wurde begleitet von der Diskussion über Beifalls- und Missfallenskundgebungen im Theater. Daran zeigte sich, dass das Publikum in seinem Verhalten gegenüber dem Stück zunehmend aktiver wurde, was gleichsam mit Max Herrmanns Auffassung vom Theater als ein „Spiel, in dem Alle Teilnehmer sind, – Teilnehmer und Zuschauer"[203] korrespondierte, und mit einem veränderten Verhältnis von Zuschauern und Bühne einherging. An der Diskussion um Beifalls- *und* Missfallenskundgebungen zeigte sich ferner, dass es hierbei nicht nur um eine Konvention, sondern vor allem um eine Urteilsbildung pro oder contra Aufführung ging. Schließlich konnte aus der Diskussion mitgenommen werden, dass Missfallenskundgebungen einen wichtigen und legalen Zuschauerausdruck darstellten, sie aber dabei nicht ein gewisses Maß an Intensität übersteigen sollten. Dass Zuschauer durch besonders heftige, laute beziehungsweise zahlreiche Proteste, nicht nur eine Unterbrechung, sondern auch ein endgültiges Verbot der Vorstellung herbeiführen konnten, ist schließlich ein weiteres Charakteristikum im Theaterskandal um *Schloss Wetterstein*. Es wurde aufgezeigt, dass es pauschalisierend gegenüber dem Publikum ist, die Wirkungsabsichten der Ruhestörer mit dem Begriff einer ‚Zensur des Publikums' zu versehen. Als Reaktion auf diese Feststellung arbeitete das Kapitel die vielfältigen Kontrollbeziehungen und –verhältnisse, die die Situation von Theaterskandal und aufgehobener Theaterzensur evoziert hatte, heraus und befasste sich näher mit den unterschiedlichen Meinungen der Zuschauer, die der Theaterskandal laut werden ließ.

Hinsichtlich der fast ausnahmslos über die Aufführung empörte Münchner Presse wurde festgestellt, dass diese sich nicht eine neue Meinung über Wedekind und sein Stück gebildet hatte, sondern die bereits aus dem Kaiserreich in München vorherrschende Meinung, dass seine Stücke generell unsittlich seien, aktualisierte. Hier setzte sich nicht nur das Theaterzensurthema der unsittlichen Darstellungen aus dem Kaiserreich fort, sondern auch die Bewertung davon blieb die gleiche. Zugespitzt könnte man hier formulieren, dass durch den zunehmend polemisierenden Tonfall der Berichterstattung zum Theaterskandal, sowie die bis zu physischer Gewalt reichenden Störungen, sogar eine verstärkte Ablehnung der Öffentlichkeit von Wedekinds Stück erkennen lassen. Diese ist insofern bemerkenswert,

203 Herrmann, Über die Aufgaben eines theaterwissenschaftlichen Institutes, S. 19.

als die ablehnende Öffentlichkeit zur Zeit des Kaiserreichs keine Anstrengungen unternehmen musste, denn ‚unsittliche' Darstellungen wurden durch die Theaterzensur systematisch bearbeitet.

Am Beispielfall von *Schloss Wetterstein* wurde außerdem anschaulich, dass zwar der Vorwurf der Unsittlichkeit in der Berichterstattung Anlass zur Empörung gab, aber gleichsam dieser schwer bestimmbare Begriff kaum anhand des Stücks und seiner Inszenierung konkretisiert wurde. Dafür hat sich gezeigt, dass nach der ersten sittlichen Empörung die Skandalisierung weiter in den Bereich des Politischen und der Gesinnungskämpfe hinüberdriftete, was an der Beschreibung der ‚politischen' Zuschauergruppen anschaulich wurde. Während sich alte Maßstäbe vor allem bei den Zeitungsredakteuren weiter fortsetzten – und man hier die Vermutung anstellen könnte, dass diese als öffentliche Akteure den Maßstab der Theaterzensur übernommen hatten – erschienen im Theaterskandal durch die Beschreibungen der Aufführungsgegner auch neue Teil-Öffentlichkeiten. Insbesondere Zuschauerinnen und das Bürgertum feierten die Aufführung von *Schloss Wetterstein* und testeten dabei eine neue Rolle in der Gesellschaft aus.

Anknüpfend an den Aspekt der neuen Teil-Öffentlichkeiten, die durch den Theaterskandal sichtbar wurden, soll im folgenden Kapitel weiter auf diese eingegangen werden und nicht nur ihr Auftreten im Theaterskandal generell, sondern im Speziellen auch ihre Rezeption und Bewertung der Aufführung sowie ihre individuellen Grenzen beleuchtet werden. Die nächste Fallstudie liegt in der Mitte der 1920er Jahre, einer Phase der Stabilisierung nach den holprigen Anfangsjahren. Es wird zu untersuchen sein, wie Kontrollverhältnisse und anfangs unklare Zuständigkeiten unter den Akteuren in diesem Fall gelagert sind. Dem nächsten Skandalkapitel wird ein Einschub zur Theaterkritik vorangestellt, nachdem im letzten Kapitel deren Bedeutsamkeit für den Skandal an mehreren Stellen anschaulich geworden ist.

Intermezzo I Kontrolle durch Theaterkritik

Ein gesondertes Zwischenkapitel für die Theaterkritik wird hier eingeschoben und später fortgesetzt, weil diese einen theaterspezifischen Mechanismus der Kontrolle und der Überprüfung von Stücken und Aufführungen darstellt. Die Theaterkritik bildet somit eine entscheidende Facette für die Frage nach der Kontrolle durch die Öffentlichkeit. Es wird auf die Theaterkritik und ihre Protagonisten Anfang des 20. Jahrhunderts eingegangen und die Position des Kritikers zwischen dem Theaterpublikum vor Ort und dem Zeitungsleser beleuchtet. Ferner untersucht ein Unterabschnitt den Zeitungsleser als Zuschauer und frägt nach dessen beurteilender Funktion.

Der Zeitungsleser

Die in zahlreichen Artikeln über den Theaterskandal *Schloss Wetterstein* aufgegriffene Diskussion über eine ‚Zensur des Publikums' rückt auch den Zeitungsleser ins Blickfeld. Nicht nur die Zuschauer im Theater, sondern auch die Leser der Zeitungsberichte, können als Publikum verstanden werden. Die stark zunehmende Berichtserstattung infolge eines Theaterskandals führte analog zu einer stark zunehmenden Zuschauerschaft in den Zeitungen. Ausgehend davon ergibt sich die Folgefrage, inwieweit das Publikum der Zeitungsleser in irgendeiner Art eine „zensierende" Funktion übernahm.

Verschiedene Typen von Zeitungslesern unterscheidet zum Beispiel Werner Gerth in seiner Forschungsarbeit.[1] Um den Zeitungsleser näher zu beschreiben und da Gerth dabei besonders auf das Verhältnis des Zeitungslesers zum Theaterkritiker eingeht, soll sein Ansatz hier berücksichtigt werden. Dass seine Arbeit über liberale und nationalsozialistische Kritik 1936 erschien und deutliche Sympathien mit der nationalsozialistischen Ideologie aufweist, soll dabei nicht außer Acht gelassen werden. Nach Gerth ist der erste Typ des Zeitungslesers derjenige, der die Aufführung vor dem Theaterkritiker gesehen hat. Dieser bilde die kleinste Gruppe der Zeitungslesertypen. In der Regel seien dies die Besucher der Premiere, die sich besonders stark für das Theater interessieren. Laut Gerth lasen diese „Theaterenthusiasten" im Anschluss an ihren Theaterbesuch die entsprechende Kritik „teils um ihr Urteil nach dem des Kritikers zu bilden" oder „um zu sehen, ob ihr Urteil mit dem des Kritikers übereinstimmt." Das Urteil des Kritikers besitze eher eine Ab-

1 Die folgenden Ausführungen aus Gerth, *Theaterkritik der liberalistischen Epoche im Vergleich zur nationalsozialistischen Kritik*, S. 20.

https://doi.org/10.1515/9783111458946-006

gleichsfunktion, die das eigene Urteil bestärke oder ihm entgegenstehe und somit den Leser beim Bilden einer eigenen Position unterstütze; unabhängig davon, ob sie dem Urteil des Kritikers entspreche oder nicht. Die zweite Lesergruppe wartet laut Gerth die Veröffentlichung der Theaterkritik ab, bevor sie selbst die Aufführung besucht. Gerade eine ablehnende Kritik bringe diese Zuschauergruppe, die „ein gewisses Interesse am Theater" aufweise, dazu, in eine Aufführung zu gehen, „da sie dem Urteil des Kritikers nicht ganz vertrauen und doch lieber selbst sehen wollen, wie die Aufführung ist." Die letzte Gruppe der Zeitungsleser sei die größte. Laut Gerth interessiert sich diese Gruppe eigentlich nicht für das Theater, sodass sie die Theaterkritik „gleichgültig und oberflächlich" liest. Die Aufmerksamkeit dieser Lesergruppe werde besonders durch eingängige Schlagzeilen, die Skandale oder Sensationen versprächen, geweckt. Solche Schlagzeilen führten dann dazu, dass auch der Inhalt der Kritik gelesen werde, „um etwas für die Nerven und Sinne zu haben, etwas Erregendes, Fesselndes, Sensationelles." Ist dies der Fall, dann würde auch ein eigentlich am Theater nicht interessierter Zeitungsleser, die besprochene Inszenierung im Theater besuchen, um die Sensation oder den Skandal live mitzuerleben.

Möchte man Gerth in seiner Typisierung des Zeitungslesers folgen, ergibt sich daraus, dass die Berichte über einen Theaterskandal zwar ein gesteigertes Interesse an bestimmten Theateraufführungen zur Folge hatten und mehr Leute das Theater besuchen wollten. Es folgt daraus aber nicht zwangsläufig, dass die Schlagzeile ‚Theaterskandal' diese größte Lesergruppe auch zu einem Urteil über die spezielle Aufführung beziehungsweise das Stück anregte. Vielmehr sind es demnach die ersten beiden Zuschauertypen, die „Theaterenthusiasten" und die regelmäßigen Leser von Theaterkritiken, die sich ein Urteil über die Aufführung bildeten. Somit war eine gewisse Nähe im Sinne von einer Begeisterung oder einem Interesse am alltäglichen Theatergeschehen erforderlich, um nach Gerth urteilsfähig zu sein. Die Urteilsposition des ersten und zweiten Zuschauertyps geschah im Verhältnis zum Theaterkritiker. Dieser war entweder maßgeblich für das eigene Urteil oder stellte einen Antagonisten dar, der das individuelle Urteil in Abgrenzung zur geschriebenen Kritik schärfte.

Der Theaterkritiker

Zwischen Theateraufführung und Zeitungsleser steht der Theaterkritiker als Mittler. Im Publikum ist er einer unter vielen, doch in der Zeitung wird sein Blick für die Leser zum Fenster in die vergangene Vorstellung, die sich zum Teil auf dieser Basis ein Urteil über die Vorstellung und das Stück bilden oder sich von dem Skandalberichten unterhalten lassen. Insofern ist es keineswegs belanglos, wer der Theaterkritiker ist und worüber er schreibt, was er hervorhebt und was er weglässt. Genau darauf referieren die Münchner Kammerspiele in ihrer Erklärung, in der sie kritisieren, „daß in einer wichtigen Zeitung gegen alle bisherige Gepflogenheit, soweit uns bekannt ist, die Kritik über den Theaterabend der politische Redakteur selbst geschrieben hat, nicht der eigentlich in Theaterdingen zuständige Kritiker“[2]. Der Verweis auf den Politikredakteur legt nahe, dass jener *Schloss Wetterstein* politisch kontextualisierte, statt kulturwissenschaftlich und ästhetisch einzuordnen. Ebenso ist die Art und Weise, wie der Theaterkritiker schreibt, bedeutsam. Nachdem der ‚Skandal‘ seit dem ausgehenden 20. Jahrhundert im Zuge des aufkommenden Sensations- und Boulevardjournalismus[3] gewissermaßen ein eigenes mediales Format darstellte, ist die Darstellungsweise von Theaterskandalen durch den Redakteur von besonderer Relevanz.

Um sich dem Theaterkritiker und seiner Funktion in dieser Zeit anzunähern, soll anschließend auf bekannte Theaterkritiker aus dem deutschsprachigen Raum eingegangen werden. Für die Theaterkritik in den Münchner Zeitungen sind hierzu Hanns Braun von der *Münchner Zeitung*, Hermann Eßwein von der *Münchner Post*, Tim Klein von den *Münchner Neuesten Nachrichten*, Friedrich Möhl von der *Münchener-Augsburger Abendzeitung* oder Josef Stolzing vom *Völkischen Beobachter* zu nennen. Viele Artikel, die von Theaterskandalen berichten, vor allem zu Beginn der 1920er Jahre führen lediglich ein Kürzel des Verfassers oder keinen Autor an, weshalb die Schreiber gleichzeitig ein Stück weit im Verborgenen bleiben.[4]

In großen Theaterstädten wie Berlin und Wien avancierten Theaterkritiker wie Siegfried Jacobsohn, Alfred Kerr, Alfred Polgar oder Hebert Ihering im ersten Drittel des 20. Jahrhunderts zu machtvollen Instanzen. Alfred Kerr sah den Kritiker als Dichter und Gestalter und seine Kritiken als eigene Kunstwerke an.[5] Der Kritiker nimmt für sich ein subjektives öffentliches Kunsturteil in Anspruch, ohne sich als Repräsentant einer Öffentlichkeit zu sehen. Bei Kerr stand nicht das beschriebene Werk, sondern die Kritik im Zentrum. Alfred Polgars Kritiken weisen stilistisch eine Tendenz zum Künstlerischen auf. Polgar interessierten die Gründe für die Wirkung einer Aufführung. Seine Kunstkritiken wollten nicht benoten oder zensieren.[6]

---

2 *Erklärung der Münchner Kammerspiele*, S. 10.

3 Vgl. dazu grundlegend 2.2.2 Presse in der Weimarer Republik.

4 Eine gründliche Erschließung von Münchner Theaterkritikern, über die bisher noch kaum geforscht wurde, wäre an dieser Stelle vorzuschlagen. Wie an der Äußerung der Münchner Kammerspiele gezeigt, vermischten sich Politik- und Kulturredaktion etwa im Fall des Theaterskandals. Eine dahingehende Untersuchung wäre insbesondere für München als „Hauptstadt der Bewegung“, „Ordnungszelle“ und gleichzeitig als bedeutsamer Kulturstandort relevant.

5 Vgl. Ausführungen zu Alfred Kerr: Nickel, Von Fontane zu Ihering, S. 189 f.

6 Vgl. ebd., S. 194.

Siegfried Jacobsohn, der Gründer der Zeitschrift *Schaubühne*, nahm, anders als Polgar oder Kerr, verstärkt die programmatischen und gesellschaftlichen Dimensionen der Aufführungen in den Blick. Um diese zu vermitteln, widmete er sich ausführlich den Beschreibungen des Bühnengeschehens.[7] Im scharfen Kontrast zu Kerr verortete sich Herbert Ihering vom *Berliner Börsen-Courier* als Kritiker. Theaterkritiken benötigten seiner Meinung nach Substanz und Aktualität. Sie sollen auf die Kritisierten wirken und dienen keinem Selbstzweck, sondern sie orientieren sich am Gegenstand der Bühnenaufführung.[8]

Man könnte die Liste der bedeutsamen Theaterkritiker und ihr Verständnis der Theaterkritik in den 1920er Jahren fortsetzen und zum Beispiel noch den an volkstümlichen Darstellungen interessierten Theatervermittler Paul Fechter oder den Expressionismus zugewandten Kurt Pinthus anführen,[9] aber der kurze Abriss macht bereits hinlänglich deutlich, dass die Meinungen darüber, welche Funktion Theaterkritik besaß und welches Verhältnis sie zum Stück beziehungsweise der Aufführung und dem Publikum einnahm, auseinandergingen. Darin spiegelt sich die stilistische und funktionale Vielfalt der Theaterkritik in einer hochgradig ausdifferenzierte Presselandschaft der Weimarer Republik wider. Wie der Kritiker und Publizist Günther Rühle hervorhebt, hat „[j]eder, der damals Kritiken schreibt, [...] seine Aufgabe anders definiert."[10] Gleichzeitig stand die Theaterkritik angesichts neuer dramatischer Formen, Ästhetiken, eines veränderten Publikums und eines Theaters, das aufgrund von vielfältigen Faktoren, etwa einer zunehmenden Institutionalisierung und der Konkurrenz des Kinos, eine andere Position in der Gesellschaft als noch einige Jahre zuvor einnahm, vor großen Herausforderungen.

Günther Rühle, der für sein zweibändiges Werk *Theater für die Republik*[11] zahlreiche Theaterkritiken aus der Zeit der Weimarer Republik sammelte, stellt einen Paradigmenwechsel in der Theaterkritik fest. Das bisher musterhafte Modell einer Theaterkritik, wie es der Schriftsteller und Journalist Theodor Fontane vorgeschlagen hat, in dem sich eine literarische Erörterung sowie die Charakteristik, die Leistung und die Entwicklung der Schauspieler finden, gerate immer mehr an seine Grenzen.[12] Denn zunehmend begannen Regisseure eigene Interpretationen der Stücke auf die Bühne zu bringen und die Inszenierung als eigenständiges Kunstwerk zu sehen, was die Theaterkritik vor die neue Aufgabe stellte, nicht nur die Schauspieler und den Text, sondern das Bühnenereignis insgesamt in den

---

7 Vgl. Ausführungen zu Siegfried Jacobsohn: ebd., S. 195 ff.

8 Vgl. Ausführungen zu Herbert Ihering: ebd.

9 Vgl. ebd., S. 202 ff.

10 Rühle, *Theater für die Republik. Im Spiegel der Kritik I*, S. 41.

11 Rühle, *Theater für die Republik. Im Spiegel der Kritik I/II.*

12 Vgl. Rühle, *Theater für die Republik I*, S. 39.

Mittelpunkt der Kritik zu stellen. Rühle beobachtet für die 1910er und 1920er Jahre, dass sich die Theaterkritik stärker an journalistischen Parametern ausrichtete, die konträr zu Fontanes „Muster"-Modell standen.[13] Kritiker wie Monty Jacobs, Fritz Engel, Kurt Pinthus oder Bernhard Diebold, die sich teils auch zu Theaterskandalen äußerten, sind nach Rühle Stellvertreter dieser journalistischen Theaterkritik. Diese war stärker ereignisorientiert, die Neuigkeiten zu einer Aufführung wurden schnellstmöglich an den Leser gebracht. Zum Teil erschien in den 1920er Jahren bereits vor der Premiere eine Vorkritik, am Morgen nach der Aufführung brachten viele Zeitungen die erste Kurzkritik. In der Abendausgabe wurde dann in der Regel die ausführliche Aufführungskritik veröffentlicht.[14] Bei den Aufführungen von *Schloss Wetterstein* stellte zum Beispiel die Premiere sowie die Aufführungen, die gestört wurden, journalistische Ereignisse dar. Hinzu kam der Umstand, dass diesem ersten Theaterskandal der Weimarer Republik in München eine zusätzliche journalistische Ereignishaftigkeit anhaftete. Die Tumulte und Vorgänge innerhalb des Theaterskandals bei *Schloss Wetterstein* führten zu einer gesteigerten Aufmerksamkeit und Kommentierung durch die Theaterkritiker, weil sie das Merkmal eines journalistischen Ereignisses erfüllten. Entscheidend ist hier also: Nicht nur die Aufhebung der Theaterzensur an sich evozierte eine stärkere Betrachtung und Beurteilung des Theaters durch die Rezensenten, sondern auch die Orientierung der Journalisten auf neue Ereignisse trug dazu bei.

---

13 Vgl. ebd.

14 Hoeres, *Die Kultur von Weimar. Durchbruch der Moderne*, S. 146.

5 *Der fröhliche Weinberg.* Durch Skandal zu einer neuen Öffentlichkeit

Mit 500 Inszenierungen[1] gilt *Der fröhliche Weinberg* als das meistgespielte Drama der Weimarer Republik.[2] Gleichzeitig brachen bei den Aufführungen von Carl Zuckmayers Lustspiel *Der fröhliche Weinberg* zahlreiche Theaterskandale über das ganze Land verteilt aus. Nach einer Angabe des Kulturjournalisten Bernd Noack kam es zu 63 Theaterskandalen bei Aufführungen von *Der fröhliche Weinberg.*[3] Nicht nur im Rheinland, in dem die Handlung des Stücks situiert ist, sondern auch in vielen anderen deutschsprachigen Städten erregte das Stück Anstoß, darunter auch in München. Nach der Uraufführung am 22. Dezember 1925 im Theater am Schiffbauerdamm in Berlin, feierte das Stück in München am 9. Februar 1926 in den Kammerspielen seine Erstaufführung.[4] Im ersten Aufführungsmonat wurden hier bei zwei von 13 Aufführungen Störungen gemeldet.

Der große Publikumserfolg des humoristischen Stücks bei gleichzeitig hoher Skandaldichte deutet auf eine enorme öffentliche Sichtbarkeit hinsichtlich der Aufführungen und der Geschehnisse rund um den *Fröhlichen Weinberg* hin. Dahingehend eignet sich dieses Fallbeispiel im Besonderen dafür, um konkreter nach der Öffentlichkeit im Theaterskandal zu fragen. Es soll untersucht werden, wie Zuschauergruppen eine Kontrollfunktion im Skandal ausüben, und wie sie diese nutzen, um sich in der Öffentlichkeit als Gruppe mit bestimmten Interessen zu konstituieren. Wie das Kapitel zu *Schloss Wetterstein* ist auch dieses Kapitel nach den Akteuren Staat, Öffentlichkeit und Theater strukturiert. Dies erlaubt das Verhalten der Akteure im Vergleich zu betrachten und spezifische Merkmale des Skandals zu *Der fröhliche Weinberg* herauszuarbeiten. Indem das Kapitel die unterschiedlichen Akteure in Verbindung mit der Öffentlichkeit berücksichtigt, können ferner Antworten auf die Frage nach der Verschiebung der Kontrolle in Folge der Aufhebung der Zensur gefunden werden.

1 Vgl. Rühle, *Theater für die Republik. Im Spiegel der Kritik. 1917–1925 I,* S. 667.

2 Vgl. Nickel, *Carl Zuckmayer 1896–1977*, S. 89.

3 Vgl. Noack, *Theaterskandale. Von Aischylos bis Thomas Bernhard*, S. 125.

4 Bei der Berliner Inszenierung führte Reinhard Bruck Regie und Benno von Arendt zeichnete sich für das Bühnenbild verantwortlich. Am 23.12.1925 bringt das Frankfurter Schauspielhaus seine Inszenierung von *Der fröhliche Weinberg* unter der Regie von Heinz Hilpert und dem Bühnenbild von Ludwig Sievert heraus.

 https://doi.org/10.1515/9783111458946-007

5.1 *Der fröhliche Weinberg.* Eine Umrundung

Bevor auf die Geschehnisse in unmittelbaren Zusammenhang mit dem Theaterskandal näher eingegangen wird, dient der folgende Unterabschnitt dazu, den *Fröhlichen Weinberg* einmal einführend zu ‚umrunden', um ein besseres Zurechtfinden zu ermöglichen. Der Abschnitt geht deshalb zunächst auf prägnante inhaltliche Aspekte des Lustspiels ein. Anschließend werden die ersten Reaktionen auf die Uraufführung in Berlin und die Münchner Erstaufführung dargelegt und dabei die Genrezuordnung sowie das Verhältnis von Theaterkritiker und Publikum diskutiert. Um sich dem Theaterskandal zu *Der fröhliche Weinberg* zu nähern, wird zunächst gefragt, inwiefern der Skandal im Autor selbst zu finden ist. Als Überleitung zum nächsten Unterkapitel (5.2 *Polizeiliche Kontrollmaßnamen zwischen Überwachung und Verbot*) werden die Vorgänge bei den Aufführungen in München skizziert.

5.1.1 Auf dem *Fröhlichen Weinberg.* Inhaltliche Aspekte

Im Lustspiel *Der fröhliche Weinberg* plant der in die Jahre gekommene Weingutsbesitzer Gunderloch seinen Weinberg zu verkaufen und seine Tochter Klärchen zu verheiraten. Doch diese liebt nicht den ehemaligen Couleurstudierenden Knuzius, sondern den Schiffer Jochen Most. Über drei Akte hinweg erstreckt sich die Entscheidungsphase Gunderlochs, wer Klärchen heiraten und den Besitz des Weinbergs übernehmen soll. Indes entspinnen sich allerlei Liebschaften zwischen Figuren, die sich auf Gunterlochs Weingut treffen. Während inhaltlich die Liaisons der Figuren im Vordergrund stehen, blitzen in dem Stück auch immer wieder kritische politische Äußerungen durch. Insbesondere wird dieser Aspekt an der Figur des ehemals farbentragenden Studierenden Knuzius deutlich, an der bei Aufführungen Zuschauer mehrfach öffentlich Anstoß genommen haben. Knuzius wird als Witzfigur dargestellt, wobei dies vor dem Hintergrund verstanden werden muss, dass sämtliche Figuren des Stücks überzeichnet sind. Die Stilistik der Figur Knuzius wird anschaulich, als dieser von Klärchen zurückgewiesen wird und zu Gunderloch mit den Worten „Schwiegerpapa! Großpapa! Gunderloch!"[5] läuft. Stark alkoholisiert gibt er sich der Lächerlichkeit preis, als er in einer Szene in den Misthaufen fällt und dort einschläft. Um seine Ehre zu retten, hält Knuzius um die Hand der Wirtstochter Babettchen mit den zweifelhaften Worten an:

5 Zuckmayer, *Der fröhliche Weinberg*, S. 35.

> Indem ich ohne Ansicht von Stand, Rang und Namen um ihre Hand anhalte, gedenke ich nicht nur die Erfüllung persönlicher Wünsche, sondern auch die Gesundung unseres Volkes im Hinblick auf seine Tugend, Sauberkeit, Pflichttreue und Rassenreinheit zu erstreben![6]

In der Figur Knuzius ist die Fallhöhe besonders hoch, weil sie durch die Art und Haltung, mit der sie um die potenzielle Ehepartnerin wirbt und durch ihren lächerlichen, betrunkenen Zustand insgesamt das Gegenteil der couleurstudentischen Tugenden von Ehre, Treue und Nationalstolz verkörpert. Weitere Anknüpfungspunkte zur zeitpolitischen Situation werden im zweiten Akt, der in der Gaststätte des Wirts Eismayer spielt, sichtbar, als mehrere Figuren betrunken diskutieren. Es werden Stammtischparolen ausgepackt, wie: „Das können Sie als Fremdrassiger überhaupt nicht beurteilen."[7], „Ehrenvolle Narben!"[8] oder „Ihr traurige Ziviliste! Ihr habt ja nix erlebt! Ihr könnt überhaupt nit mitredde!"[9]. Antisemitische Lieder werden gesungen, bis Gunderloch die Juden verteidigt. In einer Szene kommen nationalistische und antisemitische Weltanschauungen zum Vorschein. Es wird deutlich, dass der Erste Weltkrieg den Menschen, vor allem den Veteranen, noch tief im Gedächtnis sitzt. Der Landeskronenwirt Eismayer etwa äußert eine Referenz auf die sogenannte ‚Dolchstoßlegende', die den linken Parteien in der Republik die Schuld an der Kriegsniederlage zuschreibt: „Das ist alles, weil die uns den Dolch in de Rücke gebohrt hawwe. […] Aber ma sagt ja, es soll bald wieder anders werde?"[10] Wie die ausgewählten Äußerungen deutlich machen, kennzeichnen sich die Texte von *Der fröhliche Weinberg* durch eine sehr direkte, mundartliche Sprache. Die oben genannten, an den zeitpolitischen Geschehen anknüpfenden Zitaten sind in ihrer Dichte jedoch nicht repräsentativ für das Stück, sondern sie treten eher vereinzelt auf und werden als Witz in überzeichneter Form oder im Kontext einer alkoholbeeinträchtigten Situation vermittelt.

5.1.2 Wie fröhlich ist *Der fröhliche Weinberg?* Genrezuordnungen in der Münchner Erstaufführung

Während die oben dargestellten Zitate und die Figur des Knuzius aus dem zweiten Akt eine gewisse politische Brisanz nahelegen und damit die Aufmerksamkeit des Rezipienten erregen könnten, setzt sich dieser Eindruck in dem Szenenfoto (Abb. 1)

6 Ebd.
7 Ebd., S. 37.
8 Ebd., S. 63.
9 Ebd.
10 Ebd., S. 95.

zur Aufführung von *Der fröhliche Weinberg* in den Münchner Kammerspielen 1926 eher nicht fort. Das Foto zeigt einen Raum mit Tischen und mehreren gut gekleideten Figuren, die trinken und sich unterhalten. Im Hintergrund ist ein Tresen erkennbar, hinter dem eine Figur im weißen Hemd mit verschränkten Armen auf die Personen vor sich blickt und die einen Wirt in einem Gastraum darstellen könnte. Die Gestaltung der Szene deutet darauf hin, dass es sich dabei um eine Szene des zweiten Aktes im Wirtshaus des Wirts Eismayer handelt.

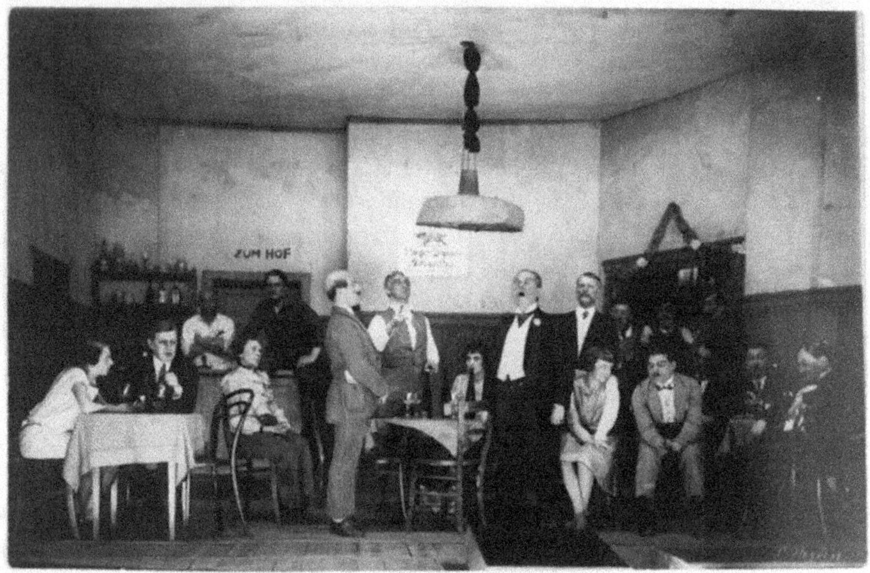

Abb. 1: Szenenfoto von *Der fröhliche Weinberg*, Münchner Kammerspiele 1926.

In der Abbildung lassen sich überzeichnete Elemente erkennen, wie die weit aufgerissenen Augen einer Figur im Hintergrund oder die im Gegensatz zu den anderen Figuren komisch überstreckte Haltung der Figur im karierten Anzug in der Mitte des Bildes, die Knuzius verkörpern könnte. Darüber hinaus ist die abgebildete Szene vor allem aufgrund ihrer Unauffälligkeit aussagekräftig. In der Presse erregte die szenische Umsetzung durch Albrecht Joseph genauso wenig Aufsehen wie Widerspruch und der Inszenierung wurde in den Rezensionen lediglich am Rande Beachtung geschenkt. So befand die Presse lediglich, dass die theatrale Umsetzung „aus einem Gusse“[11] sei, was angesichts der „einheitlichen Stimmung“[12] des Stücks

11 *Augsburger Abendzeitung*, Der fröhliche Weinberg. H.W.G., Nr. 40, 11.02.1926.

naheliege und deshalb auch keine ungewöhnliche Regieleistung erfordere.[13] Eine Sache wurde allerdings in Bezug auf die Bühnenübertragung bemerkt. „Besonders bedenkliche Stellen“[14] seien in der Inszenierung nicht zu finden, denn diese habe die Regie „gestrichen“[15].

Die Reaktionen der lokalen Presse auf die Münchner Erstaufführung fielen insgesamt gemischt aus. Während zum Beispiel die *Münchner Neuesten Nachrichten* und die *Münchner Post* lobende Rezensionen schrieben, verrissen der *Völkische Beobachter* und der *[Fränkische] Kurier* die Premiere. Unentschiedene beziehungsweise gemischte Kritiken waren etwa in der *Augsburger Abendzeitung* oder in der *Münchner Zeitung* zu lesen. Unabhängig davon, wie ihre Bewertungen schließlich ausfielen, attestierten alle Berichte dem zuvor in München noch unbekannten Stück den Gesamteindruck eines stimmungsvollen, lebendigen Theaterstücks. *Der fröhliche Weinberg* wurde als Stück bezeichnet, „das von wirklichem Leben strotzt“[16]. Seine „Naturverbundenheit, eine sinnliche Fülle und massive Derbheit“[17], die „kräftigen Sprüche und unbefangen[e] Erotik“[18] und die „besoffene und hemmungslose Vitalität“[19] des Stücks wurden hervorgehoben. Während im Gesamteindruck Einigkeit herrschte, fiel die jeweilige Bewertung und Einordnung des Stücks unterschiedlich aus. In der *Münchner Post* freute man sich über „gute[s] Unterhaltungstheater“[20] und lobte den „echten Humor“ [21] des Stücks. Tim Klein von den *Münchner Neuesten Nachrichten* pries den *Fröhlichen Weinberg* dafür, dass Zuckmayers Derbheit wie eine Befreiung wirke von der schambehafteten Lüsternheit vieler modernen Stücke.[22] Darüber hinaus lobte er dessen Darstellung des rheinischen Landlebens, das „weitab von allen, frisierten Volks- und Heimatkünsteleien“[23] sei. Die *Augsburger Abendzeitung* registrierte anerkennend Zuckmayers stimmungsvolles Stück als „geschickt verwendete Notiz aus dem Leben“[24]. Doch kritisierte der Verfasser des Artikels, dass es nicht wirklich eine lebensnahe Darstellung der Rheinländer sei, sondern vielmehr ein überzogener Ausdruck, gleich-

---

12 Ebd.
13 [L.] *Kurier*, Theater. O.F.Sch., Nr. 42, 11.02.1926.
14 Ebd.
15 Ebd.
16 *Münchner Neueste Nachrichten*, Der fröhliche Weinberg, Tim Klein, Nr. 42, 11.02.1926.
17 [L.] *Kurier*, Theater. O.F.Sch., Nr. 42, 11.02.1926.
18 *Münchner Post*, Der fröhliche Weinberg, H.E., Nr. 34, 11.02.1926.
19 *Münchner Zeitung*, Der fröhliche Weinberg, HB., Nr. 40, o.D.
20 *Münchner Post*, Der fröhliche Weinberg, H.E., Nr. 34, 11.02.1926.
21 Ebd.
22 *Münchner Neueste Nachrichten*, Der fröhliche Weinberg, Tim Klein, Nr. 42, 11.02.1926.
23 Ebd.
24 *Augsburger Abendzeitung*, Der fröhliche Weinberg. H.W.G., Nr. 40, 11.02.1926.

sam eine Karikatur, durch die das mitteldeutsche Leben szenisch veranschaulicht werde. Am Ende des Artikels kam der Verfasser zu dem Schluss, dass *Der fröhliche Weinberg*, der „anfangs als dionysischer Rausch erscheinen möchte, [...] sich sehr bald als ganz ordinärer Dusel [entpuppt].“[25] Auch die Grobheit des Zuckmayerschen Stückes stieß nicht unbedingt auf Zustimmung, was beispielsweise die *Münchner Zeitung* zum Ausdruck bringt: „Aber was hat uns solche Derbheit heute zu sagen [...]; wenn sie aber erkauft ist mit einem Zurücksinken in grassesten [sic] Naturalismus, lehnen wir die so erzeugte Fröhlichkeit grundsätzlich ab“[26]. Eine andere Kritik sah wiederum keinen Naturalismus bei Zuckmayer, sondern vornehmlich „Kitsch“[27]. Führt man die gesammelten Äußerungen zusammen, wird *Der fröhliche Weinberg* als naturalistisches Stück, als Karikatur, als Kitsch, als Unterhaltungstheater, als kein volkstümliches, sondern ein modernes Stück eingeordnet. Das heißt, es liegen viele unterschiedliche und bemerkenswerterweise auch widersprüchliche Einordnungen zum Genre in den Artikeln vor.[28] Abhängig davon, ob das Stück etwa als naturalistisches Werk oder als Karikatur aufgefasst wurde, veränderte sich somit die Sichtweise auf das Stück und damit auch die Schwelle der Empörung. In Bezug auf die Fröhlichkeit und Volkstümlichkeit des Stücks gingen die Meinungen dahingehend auseinander, dass der Frohsinn von den einen als harmlos und unbedenklich wahrgenommen und von den anderen im Gegenteil als problematisch gesehen wurde, weil die Stilistik des Stücks den Verdacht erregte, dass bestimmte Personengruppen verlacht wurden. Indem das Stück offen für verschiedenen Genrezuordnungen war, adressierte es folglich gleichzeitig unterschiedliche Publikumsgruppen. Auf das Publikum bei *Der fröhliche Weinberg* und die Beziehung des Theaterkritikers zu diesem möchte der folgende Abschnitt nun eingehen.

5.1.3 Wie es euch gefällt: Der Theaterkritiker und sein Verhältnis zur Publikumsmeinung

Schon in der Münchner Erstaufführung wird das Publikum in der medialen Reaktion gesondert bedacht. Die Theaterkritiker nutzte es als Projektionsflächen und zur Skandalisierung, was insbesondere in der Art der Beschreibungen der Zuschauer in

25 Ebd.

26 *Münchner Zeitung*, Der fröhliche Weinberg, HB., Nr. 40, o.D.

27 Ebd.

28 Der Theaterhistoriker Günther Rühle klassifizierte Zuckmayer später als Autor eines „neuen Realismus“, der das Zeitstück mit dem Volkstück kombinierte und dessen *Fröhlicher Weinberg* sich vom krankenden Expressionismus löste. Vgl. Rühle, *Theater für die Republik* I, S. 24f. und S. 35.

den ablehnenden Kritiken ersichtlich wird. Die Argumentation hinter diesen Kritiken ist offensichtlich: Weil das aufgeführte Stück schlecht bewertet wird, wird auch über das Publikum, das diese Aufführung beklatscht, abwertend gesprochen. So bezeichnete die *Münchner Zeitung* das Publikum in *Der fröhliche Weinberg* als „naiv und selbstgefällig"[29] und der *[Fränkische] Kurier* will ein beifallsstarkes „teils jüdische[s], teils verjudete[s] Schwabinger Premierenpublikum"[30] gesehen haben. Die *Augsburger Abendzeitung* befürchtete eine „Instinktlosigkeit der deutschen Theatergänger"[31] ehe sie feststellte, dass sich ohnehin „das Premierenpublikum der Kammerspiele bisweilen in besonderer Weise zusammensetzt."[32] Es wurde hier weniger von einzelnen Zuschauergruppen gesprochen, vielmehr bewerteten die ausgewählten Pressezitate das Publikum in *Der fröhliche Weinberg* als Ganzes. Man schrieb den Zuschauenden eine bestimmte Herkunft, Religion sowie Eigenschaften zu, die zusammengefügt ein ideologisch gefärbtes und abwertendes Bild des Publikums ergaben. Mehrere Presseorgane stellten das begeisterte Publikum als vermeintlich unkritisch dar und sprachen ihm damit seine Urteilskompetenz ab. Solche Beschreibungen des Publikums hetzten die Leser dieser Zeitungen auf und trugen zur Skandalisierung bei.

Die ablehnenden Kritiken störten sich allerdings nicht nur an dem anwesenden Publikum, das nicht ihren Anschauungen entsprach, sondern auch an der Darstellung von Figuren, die im Stück auftraten. Wie das aussah, zeigte die Premierenkritik des *Völkischen Beobachters* sehr deutlich.[33] In dem Artikel wandte sich die Zeitung direkt an die Korpsstudierenden, Rheinländer und Staatsbeamten vor dem Hintergrund, dass diese als stilisierte Figuren in *Der fröhliche Weinberg* auftraten. Provokant fragte das Blatt, ob diese sich die „Verhöhnung" ihrer Stellung gefallen lassen wollen. Mit einer solchen zielgerichteten Frage drückte der Redakteur seine Empörung über die Figurendarstellung aus, und er versuchte bei bestimmten Personenkreisen, hier den Studierenden, Rheinländern und Beamten, ein Gefühl der Betroffenheit zu erzeugen. Damit richtete der *Völkische Beobachter* seine Skandalisierung gezielt auf bestimmte Gruppen aus. Das Verhältnis des (zu)schreibenden Theaterkritikers zum Publikum war diesen Beispielen zufolge eine nutznießende Beziehung für die Zeitung, die das Publikum als Projektionsfläche und zur Skandalisierung gebrauchte. Die Beschreibung des Publikums konnte ebenso gut zu ei-

29 *Münchner Zeitung*, Der fröhliche Weinberg, HB., Nr. 40, o.D.

30 [Fränkischer*] Kurier*, Entrüstungskundgebungen gegen den „Fröhlichen Weinberg", o.A., Nr. 42, 11.02.1926.

31 *Augsburger Abendzeitung*, Der fröhliche Weinberg. H.W.G., Nr. 40, 11.02.1926.

32 Ebd.

33 *Völkischer Beobachter*, Kammerspiele Erstaufführung: Der fröhliche Weinberg, J. St.-g, Nr. 34, 11.02.1926.

nem differenzierteren und über die persönliche Bewertung des Theaterkritikers hinausgehenden Urteil des Stücks und seiner Inszenierung führen, wie die Reaktionen renommierter Theaterkritiker zur Erstaufführung in Berlin veranschaulichen. Im folgenden Abschnitt soll deshalb noch einmal eine andere Facette davon gezeigt werden, wie sich die Kritiker gegenüber dem Stück positionierten, und in welcher Beziehung sie dabei zum Publikum standen.

Einen „stürmische[n] Erfolg“[34] nannte der Dramaturg und Kritiker Felix Hollaender die Aufführung von *Der fröhliche Weinberg.*[35] Diesen Befund teilten auch andere Zeitungen. So hoben die Kritiker der *Vossischen Zeitung* und der *Frankfurter Zeitung* allesamt die außergewöhnliche Begeisterung des Publikums – wohlgemerkt dabei ‚unterschlagend‘, dass es auch wiederholt Widerspruch gegeben hatte – hervor. Monty Jacobs schrieb in der *Vossischen Zeitung* von einem „beispielslosen Publikumserfolg“[36] in Berlin, er erklärte das Theaterstück sogar für den „erste[n] starken Publikumserfolg eines Bühnendichters der jungen Generation“[37]. Die überschwängliche Begeisterung, die die Kritiker dem Publikum zuschrieben, riss die Kritiker selbst nur bedingt mit. Man drückte sein Lob für die „naive Keckheit“, die „satirische Kraft“, den „Sinn für Komik“[38] ebenso wie für die „seelisch[e] Unbefangenheit“[39] des Zuckmayerschen Stücks aus. Die Vorzüge und Kritikpunkte wurden auf differenzierte Art und Weise ausgebreitet. Beispielhaft geschah dies in der Einschätzung des renommierten Kritikers Alfred Kerr.[40]

Kerr nannte mehrere Vorbehalte gegenüber Zuckmayer und dem Stück. Etwa deutete er an, dass er die Anzahl der vier Liebespaare im Stück übertrieben fand und kritisierte die eskapistische Tendenz von Autor und Stück. Kerr sah Zuckmayer als Dramatiker in einem „komischen Zwischenzustand“. An seinen Bedenken hinsichtlich des Stücks und seiner Unentschiedenheit bezüglich des Autors ist erkennbar, dass dieser im Gegensatz zum Publikum nicht uneingeschränkt von Zuckmayers *Der fröhliche Weinberg* überzeugt war. Seine Haltung, eine Zustimmung unter Vorbehalt, brachte Kerr mit der Äußerung „Ein oft sehr hübscher Spaß bleibt's trotzdem“ auf den Punkt und diesem Spaß wolle er nicht im Weg stehen. Zu dieser Überzeugung kam Kerr, weil er meinte, dass Zuckmayer das Theater möglicherweise „vor dem hemmungslosen Literatenmist“ bewahren könne und „einen

---

34 *8 Uhr-Abendblatt,* [o. T.], Felix Hollaender, o.Nr., 29.12.1925.
35 Ebd.
36 *Vossische Zeitung,* [o. T.], Monty Jacobs, o.Nr., 23.12.1925.
37 Ebd., S. 668.
38 *8 Uhr-Abendblatt,* [o. T.], Felix Hollaender, o.Nr., 29.12.1925.
39 *Vossische Zeitung,* [o. T.], Monty Jacobs, o. Nr., 23.12.1925.
40 Folgende Ausführungen von Alfred Kerr stammen aus dem *Berliner Tageblatt,* [o.T.], Alfred Kerr, o.Nr., 23.12.1925.

letzten Damm baut gegen das bereits überlegene Kino." Kerrs Gedanke ist an dieser Stelle insofern aufschlussreich, als er die Sorge um das Theater über die persönliche Kritik stellte. Entsprechend ließ er den Leser in seiner Rezension zwar spüren, dass seine Begeisterung über *Der fröhliche Weinberg* eher verhalten ausfiel, doch machte er auch klar, dass er die Zustimmung des Publikums wichtig für das Theater insgesamt fand. Was am Beispiel von Alfred Kerrs Artikel anschaulich wird, ist die Zurückhaltung des eigenen Urteils mit dem Ziel, die Kultureinrichtung Theater zu unterstützen. Tonangebend soll demnach der Geschmack des Publikums sein, das sich bei den ersten Aufführungen in Berlin und Frankfurt eindeutig für das Stück entschied. Gerade für Alfred Kerr ist diese Haltung insofern bemerkenswert, als er als eine Instanz in der Theaterwelt sowie als besonders elitärer und ironischer Kritiker der Zeit galt.[41] Kerrs Artikel ist ein gutes Beispiel für eine gemischte, eher skeptische Kritik. In mehreren Kritiken[42] zur Erstaufführung zeigte sich hingegen eine deutlichere Zustimmung. Die Zustimmung der Presse erreichte jedoch nie das Begeisterungsniveau des Publikums. Denn unter die Lobesbekundungen mischten sich durchaus kritische Bemerkungen. Zum Beispiel bemängelte Felix Hollaender, dass das Stück „[n]icht gerade originell in der Erfindung oder den Figuren, etwas zu breit in der Technik und Ökonomie"[43] war, trotzdem „darf man dies Lustspiel doch willkommen heißen."[44] Auch Hollaender zeigte in seiner Kritik eine differenzierte Sichtweise auf das Stück. Darin unterscheidet er sich wie Kerr vom binären Geschmacksurteil des Publikums, das dem Stück voll zustimmte.

Es zeigten sich in den Ausführungen schließlich unterschiedliche Arten der Beurteilung. Während die Kritiker in ihren Artikeln ein differenziertes Urteil formulierten, wurde durch die Begeisterung der Zuschauer ein Geschmacksurteil anschaulich.

5.1.4 Carl Zuckmayer – ein Skandalautor?

Im Gegensatz zu Frank Wedekind, der bei dem Theaterskandal um *Schloss Wetterstein* bereits verstorben war, erlebte Carl Zuckmayer den Skandal um *Der fröhliche Weinberg* zum Teil hautnah mit. Carl Zuckmayer wohnte der Premiere in den

41 Vgl. Rühle, *Theater für die Republik. Im Spiegel der Kritik. 1917–1925,* I, S. 39–42.

42 Vgl. *Vossische Zeitung*, 23.12.1925; *8 Uhr Abendblatt*, 29.12.1925; *Frankfurter Zeitung*, 26.12.1925, In: Rühle, *Theater für die Republik. Im Spiegel der Kritik. 1917–1925,* I, S. 668–675.

43 *8 Uhr-Abendblatt*, [o. T.], Felix Hollaender, o.Nr., 29.12.1925, In: Rühle, *Theater für die Republik. Im Spiegel der Kritik. 1917–1925* I, S. 672.

44 Ebd.

Münchner Kammerspielen bei und hielt seine Erfahrung schriftlich fest.[45] Nach dem Ende der Vorstellung verließ er gemeinsam mit Direktor Otto Falckenberg und den Schauspielern das Theater durch den Bühneneingang. Dort wurden sie von „Studenten mit Stöcken und Knüppeln“[46] erwartet. Während Zuckmayer und die Theaterleute von Taxifahrern, die Schlagringe mit sich führten, hinausbegleitet wurden, flankierten die bewaffneten Studierenden „wie ein Ehrenspalier“[47] rechts und links den Weg der Künstlergruppe. Die bei Wolfgang Petzet wiedergegebenen Schilderungen von Carl Zuckmayer veranschaulichen eine bedrohliche Situation, in die die Künstler beim Verlassen des Theaters gerieten. Die Situation ging glimpflich aus und nichts passierte. Dass die bewaffneten Studierenden ausgerechnet am Bühneneingang warteten, macht klar, dass sich die Drohung explizit gegen die Theatermacher und den Autor richtete und nicht etwa gegen andere Besucher des Theaters. Durch die rückwirkend anekdotische Formulierung von Zuckmayer erhält die Situation etwas Leichtes, Unterhaltsames, was gleichzeitig mit einer Distanzierung des Autors vom Geschehen einhergeht.

Neben der physischen Bedrohung des Autors, die von den Studierenden bei der Münchner Premierenvorstellung ausgegangen war, trat Zuckmayer in einer weiteren Situation anlässlich der Theaterskandale auf. Dabei ging es um die Aufführungen von *Der fröhliche Weinberg* in Mainz. Nachdem sich bereits im Vorfeld eine Opposition gegen das Stück gebildet hatte, verfasste Zuckmayer einen Brief an den Bürgermeister der Stadt, in dem er ausführte, „daß ihm an der Aufführung seines Stückes in einer Stadt, wo man sich darüber ärgere, durchaus nichts gelegen sei.“[48] Hier zeigt sich Zuckmayer als deeskalierender Akteur, da er weder auf die Aufführung seines Stücks beharrte, noch größeren Ärger über ein mögliches Verbot ausdrückte. Gerade in Mainz und generell im Rheinland, aus dem Zuckmayer selbst stammte, war die Entrüstung über das dort spielende Stück besonders groß. Seine Äußerung an den Bürgermeister lässt kein besonderes Interesse an einer Aufführung in seiner Heimatstadt Mainz, in der der 1896 in Nackenheim in Rheinhessen geborenen Zuckmayer 1900–1914 aufgewachsen war, erkennen.

Ein Grund für Zuckmayers Einmischung könnte in der unmittelbaren Betroffenheit einiger Landsleute und deren Instrumentalisierung gelegen haben, da der Autor Namen von real existierenden Personen verwendete.[49] Der *Völkische Beobachter* bot dem realen Gunderloch Gelegenheit seiner Empörung Gehör zu verschaffen, was der Skandalisierung der Aufführungen in dem Blatt eine ‚authenti-

45 Vgl. Petzet, *Theater. Die Münchner Kammerspiele*, S. 174.

46 Ebd.

47 Ebd.

48 *Bayerischer Kurier*, Theater, o.A., Nr. 56, 25.02.1926.

49 Vgl. Lange, *Carl Zuckmayer*, S. 33.

sche' Stimme verlieh. Die „bodenlose empörende Rücksichtslosigkeit"[50] seinen Namen in dem Stück zu verwenden, habe ihm, Gunderloch, „Aufregung, Ärger und einige schlaflose Nächte gebracht"[51], war im *Völkischen Beobachter* zu lesen.

Als Person der Öffentlichkeit wurde nicht nur über Zuckmayers Werk geurteilt, sondern auch über ihn selbst. Gerade weil er mit *Der fröhliche Weinberg* seinen Durchbruch feierte und zuvor in der Theaterlandschaft verhältnismäßig unbekannt war, wurde zur Zeit der Aufführungen von *Der fröhliche Weinberg* Zuckmayers Bild seiner öffentlichen Person erst definiert. Daran hatten weniger er selbst als vielmehr die Presse und öffentliche Institutionen ihren Anteil. Auch hierzu ließ *Völkische Beobachter* die Gelegenheit nicht aus, den Autor als den „Halbjuden Karl Zuckmayer"[52] antisemitisch zu ächten und damit für den Leser ein klares Täter-Opfer-Bild zu konstruieren. Gleichzeitig gab es auch wohlwollende Projektionen auf Zuckmayer, wie beispielsweise die Verleihung des Kleist-Preises an ihn bewies.

1922/1923 war Zuckmayer als Dramaturg an den Städtischen Bühnen in Kiel unter dem Intendanten Kurt Elwenspoek engagiert.[53] Zuckmayer und Elwenspoek gestalteten einen anspruchsvollen Spielplan bestehend aus Stücken von Ernst Barlach, Christian Dietrich Grabbe, August Strindberg und Frank Wedekind.[54] Die künstlerische Linie der neuen Leitung stieß beim Kieler Publikum auf Unverständnis. Wie Bernd Noack in *Theaterskandale* beschreibt, planten Zuckmayer und Elwenspoek, nachdem ihre Kündigung absehbar war, das Kieler Theater mit einem Paukenschlag zu verlassen und einen Theaterskandal zu initiieren.[55] Zuckmayer bearbeitete hierfür die Komödie *Der Eunuch* von Terenz für die Bühne. In der Inszenierung erschien eine Schauspielerin nackt auf der Bühne. Ihre Brüste waren orange geschminkt und auf dem Bauch hatte sie eine blaue Sonne aufgemalt.[56] Die Aufführung wurde zum Skandal[57], das Theater am Folgetag durch die Polizei geschlossen und der Intendant und Zuckmayer fristlos entlassen. [58] Im Fall von *Der Eunuch* liegt eine von den Theatermachern absichtsvolle ästhetische Provokation des Publikums vor. Dass der Skandal gelang und die ästhetische Provokation als solche auch antizipiert wurde, lag unter anderem daran, dass Zuckmayer und Elwenspoek das Kieler Publikum kannten und wussten, welche Darstellungen für

50 *Völkischer Beobachter*, Der jüdische „Weinberg", F.Z., Nr. 52, 04.03.1926.

51 Ebd.

52 *Völkischer Beobachter*, Der „Fröhliche Weinberg" in Leipzig ausgepfiffen, o.A., o.Nr., 25.02.1926.

53 Vgl. Lange, *Carl Zuckmayer*, S. 7.

54 Vgl. ebd., S. 27.

55 Vgl. Noack, *Theaterskandale*, S. 104.

56 Ebd., S. 105.

57 Lange, *Carl Zuckmayer*, S. 28.

58 Vgl. ebd.

dieses eine Grenzüberschreitung darstellen würde. Angesichts dessen verstand es Zuckmayer folglich das Publikum zu provozieren, doch macht ihn dies allein zum Skandalautor?

Zwei Jahre nach dem Skandal in Kiel 1925 wurde Zuckmayers Stück *Pankratz erwacht oder Die Hinterwäldler* an der Jungen Bühne in Berlin uraufgeführt.[59] Die Zuschauer nahmen zu dem Stück kontroverse Standpunkte ein.[60] Während Alfred Kerr zu dem Schluss kam, dass man dem Stück keine Aufmerksamkeit schenken müsse[61], sprach Herbert Ihering Zuckmayer bereits zu diesem frühen Zeitpunkt seiner beruflichen Laufbahn „Theaterbegabung"[62] zu. Rudolf Lange beobachtete in seinen biographischen Ausführungen über Carl Zuckmayer, dass es bei der Premiere von *Pankratz erwacht oder Die Hinterwäldler* „fast einen Theaterskandal gegeben"[63] habe. Lange argumentiert ferner, dass Zuckmayer von den Theaterskandalen auch profitierte, denn die 63 Theaterskandale um *Der fröhliche* Weinberg bescherten diesem hohe Auflagen- und Aufführungszahlen. Im Leben Carl Zuckmayers gab es mehrere Anknüpfungspunkte an Theaterskandale. Der Autor nahm dabei sowohl eine zurückhaltende, deeskalierende, beobachtende und kommentierende als auch eine aktiv skandalisierende Position ein.

5.1.5 Die Vorgänge

Die Vorgänge zum Theaterskandal um *Der fröhliche Weinberg*, die im Folgenden zum besseren Überblick skizziert werden, schlagen sich sowohl auf der Ebene der einzelnen Aufführungen und deren Reflexion in der Presse als auch in den Korrespondenzen zwischen Polizeidirektion, Theaterleitung und einzelnen Akteuren der Öffentlichkeit nieder. Im Fall von *Der fröhliche Weinberg* entfalteten sich der Theaterskandal und die Zensurthematik in entscheidender Weise auch auf dieser ‚Korrespondenzebene'. Diese war für eine allgemeine Öffentlichkeit zum Zeitpunkt der Ereignisse nicht einsehbar, ist aber in der historischen Rückschau durch Archivalien zugänglich. Bevor jedoch auf diese eingegangen wird, sollen zunächst die Ereignisse im Zuschauerraum bei den Aufführungen in München beleuchtet werden.

---

59 Vgl. ebd., S. 29.
60 Vgl. ebd.
61 Vgl. ebd., S. 29 f.
62 *Berliner Börsen-Courier*, Pankraz erwacht. Matinee der Jungen Bühne, Herbert Ihering, o.Nr., 16.02.1925, In: Glauert, *Carl Zuckmayer. Das Bühnenwerk im Spiegel der Kritik*, S. 16.
63 Lange, *Carl Zuckmayer*, S. 29.

Die Reaktion des Publikums auf die Premiere in München war sehr positiv, ein anwesender Polizeibeamter beschrieb die Begeisterung des Publikums als „stürmisch“[64]. Von etwaigen Protesten beziehungsweise Tumulten wurde nicht berichtet.[65] Obwohl sich zur darauffolgenden Aufführung am 11. Februar 1926 auf der Straße vor dem Theater 20–25 Personen versammelt hatten und erregt über *Der fröhliche Weinberg* stritten, verlief die Vorstellung im voll besetzten Haus störungsfrei.[66] Zwischen dem „langandauernde[n]“[67] Schlussapplaus ertönte allerdings „sehr kräftige[s] Pfeifen“[68] vom linken und rechten Balkon sowie vereinzelt aus dem Parkett, daraufhin wurden kleinere Meinungsverschiedenheiten ausgetragen. Ordnungskräfte des Theaters führten zwei Personen aus dem Zuschauerraum und übergaben sie der Schutzmannschaft.[69] Nach ruhig verlaufenen Vorstellungen am 12.,14., 16., 17. und 18. Februar ereignete sich bei der Aufführung am 19. Februar ein „größerer Theaterskandal“[70]. Der dramaturgische Sekretär der Münchner Kammerspiele berichtete dazu, eine Studierendengruppe habe schätzungsweise 150 Karten für die Vorstellung erworben. Nach Rücksprache mit der Theaterdirektion verständigte der Sekretär die Polizeiwache, die eine aufs Doppelte verstärkte Schutzmannschaft für die Vorstellung ins Theater beorderte. Anstelle von drei sollten nun sechs Schutzleute für Ruhe und Ordnung im Zuschauerraum sorgen.[71]

---

64 Alle Angaben zu den Vorgängen sind entnommen aus: Verfügung der Polizeidirektion München, Betreff „Aufführung des Lustspiels ‚Der fröhliche Weinberg‘ von Karl Zuckmayer in den Münchner Kammerspielen“, gez. Mantel, 20.02.1926.

65 Brief der Polizeidirektion, Betreff „Erstaufführung des Lustspiels ‚Der fröhliche Weinberg‘ von Karl Zuckmayer in den Münchner Kammerspielen am 9. Februar 1926“ [Vorbemerkung], gez. [Kulmayer], [10.] Februar 1926.

66 Bericht von Augenzeuge Ludwig Arco, gez. Sekretariat der Münchner Kammerspiele, o.D. Brief von Kriminalkommissär Johannes Neboisa an die Polizeidirektion Abt. VI Th., Betreff „Aufführung von Zuckmayer's Lustspiel ‚Der fröhliche Weinberg‘ in den Kammerspielen am 11. Februar 1926“, 12. Februar 1926.

67 Ebd.

68 Ebd.

69 Bericht von Augenzeuge Ludwig Arco, gez. Sekretariat der Münchner Kammerspiele, o.D. Brief von Kriminalkommissär Johannes Neboisa an die Polizeidirektion Abt. VI Th., Betreff „Aufführung von Zuckmayer's Lustspiel ‚Der fröhliche Weinberg‘ in den Kammerspielen am 11. Februar 1926“, 12. Februar 1926.

70 Bericht, Betreff „Das Lustspiel ‚Der fröhliche Weinberg‘“, o.A., o.D. [S.K.]: Der Bericht ist zwar undatiert, aber die Beschreibungen der Störungen decken sich mit den Geschehnissen der Vorstellung am 19.02.26.

71 Verfügung der Polizeidirektion München, Betreff „Aufführung des Lustspiels ‚Der fröhliche Weinberg‘ von Karl Zuckmayer in den Münchener Kammerspielen“, gez. Mantel, 20.02.1926.

Zum ersten Mal wurde die Aufführung in einer Szene des zweiten Aktes durch „Pfeifen auf mitgebrachten Instrumenten und durch Zischen“[72] von Studierenden unterbrochen. Laut Polizeibericht währte die Störung etwa drei Minuten, bevor der kräftige Beifall des übrigen Publikums einforderte die Vorstellung weiterzuführen.[73] Auch in der Pause verliehen die empörten Gruppen ihrem Protest Ausdruck. Im dritten Akt wurden weitere Versuche unternommen, die Fortführung der Vorstellung zu verhindern. Was den konkreten, szenischen Zeitpunkt der Störung betrifft, sind die Angaben in den Quellen nicht übereinstimmend. Während der dramaturgische Sekretär Ludwig Arco von mehreren Unterbrechungen „an ganz unmotivierten Stellen“[74] berichtete, beobachtete Polizeihauptmann Prager die Unterbrechungen im zweiten Akt bei einer Szene, in der eine Prügelei zwischen der Figur des Rheinschiffers und dem Korpsstudierenden zu sehen war. Eine weitere Störung bemerkte er in einer Szene des dritten Aktes, als die Figur des Studierenden Knuzius betrunken auf dem Misthaufen lag.[75] Diese Divergenz in den Darstellungen von Polizeikommissar und Theater-Sekretär kann auf die unterschiedlichen Interessen im Hinblick auf die Handhabung der zukünftigen Vorstellungen von *Der fröhliche Weinberg* hindeuten. Durch die Mithilfe der verstärkten Schutzmannschaft und einiger Mitarbeiter des Hauses, darunter auch Ludwig Arco, gelang es, die Störungen zu kontrollieren und die Aufführung bis zum Ende zu spielen.[76] Als Folge der „Skandal“-Aufführung am 19. Februar 1926 verfügte die Polizei über ein Verbot der weiteren Aufführungen ab dem 22. Februar 1926.[77] Die zwischenzeitlichen Aufführungen am 20. und 21. Februar 1926 verliefen indessen ruhig. Nach einer geschlossenen ‚Sondervorstellung‘ am 25. Februar 1926, bei der die Kammerspiele eine überarbeitete Fassung des Stücks aufführten, genehmigte die Polizeidirektion weitere Aufführungen von *Der fröhliche Weinberg.*[78]

---

72 Brief von Kommando der Landespolizei München an die Polizeidirektion München, Betreff „Vorkommnisse in der Vorstellung der Kammerspiele am 19.2.26“, gez. Pol. Hauptmann Prager, 20.02.1926.

73 Ebd.

74 Bericht von Augenzeuge Ludwig Arco, gez. Sekretariat der Münchner Kammerspiele, o.D.

75 Brief von Kommando der Landespolizei München an die Polizeidirektion München, Betreff „Vorkommnisse in der Vorstellung der Kammerspiele am 19.2.26“, gez. Pol. Hauptmann Prager, 20.02.1926.

76 Vgl. ebd. und Bericht von Augenzeuge Ludwig Arco, gez. Sekretariat der Münchner Kammerspiele, o.D.

77 Verfügung der Polizeidirektion München, Betreff „Aufführung des Lustspiels ‚Der fröhliche Weinberg‘ von Karl Zuckmayer in den Münchner Kammerspielen“, gez. Mantel, 20.02.1926.

78 Vgl. Brief der Polizeidirektion München an die Direktion der Münchner Kammerspiele, gez. [unles.], 01.03.1926.

5.2 Polizeiliche Kontrollmaßnahmen zwischen Überwachung und Verbot

Das folgende Unterkapitel nimmt die Funktion der Polizei im Theaterskandal *Der fröhliche Weinberg* genauer unter die Lupe. Es wird aufgezeigt, welche Maßnahmen die Polizei in diesem spezifischen Skandalfall ergriff und welche Motivation hinter diesem Vorgehen stand. Im Zusammenhang mit der übergeordneten Fragestellung dieser Arbeit soll untersucht werden, inwiefern die Polizei eine Kontrollfunktion einnahm. Aufschlussreich sind dahingehend die Korrespondenzen der Polizei mit dem Leitungsstab der Kammerspiele, in denen im Skandalfall Kontrollaufgaben zwischen dem Theater und der Polizei ausgehandelt wurden. Ferner kontrollierte die Polizei während der Vorstellungen den Zuschauerraum und durch das Aufführungsverbot. Bevor auf die polizeiliche Kontrolle im Zuschauerraum näher eingegangen wird, widmet sich der nachfolgende Abschnitt zunächst der ‚unsichtbaren' Kontrolle durch die Polizeiberichte. Unsichtbar meint in diesem Zusammenhang unter Verschluss für die Öffentlichkeit, weil es sich um interne Polizeiberichte handelte.

5.2.1 Kontrollebene Polizeibericht

Dass solche Berichte, die ursprünglich der Zensur von Bühnenstücken dienten, auch 1926 noch vorliegen, verdeutlicht dass sich hier eine Kontrollfunktion der Polizei fortsetzte. In den Berichten wurde geschildert, ob es Unterbrechungen gegeben hatte, und wenn ja, wurden diese detailliert angegeben. Zeitpunkt, Dauer und Ausdrucksform der Störungen spielten dabei ebenso eine Rolle wie die Identität der Störer und die Reaktionen der an den Störungen unbeteiligten Zuschauer. Auch das Verhalten der Polizei selbst wurde nicht ausgelassen. Außerdem befassten sich die Berichte mit dem Geschehen auf der Bühne. Hatte die Polizei zur Zeit der Zensur die Einhaltung der freigegebenen Spielfassung kontrolliert, war ihre Aufmerksamkeit in den 1920er Jahren auf die Aufrechterhaltung der öffentlichen Sicherheit, Ruhe und Ordnung gerichtet, gleich ob auf der Bühne oder im Zuschauerraum. Überschreitungen der öffentlichen Ordnung riefen eine gesteigerte Wachsamkeit bei der Polizei hervor und wurden in den Polizeiprotokollen vermerkt. In den Polizeiberichten zu *Der fröhliche Weinberg* sind unterschiedliche Momente der Grenzüberschreitung erkennbar: Zum einen ist hier das grenzüberschreitende Verhalten einiger Zuschauer zu nennen, das von der Polizei bemerkt wurde. Zum anderen beobachtete die Polizei auch Grenzüberschreitungen auf der Bühne. Für den ersten Fall der Grenzüberschreitung durch Zuschauer wurde im Bericht zur Aufführung am 11. Februar 1926 beschrieben, dass nach Vorstellungsende

> ein langandauerndes Beifallsklatschen ein[setzte], in das sich ein sehr kräftiges Pfeifen mischte, das von einigen Zuschauern des Balkons ausging und das durch seine öftere Wiederholung auf der Gegenseite Unwillen und kleine Meinungsstreitigkeiten auslöste.[79]

Dass die Pfeifenden in den Augen der Polizei eine Grenze überschritten, wird daran deutlich, dass das Pfeifen als auffallendes Element im Applaus wahrgenommen wurde und sichtbare Verärgerung bei anderen Zuschauern erzeugte. Auch wurden pfeifende Personen später im Bericht „Störer“[80] genannt, was auf die Überschreitung eines ‚normalen‘ Verhalten hindeutet. Der Bericht schilderte weiterhin, dass zwar nach der Vorstellung der Applaus ‚gestört‘ worden sei, die Aufführung selbst allerdings „bei ausverkauftem Hause ohne Störung“[81] vor sich ging. Auch die Feststellung einer nicht vorhandenen Grenzüberschreitung während der Aufführung verdeutlicht die Beobachtungsfunktion der Polizei. Dadurch, dass die Polizei beschrieb, was als Überschreitung zu fassen sei und was nicht, bestimmte sie für sich gleichsam, welche Form der Aufführung und des Applauses „normal“ ist. Das heißt, der niedergeschriebene Beobachtungsvorgang der Polizei wirkt normierend im Hinblick auf das Verhalten des Publikums bei zukünftigen Vorstellungen.

5.2.2 Kontrollebene Inszenierung

Neben Grenzüberschreitungen aus dem Publikum konstatierte die Polizei diese auch innerhalb der Inszenierung. Anschaulich wurde dies zum Beispiel im Polizeibericht zur Münchner Erstaufführung.[82] Der berichtende Polizist bewertete die Sprache des Stücks als „sehr derb“[83] und insbesondere folgende Szene des dritten Aktes wurde als „abstossend“[84] empfunden.

> Der Weinreisende Hahnesand schleicht sich mit Fräulein Stenz in das Stallgebäude gegenüber der Wirtschaft, wird dort vom Gesinde aufgestöbert und erscheint, gefolgt von dem Mädchen, wieder auf der Bühne mit offener Weste, die er in aller Gemütlichkeit schliesst.[85]

---

79 Polizeibericht von Kriminalkommissär Johannes Neboisa an die Polizeidirektion Abt. VI Th., Betreff „Aufführung von Zuckmayer's Lustspiel ‚Der fröhliche Weinberg‘ in den Kammerspielen am 11. Februar 1926“, 12.02.1926.

80 Ebd.

81 Ebd.

82 Polizeibericht, Betreff „Erstaufführung des Lustspiels ‚Der fröhliche Weinberg‘ von Karl Zuckmayer in den Münchner Kammerspielen am 9. Februar 1926“, gez. Werberger, 10.02.1926.

83 Ebd.

84 Ebd.

85 Ebd.

Die beschriebene Darstellung als solche, der Gang zweier Figuren in den Stall und das Zuknöpfen der Weste, zeigt an sich nichts Ungewöhnliches. Erst die Darstellung in Verbindung mit der Handlung lässt die Folgerung zu, dass es in der Szene zu einem Stelldichein zwischen Hahnesand und Fräulein Stenz gekommen ist. Ausgehend von seiner Beobachtung der Bühnendarstellungen folgerte der Polizist: „Was sich im Stall zwischen ihm und dem Mädchen zugetragen hat, erhellt sich aus dieser Szene zu Genüge.“[86] Was genau die Polizei als anstoßerregend empfand, wurde auffälligerweise nicht direkt ausgesprochen. Um die Andeutung zu verstehen und die Szene als anstößig zu empfinden, sind eine Rezeptionsfähigkeit und das Vorwissen des Zuschauers notwendig, die Darstellung und Handlung in einen sinnvollen Zusammenhang bringt. Zuschauer im Kindesalter würden diese Szene aller Wahrscheinlichkeit nach anders deuten als erwachsene Theaterbesucher. Wie die Szene also interpretiert wird und somit auch ob sie eine Grenze überschreitet, hängt letztlich von der Deutung des einzelnen Zuschauers ab. Für den berichtenden Polizisten schien sie eindeutig eine Grenzüberschreitung darzustellen. Dies zeigte sich besonders in seiner Anweisung, wonach der Darsteller des Hahnesand in der betreffenden Szene zukünftig den Stall in „geordneter Kleidung“[87] verlassen müsse. Festzustellen ist zu dieser Maßnahme, dass eine konkrete szenische Änderung angewiesen wurde. Durch die Änderung wurde der szenische Verweis auf die Geschehnisse im Stall abgemildert, was jedoch nicht zwangsläufig hieß, dass die diegetische Ebene gleichsam entschärft wurde und die Zuschauer nun weniger annahmen, dass Hahnesand und Fräulein Stenz Geschlechtsverkehr im Stall hatten. Am Beispiel der Hahnesand-Stenz-Szene wird der Kontrollvorgang der Polizei anschaulich. Die Szene erzeugte eine gesteigerte Aufmerksamkeit bei der Polizei und zog eine Anweisung zur Änderung nach sich. Dass sich die Wachsamkeit der Polizei bei der nächsten Aufführung des Stücks besonders auf die beanstandete Szene im dritten Akt richtete, kam im Folgebericht der Polizei zum Ausdruck, denn Hahnesands Auftritt wurde darin explizit aufgegriffen: „Er erschien mit geschlossener Weste, so dass sein Aeusseres keinen Rückschluss auf die Vorgänge in der Scheune zuliess.“[88] Eine erneute Überprüfung der Szene wurde durchgeführt und dieses Mal gab es keinen Grund zur Beanstandung. Eine Fortsetzung der gesteigerten Aufmerksamkeit der Polizei auf die beschriebene Szene war damit vorerst nicht mehr notwendig.

---

86 Ebd.

87 Ebd.

88 Polizeibericht von Kriminalkommissär Johannes Neboisa an die Polizeidirektion Abt. VI Th., Betreff „Aufführung von Zuckmayer's Lustspiel ‚Der fröhliche Weinberg' in den Kammerspielen am 11. Februar 1926“, 12.02.1926.

5.2.3 Kontrollebene Zuschauerraum

Ab der zweiten Vorstellung von *Der fröhliche Weinberg* befasste sich die Polizei verstärkt mit dem Publikum, denn von dort aus begann sich Widerstand zu regen. Nach dem Ende dieser Vorstellung berichtete die Polizei von kräftig pfeifenden Zuschauern auf dem Balkon, die kleinere Streitigkeiten im Zuschauerraum hervorriefen.[89] Das Ordnungspersonal des Theaters kontrollierte das Geschehen, indem es einige Störer aus dem Zuschauerraum holte und diese an die Polizei übergab. Besonders greifbar wurde die Kontrollfunktion der Polizei in der Aufführung am 19. Februar 1926, bei der es zu Tumulten kam. Die Polizei versuchte diese zu beruhigen, dadurch die Ordnung im Zuschauerraum wiederherzustellen, und sie identifizierte die störenden Zuschauer. Laut dem Bericht des Polizei-Hauptmanns Prager von der Landespolizei München schaffte es die Polizei, die mehrfach aufflammenden Unruhen unter Kontrolle zu bringen, „sodaß die Vorstellung ohne ernstlichen Zwischenfall zu Ende geführt werden konnte."[90] Die Polizei kontrollierte folglich das Geschehen, indem sie punktuell immer dann reagierte, wenn Tumulte ausbrachen und die öffentliche Ordnung gefährdet war. Dafür verstärkte sie das Schutzaufgebot von drei auf sechs Polizeibeamten während der Vorstellung.[91] Die Kontrolle des Zuschauerraums schien für Polizei-Hauptmann Prager dann erfolgreich zu sein, wenn ein „ernstlicher Zwischenfall" vermieden wurde, – wobei unklar bleibt, was damit genau gemeint war.

Eine weitere Kontrollaufgabe der Polizei war die namentliche Identifizierung der Störenden. Laut Polizeibericht notierte die Schutzmannschaft in der Vorstellungspause die Namen der besonders auffallenden Störer.[92] Dokumentiert sind im Bericht der Schutzmannschaft zur betreffenden Aufführung die Personalien von acht Störern.[93] Dennoch sei unmöglich gewesen, hieß es im Bericht, alle Störer namentlich zu erfassen.[94] Ob dies an der unübersichtlichen Situation im Theaterraum, an der hohen Zahl der Störenden oder an zu wenigen Polizeibeamten lag, ist

---

89 Vgl. ebd.

90 Brief von Kommando der Landespolizei München an die Polizeidirektion München, Betreff „Vorkommnisse in der Vorstellung der Kammerspiele am 19.2.26", gez. Pol. Hauptmann Prager, 20.02.1926.

91 Vgl. Bericht der Schutzmannschaft Abt. II für den 7. Bezirk an die Polizeidirektion München, Betreff [unles.], gez. Schott u. a., 20.02.1926.

92 Vgl. Brief von Kommando der Landespolizei München an die Polizeidirektion München, Betreff „Vorkommnisse in der Vorstellung der Kammerspiele am 19.2.26", gez. Pol. Hauptmann Prager, 20.02.1926.

93 Vgl. Bericht der Schutzmannschaft Abt. II für den 7. Bezirk an die Polizeidirektion München, Betreff [unles.], gez. Schott u. a., 20.02.1926.

94 Vgl. ebd.

aus dem Bericht nicht zu entnehmen. Doch muss dies nicht als Defizit im Auftreten der Polizei gelesen werden. Vielmehr lässt sich daraus die Annahme ableiten, dass die Polizei bei den skandalverdächtigen Aufführungen von *Der fröhliche Weinberg* als Kontrollinstanz zwar aktiv, aber nicht als beherrschender Akteur auftrat. Entsprechend lassen sich die Maßnahmen der Polizei bis zur Vorstellung am 19. Februar 1926 als eingreifend, aber nicht als durchgreifend, sowohl im Hinblick auf die störenden Zuschauer als auch im Fall der Hahnesand-Stenz-Szene, beschreiben. Zur durchgreifenden Maßnahme entschloss sich die Polizeidirektion einen Tag nach der mehrfach unterbrochenen Aufführung und verhängte am 20. Februar 1926 ein Verbot der weiteren Vorstellungen, mit dem sich der folgende Unterabschnitt befasst.

5.2.4 Kontrollmaßnahme Verbot

Um das Verbot, das über die weiteren Vorstellungen von *Der fröhliche Weinberg* verhängt wurde, genauer einordnen zu können, befasst sich der folgende Abschnitt mit dessen Begründung sowie dem Zusammenhang mit den Aspekten Kontrolle und Zensur. Das Verbot begründet die Polizeidirektion, unter der Führung des Polizeichefs Mantel, mit den bisherigen Geschehnisse im Zusammenhang mit *Der fröhliche Weinberg*, generell den Erfahrungen der Polizei bei Tumulten und den allgemeinen Aufgaben der Polizei.[95] So heißt es in der Erklärung, dass bereits bei den vergangenen Vorstellungen am 11. Februar und vor allem am 19. Februar 1926 sich im Rahmen der Aufführungen Widerstand aus dem Zuschauerraum Bahn gebrochen hätte, der ein erhöhtes Polizeiaufgebot erfordert habe. Zusätzlich gebe es Hinweise darauf, dass weitere Proteste geplant seien und in Teilen der Bevölkerung erhebliche Vorbehalte gegen die Aufführungen von *Der fröhliche Weinberg* bestünden. Aus der Erfahrung vergangener Proteste erwarte die Polizeidirektion bei den Folgeaufführungen weitere Störungen, die in ihrem Ausmaß die bisherigen Geschehnisse überträfen. Die Aufgabe der Polizei sei es, strafbare Handlungen[96] im Zusammenhang mit den Unruhen im Zuschauerraum präventiv zu unterbinden und

95 Die folgenden Aspekte vgl. Verfügung der Polizeidirektion München, Betreff „Aufführung des Lustspiels ‚Der fröhliche Weinberg' von Karl Zuckmayer in den Münchner Kammerspielen", gez. Mantel, 20.02.1926.

96 Gemeint sind hier „Sachbeschädigungen, Hausfriedensbruch, Beleidigungen, Körperverletzungen" gemäß Art. 102 des Ausf. Ges. z. Strafprozessordnung, Vgl. Verfügung der Polizeidirektion München, Betreff „Aufführung des Lustspiels ‚Der fröhliche Weinberg' von Karl Zuckmayer in den Münchner Kammerspielen", gez. Mantel, 20.02.1926.

für die „Aufrechterhaltung der öffentlichen Ordnung"[97] zu sorgen. Auch sei es nicht Aufgabe der Polizei, ungestörte Aufführungen durch ein verstärktes Polizeiaufgebot zu gewährleisten. Die Polizeidirektion stellte das verhängte Verbot als „die einzig in Betracht zu ziehende Maßnahme"[98] in dieser Situation dar. Wie sich an den Protesten seitens der Theater zeigen wird, war dieses Verbot keineswegs alternativlos. Durch das Verbot änderte sich die zeitliche Situierung der Kontrolle durch die Polizei. Statt auf Unruhen kontrollierend zu reagieren, nachdem sie bereits ausgebrochen waren, wurde mit dem Verbot Kontrolle nun präventiv ausgeübt, um zukünftige Tumulte zu vermeiden.

Nach einer ausführlichen Beschwerde der Kammerspiele gegen das Verbot der Aufführungen schätzte die Polizei die Gefahrenlage bei den weiteren Aufführungen des Stücks für die Regierung von Oberbayern erneut ein. Von einer nachträglichen Abmilderung des Stücks, wie es die Kammerspiele anboten, um weniger Angriffspunkte für die Empörung einiger Zuschauer zu bieten, war die Polizeidirektion wenige Tage nach der Verhängung des Verbots nicht überzeugt. Diese könne, „nachdem in weiteren Kreisen eine Erbitterung gegen das Stück hervorgerufen worden ist, keine Gewähr dafür bieten, daß Störungsversuche künftig unterbleiben."[99] Konkret seien es Beschwerden des Studentenausschusses der Technischen Hochschule, des Hochschulrings deutscher Art in München und des Schriftleiters der *Akademischen Monatsblätter*, Martin Luible, gewesen, die der Polizeidirektion nach dem Verbot zugegangen waren. Ebenso leistete der *Völkische Beobachter* mit einem wütenden Artikel erheblichen Widerstand gegen die weiteren Aufführungen von *Der fröhliche Weinberg*. Dieser öffentliche Protest führte die Polizeidirektion zu der Feststellung, dass sich „[d]ie Gefahr von Ausschreitungen bei den Aufführungen des ‚Fröhlichen Weinberg[s]' […] also seit Erlaß des Verbots verschärft [hat]."[100] Die Gefahrenlage bestand laut Polizeidirektion nach dem Verbot nicht nur fort, sondern sei durch den Druck der protestierenden Öffentlichkeit noch konkreter, was ein Verbot umso mehr rechtfertigte. Die Beschwerden aus der Öffentlichkeit führten also mit dazu, dass die Polizeidirektion es als notwendig erachtete, weitere Auf-

97 Verfügung der Polizeidirektion München, Betreff „Aufführung des Lustspiels ‚Der fröhliche Weinberg' von Karl Zuckmayer in den Münchner Kammerspielen", gez. Mantel, 20.02.1926.

98 Ebd.

99 Polizeibericht von Regierungsrat Werberger an die Regierung von Oberbayern, Kammer des Inneren, Betreff „Verbot des Lustspiels „Der fröhliche Weinberg" in den Münchner Kammerspielen, hier, Augustenstr. 89", gez. Polizeidirektion Mantel, 23.02.1926.

100 Ebd.

führungen des Stücks zu untersagen und das Verbot aufrecht zu erhalten.[101] In dieser situativen Konstellation, in der eine Teil-Öffentlichkeit durch Tumulte, Beschwerdebriefe und Zeitungsartikel gegen die Aufführungen protestierte, scheint deren öffentliche Meinung aus ihrer zunächst unterlegenen Position ein Stück weit herauszutreten.[102] Nicht als Gegenmacht zur Polizeidirektion, sondern als Koalitionspartner agierten protestierende Öffentlichkeit und Polizeidirektion. Die staatliche Kontrollmaßnahme des Verbotes wird somit stark an die öffentliche Ordnung und an die Interessen der *gegen* das Stück protestierenden Öffentlichkeit gekoppelt.

Die Polizeidirektion sah ausdrücklich die „für ein Verbot in Betracht zu ziehenden Umstände vielmehr auf dem Gebiete der öffentlichen Ordnung und Sicherheit liegen."[103] Was zunächst den Anschein eines klar definierten Handlungsfelds der Polizeidirektion erweckt, verlor „unter besonderen Verhältnissen"[104] schnell seine Trennschärfe. Die Behörden durften dann einschreiten, wenn die öffentliche Ordnung nicht gesichert war und dabei auch Fragen nach der Wirkung des Stücks auf die Zuschauer miteinbeziehen.[105] Hier verdeutlicht sich die neue Kontrollfunktion des Staats. Statt nach dem eigenen Maßstab die Stücke im Vorfeld zu zensieren, kontrollierte die Polizei Aufführungen dann, wenn sie Tumulte auslösten und eine Gefahr für die öffentliche Sicherheit darstellten. Das bedeutet, dass der Maßstab für die Kontrolle der Aufführung durch die Ruhestörer bestimmt wurde. Solange aus der Öffentlichkeit mit der Störung der öffentlichen Ordnung gedroht wurde, übte die Polizeidirektion somit im Sinne der gegen das Stück protestierenden Öffentlichkeit eine inhaltliche Kontrolle aus. Die Kammerspiele missbilligten die Verbotsmaßnahme „als eine Aufhebung der Bestimmung der Reichsverfassung über Zensurfreiheit"[106]. So gesehen griff die Polizeidirektion nicht nur ‚zensierend' durch das Verbot ein, vielmehr ist ihre ‚Zensur' in entscheidender Weise von der protestierenden Öffentlichkeit veranlasst.

---

101 Der Protest aus der Öffentlichkeit fand auch in der politischen Debatte Nachhall. So reichte die Bayerische Volkspartei einen Antrag im Stadtrat ein, in dem sie sich gegen die weiteren Aufführungen von *Der fröhliche Weinberg* aussprach.

102 Luhmann, Öffentliche Meinung, S. 27. Siehe dazu auch Kap. 2.2 Öffentlichkeit.

103 Brief der Regierung von Oberbayern, Kammer des Inneren, an die Direktion der Münchner Kammerspiele, Betreff „Verbot des Lustspiels ‚Der fröhliche Weinberg' in den Münchner Kammerspielen", gez. Knözinger, 24.02.1926.

104 Ebd.

105 Vgl. ebd.

106 Brief der Direktion der Münchner Kammerspiele an die Kreisregierung, Kammer des Inneren, Polizeireferat, Betreff „Sofortige Beschwerde gegen die Verfügung der Polizeidirektion München, Nr. VI Th., vom 20. Februar 1926, betreffs Aufführung des Lustspiels ‚Der fröhliche Weinberg' von Carl Zuckmayer in den Münchner Kammerspielen", gez. Adolf Kaufmann, 22.02.1926.

5.2.5 Der Fall „Hinkemann"

Ein Vertreter des bayerischen Innenministeriums legte im Zuge des Protests der Kammerspiele einen neuen Maßstab an die Ruhestörungen bei *Der fröhliche Weinberg* an.[107] Hintergrund hierfür war ein Urteil des Sächsischen Oberlandesgerichts gegen mehrere Personen, die sich bei einer Aufführung von Ernst Tollers *Hinkemann* in Dresden ungebührlich verhalten hatten. Ihnen wurde vorgeworfen, die Szene durch Singen des Deutschlandliedes gestört zu haben, bei einer anderen Szene pfiff einer der Beschuldigten auf einem Schlüssel.[108] Von den sieben Angeklagten, die das Deutschland-Lied gesungen hatten, wurden alle freigesprochen. Nur Gerhardt Kiel, der auf dem Schlüssel gepfiffen hatte, wurde „wegen ungebührlicher Erregung ruhestörenden Lärms"[109] zu 30 Mark Geldstrafe oder drei Tagen Haft verurteilt. Dieses Urteil vom 21. Juni 1924 und dessen Revision vom 20. Februar 1925 ist insofern von besonderem Interesse, als es die ‚Störungen' im Theaterskandal neu bewertete und sich die Kräfteverhältnisse zwischen den Akteuren dadurch verschoben. Die Begründung der Strafsache gibt hierzu näheren Aufschluss.[110] Grundsätzlich seien Missfallenskundgebungen gegenüber Theateraufführungen, die sich innerhalb der rechtlichen Grenzen bewegen, straffrei. Im Fall der Tumulte bei *Hinkemann* ordnete der zuständige Vorderrichter das Verhalten der Angeklagten als Notwehr ein. Definiert wurde Notwehr gemäß §53 Str.G.B. als „die Verteidigung, die erforderlich ist, um einen gegenwärtigen rechtswidrigen Angriff von sich oder einem anderen abzuwenden."[111] In der Beschreibung, was unter einem rechtswidrigen Angriff zu verstehen ist, werden „alle rechtlich geschützten Güter"[112] subsummiert. Laut dem Sächsischen Oberlandesgericht fiel hierunter auch die Ehre. Was jedoch rechtlich nicht geschützte Güter betreffe, etwa die Keuschheit und das sittliche, religiöse oder vaterländische Gefühl, herrsche eine Uneinigkeit.[113] Für die Störungen bei Tollers *Hinkemann* traf das Amtsgericht die wegweisende Entscheidung, „daß die Angeklagten sich insbesondere in jenen beiden Szenen in ihrer persönlichen Ehre und in ihrem vaterländischen Empfinden verletzt gefühlt

---

107 Vgl. ebd.

108 Vgl. Abschrift in der Strafsache gegen den kaufm. Angestellten Kurt Walter Hölck u. a., Amtsgericht zu Dresden, gez. Dr. Bergmann, 21.06.1924.

109 Vgl. ebd.

110 Folgende Ausführungen sind entnommen aus: Abschrift in der Strafsache gegen den kaufm. Angestellten Kurt Walter Hölck u. a., Revision, 2. Strafsenat des Sächsischen Oberlandesgerichts, gez. Justizsekretär, 20.02.1925.

111 Ebd.

112 Ebd.

113 Vgl. ebd.

und weitere Angriffe erwartet haben [...]"[114]. Somit legitimierte das Gericht sowohl die Verletzung der persönlichen Ehre, als auch den Angriff auf das vaterländische Gefühl mit dem Recht zur Notwehr. Das Urteil ist insofern von Bedeutung, als bei mehreren Theaterskandalen, so auch im Fall von *Der fröhliche Weinberg*, die Proteste mit der Verletzung ihres nationalen Empfindens begründet wurden. Entsprechend verfolgte die Polizeidirektion München den Dresdner Beschluss aufmerksam und brachte ihn im Zuge der Diskussion um die Absetzung von *Der fröhliche Weinberg* als Argument zugunsten der Ruhestörer vor. Mit dem Recht zur Notwehr, welche das Gericht im Fall von *Hinkemann* einführte, veränderte sich der Status der Störung und dementsprechend auch die Situation der Verursacher. Tauchte diese bisher in der Analyse der Theaterskandale als eine mutwillige Unterbrechung einer Vorstellung auf, der etwas Destruktives und Aufmerksamkeit erzeugendes anhaftete, erweiterte sich ihr Bedeutungshorizont nun um den Aspekt der Rechtmäßigkeit der Aufführungsunterbrechung, die unter dem Begriff der Notwehr firmierte. Nicht nur auf juristischer Ebene bedeutete dieses Urteil eine Stärkung der Störer, denn diese gingen mit ihrem Verhalten nicht länger das Risiko einer Straftat ein. Auch in Bezug auf die Stellung zwischen den anderen Akteuren, zum Beispiel den sich ruhig verhaltenden Zuschauern oder dem Theaterpersonal, wurden die Störer mitsamt ihren Missfallensbekundungen durch das Urteil unterstützt. So wurde in der Urteilsbegründung angeführt, dass die Beeinträchtigung des „Recht[s] auf ungestörte Darbietung des Schauspiels"[115] unvermeidbar sei und die Notwehr dem nicht entgegenstehe.[116]

Statt um ein individuelles Geschmacksurteil handelte es sich bei den Störungen in den Aufführungen von *Hinkemann* um eine Bewertung nach überindividuellen weltanschaulichen Themen. Die Bedeutsamkeit des ideologischen Motivs zeigte sich noch einmal deutlich an der juristischen Bewertung des Missfallensausdrucks in der Revision des Urteils. Darin stellte das Sächsische Oberlandesgerichts fest, „daß die Angeklagten mit dem Singen des Deutschlandliedes die Grenzen des zur Abwehr Erforderlichen innegehalten haben, der Angeklagte Kiel aber durch das Schlüsselpfeifen diese Grenzen überschritten hat"[117]. Wie es eine Zusammenfassung der *Bayerischen Staatszeitung* auf den Punkt brachte, gehörte ab der Urteilsbegründung des Sächsischen Oberlandesgerichts „das Nationalgefühl zu den gesetzlich geschützten Rechtsgütern"[118]. Insgesamt verschob sich mit dem Urteil des Sächsischen Oberlandesgerichts der Maßstab von Missfallensbekundungen gegenüber Theater-

114 Ebd.
115 Ebd.
116 Ebd.
117 Ebd.
118 *Bayerische Staatszeitung*, Notwehr im Theater, o.A., Nr. 50, 24.02.1925.

aufführungen. Ablehnende Reaktionen der Theaterzuschauer, die nationalistisch motiviert waren, wurden von nun an durch die Justiz mit dem Begriff der Notwehr geschützt. Für die Aufführungen von *Der fröhliche Weinberg* bedeutete dies eine größere Einflussmöglichkeit der national gesinnten Störer.

5.3 Konstitution und Instrumentalisierung von Zuschauern

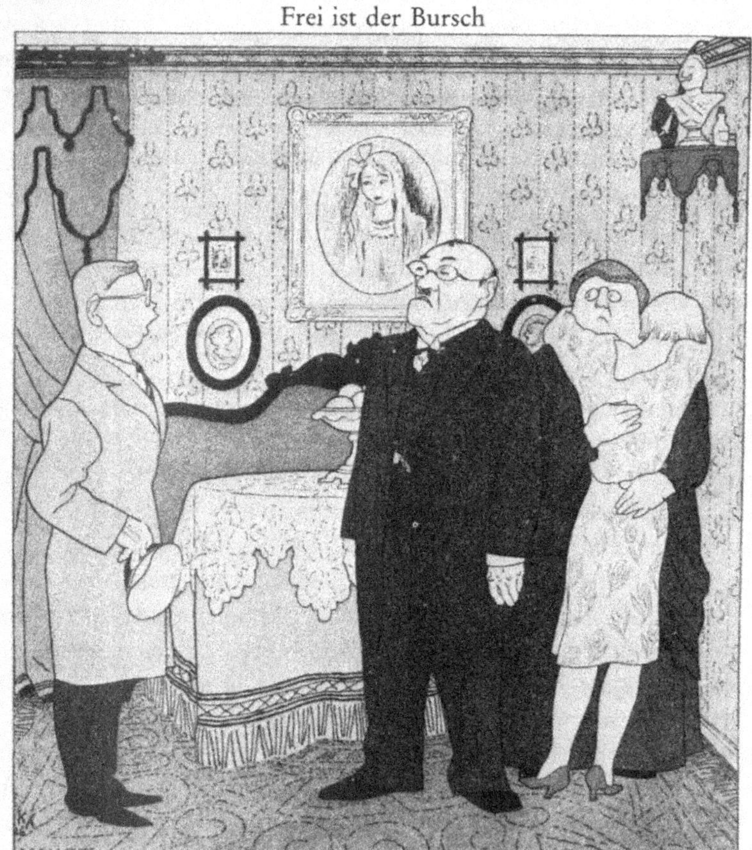

Abb 2: Karikatur aus dem Simplicissimus, März 1926.

Auf die Skandalereignisse von der *Der fröhliche Weinberg* in München reagierte die Zeitschrift *Simplicissimus* mit einer Karikatur (Abb. 2). Diese zeigt, wie ein Verlobter bei dem Vater seiner zukünftigen Frau vorspricht, um die Verlobung aufzulösen. Als Grund gibt er an, dass das „Fräulein Tochter Vorstellung von ‚Fröhlichem Weinberg' beijewohnt" hat. Die Tochter scheint verzweifelt über den Entschluss ihres Verlobten, denn sie liegt in den Armen der Mutter. In zugespitzter Form verdeutlicht die Abbildung, wie die Positionierung der Öffentlichkeit zu dem Stück nicht im Raum des Theaters oder in den Zeitungsspalten blieb, sondern sich auch auf das Privatleben der Zuschauer auswirkte und dort zu Konflikten führte. An der Figur des Verlobten zeigt sich, dass es sich bei seiner Positionierung zum Stück um mehr als ein Geschmacksurteil handelt, denn er misst am Maßstab von *Der fröhliche Weinberg* die Sittsamkeit seiner zukünftigen Frau, die dem nicht standhält. Er selbst konstituiert sich als anständige, sittsame Person und konstruiert damit seine eigene politische beziehungsweise soziale Identität, während er der Verlobten die Rolle einer moralisch bedenklichen Person vorwirft.

Ausgehend von den Assoziationen zu dieser Karikatur, macht sich der nachfolgende Abschnitt auf die Suche danach, wie sich in dem Theaterskandal öffentliche Gruppen beziehungsweise Zuschauer und Zuschauerinnen in ihrer Identität als Teil-Öffentlichkeit gegenüber anderen Teil-Öffentlichkeiten darstellten. Nachdem im Kapitel zum Theaterskandal um *Schloss Wetterstein* herausgestellt wurde, dass die Zuschauergruppen mittels Zuschreibungen öffentlich sichtbar wurden, soll nun näher der Aspekt der Selbstdarstellung und -wahrnehmung von Zuschauern und Teil-Öffentlichkeiten im Theaterskandal in den Blick genommen werden.

5.3.1 Die Kontrolle der Kirche

Nach Tumulten, Verbot und erneuter Freigabe ebbte die erste große Welle der Empörung über *Der fröhliche Weinberg* allmählich ab. Unter dem Vorzeichen der herannahenden Osterfeiertage und der geplanten Vorstellungen des Stücks am Gründonnerstag, den 1. April 1926, und Karsamstag, den 3. April 1926, in den Münchner Kammerspielen folgte eine weitere Welle des öffentlichen Protests. Wie hoch sich diese noch aufbäumen würde, war zunächst nicht absehbar. Doch die beteiligten Akteure waren nach den vergangenen Geschehnissen gegenüber den sich anbahnenden ‚Osteraufführungen' besonders wachsam.

Der Protest entstand dieses Mal nicht aus der Aufführungssituation heraus, sondern er stammte von Einzelpersonen, die ein Ärgernis in den Vorstellungen an den christlichen Feiertagen Gründonnerstag und Karsamstag sahen. Zunächst legte Abt Schachleitner Verwahrung gegen die Aufführung des Zuckmayerschen Stücks am Gründonnerstag bei Direktor Bach vom Münchner Schauspielhaus, in dem die

Kammerspiele ein Gastspiel[119] veranstalten wollten, und dann bei der Polizei ein.[120] Auch gegen die Revue *Konfetti* im Deutschen Theater, die am selben Tag spielte, richtete sich sein Protest. Anschließend protestierte der katholische Hofrat Amann wegen der Aufführungen von *Der fröhliche Weinberg* und *Konfetti* am Gründonnerstag und Karsamstag beim bayerischen Innenminister und teilte dies der Polizei mit. Die Aufführungen der beiden Stücke an diesen Tagen seien „vom katholischen Standpunkt aus nicht tragbar“[121]. Bekräftigend fügte er hierzu Pater Rupert Mayers Einschätzung bei, dass auch protestantische Kreise den Sachverhalt ähnlich problematisch beurteilen würden.[122] Gegenüber den Protestierenden erwiderte die Polizeidirektion, dass ein Verbot der beiden Stücke momentan nicht erwogen werde. Hinzu käme, dass der Karsamstagabend liturgisch betrachtet nicht mehr zur Trauerzeit gehöre.[123] Zeitnah kommunizierten die Polizeidirektion und Rechtsanwalt Kaufmann von den Kammerspielen miteinander. Laut Polizeibericht waren die Kammerspiele bereits von einem sich anbahnenden Verbot für die ‚Osteraufführungen‘ von *Der fröhliche Weinberg* durch Ministerialrat Zetlmeier im Auftrag des Innenministers in Kenntnis gesetzt.[124] Die Kammerspiele planten infolgedessen eine Verschiebung der Aufführung am Gründonnerstag, da sie sich davon erhofften, dass „bei freiwilliger Spielplanänderung [...] der Anlaß für ein Verbot [entfalle].“[125] Die Polizeidirektion versicherte bei Spielplanänderung der Kammerspiele im Gegenzug auf eine Pressenotiz in dieser Angelegenheit zu verzichten.[126] In der Zeitung war tags darauf zu lesen, dass die Aufführungen des Lustspiels *Der fröhliche Weinberg* am 1. und 3. April im Schauspielhaus „wegen Erkrankung eines Hauptdarstellers verschoben werden.“[127] Anstelle dessen spielte das Theater die Inszenierungen *Das Extemporale* am Donnerstag und *Die Trokayer* am Samstag.[128] Die

---

119 Vgl. [B.] *Kurier*, Eine Provozierung der christlichen Bevölkerung, o.A., Nr. 89, 31.03.1926.

120 Abschrift, Betreff „Theateraufführungen am Gründonnerstag und Charsamstag“, gez. Polizeidirektion i. A. Werberger.

121 Abschrift, Betreff „Theateraufführungen am Gründonnerstag und Charsamstag“ [Vorbemerkung], gez. Polizeidirektion i. A. Werberger, 29.03.1926.

122 Ebd. [S.K.]: Scheinbar sprach Pater Rupert Mayer hier für die Protestanten, obwohl er selbst Teil der katholischen Glaubensgemeinschaft war.

123 Vgl. ebd.

124 Vgl. Abschrift, Betreff „Theateraufführungen am Gründonnerstag und Charsamstag“ [Vorbemerkung], gez. Polizeidirektion i. A. Werberger, 30.03.1926.

125 Ebd.

126 Vgl. ebd.

127 *B. Staatszeitung*, Eine unerhörte Blasphemie, o.A., Nr. 74, 31.02.1926.

128 Vgl. *B. Staatszeitung*, Eine unerhörte Blasphemie, o.A., Nr. 74, 31.02.1926; Abschrift, Betreff: „Theateraufführungen am Gründonnerstag und Charsamstag.“ [Vorbemerkung], gez. Polizeidirektion i. A. Werberger, 29.03.1926.

Lösung, eine Erkrankung im Ensemble anzugeben, stellte die Protestierenden zufrieden und umging zugleich ein Verbot, das für das Theater einen finanziellen Schaden bedeutet hätte.

Aus den Korrespondenzen zu den Osteraufführungen wird augenscheinlich, dass die Empörung auf indirektem Weg zum Ausdruck gebracht wurde. Das heißt, statt sich direkt an die Direktion oder den Rechtsanwalt der Kammerspiele zu wenden, nahm man zunächst Kontakt mit dem Innenminister, der Direktion des Schauspielhauses und schließlich mit der Polizei auf. Strategisch gesehen suchten die Protestierenden die Nähe zu entscheidungsfähigen Instanzen, die ihre Interessen umsetzen konnten und wollten. Eine Vorgehensweise, die nicht zwangsläufig naheliegend ist, denn auch der Weg an die Öffentlichkeit oder in die Kammerspiele wären mögliche Optionen. Diese Hinwendung von Kirchenvertretern zum Staat verdeutlicht die institutionelle Verankerung von staatlicher und kirchlicher Kontrolle, die in der Geschichte der Theaterzensur eine langjährige Tradition besaß.[129]

Neben den kirchlichen Mitgliedern zeigte sich auch die Presse erregt über die ‚Osteraufführungen'. Die Empörung über die Feiertagsaufführungen war in konservativen Blättern erwartungsgemäß groß. „Eine unerhörte Blasphemie"[130], titelte die *Bayerische Staatszeitung* und der *Bayerische Kurier* sprach von einer „Provozierung der christlichen Bevölkerung"[131]. Die *Bayerische Staatszeitung* sah sich darüber hinaus als Stimme für die zahlreichen Zuschriften, die ihnen anlässlich der geplanten Aufführungen gesendet wurden. „Sie zeigen deutlich, wie weite Kreise unserer christlichen Bevölkerung sich aufs tiefste verletzt fühlen."[132] Entscheidend ist in diesem Fall, dass sich die Verletzung der christlichen Bevölkerung nicht allein aus der Aufführung von *Der fröhliche Weinberg* speiste, sondern es maßgeblich auch der zeitliche Kontext von Gründonnerstag und Karsamstag war, der „doppelt empören muß"[133]. Die Platzierung eines heiteren Lustspiels an diesen Feiertagen war in den Augen der empörten Christen eine Verletzung ihres religiösen Empfindens. Die beiden fraglichen Vorstellungstage Gründonnerstag und Karsamstag sind genau die Tage vor und nach dem Karfreitag, der ein wichtiger gesetzlich stiller Feiertag (und für die protestantische Gemeinde sogar der höchste Feiertag im Kirchenjahr) war, an dem in München Geschäfte und Theater geschlossen blie-

---

129 Besonders im Mittelalter griff die Kirche stark zensierend ins Theater ein. Sie verbot Schauspielern ihren Beruf auszuüben und zwischen 568 und 692 wurden auf Druck der Kirche Theateraufführungen überhaupt verboten. Vgl. Goldstein, *The Frightful Stage*. S. 17.

130 *B. Staatszeitung*, Eine unerhörte Blasphemie, o.A., Nr. 74, 31.02.1926.

131 [B.] *Kurier*, Eine Provozierung der christlichen Bevölkerung, o.A., Nr. 89, 31.03.1926.

132 Ebd.

133 *B. Staatszeitung*, Eine unerhörte Blasphemie, o.A., Nr. 74, 31.02.1926.

ben.[134] Der Protest gegen die Gründonnerstags- und Karsamstags-Aufführungen kann als Versuch der Kirchenvertreter verstanden werden, die stille Zeit über den Karfreitag hinaus auszudehnen und Einfluss auf das öffentliche Leben, zum Beispiel im Theater, zu nehmen. Die Verschiebung von *Der fröhliche Weinberg* zeigt, dass die christlichen Kreise besonders während der Feiertage eine Instanz waren, die über die Theateraufführungen in diesen Tagen weiterhin mitbestimmten. Jedoch deutet die Tatsache, dass *Der fröhliche Weinberg* nicht wie gewünscht verboten, sondern nur verschoben wurde, gleichsam darauf hin, dass die genannten christlichen Akteure nicht in gleicher Weise durchsetzungsstark waren, wie etwa die Polizeidirektion, die ein Verbot zur Bewahrung der öffentlichen Ordnung jederzeit verhängen konnte. Der Protest der Kirchenvertreter verdeutlicht schließlich auch, wie über den Faktor der gemeinsamen Religion institutionelle, staatliche und öffentliche Akteure sich gegenseitig bestärkten und als Kontrollakteure ineinandergriffen. Somit lassen sich diese weniger als getrennte Kontrollakteure beschreiben, als vielmehr als Akteure, die ein bestimmtes gemeinsames Interesse verband. Im Anschluss an diese Wahrnehmung und Reaktion von institutionellen Vertretern der Kirche anlässlich der ‚Osteraufführungen', soll als Nächstes genauer auf die Wahrnehmung von Zuschauern während der Vorstellung von *Der fröhliche Weinberg* eingegangen werden. Dazu wird der Erfahrungsbericht einer Zuschauerin herangezogen, die bei ihrem Aufführungsbesuch eine Überraschung erlebte.

5.3.2 Wahrnehmung und Urteil. Die „Augen- und Ohrenzeugin" Erna Stahl

> Der erste Lärm setzte unisono bei dem Wort ‚Satisfaktion' im Wirtshausakt ein. Es war eine solche Unruhe auf der Bühne, dazu das Wort ‚Satisfaktion' so undeutlich gesprochen, dass nur vollkommen vobereitete [sic] Protesterheber auf dieses Stichwort hin derart einheitlich und gleichzeitig losbrechen konnten, denn es dauerte einige Sekunden, bevor wir, die wir den Text nicht kannten, kapierten, dass es sich um einen zum Stück nicht gehörenden Lärm handelte.[135]

Die Aufmerksamkeit der berichtenden Zuschauerin Erna Stahl wurde durch akustische Signale während der Aufführung in besonderer Weise erregt. Erst nach „einige[n] Sekunden" begriff sie, dass der vernommene „Lärm" nicht Teil der Inszenierung war. Vielmehr unterbrach dieser ihre Aufmerksamkeit auf das Bühnengeschehen. Stahls Aufmerksamkeit wurde umgelenkt vom „Lärm". Dieser setzte für die Zuschauerin unerwartet und plötzlich ein. Darüber hinaus erregte er ihre Aufmerksamkeit, weil er auf ein bestimmtes Wort hin erschien. Es ist anzunehmen,

134 Vgl. *Münchner Neueste Nachrichten*, [Gründonnerstagsausgabe], o.A., Nr. 91, 01.04.1926.
135 Folgenden Ausführungen von Erna Stahl: Bericht von Frau Ernst Leopold Stahl, 24.02.1926.

dass Erna Stahl mit den Konventionen des Theaters vertraut war, denn sie kam aus einem theateraffinen Umfeld. Die betreffende Vorstellung besuchte sie mit der Frau des Oberregisseurs Diehl und dem Bühnenmaler Gowa von den Landesbühnen, also mit zwei Personen, die unmittelbare Erfahrungen mit der beziehungsweise Einblicke in die Theaterarbeit hatten. Auch Erna Stahl selbst, die mit dem Dramaturgen Ernst Leopold Stahl verheiratet war, brachte eine Verbindung zum Theater mit. Demnach scheint es nicht an einem mangelnden Gespür für die Konventionen einer Aufführung zu liegen, dass sie eine kurze Zeit brauchte, um den Lärm nicht als Teil der Inszenierung, sondern als Störung derselben einzuordnen. Stahl präsentierte sich in ihrer Schilderung selbst als „Augen- und Ohrenzeugin", die gemeinsam mit ihren Begleitern „scharf die weiteren Vorgänge beobachtete". Sie lokalisierte die Herkunft des „Lärms", der überwiegend von jungen Leuten aus den hinteren Reihen ausgeübt wurde. Auch beschreibt sie die Form der Proteste, die sich durch Pfeifen auf mitgebrachten Flöten und Pfuirufen äußerten. Der Zuschauerin erschien der Protest organisiert, da der Lärm auf das Stichwort „Satisfaktion" ausgebrochen sei, – ein auf der Bühne gesprochenes Wort, das noch dazu undeutlich artikuliert wurde und das dem nicht in den Protest involvierten Zuschauer nicht unbedingt auffallen würde.

Bei der Schilderung ihrer Beobachtungen fällt auf, dass sie ihre eigene Perspektive einbringt und deren Begrenztheit reflektiert. Hinsichtlich der Bedrohungslage sah sie „keinesfalls" die Gefahr von „Gewalttätigkeiten". Im Gegensatz zu den Berichterstattungen in mehreren Zeitungsartikeln zu dieser Vorstellung nahm sie eine gewaltfreie Diskussion unter den Zuschauern wahr: „[D]ie beiderseitigen Meinungen suchten sich, soweit wir feststellen konnten, sowohl in der Pause als im späteren Verlauf der Vorstellung lediglich durch mündliches Debattieren durchzusetzen." Durch ihren Bericht nahm Erna Stahl eine Sprecherin-Rolle für das von den Störungen betroffene Publikum an. Ihre Haltung, dass es sich bei dem Lärm um einen organisierten Protest handelte, gab die mehrheitliche Meinung des Publikums wieder, denn sie führte an: „Dieser Meinung war eine grosse Anzahl des nichtprotestierenden Publikums, mit dem wir zum Teil unsere Meinung austauschten." Stahls Gespräche mit anderen Zuschauern machen ihren „Augen- und Ohrenzeuginnen"-Bericht zu einer multiperspektivischen Einzelperspektive, die sowohl die Wahrnehmung ihrer Begleitgruppe als auch die der anderen Zuschauer – ausgenommen der Unruhestifter – in sich vereinte. Am Beispiel von Erna Stahl wird anschaulich, wie die Zuschauerin zunächst die Sinneseindrücke während der Aufführung unbewusst perzipierte und der Lärm sie und andere Zuschauer wachsam werden ließ. Eine Einordnung des Geschehens geschah anschließend unter Rücksprache mit ihren Begleitern und den nicht-störenden Teilen des Publikums, wobei der Lärm als unerwünschte Störung der Aufführung markiert wurde. Ihr Bericht zeigte, wie in Folge eines plötzlichen Sinneseindruckes durch die

Störungen, die Zuschauerin und das Publikum um sie herum dazu gezwungen wurden, sich zu der Situation zu positionieren. Die Bewertung des Geschehens erfolgte rasch und in Abstimmung untereinander. Nachdem eine beispielhafte Perspektive für die von den Störungen betroffenen Zuschauern untersucht wurde, geht der folgende Abschnitt auf die andere Seite, nämlich die der Störer und der Protestierenden ein.

5.3.3 Zwischen Krawall und Partizipation. Strategien der protestierenden Öffentlichkeit I

Im Zuge der Vorstellungen von *Der fröhliche Weinberg* in München fallen zwei Zuschauergruppen aus dem Publikum besonders auf: die Studierendenschaft und die Zuschauer rheinländischer Herkunft. Sie traten im Theaterskandal als aktive Protestierende auf und übten zum Teil auch eine Kontrollfunktion aus. In welcher Form sie das machten und welche Absichten sie dabei verfolgten, soll im Folgenden näher erläutert werden.

Berichte zu den Störungen bei den Münchner Aufführungen des Stücks benannten vornehmlich Studierende als Störer. Eine Zeitung berichtete von rheinländischen Studierenden, die nach dem Ende der Vorstellung pfiffen.[136] Im *Bayerischen Kurier* war von „[e]twa ein[em] Dutzend handfeste[r] Studenten[137] die Rede und das *Bayerische Vaterland* spricht von Studierenden, die veranlasst durch die Darstellung der Figur des ehemaligen Korpsstudierenden Knuzius durch Pfiffe Widerstand leisteten.[138] Auch Berichte von Landespolizei und Schutzmannschaft geben wider, dass die Störungen überwiegend von Studierenden ausgingen.[139] Neben den akustischen Unterbrechungen der Aufführungen nutzten studentische Vereinigungen außerdem den schriftlichen Weg des Protests. Nach der Vorstellung am 19. Februar 1926, bei der es zu größeren Tumulten kam, wendeten sich am 20. Februar der Allgemeine Studentenausschuss Technische Hochschule, der

136 [Fränkischer] *Kurier*, Entrüstungskundgebungen gegen den „Fröhlichen Weinberg“, o.A., Nr. 42, 11.02.1926.

137 *Bayerischer Kurier*, Zur Aufführung „Des fröhlichen Weinberg“ in den Kammerspielen, A.H., Nr. 47, 16.02.1926.

138 *Bayerisches Vaterland*, Der fröhliche Weinberg, o.A., Nr. 36, o.D.

139 Vgl. z.B. Bericht der Schutzmannschaft Abt. II für den 7. Bezirk an die Polizeidirektion München, Betreff [unles.], gez. Schott u.a., 20.02.1926 und Brief von Kommando der Landespolizei München an die Polizeidirektion München, Betreff „Vorkommnisse in der Vorstellung der Kammerspiele am 19.2.26“, gez. Pol. Hauptmann Prager, 20.02.1926. ([S.K.]: Die Schutzmannschaft nimmt teilweise die Personalien der Störer auf. Aus diesen Angaben geht auch ihr Studentenstatus hervor.)

Hochschulring deutscher Art, der Allgemeine Studenten-Ausschuss der Universität München, sowie die *Akademischen Monatsblätter* jeweils mit einem Schreiben an die Münchner Polizeidirektion.[140] Die Anliegen dieser studentischen Interessensverbände waren ähnlich. Sie drückten ihre Empörung gegenüber den Aufführungen von *Der fröhliche Weinberg* in München aus. Mehr oder weniger deutlich ersuchten sie die Polizeidirektion, dass sie ein Verbot gegen die weiteren Aufführungen des Stücks verhängt. Martin Luible, der Schriftleiter der *Akademischen Monatsblätter*, drohte den Theatern sogar, wenn sie der schriftlichen Aufforderung zur Absetzung des Stücks nicht nachkommen, anderenfalls das „Publikum zur Selbsthilfe"[141] gezwungen werde, wobei er sich damit auf weitere Störaktionen im Zuschauerraum bezog.

Seine Aufmerksamkeit und die damit einhergehende ablehnende Haltung gegenüber dem Stück begründete zum Beispiel der Hochschulring deutscher Art nicht nur damit, dass er in dem Stück einen Affront gegen die Studierendenschaft sah, sondern er empfand die Aufführungen des Zuckmayerschen Stücks als eine „Provokation des deutschen Bürgertums, des Studententums und überhaupt des gesamten deutschen Volkes."[142] Damit koppelte dieser die eigene Betroffenheit an die überindividuellen Gemeinschaften von Bürgertum, der Studierendenschaft und des ‚deutschen Volkes'. Als Effekt dieser Zusammenführung der studentischen Identität mit dem Konzept des ‚Volkes' vervielfachte sich die Anzahl der Betroffenen, und ihre Forderung gewann – zumindest auf rhetorischer Ebene – an Stärke.

Infolge des Verbotes legten die Münchner Kammerspiele auch dem Allgemeinen Studentenausschuss der Universität München eine gestrichene Fassung von *Der fröhliche Weinberg* mit der Zusicherung vor, die Aufführung gemäß den Streichungen zu spielen.[143] Nachdem der Studentenausschuss diese Textfassung begutachtet hatte, kam er zu der Entscheidung, dass er gegen die zukünftigen Auffüh-

---

140 Vgl. StAM, Pol. Dir., 4600, Der fröhliche Weinberg.

141 Brief der Akademischen Monatsblätter an die Polizeidirektion München, gez. Martin Luible, 20.02.1926, In: StAM, Pol. Dir., 4600, Der fröhliche Weinberg. Anmerkung zur Selbsthilfe: Der Ausdruck der Selbsthilfe setzt eine Hilfsbedürftigkeit voraus, wodurch die Maßnahmen der Selbsthilfe, auch wenn es sich um eine gewaltsame Störung handelt, in einen moralisch einwandfreien Kontext gerückt werden. Darüber hinaus geht er mit einer Selbstständigkeit derjenigen, die sich der Selbsthilfe verschreiben, einher.

142 Vgl. Brief von Hochschulring deutscher Art an die Polizei-Direktion München, gez. [unles.] 1. Vorsitzender, 20.02.1926. Ein ähnlicher Ausdruck findet sich auch in dem Brief der Akademischen Monatsblätter an die Polizeidirektion München, gez. Martin Luible, 20.02.1926, In: StAM, Pol. Dir., 4600, Der fröhliche Weinberg.

143 Vgl. Brief des Allgemeinen Studenten-Ausschusses der Universität München an die Polizeidirektion München, gez. [unles.] 1.Vorsitzender u. a., München, 23.02.1926, In: StAM, Pol. Dir., 4600, Der fröhliche Weinberg.

rungen des Stücks in München keinen Einspruch erheben werde.[144] Damit wurden nun auch die Vertreter der Studierenden, also Vertreter einer Gruppe der Öffentlichkeit, in die Kontrolle der gestrichenen Fassung miteinbezogen. Mehr noch als das Ergebnis war vielmehr der Vorgang der Begutachtung für die Vertreter der Studierenden wesentlich. Denn das bedeutete, dass sie als Zuschauergruppe vom Theater wahrgenommen und berücksichtigt wurden. Die studentischen Vereinigungen partizipierten somit als Akteure im öffentlichen Diskurs über das Theater und wirkten dadurch gleichsam auf die Darstellungen auf der Bühne ein.

Welche Intention hinter diesem sehr engagierten Auftreten der Akademischen Vereine stehen konnte, verdeutlicht ein näherer Blick auf die *Akademischen Monatsblätter.* Diese beschäftigten sich mit religiösen, politischen, wirtschaftlichen, sozialen, moralischen und universitären Belangen. Aus den Artikeln spricht deutlich eine katholische und nationalistische Gesinnung. Erwähnenswert ist zum Beispiel das Thema der Jugendpflege. Dazu tauchten 1926 mehrere Artikel auf, die deutlich machten, dass die Begleitung und Erziehung der Jugend für den Verein zentrale Themen waren. Auch an einer neuen Jugendbewegung zeigte die Schriftleitung des Vereins ihr Interesse.[145] Die *Akademischen Monatsblätter* vertraten und bestärkten somit nicht nur die Position der Studierenden, sondern sie nutzten die Aufbruchsstimmung der jungen Generation auch, um sich zukünftig einen Platz im öffentlichen Leben zu sichern. In diesem Zusammenhang schilderte der Artikel *Zur Stellung der Katholiken im öffentlichen Leben*, dass die Gesellschaft und der Staat sich im Umbruch befänden. Der Verfasser Joh. Horion stellte sich vor, dass katholische Akademiker „in die leitenden Stellungen des öffentlichen Lebens"[146] aufrückten. Darüber hinaus seien diese dazu berufen, am Wohl des Vaterlandes mitzuarbeiten.[147] Der *Kartellverband Katholischer Deutscher Studentenvereine* verortete sich somit in den *Akademischen Monatsblättern* als engagierter Interessensverband im öffentlichen Leben, der sich in den Dienst eines größeren, nationalen Auftrages stellte und der dabei auf einen gesellschaftlichen Aufstieg der Katholiken hoffte.

In diesem Sinne lässt sich auch das vehemente Auftreten der Studierendenvereinigungen im Theaterskandal um *Der fröhliche Weinberg* lesen. Mithilfe der jungen Studierenden, die im Zuschauerraum störten sowie schriftlich ihr Missfallen ausdrückten, intervenierten akademische Vereinigungen im öffentlichen Raum des

144 Ebd.

145 Vorbemerkung der Schriftleitung: Deutsche Jugend. In: Kartellverband der katholischen Studentenvereine Deutschlands (Hrsg.): *Akademische Monatsblätter. Organ des Kartellverbandes der katholischen Studentenvereine Deutschlands.* 38/6, (März 1926), S. 305.

146 Horion, Zur Stellung der Katholiken im öffentlichen Leben, S. 256.

147 Vgl. ebd., S. 255.

Theaters. Auch wenn sich die Entwicklungen um das Zuckmayersche Stück durch das Verbot nur kurzfristig zugunsten der akademischen (und zum Teil katholischen) Vereinigungen wendeten, machte der deutliche, schriftliche Protest gegenüber der Polizei klar, dass akademische Vereinigungen über öffentliche Angelegenheiten wie die Aufführungen von *Der fröhliche Weinberg* eine Meinung hatten und diese auch berücksichtigt sehen wollten.

5.3.4 Zwischen Kritik und Verletzlichkeit. Strategien der protestierenden Öffentlichkeit II

Eine andere öffentliche Gruppe, die sich auf eine bestimmte Weise in Beziehung zu *Der fröhliche Weinberg* setzte beziehungsweise gesetzt wurde, waren Zuschauer und Zuschauerinnen aus dem Rheinland. Es soll gefragt werden, aus welcher Position heraus diese über das Stück urteilten. Dazu sind zwei Ebenen zu unterscheiden: 1) die Empörung, die die Rheinländer selbst zum Ausdruck brachten, 2) die Empörung, die Teile der Presse ihnen zuschrieb oder von ihnen erwartete. Clara Biebig, eine Rheinländerin, zeigte sich „enttäuscht", „verletzt", „empört" und „wütend"[148] über die Aufführungen des Zuckmayerschen Stücks. Neben der emotionalen Entrüstung, die sich in ihrer Äußerung ausdrückte, kritisierte Biebig die Beurteilung des Stücks und vor allem durch wen diese geschah. Sie störte sich an den Kritikern, die das Stück lobten und damit ein „urteilsloses Publikum"[149] in die Irre leiteten. Weiter bemerkte sie in Richtung der Theaterkritiker:

> Die Herren müssen wohl geglaubt haben, in Unflätigkeiten, in Gejohle und zum Schluß in einer Sentimentalität, die mir übel macht, sei die rheinische Volksseele charakterisiert […]. Man muß verstehen, sie haben keine Ahnung.[150]

Biebig sprach den Kritikern, die in dem Lustspiel etwas wahrhaft Rheinisches entdeckt haben wollten, ihre Expertise ab, und attestierte ihnen Unwissenheit. Somit wurde die fachliche Kompetenz des Theaterkritikers gegen die Beurteilung durch diejenigen, die sich durch das Stück in ihrer Identität angesprochen fühlten, gestellt. In Konsequenz bedeutet das, dass die Zugehörigkeit zu einem bestimmten Land, einer Religion, einem Stand, einem Geschlecht oder allgemein gesprochen

---

148 Clara Biebig zit. in: *Völkischer Beobachter*, Der Skandal vom „Fröhlichen Weinberg", J.St-g, Nr. 41, 19.02.1926.

149 Ebd.

150 Ebd.

einer bestimmten Erfahrungswelt eine neue Sprecherposition definierte. In dieser sah Biebig die einzig gültige Kontroll- und Beurteilungsposition.

Die jüngere Geschichte des Rheinlands, die Ruhrkrise 1923 und die Ruhrbesetzung zwischen 1923 und 1925 samt ihren Auswirkungen auf die gesamte Republik kann Aufschluss geben, warum an den Aufführungen von *Der fröhliche Weinberg* in Bezug auf die Regionalität Anstoß genommen wurde. Die rheinländischen Bestrebungen gegen die Entente-Besatzungsmächte, zum Beispiel in der Phase des sogenannten passiven Widerstands gegen Frankreich, wurden damals gezielt von Teilen der deutschen Presse propagandistisch genutzt.[151] Gerade die Presse hob die Betroffenheit der Personen aus dem Rheinland hervor und konstruierte diese mit. So waren es in Bayern insbesondere die politisch rechtsorientierten Presseorgane, die darüber berichteten. Biebigs ‚authentische' Äußerungen, die einem Artikel des *Völkischen Beobachters* entnommen sind,[152] schließen an die Tradition der rechten Presse in Deutschland zur Zeit der Ruhrkrise an. Ihre Position gelangte durch das Sprachrohr dieses Blattes in die Öffentlichkeit und skandalisierte Zuckmayers Stück aus nationalistischer Perspektive. Die Diskussionen um *Der fröhliche Weinberg* legten somit Konfliktdynamiken der Ruhrkrise, wie hier das Verhalten der rechten Presse, wieder frei und es wird deutlich, wie auch einige Jahre nach dem Ende der Ruhrbesetzung die Auseinandersetzungen von damals nachwirkten.

Ein weiterer Faktor für die Betroffenheit mancher Rheinländer gegenüber *Der fröhliche Weinberg* hing laut der *Bayerischen Staatszeitung* außerdem mit der ästhetischen Form des Stücks zusammen. Hierzu wurde argumentiert, dass der „sogenannte Naturalismus"[153], nichts anderes sei als „eine taktlose Karikierung und Bloßstellung nach dem Leben"[154], der einen Protest geradezu herausforderte. In diesem Sinne sei es nachvollziehbar, dass die Rheinländer, über die in diesem Stück gescherzt werde, „diesmal keinen Spaß verstehen"[155]. Einen Naturalismus, wie ihn mehrere Kritiker in dem Stück wahrnahmen, sah die *Bayerische Staatszeitung* nicht. Vielmehr erschienen der Zeitung die Rheinländer in *Der fröhliche Weinberg* als überzogen und vorgeführt. In diesem Fall führt die vermeintlich unlautere Darstellung der im Rheinland verorteten Figuren zur Kritik in der Zeitung. Den humoristischen Stil des Stücks empfand die *Bayerische Staatszeitung* gerade als Grenzüberschreitung.

---

151 Weiterführend hierzu: Grütter/Wuttke/Zolper: *Hände weg vom Ruhrgebiet! Die Ruhrbesetzung 1923–1925.*

152 *Völkischer Beobachter*, Der Skandal vom „Fröhlichen Weinberg", J.St-g., Nr. 41, 19.02.1926.

153 *[...] Staatszeitung*, Theater und Musik, o.A., Nr. 33, 10.02.1926.

154 Ebd.

155 Ebd.

Zusammengefasst überprüfte eine neue urteilende Öffentlichkeit, ob es eine Grenzüberschreitung hinsichtlich der Ästhetik und persönlicher Interessen (der im Stück erwähnten Personengruppen) gegeben hat.

5.4 Veränderung und Verhandlung. Zur Rolle der Münchner Kammerspiele

Die Kammerspiele kollaborierten in diesem Skandal einerseits mit der Polizeidirektion, andererseits grenzten sie sich auch von der Polizeidirektion ab und schärften ihre Position als Theater in der Auseinandersetzung um die Aufführungen und das Verbot von *Der fröhliche Weinberg.* Dahingehend wird die Position und die Perspektive der Kammerspiele erforscht. Anschließend fragt das Kapitel danach, inwieweit die ab Mitte der 1920er Jahre einsetzende öffentliche Subventionierung der Kammerspiele sie von alten Kontrollstrukturen befreite, und ob sie umgekehrt neue Kontrollstrukturen ermöglichte. Schließlich fällt in die Zeit des Theaterskandals zu *Der fröhliche Weinberg* der Umzug der Kammerspiele in die Maximilianstraße. Wie sich dieser Umzug auf den Theaterskandal zu *Der fröhliche Weinberg* auswirkte, soll in Abschnitt 5.4.5 erörtert werden.

5.4.1 Durch die Brille der Theatermacher oder der lange Arm der Polizeidirektion

Neben den Aufführungsberichten der Polizei finden sich in dem Polizeiakt auch drei Berichte von Mitarbeitern der Münchner Kammerspiele über einzelne Vorkommnisse bei *Der fröhliche Weinberg.*[156] Dass im Akt der Polizeidirektion der Bericht eines „Augenzeugen“[157] der Kammerspiele vorhanden ist, weist auf einen Austausch der beiden Akteure über die Skandalereignisse hin. Wie sich die Beziehung dieser beiden Akteure gestaltete, soll nun – nachdem bereits die Seite der Polizeidirektion dargestellt wurde (Vgl. 5.2) – ausgehend von den Berichten des Theaterpersonals gezeigt werden.

Der dramaturgische Sekretär der Münchner Kammerspiele, Ludwig Arco, schilderte in seinem Augenzeugenbericht detailliert die Unruhen, die Reaktionen

156 Vgl. Eidesstattliche Versicherung von Julius Gellner, 24.02.1926; Eidesstattliche Versicherung von Ludwig Arco, 24.02.1926; Bericht von Augenzeuge Ludwig Arco, gez. Sekretariat der Münchner Kammerspiele, o.D.

157 Mit dem Begriff ist der Bericht betitelt. Vgl. Bericht von Augenzeuge Ludwig Arco, gez. Sekretariat der Münchner Kammerspiele, o.D.

des Publikums und das Einschreiten der Polizei bei den einzelnen Aufführungen. Für die Aufführung am 11. Februar 1926 berichtete Arco:

> Bei der ersten Wiederholung am 11.II. wurde mir kurz vor 1/2 8 Uhr durch Herrn Rutra mitgeteilt, dass sich vor dem Kasseneingang auf der Strasse etwa 20 bis 25 Leute (Studenten) (vermutlich auf die Kritik vom „Völkischen Beobachter" vom 11.II.26) angesammelt haben und heftig über die Aufführung vom „Fröhlichen Weinberg" debatierten [sic]. Nachdem ich mich selbst davon überzeugt hatte, habe ich bei der Direktion der Münchner Kammerspiele Auftrag eingeholt, die Polizeiwache Schleissheimerstrasse zu verständigen. Die Vorstellung verlief ruhig, nur am Schluss derselben setzte gleichzeitig mit dem Beifallsklatschen ein regelrecht organisiertes Pfeifen im Balkon rechts und links verteilt, sowie auch [auf, S.K.] einigen Plätzen im Parterre ein, wurde aber durch das Bravorufen und erhöhtes Beifallsklatschen übertönt [...].[158]

Im Abgleich zum Polizeibericht und dem Schreiben der Schutzmannschaft fällt bei Arco auf, dass trotz des berichtenden Stils noch einmal andere Aspekte Erwähnung finden. So sprach Arco eingangs debattierenden Studierende vor dem Theater an, was in dem Polizeibericht – hier aus dem einfachen Grund, weil die Polizei erst später am Theater eintraf, – unerwähnt blieb.[159] Die Zeugenaussage des Theaterpersonals ergänzte folglich die Kenntnisse der Polizeidirektion über das Geschehen bei den Tumult-Aufführungen. Dadurch erhielt die Polizeidirektion einen besseren Überblick über die simultanen Geschehnisse während der Aufführung und konnte die eigenen Beobachtungen verifizieren. Kriminalkommissar Johannes Neboisa stellte zur Veranschaulichung dieses Aspekts in gleicher Weise wie Ludwig Arco fest, dass sich in das „langandauernde Beifallsklatschen ein [...] sehr kräftiges Pfeifen mischte, das von einigen Zuschauern des Balkons ausging"[160]. Hier bestätigten folglich Arcos Schilderungen den Bericht der Polizei, in dem auch Pfiffe vom Balkon während des Schlussapplauses beobachtet wurden.

Davon ausgehend lässt sich hier folgern, dass die Polizeidirektion die Perspektive anderer Akteure des Skandals in Anspruch nahm, um den eigenen Blick zu kontrollieren, auszuweiten und damit das Geschehen besser bewerten zu können.

---

158 Bericht von Augenzeuge Ludwig Arco, gez. Sekretariat der Münchner Kammerspiele, o.D.
159 Vgl. Brief von Kriminalkommissär Johannes Neboisa an die Polizeidirektion Abt. VI Th., Betreff „Aufführung von Zuckmayer's Lustspiel ‚Der fröhliche Weinberg' in den Kammerspielen am 11. Februar 1926", 12. Februar 1926. Auch im Brief der Schutzmannschaft zu der Aufführung am 11. Februar findet sich dazu keine Erwähnung. Vgl. Brief der Schutzmannschaft an die Polizeidirektion München, Betreff „I. Schöttl Josef [...], II. Küchler, August [...], München", gez. [unles.], 13.02.1926.
160 Brief von Kriminalkommissär Johannes Neboisa an die Polizeidirektion Abt. VI Th., Betreff „Aufführung von Zuckmayer's Lustspiel ‚Der fröhliche Weinberg' in den Kammerspielen am 11. Februar 1926", 12. Februar 1926.

Die Kammerspiele waren so betrachtet langer Arm der Polizeidirektion im Hinblick auf die Kontrolle des Geschehens. Das Theater selbst erfüllte damit keine Kontrollfunktion, sondern agierte als kooperativer Beobachter. Gleichsam erlaubte es die ‚Zuarbeit' der Polizeidirektion, das Geschehen besser bewerten und kontrollieren zu können, was dem definierten Ziel der Kammerspiele zugute kam, das darin bestand, dass die Maßnahmen gegen die Tumulte nicht das Theater, sondern die für die Störungen verantwortlichen Unruhestifter trafen.[161]

Mit ihren Berichten ergänzten die Kammerspiele nicht nur den Blick der Polizeidirektion, vielmehr trugen sie auch zur Schärfung des Blicks insbesondere im Hinblick auf die Änderungen in der Inszenierung bei, was in einem weiteren Bericht von Ludwig Arco anschaulich wird. Wie dieser eidesstattlich versicherte, beobachtete er, dass in den Aufführungen am Samstag und Sonntag vor dem 24. Februar, die ruhig und ohne Zwischenfall verliefen,[162] „ausnahmslos und restlos alle Stellen gestrichen [waren], die am Freitag Widerspruch fanden."[163] Mit Arco gewann die Polizei einen äußerst geeigneten Überprüfer der Aufführungsänderungen, denn kein Polizeibeamter konnte die Änderungen der Aufführungen von außen so genau beobachten wie ein interner Mitarbeiter, der in seiner Funktion als dramaturgischer Sekretär Zugang zu Textbüchern und Proben sowie ein für die Rezeption der Inszenierung geschultes Auge hatte. Hinzu kommt, dass Arco mehreren Aufführungen hintereinander beiwohnte, was bei den wechselnden diensthabenden Polizeibeamten nicht der Fall war.[164]

Die Augenzeugenberichte von Angehörigen des Theaters zeigen, dass die Wachsamkeit des Theaters im Skandalfall zunahm, weil seine Mitarbeiter sowohl einen kompetenten Blick auf die Inszenierung besaßen als auch aufgrund ihrer ständigen Anwesenheit im Theater das Geschehen vor, während und nach der Aufführung im Blick hatten. Die Wachsamkeit der Kammerspiele lässt sich allerdings nicht nur an den zusammengeführten Beobachtungen für die Polizeidirektion festmachen. Vielmehr richtete sie sich auch gegen das Verhalten der Polizeidirektion. Anschaulich wurde dies in einer ausführlichen Stellungnahme der Kammerspiele anlässlich des polizeilichen Verbots von *Der fröhliche Weinberg* in München. In einem neunseitigen Brief erläuterten sie, warum sie in dem Verbot und den Störungen eine Bedrohung für ihr Theater, und auch darüber hinaus, sahen.

---

161 Vgl. Brief der Direktion der Münchner Kammerspiele an die Kreisregierung, Kammer des Inneren, Polizeireferat, Betreff „Sofortige Beschwerde gegen die Verfügung der Polizeidirektion München, Nr. VI Th., vom 20. Februar 1926, betreffs Aufführung des Lustspiels ‚Der fröhliche Weinberg' von Carl Zuckmayer in den Münchner Kammerspielen", gez. Adolf Kaufmann, 22.02.1926.

162 Vgl. Bericht von Augenzeuge Ludwig Arco, gez. Sekretariat der Münchner Kammerspiele, o.D.

163 Eidesstattliche Versicherung von Ludwig Arco, 24.02.1926.

164 Vgl. Eidesstattliche Versicherung von Ludwig Arco, 24.02.1926.

5.4.2 Eine geschlossene Aufführung?

Am 25. Februar 1926 organisierten die Münchner Kammerspiele kurz nach dem Verbot eine sogenannte ‚Sondervorführung'.[165] Sie beabsichtigten damit „vor den zu bestimmenden Herren Beamten [...] den Augenscheinbeweis zu erbringen, dass die Aufführung mit den Strichen, zumal mit den Strichen, die nun vorliegen, keine Gefahr im Sinne des Art. 102 mehr in sich birgt."[166] Es zeigt sich hier, dass die Verbotsverhängung der Polizeidirektion – anders als im Skandalfall zu *Schloss Wetterstein* – keinen Schlussstrich bildete, der ein Ende der Diskussion um die Aufführungen einleitete. Vielmehr setzten sich die Verhandlungen im Rahmen der ‚Sonderaufführung' auf institutioneller Ebene über das Verbot hinaus fort. Welche Kontroll-Funktionen diese ‚Sondervorführung' für die Akteure im Theaterskandal besaß und inwiefern diese mit dem Format der geschlossenen Aufführung zur Zeit der Theaterzensur vergleichbar ist, versucht der folgende Abschnitt zu klären.

Die ‚Sonderaufführung' der Kammerspiele fand einmalig und ausschließlich vor einem ausgewählten Publikum statt, das aus staatlichen und städtischen Repräsentanten sowie Vertretern der Öffentlichkeit bestand. Dokumentiert ist, dass Vertreter des Staatsministeriums für Unterricht und Kultus, der Kreisregierung, der Polizeidirektion, des Stadtrats, der Presse, des Schutzverbands deutscher Schriftsteller und der Bühnengenossenschaft die Aufführung sahen.[167] Während für die Kammerspiele die ‚Sondervorführung' eine Möglichkeit darstellte, das Stück unter Ausschluss von etwaigen Störern zu zeigen und die bestehende Verbotssituation vor der Polizeidirektion und anderen Interessensvertretern zu verhandeln und im besten Fall eine Aufhebung zu erwirken, reagierte die Presse überraschend einhellig mit Ablehnung, wenngleich die Gründe dafür auch verschieden ausfielen. Während der *Bayerische Kurier* die ‚Sonderaufführung' als unlauteres Mittel der Kammerspiele auffasste, um das Verbot zu beseitigen[168], wurde von der *Münchner Post* und den *Münchner Neuesten Nachrichten* insbesondere der Aspekt der ‚Zensur', die durch das ausgewählte Publikum vorgenommen wurde, hervorgehoben. Die *Münchner Post* nannte diese Vorstellung „Zensur-Aufführung"[169] und die *Münchner Neuesten Nachrichten* berichteten von einer „Separatvorstellung [...], in der das

165 Polizeibericht, Betreff „Das Lustspiel ‚Der fröhliche Weinberg'", Polizeidirektion München, gez. [Kulmayer], 25.02.1926.

166 Brief von Adolf Kaufmann an die Polizeidirektion München, Betreff „Verbot des ‚Fröhlichen Weinberg'", 24.02.1926.

167 Vgl. Polizeibericht, Betreff „Das Lustspiel ‚Der fröhliche Weinberg'", Polizeidirektion München, gez. [Kulmayer], 25.02.1926.

168 Vgl. *Bayerischer Kurier*, Der „gereinigte" fröhliche Weinberg, o. A., Nr. 57, 26.02.1926.

169 *Münchner Post*, [...] wegen einer Komödie, h.c., Nr. 48, 27./28.02.1926.

Stück in einem stark retouchierten [sic], man kann wohl sagen verstümmelten Zustand"[170] gegeben worden war. Mehr noch als die Streichung an der Inszenierung an sich, missfiel somit der *Münchner Post* und den *Münchner Neuesten Nachrichten*, dass dies gerade im Interesse derjenigen geschah, die zuvor gegen das Stück protestiert hatten und nun zur ‚Sonderaufführung' anwesend waren.

Dass bei der Vorstellung am 25. Februar 1926 von einer ‚Zensur-Aufführung', ‚Sondervorführung' oder wahlweise von einer ‚Separatvorstellung' gesprochen wurde, impliziert nicht nur verschiedene Deutungshorizonte dieser Veranstaltung, sondern es drückt auch eine Ungewissheit darüber aus, womit man es eigentlich zu tun hat. Dabei war die Aufführung vor einem eingeschränkten Publikum als Format in der Münchner Theatergeschichte nicht ohne Beispiel. So wurden im 19. Jahrhundert exklusive Separatvorstellungen nach den Wunschvorstellungen des bayerischen Königs Ludwig II. organsiert. Auch boten Theater bis 1919 zensierte Stücke einem ausgewählten, meist literarisch interessierten Zuschauerkreis als ‚geschlossene Aufführung' dar. Als wesentliche Merkmale der ‚geschlossene Aufführung' benennt Robert Heindl 1907 die geladenen Gäste, die nur über eine persönliche Einladung Zutritt erhielten.[171] Dies durften nur bestimmte und nicht beliebige Personen sein.[172] Nämlich sei es erstens erforderlich, „daß die Geladenen, die über das bedenkliche der Aufführung informiert sein müssen, einer Menschenklasse angehören, deren normale Vertreter durch dieses bedenkliche Moment ethisch nicht verletzt werden."[173] Zweitens kamen für Heindl nur Personenkreise infrage, „bei deren normalen Vertretern es nicht wahrscheinlich ist, daß sie durch die fragliche Aufführung zu einer Störung der öffentlichen Ordnung, Ruhe und Sicherheit veranlaßt werden"[174]. Erwünscht waren folglich Personenkreise, die die Kompetenz und Bildung verfügten, das Gesehene einordnen zu können sowie Zuschauer, die nicht verletzt oder gar mit Störungen auf eine Bühnendarbietung reagierten.

Dabei ergibt sich ein entscheidender Unterschied zwischen der geschlossenen Aufführung und der ‚Sonderaufführung'. Denn die Eingeladenen bei der ‚Sonderaufführung' gingen mit ihrem Besuch einem beruflichen Auftrag oder einem politischen Interesse nach. Im Gegensatz dazu setzten sich die Zuschauer bei geschlossenen Vorstellungen vor 1919 aus einem kulturaffinen Publikum zusammen. Dies verdeutlichen zum Beispiel die geschlossenen Aufführungen von *Lukrezia*

170 *Münchner Neueste Nachrichten*, Der unerquickliche Kampf um den „Fröhlichen Weinberg", T.K., Nr. 57, 26.02.1926.
171 Heindl, *Die Theaterzensur.*
172 Ebd., S. 23.
173 Ebd.
174 Ebd., S. 23 f.

Borgia 1908 im Schauspielhaus für die Mitglieder der *Münchner Dramatischen Gesellschaft.*[175] Die Zuschauer der ‚Sondervorstellung' hingegen besuchten diese der Kontrolle wegen. Sie sahen sich die überarbeite Fassung der Inszenierung an, um sie nach ihren jeweiligen Erwartungen zu überprüfen und diese anschließend freizugeben oder abzulehnen. Somit ging es darum, eine potenzielle öffentliche Aufführung des Stücks zu überprüfen. Sofern einer Freigabe der überarbeiteten Fassung stattgegeben wurde – was nach der ‚Sondervorstellung' von *Der fröhliche Weinberg* in München auch der Fall war – schlug sich der Maßstab der geladenen Zuschauer auf die neue Version der Inszenierung nieder.

Wie die Reaktion auf die ‚Sonderaufführung' zum Beispiel ausfiel, lässt sich an den Änderungswünschen der Polizei veranschaulichen. Die Ausführlichkeit und Detailliertheit der im Polizeibericht beschriebenen Änderungen weist darauf hin, dass der Verfasser des Berichtes die ‚Sondervorführung' sehr aufmerksam gesehen haben muss und eine präzise Kenntnis des Stücks und seiner ursprünglichen Inszenierung besaß. Die von der Polizeidirektion erwähnten Stellen betrafen die Figurendarstellungen, sexuelle Szenen und die Stellen, an denen es zu Tumulten gekommen war. Entsprechend bemerkte der berichtführende Polizist folgende Veränderungen in *Der fröhlichen Weinberg:*

> Die Darstellung des ehemaligen Studenten Knuzius lässt die auffallende Hervorhebung des Corpsstudentencharakters nicht mehr erkennen. Die [...] komment[ar]mässigen Redewendungen und der Dialog mit dem Schiffer Most über die Satisfaktionsfähigkeit im II. Akt sind gestrichen. Ebenso ist der geschmacklose Monolog des Knuzius auf dem Misthaufen über die Entjungferung usw. im III. Akt beseitigt und erheblich gekürzt. Die Gestalten der Kriegsinvaliden treten im II. Akt infolge Dialogkürzungen und Regieanordnungen wesentlich sympathischer in Erscheinung.[176]

Die Änderungen im Text und der Inszenierung bewirkten nach dieser Schilderung eine im Sinne der Polizei annehmbarere Darstellung der Figuren Schiffer Most, der Kriegsinvaliden und insbesondere des Korpsstudierenden Knuzius. Denn es war gerade die Darstellung und Wirkung dieser Figuren, durch die sich einige Zuschauer persönlich angegriffen fühlten. Des Weiteren richteten sich die Streichungen auf die diegetischen Ebene und konkret auf die Hahnesand-Stenz-Szene im zweiten Akt.

> Der [II] Akt hat wesentlich [alle] Wirkung [verloren], dass der Weinreisende und Frl. Stenz nicht mehr den Stall aufsuchen um dort der Liebe zu [...], sondern erst am Schluss des Aktes

175 Vgl. Meyer, *Theaterzensur in München*, S. 59.

176 Polizeibericht, Betreff „Das Lustspiel ‚Der fröhliche Weinberg'", Polizeidirektion München, gez. [Kulmayer], 25.02.1926.

> mit anderen Personen (aus dem Wirtshaus) auftreten und sich lediglich an der Beglückwünschung der Verlobten beteiligen.[177]

Hatte zuvor die Figur Hahnesand auf ein Rendezvous im Stallgebäude verwiesen, indem sie aus dem Stall im Bühnen-Off gekommen war und sich das Hemd zuknöpfte beziehungsweise nach der ersten Änderung nur noch mit geschlossenem Hemd aus dem Stall kam, entfällt diese Handlungssequenz nun. Insgesamt schien die Polizeidirektion mit der überarbeiteten Fassung von *Der fröhliche Weinberg* zufrieden zu sein. Zwei geringfügige Änderungswünsche wurden an Adolf Kaufmann seitens der Münchner Kammerspiele herangetragen. Diese betrafen wiederum die Figur Knuzius. Über dessen Impotenz sollten die Mädchen im ersten Akt nicht spotten und die Figuren der Kriegsinvaliden durften keinen betrunkenen Eindruck erwecken.[178] Abgesehen davon beschlossen Kreisregierung und Polizeidirektion „einstimmig"[179], dass die Aufführung von *Der fröhliche Weinberg*, in der Art und Weise wie sie in der ‚Sondervorführung' gezeigt worden ist, „keinen Grund zu einer Störung bieten könne und dass gegen weitere Aufführungen des Stücks in dieser Form vorerst nichts einzuwenden sei."[180] Es wurde angekündigt, dass das bestehende Aufführungsverbot vom 20. Februar 1926 nicht weiter verlängert wird.[181] Das bedeutete allerdings nicht, dass das ausgesprochene Verbot aufgehoben wurde, sondern die Polizei genehmigte die neu überarbeitete Fassung von *Der fröhliche Weinberg*.[182]

5.4.3 Öffentliche Ordnungen und ihre Störung. Das Theater als Versuchsort

Als Verfasser von Stellungnahmen und vieler weiterer Korrespondenzen der Münchner Kammerspiele an die Polizeidirektion zeichnet sich Adolf Kaufmann verantwortlich. Kaufmann war Syndikus, Vorsitzender und Mitglied des Aufsichtsrates im Theater an der Augustenstraße.[183] Seit 1924 leitete er mit dem Intendanten Otto Falckenberg die Kammerspiele. Bereits im Theaterskandal zu *Schloss Wetterstein* hatte er sich als Vermittler und Gesprächspartner gegenüber

177 Ebd.
178 Ebd.
179 Ebd.
180 Ebd.
181 Ebd.
182 Vgl. Bericht, Betreff „Das Lustspiel ‚Der fröhliche Weinberg'", o.A., o.D.
183 Vgl. *Welt am Sonntag*, Jurist und Theaterfachmann. Direktor Dr. Kaufmann vom Münchner Schauspielhaus, o.A., Nr. 12, 18.03.1928.

der Polizei und der Öffentlichkeit hervorgetan. Kaufmann war leidenschaftlich am Theater interessiert und stieg als Jurist mit außergewöhnlichem Geschäftssinn bald in der Führungsetage des Theaters auf.[184] Sein Verdienst war es, gleichsam die künstlerischen, juristischen und ökonomischen Interessen der Kammerspiele bei Protesten gegen die Aufführungen im Blick zu behalten. Durch seine Vorbildung und argumentative Kompetenz konnte er gerade in Fragen der Zensurfreiheit und der öffentlichen Ordnung souverän für das Theater verhandeln.

In seiner Stellungnahme für die Kammerspiele anlässlich der Aufführungsunterbrechungen bei *Schloss Wetterstein* warf Kaufmann den störenden Zuschauern eine „Privat-Zensur"[185] vor. Diese von Sittlichkeitsvereinen oder dergleichen ausgeübte Form der ‚Zensur' innerhalb von Skandalen, lehnte er scharf ab, verstieß sie doch in seinen Augen gegen die „Autorität des Staates"[186]. Bestärkt wurde Kaufmanns Auffassung zur ‚Privatzensur' von den Vereinigten Münchner Bühnen, namentlich von Ernst Bach für die Direktion von Schauspielhaus-Volkstheater, Hans Warnecke für die Direktion des Theaters am Gärtnerplatz und Ernst Leopold Stahl im Auftrag der Bayerischen Landesbühne, die sich in einer eigenen Stellungnahme gegenüber der Polizeidirektion äußerten und darin darlegten: „Solange nicht die gesetzgebenden Körperschaften die Zensur eingeführt haben, kann sich unmöglich ein kleiner Kreis von Besuchern das Recht anmassen, eine Privatzensur durch gewaltsame Störungen auszuüben."[187] Kaufmann und die Münchner Bühnen sprachen sich gegen die private Zensur von einzelnen Besuchern aus und kritisierten deren mangelnde rechtliche Grundlage. Die Kammerspiele forderten deshalb, dass das Geschehen bei Theaterskandalen sich auf Basis der geltenden Rechtslage abspielen muss.[188] Dahingehend hielten sie es auch für notwendig, die Störungen als groben Unfug und Hausfriedensbruch juristisch zu ahnden.

Nicht nur die Theatermacher, sondern auch Politiker vertraten die Meinung, dass die Tumulte eine ‚Privat-Zensur' darstellten. Wenn „ein kleiner Kreis von Theaterbesuchern durch Ruhestörung und Stinkbomben eine Privatzensur erzwingt", fürchtete der sozialdemokratische Landtagsabgeordnete Giermann, „daß

184 Vgl. ebd.

185 *Erklärung der Münchner Kammerspiele*, S. 34.

186 Ebd.

187 Stellungnahme der Münchner Bühnen zu der Verfügung der Polizeidirektion München, Betreff „Verbot der weiteren Aufführung des Lustspiels ‚Der fröhliche Weinberg'", gez, Vereinigte Münchner Bühnen Schauspielhaus-Volkstheater Direktion Ernst Bach, Direktion des Theaters am Gärtnerplatz, [unles.], Bayerische Landesbühnen, Ernst Leopold Stahl, 22.02.1926.

188 Vgl. Brief der Direktion der Münchner Kammerspiele an die Kreisregierung, Kammer des Inneren, Polizeireferat, Betreff „Sofortige Beschwerde gegen die Verfügung der Polizeidirektion München, Nr. VI Th., vom 20. Februar 1926, betreffs Aufführung des Lustspiels ‚Der fröhliche Weinberg' von Carl Zuckmayer in den Münchner Kammerspielen", gez. Adolf Kaufmann, 22.02.1926.

nicht mehr die Kunst Beachtung findet“[189]. Bezugnehmend auf die herangezogenen Zensurdefinitionen[190] entfällt bei der ‚Privat-Zensur‘ der Aspekt, dass Zensur eine Kontrolle „hinsichtlich ihrer Übereinstimmung mit geltenden Regeln“[191] darstellt. Ohne die Verankerung in ein bestimmtes Regelsystem erfordert diese Art der Kontrolle auch keine spezifische Kompetenz, Autorität oder institutionelle Verankerung von denjenigen, die kontrollieren. Ihr Maßstab richtet sich nach den spezifischen Regeln des Personenkreises, der am heftigsten protestiert.

Da die Kammerspiele vorschlugen den Störungen auf dem Rechtsweg zu begegnen, beanspruchten sie gerade *keine* Kontrollfunktion gegenüber den Störungen. Diese wiesen sie dem Staat und der Judikative zu. Die Kammerspiele gingen stattdessen einer Beobachtungfunktion nach. Sie verfolgten das Geschehen aus eigenem Interesse und wachten darüber, dass die Vorstellungen reibungsfrei abliefen. Falls dies nicht der Fall war, und es zu Störungen kam, meldeten die Kammerspiele diese an die Behörden unter Berufung auf die Zensurfreiheit und die öffentliche Ordnung.[192] Gleichwohl Kammerspiele und Polizeidirektion beide die Störungen beseitigen wollten, schieden sich die Meinungen in puncto Aufführungsverbot. Die Auffassung der Polizeidirektion durch das Verbot die öffentliche Ordnung und Sicherheit wiederherzustellen, teilten die Kammerspiele nicht, vielmehr forderten sie die öffentliche Ordnung wiederherzustellen, indem die Störer aus den Aufführungen entfernt werden sollten.[193]

Wenn aber die Polizei durch ein Verbot den Störenden entgegenkommt, besteht laut einem von den Kammerspielen herangezogenen Artikel der *Münchner Neuesten Nachrichten* die Gefahr, dass aus der „Nachgiebigkeit [der Polizei, S.K.] andere Leute, und bei anderen Gelegenheiten, den Schluß ziehen, daß jederzeit, wenn nur der Widerstand stark genug ist, aus einer Frage des gesetzlichen Rechtes eine Frage der brutalen Gewalt gemacht werden kann“[194] Das heißt, wenn das Beispiel sich durchsetzt, könnten auch andere Bereiche der Öffentlichkeit von solchen Störungen, die das geltende Recht übertreten, betroffen sein. Das Theater wäre also nur der Anfang einer Reihe von Gesetzesübertretungen, die dazu führten, dass ge-

---

189 Verhandlungen des Bayerischen Landtags. Stenographische Berichte, Sprecher: Giermann, 1925/26,5. 112. Sitzung, 07.05.1926.

190 Vgl. Kapitel 2.3.

191 Plachta, *Zensur*, S. 15.

192 Vgl. Kapitel 5.4.1.

193 Brief der Direktion der Münchner Kammerspiele an die Kreisregierung, Kammer des Inneren, Polizeireferat, Betreff „Sofortige Beschwerde gegen die Verfügung der Polizeidirektion München, Nr. VI Th., vom 20. Februar 1926, betreffs Aufführung des Lustspiels ‚Der fröhliche Weinberg‘ von Carl Zuckmayer in den Münchner Kammerspielen“, gez. Adolf Kaufmann, 22.02.1926.

194 *Münchner Neueste Nachrichten*, Zur Münchner Wetterstein-Hetze, o.A., Nr. 18, 15.01.1920.

waltsam ein alternatives Recht jenseits der Verfassung etabliert werde. Diese Ansicht lässt die Schlussfolgerung zu, dass das Theater als eine Art Versuchsort für Störungen im öffentlichen Raum darstellt.

Das Theater bietet sich aus mehreren Gründen als Ort für Störungen, Tumulte und Krawalle an, die auf die Etablierung einer anderen Ordnung abzielen. Erstens unterliegt jede Aufführung einer bestimmten Ordnung, die gestört werden kann. Eine Ordnung entsteht durch die Inszenierung, die Dramaturgie des Stücks sowie durch das ritualisierte Verhalten der im Aufführungsraum Anwesenden, zum Beispiel den Applaus am Ende der Vorstellung. Wird diese Ordnung unterbrochen, etwa durch einen Störvorfall, erregt dies Aufmerksamkeit. Ein Pfiff, erzeugt in der habituellen Ordnung einer Theateraufführung eher Aufmerksamkeit und wird als Störung wahrgenommen als auf einem öffentlichen Marktplatz. Oder eine Rauferei wird im Theater als wesentlich störender und außerordentlicher wahrgenommen als dergleichen im Bierzelt. Zweitens erregen Störungen im Theaterraum in besonderem Maße Aufmerksamkeit, weil Theaterräume Orte der konzentrierten Wahrnehmung sind. Von allen Zuschauerplätzen besteht (in der Regel) eine gute Sichtachse in Richtung Bühne. Auch akustische Signale dringen im Zuschauerraum widerstandslos zu allen im Saal Versammelten durch. Das Theater ist ein Raum der erhöhten Sichtbarkeit, weil durch die Berichterstattung der Presse die Geschehnisse der Aufführung für eine breitere Öffentlichkeit zugänglich gemacht werden. Gerade bei Störungen berichtet die Presse ausführlicher und häufiger, wodurch die Verbreitung in der Öffentlichkeit zunimmt. Drittens verbindet sich in einer Aufführung die Darstellung, in der wiederum immer auch ein Wertesystem transportiert wird, mit der Rezeption der Zuschauer. Diese Verschaltung ist Voraussetzung für die Reaktionen des Publikums. Die Art der Inszenierung kann, aber muss nicht, im Zusammenspiel mit der Rezeption zu Störungen motivieren. Das Theater eignet sich vor allem auch deshalb als ein Ort für Tumulte, weil es viertens mit der Aufhebung der Theaterzensur und der Verstaatlichung des Theaters nicht mehr offiziell einer staatlichen Überwachung untersteht und für eine breite Öffentlichkeit zugänglich wird, die zum Teil noch wenig, bis keine Erfahrung mit Theaterbesuchen besitzt. In den Jahren nach 1919 wird im Theater das Verhältnis von Zuschauer und Inszenierung, die Grenzen der Darstellung sowie die Intensität und Form der Zuschauerreaktionen neu ausgehandelt. Die Störungen im Theater zeigen sich hierbei als besonders wirkungsvolle Herangehensweise, um als einzelner Zuschauer eine Inszenierung beziehungsweise ein Stück abzulehnen oder gar ein Verbot zu erwirken. Die Tumulte im Theater, das nach der Aufhebung der Zensur im besonderen Maße für die öffentliche Kritik offensteht, können daher auch als eine übersteigerte Beurteilung der einzelnen störenden Zuschauer aufgefasst werden.

Für die Kammerspiele war es von großer Bedeutung, dass die störenden Personen aus dem Theater entfernt werden und der Aufführungsbetrieb wiederhergestellt beziehungsweise aufrechterhalten wurde. Nicht nur, weil es sich hierbei um die ‚Privat-Zensur' einzelner handelte und weil damit die öffentliche Ordnung auch über das Theater hinaus bedroht wurde, sondern auch, weil für die Kammerspiele Störungen und insbesondere das Aufführungsverbot erhebliche *ökonomische* Konsequenzen nach sich zog. So sah Kaufmann infolge des Verbots die Gehaltsansprüche der im Theater Beschäftigten in Gefahr.[195] Die Absetzung des verkaufsstarken Stücks *Der fröhliche Weinberg* richtete den Kammerspielen zufolge immensen finanziellen Schaden an. Der Schaden belaufe sich schätzungsweise auf mindestens 60 000 Mark, wenn nicht sogar höher. Denn solche ‚Kassenschlager' wie *Der fröhliche Weinberg* seien für die Bühne selten. Darüber hinaus können die durch die verbotenen Aufführungen des Zuckmayerschen Stücks entstandenen freien Aufführungstage nicht ohne weiteres durch andere Inszenierungen gefüllt werden, denn aufgrund von Krankheit im Ensemble sei es in diesem Fall nicht möglich flexibel zu reagieren. Das Aufführungsverbot brachte die Kammerspiele, die ohnehin in finanziellen Schwierigkeiten steckten, in eine noch existenziellere Situation. Ihre finanzielle Misslage führte dazu, dass das Haus auf die Hilfe externer Förderer angewiesen war.

5.4.4 Neue Kontrollmöglichkeiten für Stadt und Publikum? Die Münchner Kammerspiele in der Finanzkrise

Mitte der 1920er Jahre befinden sich die Münchner Kammerspiele in einer desolaten finanziellen Lage. Wie die gesamte Wirtschaft in dieser Zeit litt auch diese Spielstätte unter den Folgen der Inflation. Die anfallenden Betriebskosten konnten wegen der Geldentwertung kaum gedeckt werden, und das Stammpublikum der Kammerspiele, darunter zahlreiche Studierende und Künstler, waren nicht mehr in der Lage sich den Theaterbesuch zu leisten.[196] Zusätzlich führte ihre programmatische Ausrichtung die Kammerspiele noch tiefer in die finanzielle Misere, da sie sich mit den Jahren stärker auf die Inszenierung literarischer Stücke spezialisiert hatten. Wie bei Michael Hermann *Kommunale Kulturpolitik in München von 1919 bis 1933* aufgezeigt wird, erzielten aufwändige Inszenierungen literarisch hochwertiger Stücke eine geringe Publikumsauslastung. Leichte Schwänke und Unterhaltungsstücke, die mit geringem Material- und Personalaufwand produziert wurden, brachten hingegen hohe Aufführungs- und Besucherzahlen mit sich.[197] Das

195 Folgende Aufführungen, vgl.: *Erklärung der Münchner Kammerspiele.*

196 Letzter Teilsatz, vgl. Petzet, *Theater. Die Münchner Kammerspiele*, S. 174.

197 Vgl. Hermann, *Kommunale Kulturpolitik in München von 1919 bis 1935*, S. 163.

preisgekrönte Stück *Der fröhliche Weinberg* besaß die besondere Eigenschaft gleichzeitig dem literarischen Anspruch der Kammerspiele gerecht zu werden und das Potenzial zum „Zugstück"[198] zu besitzen, das den Kammerspielen einen guten Umsatz bescherte. Vor diesem Hintergrund ist es nachvollziehbar, dass die Kammerspiele, die einerseits literarisch hochwertiges Theater machen wollten und andererseits auf umsatzstarke Stücke finanziell angewiesen waren, sich so beharrlich um die Aufhebung des Verbotes von *Der fröhliche Weinberg* bemühten.

Ende der Spielzeit 1924/1925 schien den Kammerspielen die Lage so ausweglos, dass sie die Stadt München um finanzielle Unterstützung baten, die ihnen schließlich auch gewährt wurde.[199] Die Stadt garantierte den Kammerspielen, bis zu 33,3 % des Haushaltsdefizits der Spielzeit 1923/1924 auszugleichen, sofern dies nicht die Höchstgrenze von 30 000 Mark überschreite.[200] Damit subventionierte die Stadt München erstmalig ein Privattheater.[201] Die Stadträte entschieden sich mehrheitlich dafür, die Förderung ohne Gegenleistung zu gewähren und verzichteten auf ein unmittelbares Mitwirkungsrecht.[202] Ein allgemeines Informationsrecht in Verwaltungs- und Kunstfragen stand der Stadt hingegen zu.[203] Das bedeutet, Kunst- und Verwaltungsfragen der Kammerspiele mussten für die Stadt auf Wunsch transparent gemacht werden, und die Stadt bekam somit die Möglichkeit, die Vorgänge am Theater mitzuverfolgen. In diesem Sinne lässt sich hier nicht von einer Kontrolle, aber von der Möglichkeit zur Beobachtung des Theaters durch die Stadt sprechen. Durch ihre Finanzspritze und das Informationsrecht konnte die Stadt das Theater ferner etwa vor der Kontrolle durch die Polizei schützen, wie ein Artikel der *Münchner Post* nahelegte: „Die Situation unserer Privatbühnen, die mit Recht auch die Zuschüsse aus öffentlichen Geldern genießen, ist derart, daß sie eine Epoche der Schutzlosigkeit wie in der ruhmreichen Aera Poehner nicht noch einmal überleben könnten."[204] Die Subventionierung aus der öffentlichen Hand ohne ein Mitwirkungsrecht der Staatautorität verschaffte dem Theater theoretisch die Freiheit Kunst zu zeigen ohne Rücksicht auf finanzielle Aspekte und politische Interessen zu nehmen. Das Theater wäre somit gleichsam unabhängiger von Akteuren, die die Aufführungen von Theaterstücken durch Störungen oder Verbot zu verhindern suchten und damit die prekäre Lage des Theaters ausnutzten, um programmatisch zu lenken, oder es im schlimmsten Fall vollständig aus dem Betrieb zu nehmen. Die

198 *Neues Wiener Tagblatt*, Raimundtheater, o.A. Nr. [77], [...] 1926.
199 Vgl. Hermann, *Kommunale Kulturpolitik in München von 1919 bis 1935*, S. 160 f.
200 Vgl. ebd.
201 Vgl. ebd.
202 Vgl. ebd., S. 161.
203 Vgl. ebd.
204 *Münchner Post*, [...] wegen einer Komödie, h.c., Nr. 48, 27./28.02.1926.

öffentliche Subventionierung des Theaters schützte insofern die Freiheit der Kunst. Die Entscheidung, die Kammerspiele finanziell zu fördern, war somit neben der Aufhebung der Theaterzensur ein entscheidender Meilenstein für die Gewähr der Freiheit in der Kunst. In der Situation Mitte der 1920er Jahre war die öffentliche Subventionierung mehr als ein symbolischer Akt zu sehen, der veranschaulichte, dass dem Staat ein freies Theater wertvoll und schützenswert war. Realiter waren die Kammerspiele nicht wirklich unabhängig durch die finanzielle Stütze der Stadt München, denn die Förderung zu dieser Zeit betrug gerade einmal ein Drittel des Haushaltsdefizites.[205]

Bevor die Stadt München entschied, die Kammerspiele zu subventionieren, schloss das Theater außerdem Verträge mit der Theatergemeinde München und der Münchner Volksbühne.[206] Den beiden Besucherorganisationen wurden dabei Kartenkontingente zu ermäßigten Eintrittspreisen zugesichert.[207] Diese Verträge mit den Besucherorganisationen sind insofern erwähnenswert, als dadurch einerseits deren Mitglieder längerfristig durch einen günstigen Kartenpreis an das Theater gebunden wurden, was eine sichere Einnahmequelle bedeutete, doch andererseits die Kammerspiele – aufgrund ihrer schwierigen finanziellen Situation – auch vom Wohlwollen der Publikumsvereine abhängig waren. Neben der finanziellen Unterstützung durch die Kommune und der Verbindung zu Besucherorganisationen, erleichterte darüber hinaus der Umzug der Kammerspiele von der Augustenstraße in das Schauspielhaus an der Maximilianstraße kurzfristig die finanzielle Lage der Kammerspiele.

5.4.5 Neues Haus, neue Grenzen?

1926 verkaufte Adolf Kaufmann die Immobilie des Theaters in der Augustenstraße an den Filmkonzern Emelka und pachtete mit dem Gewinn das Schauspielhaus in der Maximilianstraße. Die Leiterin Hermine Körner hatte dieses am 1. März 1926 aus finanziellen Gründen aufgeben müssen und Kaufmann ergriff die Möglichkeit das Schauspielhaus für Aufführungen der Kammerspiele zu nutzen. Bis die Kammerspiele im September 1926 endgültig ins Schauspielhaus umzogen, spielten sie zwischen März und August wechselweise in der Augusten- und in der Maximilianstraße.[208] Dass der Theaterskandal zu *Der fröhliche Weinberg* in München gerade

---

205 Vgl. Hermann, *Kommunale Kulturpolitik in München von 1919 bis 1935*, S. 160 f.
206 Vgl. ebd., S. 161.
207 Vgl. ebd.
208 Vgl. Petzet, *Theater. Die Münchner Kammerspiele*, S. 175.

in die Zeit fiel, als die Kammerspiele ihre Spielstätte wechselten, ist in mehrfacher Hinsicht ein erwähnenswerter Umstand.

Mit dem Umzug verließ man das szenige Künstlerviertel Schwabing in Richtung Münchner Altstadt. Anstatt im 500 Personen fassenden „Tonnengewölbe mit kassetierter Decke“[209] und runden Tischen im Zuschauerraum inklusive Restaurantbetrieb und Balkonbereich in der Augustenstraße zu spielen,[210] boten die Münchner Kammerspiele ihre Inszenierungen nun in dem von den Architekten Max Littmann und Richard Riemerschmid 1901 gestalteten Schauspielhaus dar. Den trotz der Größe klein wirkenden Innenraum und das Foyer des für 720 Personen[211] gebauten Theaterhauses zierten Jugendstilornamente. Im Zuschauerraum reihten sich Parkettstühle und darüber befand sich ein halbrunder Balkon und einige Logen. Durch diese räumliche Anordnung bewahrten die Münchner Kammerspiele ihren intimen Charakter und zeigten sich gleichsam als eine fortschrittliche Bühne für ein größeres Publikum.[212] Den Stallgeruch des vormaligen Nischentheaters, in dem die Nachwirkungen des Varietébetriebs noch zu spüren waren, ließen die Kammerspiele damit hinter sich.

Die neue Adresse an der Maximilianstraße in der Nähe der Residenz und des Nationaltheaters verschaffte den Kammerspielen eine erhöhte Sichtbarkeit im Stadtbild und in der hiesigen Theaterlandschaft. Im Zuge des Umzugs der Kammerspiele war es die Idee, das „intellektuelle Schwabinger“[213] Publikum der Kammerspiele und das „saturierte, bürgerliche“[214] Publikum des Schauspielhauses in den neuen Kammerspielen im Schauspielhaus zu bedienen, also das Zielpublikum auszuweiten und dadurch eine höhere Besucherauslastung zu erzielen und mehr Einnahmen zu generieren, um so der finanziellen Belastung der Kammerspiele entgegenzuwirken.[215] Zu dieser von den Kammerspielen angestrebten Publikumsfusion kam es allerdings nicht, sondern das Theater befand sich in der misslichen Situation entweder sein Stammpublikum oder das Publikum des Schauspielhauses zu enttäuschen und zu verlieren.[216] Der Umzug der Kammerspiele stellte eine Umbruchsphase sowohl für das Theater als auch für das Stammpublikum dar. Wie an dem von Zuckmayer mit versursachten Theaterskandal zu *Der Eunuch* in Kiel

209 Ebd., S. 34.
210 Ebd., S. 33 f.
211 Vgl. ebd., S. 180.
212 Vgl. Laiblin, *Theater.Bau.Effekte! Der Architekt Max Littmann und München zur Prinzregentenzeit*, S. 107.
213 Petzet, *Theater. Die Münchner Kammerspiele*, S. 180.
214 Ebd.
215 Vgl. Hermann, *Kommunale Kulturpolitik in München von 1919 bis 1935*, S. 163.
216 Vgl. ebd.

herausgestellt wurde, gibt es zwischen einem Theater und seinem Stammpublikum eine gegenseitige Kenntnis der Grenzen und Erwartungen des anderen, die entweder die Ordnung bei der Aufführung gewährleistet oder bewusst zur Überschreitung genutzt werden kann. Gerade der Umzug eines Theaterensembles in ein bereits bestehendes Haus, führt dazu, dass sich ein Stammpublikum neu konstituiert und das Verhältnis zwischen Publikum und Theater erneut verhandelt werden muss. Die Erwartungen und Grenzen des Publikums an das Theater mussten durch die veränderte Zusammensetzung des Publikums und der neuen Programmatik des Theaters erst neu justiert werden.

Mit der Übernahme des Schauspielhauses wirkten gleichsam die künstlerischen Tendenzen der ehemaligen Intendantin Hermine Körner nach. Diese hatte mit dem Schauspielhaus die naturalistische Dramatik in München etabliert.[217] Gemäß dieser Tradition bediente sich der Kammerspiele-Direktor Otto Falckenberg bei *Dantons Tod*, seiner offiziellen Eröffnungsinszenierung des Schauspielhauses im September 1926, naturalistischer Elemente und leitete gleichzeitig eine neue Phase in seinem Regiestil nach der expressionistischen Etappe in den Schwabinger Kammerspielen ein.[218] Diese ästhetische Weiterentwicklung bedeutete auch eine Veränderung für die Sehgewohnheiten des Schwabinger Stammpublikums, das sich entsprechend neu ausrichten und die Zugehörigkeit zu den Kammerspielen neu affirmieren musste. Solange sich in dieser Umzugsphase das neue Publikum erst zusammenfinden musste, lässt sich von dem Publikum als Gesellschaft sprechen, das ein gemeinsames Interesse an der Inszenierung auszeichnete.[219] Angesichts der Tumulte bei den Aufführungen von *Der fröhliche Weinberg* entwickelte sich aus der Gesellschaft im Theater gerade keine Gemeinschaft im Sinne von Tönnies, denn die für die Unterbrechungen verantwortlichen Zuschauer verhinderten eine Gemeinschaftsbildung im Publikum, indem sie die Rezeption der übrigen Zuschauer störten. Gleichzeitig bewirkten die Tumulte die Bildung einer neuen Gemeinschaft im Publikum. Wie der Augenzeugenbericht von Erna Stahl gezeigt hat, kommunizierten die Zuschauer angesichts der Störungen miteinander und man bestätigte sich gegenseitig das Unverständnis gegenüber den Ruhestörern. Ein anderes Beispiel gibt der dramaturgische Sekretär Ludwig Arco anlässlich der Unterbrechungen am 19. Februar 1926. Er berichtete, dass „9/10 des Publikums […] über die Aufführung der Ruhestörer erbost [waren] und […] sich in Schmährufen“[220] ergingen. Durch

---

217 Vgl. Petzet, *Theater in München 1918–1933*, S. 79.

218 Vgl. Zur Änderung in Falckenbergs Regiestil: Petzet, *Theater. Die Münchner Kammerspiele*, S. 187.

219 Vgl. Tönnies, *Studien zu Gemeinschaft und Gesellschaft*, S. 221–255 und Kapitel 2.2.1.

220 Bericht von Augenzeuge Ludwig Arco, gez. Sekretariat der Münchner Kammerspiele, o.D.

Kommunikation und gemeinsamen Protest entstand gemäß Tönnies im neuen Haus eine neue Gemeinschaft, die sich gegen die Ruhestörer verbündete.

5.5 Blick ins Land. *Der fröhliche Weinberg* in anderen Städten

1926 stand *Der fröhliche Weinberg* in zahlreichen deutschsprachigen Städten auf dem Spielplan.[221] Die Reaktionen auf das Stück waren vielfältig. Vom freudigen Empfang durch das Publikum in Berlin, München (mit einigen Ausnahmen) oder Wien über einzelne Störungen und Tumulte wie in Frankfurt am Main oder Königsberg bis hin zu großen Theaterskandalen in Leipzig, Hannover, Halle oder Graz, erstreckte sich die Bandbreite der Zustimmung beziehungsweise Ablehnung. Der folgende Unterabschnitt macht es sich zur Aufgabe, die Reaktionen anhand von Presseberichten in ausgewählten Städten zu beleuchten. Es soll gefragt werden, wie die einzelnen Städte mit den Tumulten umgingen und wie diese auf die Skandalereignisse in anderen Städten reagierten. Durch die Betrachtung der Presseartikel aus verschiedenen Städten soll die Spezifität des Münchner Theaterskandals sichtbar werden. Für die Untersuchung liegen sowohl Artikel aus der Presse der jeweiligen Städte als auch von Münchner Zeitungen vor, die über die Geschehnisse in den anderen Städten berichteten.

Ein exemplarischer Fall für Proteste von politisch rechts gesinnten Personen ereignete sich anlässlich der Aufführungen von *Der fröhliche Weinberg* in Leipzig. Aus Leipzig meldeten die Artikel große Empörung und den Widerstand mehrerer Personen anlässlich der Erstaufführung im Alten Theater. Zeitungsartikeln zufolge gab es einen „skandalösen Lärm“[222] und aus dem Rang wurde ein Ei geworfen.[223] Die Störer waren „halbwüchsig[e] Radaubrüder“[224] und „eine Gruppe von etwa 15 Studenten unter Leitung eines nationalsozialistischen Medizinstudenten“[225]. Wie verschiedene Artikel darlegten, entstand ein heftiger Meinungsstreit zwischen den Gegnern und den Befürwortern des Stücks.[226] Die Polizei schritt vehement ein und

221 Vgl. StAM, Pol. Dir. München, Der fröhliche Weinberg, 4600.

222 *Dresdner Neueste Nachrichten*, Der Kampf um den „Fröhlichen Weinberg“, o.A., Nr. 46, 24.02.1926.

223 Vgl. *Berliner Tagblatt*, Sturm auf den „Fröhlichen Weinberg“ auch in Leipzig, o.A., Nr. 89, 22.02.1926.

224 Ebd.

225 *Dresdner Neueste Nachrichten*, Der Kampf um den „Fröhlichen Weinberg“, o.A., Nr. 46, 24.02.1926.

226 Vgl. *Berliner Tagblatt*, Sturm auf den „Fröhlichen Weinberg“ auch in Leipzig, o.A., Nr. 89, 22.02.1926; [Leipziger ...], Carl Zuckmayer: „Der fröhliche Weinberg“, Egbert Delpy/P.D., Nr. 53, 22.02.1926; *Völkischer Beobachter*, Der „Fröhliche Weinberg“ in Leipzig ausgepfiffen, o.A., o.Nr., 25.02.1926.

brachte einige der Störer aus dem Theater. Zudem verbot sie Mißfallensbekundungen während des Aktes[227] und führte einen Verpflichtungsschein ein, auf dem die Zuschauer durch Unterschrift versicherten, bei *Der fröhliche Weinberg* „in keinerlei Weise zu demonstrieren und dadurch die Aufführung zu stören." (Abb. 3)

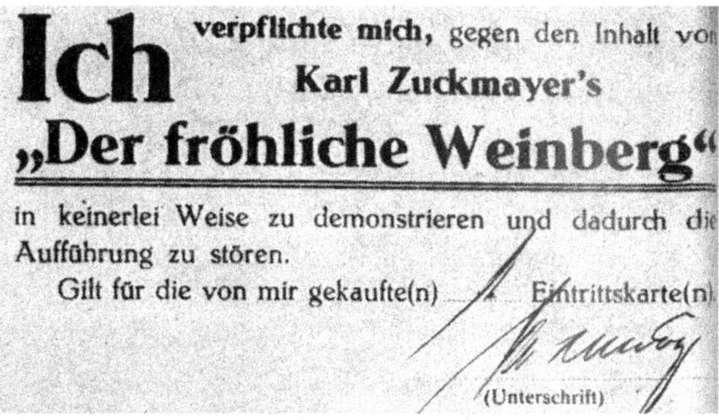

Ich verpflichte mich, gegen den Inhalt von Karl Zuckmayer's „Der fröhliche Weinberg"
in keinerlei Weise zu demonstrieren und dadurch die Aufführung zu stören.
Gilt für die von mir gekaufte(n) ... Eintrittskarte(n).
(Unterschrift)

Abb 3: Verpflichtungsschein zu der Aufführung in Leipzig, Februar 1926.

Durch den Verpflichtungsschein kommunizierten die Polizei und die Theaterdirektion sehr klar ihre Erwartungshaltung hinsichtlich des Verhaltens der Zuschauer und verlangten das Commitment von den Zuschauern. Mithilfe dieser ungewöhnlichen Maßnahme wurde ein höheres Maß an Verbindlichkeit im Verhalten der Zuschauer hergestellt. Die Maßnahmen der Leipziger Polizei erwiesen sich insofern als wirkungsvoll, als dass die Folgeaufführung des Stücks unter „starker polizeilicher Bewachung"[228] ohne Unterbrechungen verlief. Die *A.Z. am Morgen* lobte dieses beherzte Einschreiten der Leipziger Polizei ganz im Gegensatz zu dem Verhalten der Polizei in München nach den Tumulten. Während dort am gleichen Tag ein Verbot der weiteren Aufführungen von *Der fröhliche Weinberg* ausgesprochen wurde, warnte die Leipziger Polizei, sie „werde wie bisher auch künftig jeden Versuch, die Aufführung des ‚Fröhlichen Weinbergs' durch rüpelhafte Ausschreitungen zu stören, auf das energischste unterdrücken."[229] Ihre Positionierung rechtfertigte sie mit Artikel 142 der Reichsverfassung, in dem der Staat den Schutz der Kunstfreiheit garantierte. Die Münchner Polizei erntete hingegen von der *A.Z. am Morgen* Kritik dafür, dass sie nicht gemäß der Reichsverfassung, son-

227 Vgl. *Dresdner Neueste Nachrichten*, Der Kampf um den „Fröhlichen Weinberg", o.A., Nr. 46, 24.02.1926.

228 Vgl. ebd.

229 *A.Z. am Morgen*, Der sittlich gereinigte „Weinberg", o.A., Nr. 47, 27.02.1926.

dern mit dem Verbot auf eigene Faust handelte.[230] Während sich die Reaktionen der Polizei auf die Tumulte in München und Leipzig unterschieden, war den Tumulten in beiden Städten gemeinsam, dass sie vornehmlich von studentischen, rechts gesinnten Störern verursacht wurden.

Wie in München agitierten in Leipzig die Rechten auch auf politischer Ebene.[231] Die völkische Fraktion reichte nach der „Skandal"-Aufführung bei der Leipziger Stadtverordnetensitzung einen Dringlichkeitsantrag zur Absetzung der weiteren Aufführungen von *Der fröhliche Weinberg* ein,[232] der allerdings abgewiesen wurde. Stadtrat Barthel kommentierte dazu, „dass es sich nicht um Leute handelt, die beim Anhören des Stücks Anstoß genommen hätten, sondern um junge Leute, die hinein kommandiert worden sind, um Skandal zu machen."[233] Auch wenn die rechtsradikalen Protestler in der Stadtverordnetenversammlung mit ihrem Antrag scheiterten, zeigen diese Ausführungen dennoch, wie engagiert diese auf verschiedenen Ebenen, in der Aufführung, in der Politik, aber auch in der Presse[234] gegen das Zuckmayersche Stück vorgegangen sind. Nicht nur aus Leipzig, sondern auch aus Halle, Nürnberg, Hannover, Chemnitz und eben auch aus München wird von Störungen durch völkische, nationalsozialistische und nationalistische Personen(-gruppen) berichtet.[235] Joseph Goebbels, im Nationalsozialismus Minister für Volksaufklärung und Propaganda, notierte am 8. September 1926 in seinem Tagebuch: „Heute Abend geht's in das Kulturstück ‚Fröhlicher Weinberg'. Mit den

230 Vgl. ebd.

231 Verhandlungen des Bayerischen Landtags. Stenographische Berichte, Sprecher: Streicher, 1925/26,5. 112. Sitzung, 07.05.1926, S. 322. Zum Inhalt: Der Abgeordnete Streicher von der Nationalsozialistischen Gruppe erregte sich im Landtag, dass das Stück von dem „Halbjuden" Zuckmayer während der Osterfeiertage aufgeführt wurde. Er sah das als Ärgernis und als Erregung verursachend an. Dem Stück *Der fröhliche Weinberg* warf er vor, dass es ein „Kassenstück" sei und es die städtische Jugend verführe, ihnen das Geld aus den Taschen ziehe und diese vergifte. Streicher schloss seine Stellungnahme, dass es sich bei diesem Stück seiner Auffassung nach nicht um Kunst handle. (Weiterführend zu den Aufführungen an den Osterfeiertagen: 5.3.1 Die Kontrolle der Kirche)

232 Vgl. *Berliner Tagblatt*, Sturm auf den „Fröhlichen Weinberg" auch in Leipzig, o.A., Nr. 89, 22.02.1926; Zu weiteren Maßnahmen des Leipziger Polizeipräsidiums Glauert, *Carl Zuckmayer. Das Bühnenwerk im Spiegel der Kritik*, S. 59.

233 *Leipziger Neueste Nachrichten*, Der Antrag zum „Fröhlichen Weinberg", o.A., Nr. 59, 28.02.1926.

234 Vgl. zum Beispiel [Leipziger ...], Carl Zuckmayer: „Der fröhliche Weinberg", Egbert Delpy/P.D., Nr. 53, 22.02.1926; *Leipziger Neueste Nachrichten*, Der Antrag zum „Fröhlichen Weinberg", o.A., Nr. 59, 28.02.1926; *Bayerische Staatszeitung*, Der „fröhliche Weinberg" in Leipzig, H.G., Nr. 46, 25.02.1926. Zu der Positionierung der rechten Presse siehe ausführlicher in Kap. 5.3.4.

235 Vgl. *Frankfurter Zeitung*, Theaterskandal in Halle. o.A., Nr. 328, 04.05.1926; *Frankfurter Zeitung*, [*Nürnberg*], o.A., Nr. 154, 27.02.1926; *Frankfurter Zeitung*, Theaterskandal in Hannover, o.A., Nr. 208, 19.03.1926; *Münchner Neueste Nachrichten*, „Der fröhliche Weinberg", o.A., Nr. 153, 04.06.1926; *Bayerische Staatszeitung*, „Der fröhliche Weinberg" vor Gericht, o.A., Nr. 226, 30.09.1926.

edelsten Absichten. Worauf ich mich freue."[236] Goebbels reiste in dieser Zeit als politischer Redner durch Deutschland und sprach vor seinen Anhängern.[237] Über seinen Zwischenstopp in einer Aufführung des Zuckmayerschen Stücks resümierte er: „Stinkbomben wurden geworfen. Eine Panik entstand. Ich selbst wurde wegen Hausfriedensbruch an die Luft gesetzt. Aber so recht hat's nicht geklappt. Es fielen nur 5 Frauen in Ohnmacht."[238] Obwohl die Tumulte, wie Goebbels sie schilderte, zu einer Störung und Chaos im Zuschauerraum geführt hatten, schien dieser damit nicht zufrieden zu sein. Aus seiner Formulierung lässt sich ableiten, dass er sich noch einen größeren Effekt gewünscht hätte. Goebbels Tagebucheintrag zeigt eindrücklich, dass die Einmischung von Nationalsozialisten bei Theaterskandalen planmäßig vollzogen wurde. Die Aufführungen von *Der fröhliche Weinberg* wurden also gezielt von Rechtsdenkenden instrumentalisiert, um durch lauten Radau die Vorstellung zu verhindern und sich dagegen zu positionieren.

Auch im rheinländischen Mainz, der Geburtsstadt von Carl Zuckmayer, waren die Aufführungen von *Der fröhliche Weinberg* ein Thema. Die Auseinandersetzung über das Stück fand dort besonders stark auf politischer Ebene und weniger unmittelbar im Theater statt. Während in München der Theaterskandal zu dem Lustspiel noch in vollem Gange war, hielt man sich in Mainz vorerst mit einer Inszenierung zurück. Die *Bayerische Staatszeitung* berichtete von einer Anfrage der Sozialdemokraten in der Mainzer Stadtverordnetenversammlung, warum *Der fröhliche Weinberg* in Mainz nicht gespielt werde.[239] Dazu wurde zunächst geschildert, dass die Intendanz des Mainzer Staatstheater nicht vorhabe das Stück aufzuführen, nachdem eine Theater-Kommission aus Mainz nach Frankfurt gereist war, um die Aufführung dort zu besuchen. Im Anschluss an den Aufführungsbesuch in Frankfurt, wo einzelne Störungen einer Vorstellung dokumentiert waren[240], kam man zu der Entscheidung, das Stück in Mainz nicht auf die Bühne zu bringen. In einer Sitzung der Stadtverordnetenversammlung gab es daraufhin eine Auseinandersetzung zwischen Sozialdemokraten und der Zentrumsfraktion darüber, ob das Stück aufgeführt werden soll oder nicht. Die linken Parteien stimmten dafür, die Zentrumspartei lehnte das Stück vehement ab. Außerdem brachte der Oberbürgermeister Rülz das Gesuch der katholischen Frauenvereine, das Stück nicht zu präsentieren, in die Diskussion mit ein. Die Abstimmung des Antrags, „wonach die

236 Fröhlich, *Die Tagebücher von Joseph Goebbels*, S. 130.
237 Vgl. Fröhlich, *Die Tagebücher von Joseph Goebbels.*
238 Ebd., S. 131.
239 Folgende Ausführungen aus: *Bayerische Staatszeitung*, Der „fröhliche Weinberg" im Mainzer [...]parlament, o.A., Nr. 38, [...].02.1926.
240 Vgl. *Bayerische Staatszeitung*, o.T., o.A., Nr. 41, 19.02.1926.

städtische Verwaltung dem Intendanten die Aufführung nahelegen soll“[241], entschieden die Sozialdemokraten und Kommunisten mehrheitlich für sich.[242] Am 25. Februar 1926 meldete die *B.Z am Mittag*, dass die Staatstheater-Intendanz den Beschluss akzeptiert habe und die Inszenierung des Stücks plante.[243] Erst infolge des parlamentarischen Beschlusses, dem Intendanten des Mainzer Staatstheaters die Inszenierung nahezulegen, wurde das Stück in Mainz auf den Spielplan gesetzt. Am Beispiel Mainz wurde besonders anschaulich, dass die Aufführungen des Zuckmayerschen Stücks aufgrund der landesweiten Tumulte nicht für sich standen, sondern die Entscheidungen und Ereignisse in Mainz von den Geschehnissen zu *Der fröhliche Weinberg* in anderen Städten, wie in diesem Fall Frankfurt am Main, beeinflusst waren. Der bereits bestehende öffentliche Protest veranlasste das Theater in Mainz dazu, das Stück vorsichtshalber gar nicht erst auf den Spielplan zu setzen. Festzuhalten ist also eine präventive Wachsamkeit des Theaters und der Mainzer Kommunalpolitik im Hinblick auf einen möglichen Theaterskandal.

Die gesteigerte Wachsamkeit und die wechselseitigen überregionalen Beobachtungsbeziehungen in Bezug auf einen möglichen Theaterskandal bei den Aufführungen von *Der fröhliche Weinberg* fanden auch in Mannheim einen Ausdruck. Dorthin reiste der Theaterwissenschaftler Arthur Kutscher mit seinen Münchner Studierenden, um vergleichend die Inszenierung in München und Mannheim zu betrachten. Dass die akademische Reisegruppe extra nach Mannheim reiste, um *Der fröhliche Weinberg* zu sehen, bedeutete zugleich eine besondere Aufmerksamkeit gegenüber der Inszenierung des Stücks, die vorrangig durch ein wissenschaftliches Interesse motiviert war. Die weiteren Vorgänge dieser Exkursion breitete der Kritiker Hanns Braun augenzwinkernd in der *Münchner Zeitung* aus:

> Wie erstaunten aber die Münchner Gäste, als sie am nächsten Morgen vernahmen, daß sie jener Aufführung unter Bewachung von Kriminalpolizei ahnungslos beigewohnt hatten! Die Mannheimer Polizei nämlich, auf die Kunde; Münchner Studenten seien, ihrer achtzig, im Vormarsch auf Mannheim begriffen, dachte nichts anderes, als daß dies dem Protest gegen den ‚fröhlichen Weinberg‘ gelte und verdoppelte nicht nur die reguläre Theaterpolizei, sondern fügte, unserem Gewährsmann zufolge, fleißig Augen des Gesetzes unerkannt in die Reihen der Zuschauer[.][244]

241 *Bayerische Staatszeitung*, Der „fröhliche Weinberg“ im Mainzer [...]parlament, o.A., Nr. 38, [...].02.1926.

242 Die Bürgerpartei, die Volkspartei und die Deutschnationalen nahmen nicht an der Abstimmung teil. Vgl. *Bayerische Staatszeitung*, Der „fröhliche Weinberg“ im Mainzer [...]parlament, o.A., Nr. 38, [...].02.1926.

243 *B.Z. am Mittag*, o.T., o.A., o.Nr., 25.02.1926.

244 *Münchner Zeitung*, Der Schreck des fröhlichen Weinbergs, Hanns Braun, Nr. 66, 08.03.1926.

Waren es in den bisherigen Tumulten besonders Studierendengruppen, die für die Störungen verantwortlich waren, versetzte auch der Besuch von Arthur Kutschers Studierenden die Mannheimer Polizei in Alarmbereitschaft. Der Verdacht, dass von der Gruppe aus München eine Gefahr ausging, entbehrte einer sachlichen Grundlage, etwa einem Hinweis auf geplante Störungen, trotzdem schlossen die Polizisten über den Status der Gruppe als Studierende und ihrer Herkunft aus München, der Stadt, in der *Der fröhliche Weinberg* nach Tumulten bereits verboten worden war, auf ein Störpotenzial dieser Gruppe und ergriffen entsprechende Vorsichtsmaßnahmen. Die anekdotische Form des Artikels sowie die Tatsache, dass es sich bei dem Besuch von Arthur Kutscher und seinen Studierenden nicht um Störer, sondern um interessierte Zuschauer handelte, legen die Schlussfolgerung nahe, dass die Mannheimer Polizei nicht nur mit einer gesteigerten, sondern mit einer übersteigerten Wachsamkeit gegenüber den Münchner Studierenden reagierte. Dass die Theaterbesucher aus München irrtümlich verdächtigt wurden, gibt Aufschluss über das angenommene Gefahrenpotenzial der Münchner Zuschauer und somit auch über deren Ruf in anderen deutschsprachigen Städten.

Wie die Fallbeispiele aus Mannheim und Leipzig gezeigt haben, unterschied sich der Umgang mit den Aufführungen von *Der fröhliche Weinberg* von Stadt zu Stadt. Auch im deutschsprachigen Ausland, etwa im Wiener Raimund-Theater, gingen 1926 Aufführungen über die Bühne, allerdings ohne, dass es dabei zu größeren Unruhen kam. In der Perspektive der Presse aus Wien, die hier durch zwei Artikel der *Neuen Freien Presse* und des *Neuen Wiener Tagblattes* zu den Wiener Ausführungen dargestellt wird, schwang ein gewisser Stolz mit, dass die Aufführungen in Wien erfolgreich verliefen und man keine nennenswerten Zwischenfälle oder gar einen Theaterskandal zu verzeichnen hatte. Beide Artikel stellten sich die Frage, warum *Der fröhliche Weinberg* in den deutschen Städten mit Ausnahme von Berlin so viele Theaterskandale auslöste. Im *Neuen Wiener Tagblatt* wird ein Großstadt-Provinz-Konflikt als Ursache gesehen. Die Provinz wolle sich dem wohlwollenden Urteil der Großstadt nicht anschließen, weshalb die Reaktionen jenseits der Hauptstadt deutlich anders ausfielen.[245] Felix Salten von der *Neuen Freien Presse* griff die Meinung auf, dass vor allem in katholischen Regionen die Empörung groß sei, und er fragte sich, ob „in Deutschland jetzt ein neuer Geist zu herrschen anfangen [will] und vor jeder herzlich aufrichtigen Freiheit krawallier[t]“[246] werde. Salten sah in Theaterskandalen einen Ausdruck des Protests gegen die Freiheit. Nachdem die Überlegungen der Wiener Presse zu den Skandalen um *Der fröhliche*

245 Neues Wiener Tagblatt, *Raimundtheater*, o.A. Nr. [77], [...] 1926.

246 *Neue Freie Presse*, „Der fröhliche Weinberg“. Raimund-Theater, Felix Salten, Nr. 22094, 18.03.1926.

Weinberg in Deutschland als zeitgenössische Außenperspektive ins Feld geführt wurden, soll schließlich nicht unerwähnt bleiben, dass die Wiener Aufführungen zwar nicht mit einem Theaterskandal aufwarteten, aber von einer stark gestrichenen Inszenierung „aus Angst vor Protesten" berichtet wurde.[247] Diese freiwillige Selbstzensur des Theaters steht zeitlich in Zusammenhang mit den Theaterskandalen in den deutschen Städten, da sich zum Beispiel die Skandale in Leipzig und München einige Wochen vor der Premiere im Wiener Raimundtheater zugetragen hatten. Die Selbstzensur des Wiener Theaters könnte somit eine Folge der erhöhten Wachsamkeit auf die Skandale in Deutschland dargestellt haben. Felix Saltens ausführliche Beschreibungen, was trotz der Streichungen vorab als Teil der Handlung in Wien bestehen blieb, erlauben es, einen Vergleich mit der Münchner Inszenierung anzustellen.

> Es bleibt der reiche Weinbauer; es bleibt seine schrullenhafte Bedingung, die Tochter nur demjenigen Mann zu verloben, der vorher mit ihr ein Kind hat. Es bleibt der kühle, preußische Couleurstudent, der sich in diesem Sinne wiederholt bemüht. Es bleibt die ungeniert vollblütige Tochter, die den Studenten nur für mangelhaft begabt erklärt und ihre Liebe dem baumhaften Rheinschiffer zuwendet. Es bleibt, auf offener Bühne, die Ligusterlaube, in die sich nacheinander verschiedene Paare zu einem Spiel zurückziehen, das an sich wohl vergnüglich, vielleicht sogar [löb]lich sein mag, das aber ohne Eheband offiziell nur als Unzucht angesprochen wird.[248]

In der Beschreibung der Inszenierung entsteht der Eindruck, dass die Wiener Bühnenfassung trotz der Streichungen nahe an Zuckmayers Text blieb. Dagegen muten die verbotene und die später zugelassene, überarbeitete und entschärfte Münchner Inszenierung, bei der etwa schon die angedeutete Liebesszene zu anstößig für die Polizei war, deutlich restriktiver als die ‚vorzensierte' Wiener Inszenierung an.

5.6 Ausblick: Das Gesetz zur ‚Schund- und Schmutzliteratur'

1926, das Jahr in dem *Der fröhliche Weinberg* mit zahlreichen Theaterskandalen aufgeführt wurde, war auch das Jahr des „schärfsten Angriffes auf die Freiheit des Geistes seit Beseitigung der Zensur"[249]. Diese aus der *Vossischen Zeitung* stammende Formulierung von Werner Mahrholz kritisierte das neue Gesetz zur Be-

---

247 *Neues Wiener Tagblatt*, Raimundtheater, o.A. Nr. [77], [...] 1926.
248 *Neue Freie Presse*, „Der fröhliche Weinberg". Raimund-Theater, Felix Salten, Nr. 22094, 18.03.1926.
249 *Vossische Zeitung*, Zensur? Zensur! Werner Mahrholz, Nr. 526, 06.11.1926.

wahrung der Jugend vor ‚Schund- und Schmutzliteratur', das der Reichstag zum 18. Dezember 1926 einführte. Das Gesetz stellte eine Ausnahmeregelung von Art. 118 Abs. 2 des Zensurverbotes dar. Es indizierte bereits publizierte Texte,[250] somit stellte das Gesetz eine Möglichkeit der Nachzensur dar.[251] Als solches schließt es an die frühere Gesetzgebung zur Zensur an, denn bereits im Kaiserreich war die Bekämpfung von ‚Schund- und Schmutzliteratur' in §184 StGB gesetzlich geregelt.[252] 1900 wurde es durch die sogenannte ‚Lex Heinze' nochmals ergänzt. Auch während des Ersten Weltkriegs galt ein Verbot von ‚Schund- und Schmutzliteratur', das von der für die Zensur zuständige Wehrmacht ausgeübt wurde.[253] Obwohl die Theaterzensur 1919 aufgehoben wurde, blieben für ‚anstößige Literatur' vergleichbare Regelungen in Kraft. Anstelle der Wehrmacht kümmerte sich nun die Polizei um die Verfolgung der als anstößig deklarierten Texte.[254] Klaus Petersen hebt in seiner Betrachtung zu ‚Schund- und Schmutzliteratur' hervor, dass „[e]inzelne Beschränkungen [...] durch Erlasse und Weisungen sogar noch hinzu[kamen]"[255]. Insbesondere Kirchen, Sittlichkeitsvereine und bürgerliche Kulturpolitiker befürworteten das Gesetz und engagierten sich gegen ‚Schund und Schmutz', denn sie glaubten, dass diese der Jugend schaden würden. Es wurde argumentiert, dass die junge Generation durch die Texte und Darstellungen verführt, ihr Wirklichkeitssinn verzerrt und letztlich zur Instinkthaftigkeit und Zügellosigkeit aufgereizt werde.[256] Die Linksparteien sprachen sich gegen die Einführung eines solchen Gesetzes aus.[257] Die KPD führte beispielsweise an, dass nicht eine bestimmte Art von Literatur, sondern Arbeitslosigkeit und Wohnungsnot, also die prekäre Situation der jungen Menschen, zur Verrohung derselben führte.

Darüber hinaus kritisierten die Gegner des Gesetzes die Definition von ‚Schund- und Schmutzliteratur'.[258] Sie hielten es nicht für möglich, diese eindeutig zu bestimmen, was letztlich zu willkürlichen Entscheidungen derjenigen, die die Hefte

250 Vgl. Petersen, *Zensur in der Weimarer Republik*, S. 56.

251 Plachta, *Zensur*, S. 19 ff.

252 Vgl. Petersen, *Zensur in der Weimarer Republik*, S. 57. §184 StGB stellt die „Herstellung unzüchtiger Schriften, Abbildungen oder Darstellungen und ihren Verkauf an Jugendliche unter 16 Jahren, die öffentliche Ausstellung und Anpreisung von Gegenständen, die „zu unzüchtige[m] Gebrauch bestimmt sind" und schließlich die Aufreizung zu unzüchtigem Verkehr durch Anzeigen unter Strafe" (Vgl. ebd.)

253 Vgl. ebd., S. 58.

254 Ebd.

255 Vgl. ebd.

256 Vgl. ebd., S. 59 f.

257 Vgl. ebd., S. 61.

258 Vgl. ebd.

und Texte überprüfen sollten, führen würde.[259] Der Bildungsausschuss legte der Regierung einen Definitionsvorschlag vor, doch diese verwarf die Anregung und entschied sich stattdessen für einen in der Praxis sich herausbildenden Begriff von ‚Schund und Schmutz'. Dennoch ist der Definitionsvorschlag an dieser Stelle nennenswert, weil er eine ungefähre Vorstellung vermittelt, was ‚Schund und Schmutz' für den Bildungsausschuss umfasste. Dies seien:

> Für Massenverbreitung bestimmte Schriften ohne künstlerischen oder wissenschaftlichen Wert, die nach Form und Inhalt verrohend oder entsittlichend wirken, oder von denen eine schädliche Einwirkung auf die sittliche, geistige oder gesundheitliche Entwicklung oder eine Überreizung der Phantasie der Jugendlichen zu besorgen ist.[260]

Wesentlich ist demnach die Verbreitung, die Qualität der Schrift und ihre Wirkung besonders auf Jugendliche. Der Definition zufolge war es die „verrohend[e]" und „entsittlichend[e]" Wirkung – wobei zu erwähnen ist, dass sowohl Wirkung als auch Qualität durchaus subjektive Kriterien darstellen –, die den Anstoß zur Indizierung gab und nicht etwa weltanschauliche oder religiöse Gründe.

Der Gesetzesentwurf zur Bekämpfung der ‚Schund- und Schmutzliteratur' wurde von den rechten Parteien und den Kirchen begrüßt. Die evangelische Kirche forderte eine zusätzliche Ausweitung des Gesetzesentwurfs auf alle erwachsenen Personen und auf Bilder und Postkarten.[261] Die Parteien des linken Spektrums hingegen reichten mehrfach Anträge und Mahnungen gegen das Gesetz ein und versuchten durch Verhandlung einzelne Aspekte des Gesetzesentwurfes zu entschärfen.[262] Nicht nur im Parlament, sondern auch in der Öffentlichkeit entspann sich eine Debatte über den Gesetzesentwurf. Dabei meldeten sich neben Künstlern, Verlegern und Schriftstellern auch Vertreter des Theaters zu Wort, da sie in dem Gesetz eine Gefahr für die geistige Freiheit erkannten.[263] Der *Schutzverband deutscher Schriftsteller*, der *Verband Deutscher Bühnenschriftsteller und Bühnenkomponisten* und der *Goethe-Bund* protestierten unter anderem öffentlich gegen das Gesetz.[264] Die *Vossische Zeitung* sah in dem Gesetzesentwurf eine „drohende neue

---

259 Vgl. ebd.

260 Verhandlungen des Reichstags, Stenographische Berichte, Bericht des 12. Ausschusses (Bildungswesen) über den Entwurf eines Gesetzes zur Bewahrung der Jugend vor Schund- und Schmutzschriften, 409/2372, S. 3.

261 Vgl. ebd.

262 Vgl. Petersen, *Zensur in der Weimarer Republik*, S. 62.

263 Vgl. ebd., S. 65.

264 Vgl. ebd.

Zensur"[265], gegen die sich der öffentliche Protest aus liberalen Kreisen mit einer „seltenen Einmütigkeit"[266] wendete.

Trotzdem wurde das Gesetz zur Bekämpfung von ‚Schund- und Schmutzliteratur' am 3. Dezember 1926 beschlossen. Wie Petersen herausstellt, bildete es einen Kompromiss der Streitparteien.[267] Das finale Gesetz entbehrte einer Definition von ‚Schund- und Schmutzliteratur' und berücksichtigte periodische Druckschriften, aber keine Plakate, Bilder und Postkarten. In Bezug auf die inhaltliche Ausrichtung wurde entschieden, „daß eine Schrift wegen ihrer politischen, sozialen, religiösen, ethischen oder weltanschaulichen Tendenz nicht indiziert werden durfte."[268] Die Kontrolle ging von Landesprüfstellen aus. Außerdem bezog sich das Gesetz nur auf den Jugendschutz.[269]

Fazit

Wegen seiner zahlreichen Theaterskandale im gesamten deutschsprachigen Raum erfuhr *Der fröhliche Weinberg* besonders viel Aufmerksamkeit von Öffentlichkeit, Politik und Theater. Im Vergleich zu *Schloss Wetterstein* haben sich hier Muster und Rollen der drei Hauptakteure verfestigt, auch wenn mitnichten eine Einigkeit unter den Beteiligten des Skandals herrschte. Wesentlich am Skandal um *Der fröhliche Weinberg* ist die auffallende Beteiligung in Form von Störungen und schriftlichem Protest von Seite der Öffentlichkeit, vor allem von studentischen, nationalsozialistischen und rheinländischen Interessensgruppen. Erst durch die öffentliche Situation des Theaterskandals und durch die Artikulation von Grenzüberschreitungen erscheinen diese als Teil-Öffentlichkeiten. In diesem Fall war neu, dass die Empörung jener Gruppen aus ihrer jeweiligen Identität heraus begründet wurde.

Im Unterkapitel zur staatlichen Kontrolle in München wurden die unterschiedlichen Ebenen der polizeilichen Kontrolle (Polizeibericht, Inszenierung, Zuschauerraum und Verbot) aufgezeigt. Neben einer stillen, nichtöffentlichen Überwachung des Aufführungsgeschehens im Polizeibericht, lag überdies eine Wachsamkeit durch die Polizei im Hinblick auf die Inszenierung vor, die sich in Form einer Überprüfung der beanstandeten Stellen nach der Münchner Premiere ausdrückte. Gemeinsam mit Ordnungsleuten ging die Polizei gegen Aufführungsstörungen vor. Zuständigkeitskonflikte zwischen den Schutzleuten des Staats und

265 *Vossische Zeitung*, Zensur? Zensur! Werner Mahrholz, Nr. 526, 06.11.1926, S. 3.

266 Ebd.

267 Vgl. Petersen, *Zensur in der Weimarer Republik*, S. 66.

268 Vgl. ebd., S. 67.

269 Vgl. ebd.

des Theaters spielten in diesem Fall keine Rolle. Bei den von Störungen betroffenen Vorstellungen agierte die Polizei in diesem Skandalfall zwar eingreifend, aber nicht durchgreifend. Für die Münchner Polizei war klar, dass sie die Kontrolle des Zuschauerraums bei häufigen auftretenden Störungen nicht gewährleisten können würde und griff deshalb zur Kontrollmaßnahme des Verbotes. Entgegen mehrfachen Vorwürfen aus der Öffentlichkeit und seitens der Theater sah die Polizeidirektion in dem Verbot keine inoffizielle Wiedereinführung der Zensur, obwohl es als restriktive Maßnahme gegen das Theaterstück im Mechanismus einer Nachzensur glich. Einfluss auf die Bewertung des Protests durch die Polizei hatte ferner das Urteil des Sächsischen Oberlandesgerichts vom 20. Februar 1925 im Skandalfall um Ernst Tollers *Hinkemann.* Darin wurden Störungen, die nationalistisch motiviert waren, als rechtmäßig erklärt, da sie unter das Recht auf Notwehr fielen.

Um ihre überarbeitete Fassung des Stücks im Vorfeld begutachten zu lassen, luden die Kammerspiele zu einer ‚Sondervorführung' ein. Anders als die ‚geschlossene Vorstellung' zur Zeit der Theaterzensur, die sich vorrangig an ein interessiertes Publikum richtete, versammelten sich in der ‚Sondervorführung' Vertreter der Öffentlichkeit, der Politik, Polizei und des Theaters. Die ‚Sondervorführung' war ein Mittel der Kontrolle und diente der Begutachtung des Stücks im Hinblick auf sein Anstoß erregendes Potenzial, wohingegen die ‚geschlossene Vorstellung' zur Zeit der Theaterzensur dem Zweck diente, die Zensur für einen interessierten Zuschauerkreis zu umgehen. Für die Vertreter der studentischen Vereine bedeutete die Einladung zur ‚Sondervorführung' nicht nur, dass sie als öffentliche Gruppe eine Kontrollfunktion erhielten, sondern sie schuf auch eine neue Möglichkeit der Partizipation, indem ihre Interessen am öffentlichen Ort Theater berücksichtigt wurden. Der eng begrenzte Zuschauerkreis der ‚Sonderaufführung', in dem sich überwiegend Gegner der Aufführung befanden und der weder als literarisch ausnehmend kompetent oder als repräsentativ für die Öffentlichkeit gelten konnte, gab durch seine Kontrolle der neu überarbeiten Fassung von *Der fröhliche Weinberg* den Maßstab dafür vor, was schließlich vor einer breiten Öffentlichkeit gezeigt wurde. Die Veranstaltung erwies sich insofern als erfolgreich, da das Stück bis August 1927 regelmäßig auf dem Spielplan der Kammerspiele beziehungsweise des Schauspielhauses stand.[270]

Der Abschnitt zur Öffentlichkeit im Theaterskandal um *Der fröhliche Weinberg* in München verdeutlichte, wie sich öffentliche Gruppen aus dem Skandal heraus konstituierten und diese in der Öffentlichkeit sichtbar wurden. Wieder in einer Kontrollfunktion sichtbar wurden im Skandal zum Beispiel Vertreter der christlichen Kirche. Diese hatten zwar einen Einfluss, konnte aber nicht wie beabsichtigt

270 Vgl. *Deutscher Bühnenspielplan,* 31/1, Berlin 1926/27.

über die Absetzung von bestimmten Aufführungen an kirchlichen Feiertagen frei entscheiden. Ausgehend von der Wahrnehmung des Geschehens im Zuschauerraum kam es darüber hinaus im Austausch mit anderen Besuchern zu einer Kontrolle durch die Bewertung der Ereignisse in der Aufführung, wie der Bericht der Zeugin Erna Stahl verdeutlichte. Eben diese Urteilsbildung ist mitentscheidend dafür, dass sich bei Tumult-Situationen Zuschauergruppen als Gemeinschaften konstituieren. Die Studierenden wurden in der Öffentlichkeit nicht nur durch ihren Protest an der Studierendenfigur Knuzius und ihrer Mitwirkung an der Kontrolle der überarbeiteten Fassung sichtbar, sie nutzte die Aufmerksamkeit aus der Öffentlichkeit schließlich auch um eine nationalistische Weltanschauung im Diskurs über den Theaterskandal zu platzieren. Gleiches gilt für mehrere Stimmen aus der rheinländischen Öffentlichkeit. Vor dem Hintergrund der nachwirkenden Ruhrkrise wurden diese Stimmen im Besonderen von der rechten Presse instrumentalisiert, um öffentlich die deutsch-nationalistische Propaganda anzuheizen. Die Meinungen aus dem Rheinland artikulierten in diesem Zusammenhang weniger eine individuelle Bewertung von *Der fröhliche Weinberg*, sondern sie zeigten eine persönliche Verletzlichkeit in Bezug auf ihre Herkunft aus dem Rheinland. Diese Verletzlichkeit ist insofern wirkmächtig, da sie subjektiv empfunden wird und daher gewissermaßen immun gegen die inhaltsgestützten Bewertungen eines Theaterstücks ist. Für die rechte Presse bot diese unbestreitbare, stark emotionsgeladene und auf Herkunft beruhende Verletzlichkeit einen idealen Nährboden, um wirksam zu skandalisieren, die nationalistische Gesinnung hier als angegriffenes Weltbild zu inszenieren und ihr dabei zu mehr öffentlicher Sichtbarkeit zu verhelfen.

Ferner wurden in die Skandalanalyse exogene Faktoren, wie die erstmalige Subventionierung und der Umzug der Kammerspiele ins Schauspielhaus, miteinbezogen, da sie für die Kammerspiele und ihr Verhältnis zur Öffentlichkeit bedeutsam waren. Die finanzielle Unterstützung des Theaters durch die Stadt erfolgte nicht im Sinne einer Kontrolle der Stadt über das Theater. Daraus leitete sich die Annahme ab, dass das Theater weniger abhängig von den Interessen des politischen Einflusses und des zahlungsstarken Publikums war und die Möglichkeit bestand, dass im Theater ein Raum für die Freiheit der Kunst entstehen konnte. Durch diese Voraussetzung der finanziellen Unterstützung war das Erscheinen einer neuen Öffentlichkeit beziehungsweise von neuen Öffentlichkeiten möglich. Schließlich wurde darauf eingegangen, wie sich der Umzug des Hauses auf das Publikum auswirkte. Es wurde beschrieben, wie sich durch die Veränderung des Raums der Charakter der Kammerspiele vom Nischenbetrieb hin zu einem größeren, in repräsentativer Umgebung stehenden Theater wandelte, wodurch das Stammpublikum herausgefordert wurde, sich aber auch ein neues Publikum angesprochen fühlte. Ausgehend von diesen Veränderungen führte der Theaterskandal, der sich mit der Zeit des Umzuges überschnitt, einerseits dazu, dass die Bildung eines neuen

Publikums als Gemeinschaft erschwert wurde. Andererseits bildeten sich aber durch die Ereignisse neue gemeinschaftliche Publikumsgruppen für oder gegen das Stück heraus.

Die unterschiedliche Handhabung des Theaterskandals wurde durch den Blick in andere deutschsprachige Städte sichtbar. Polizei, Politik und Presse verfolgten nicht nur die Aufführungen und Vorhaben zur Aufführung des Stücks in der eigenen Stadt aufmerksam mit, sondern auch in anderen Städten. Diese Fremdbeobachtung zeigte etwa in Mainz, dass sich die Stadtverordnetenversammlung gegen die Aufführung von *Der fröhliche Weinberg* entschied, oder dass man im Wiener Raimundtheater bereits vorab Streichungen an der Bühnenfassung vornahm. Die allgemeine Erregung, für die besonders die Nationalsozialisten – Leipzig ist hierfür ein Paradebeispiel – verantwortlich waren, brachte zum Teil sogar eine übersteigerte Wachsamkeit der Polizei mit sich. Diese verdeutlichte sich an der Exkursion der Münchner Studierenden nach Mannheim, wo die Studierenden als potenzielle Krawallmacher unter Beobachtung standen. Insgesamt entsteht der Eindruck, dass der Theaterskandal um *Der fröhliche Weinberg* in München weder außerordentlich heftig, gewaltsam oder folgenreich noch besonders mild ausfiel. Zwischen Fremdbeobachtung und Selbstbeobachtung von München zeigte sich in diesem Fall eine Diskrepanz.

Intermezzo II Die Krise der Theaterkritik

Die Krise der Theaterkritik

> Alle Dinge des Theaters sind in Fluß gekommen. Nur die Kritik nicht. Die Bühnentechnik hat sich modernisiert. Der Schauspielertypus ist elastisch, die Regisseure sind beweglich geworden. Das Publikum schichtet sich um. Die Theaterkritik hat sich nicht geändert. Sie schreibt wie in der Vorkriegszeit. Für das Publikum der Vorkriegszeit. Für die Künstler der Vorkriegszeit.[1]

Für den Theaterkritiker Herbert Ihering war die Kritik das „taktisch[e] Instrument im Kampf um das zukünftige Theater“[2], doch musste er 1928 dazu beklagen, dass sich diese seit dem Ersten Weltkrieg nicht mehr weiterentwickelt hat. In den 1920er Jahren florierte die Presselandschaft und die Theaterzensur ist aufgehoben. Somit bestehen beste Bedingungen für die Entfaltung die Theaterkritik. Der Wegfall der Zensur würde es erlauben, dass sich die Theaterkritik stärker als zuvor inhaltlich mit den Aufführungen auseinandersetzt und zu der entscheidenden Kontrollinstanz über das Theater avanciert. Die gewünschte Fach- und Urteilkompetenz würden die Theaterkritiker ebenso mitbringen, wie die langjährige Erfahrung im Metier. „[E]s ist eine Zeit für Kritik, aber es gibt keine Kritik für die Zeit“ [3] beklagte Ihering und war mit seinem Unbehagen nicht allein. Beispielhaft stand Ihering mit seiner Kritik an der Theaterkritik für eine Vielzahl von Stimmen aus der Zeit. Besonders Ende der 1920er und Anfang der 1930er Jahre war die Theaterkritik ein wiederkehrendes Thema in den Zeitungen, Theaterzeitschriften und in geisteswissenschaftlichen Veröffentlichungen. An der uneinigen Position der Theaterkritik nährte sich darüber hinaus auch das Interesse der Nationalsozialisten, die dagegen die nationalsozialistische Theaterkritik ins Feld führten.[4]

Die Vorwürfe, die an die Theaterkritik herangetragen wurden, waren zahlreich. Sie betrafen ihre Position ebenso wie die Veränderungen im Bereich des Publikums, der Ästhetik und der Institution des Theaters. Herbert Ihering hat in seinem Band *Die vereinsamte Theaterkritik* mehrere Kritikpunkte versammelt, die er in der These „Die Theaterkritik, lebt an ihren Aufgaben vorbei“[5] zuspitzte. Laut

---

1 Ihering, *Die vereinsamte Theaterkritik*, S. 9.

2 Rühle, *Theater für die Republik. Im Spiegel der Kritik I*, S. 41.

3 Vgl. Ihering, *Die vereinsamte Theaterkritik*, S. 30.

4 Vgl. hierzu zum Beispiel die Dissertationen von Köhler, *Kunstanschauung und Kunstkritik in der nationalsozialistischen Presse* und Gerth, *Theaterkritik der liberalistischen Epoche im Vergleich zur nationalsozialistischen Kritik.*

5 Ihering, *Die vereinsamte Theaterkritik*, S. 30.

 https://doi.org/10.1515/9783111458946-008

Ihering fehle dem Theaterkritiker aus „Bildungshochmut“[6] der Bezug zum Publikum und zum Theater. Dieser würde sich lieber hinter seinem Wissen verstecken und seinen individuellen Stil ausschmücken.[7] Ihering beobachtete, dass das Publikum in „feindliche Gemeinschaften“ oder „Interessensgruppen“[8] zerfiel und es somit zunehmend heterogener und auch uneiniger geworden ist. Um den Bezug zum Publikum aber herzustellen, müsse der Kritiker „wissen [...] welchen Beruf die Leute haben, die ins Theater gehen, welche Arbeitsinteressen, wie sie wohnen, was sie lesen, was sie verdienen.“[9] Den Zeitgeist konnte sich der Theaterkritiker laut Ihering auch aneignen, indem er Kinos, Sportpaläste und Boxkämpfe besucht oder sich Radioübertragungen anhört.[10]

Darüber hinaus sah Ihering auch eine Veränderung des Theaters. Neben der Ästhetik hat sich auch die Institution des Theaters verändert. Privatbühnen existieren nun neben gemeinnützigen Theatern.[11] Theater und Theaterkritik befänden sich in einem fatalen Teufelskreis: Die Selbstbezogenheit und Prestigeansprüche der Theaterkritiker verunsicherten laut Ihering die Theater, die nur mehr Angst vor dem Urteil des Kritikers haben. Weil die Theater den finanziellen Schaden nach dem vernichtenden Urteil der Kritik fürchteten, gingen Ihering zufolge die Theater in ihren Aufführungen kein Risiko ein, was dazu führte, dass die künstlerische Entwicklung des Theaters stagnierte. Daraus ergab sich wiederum, dass sich die Kunstkritik immer mit ähnlichen Inszenierungen auseinandersetzen musste und keinen neuen Stoff zur Beurteilung geliefert bekam.[12] Der hier geschilderte Teufelskreis verdeutlicht eine gegenseitige, hochgradig unproduktive Abhängigkeit von Theater und Theaterkritik. Die Theaterkritik hatte damit zwar eine Machtposition gegenüber dem Theater inne, aber als Bewertungs- und Beurteilungsinstanz funktionierte die Theaterkritik nur noch in eigenem Interesse. Für die Öffentlichkeit oder das Theater war sie gemäß Ihering unbrauchbar.

Der Theaterkritiker als Wächter?

Im Anschluss an Iherings Darstellung zur Krise der Kritik soll das aufgemachte Dilemma in die Frage nach der Theaterkritik als Akteur der öffentlichen Wach-

6 Ebd.
7 Vgl. ebd., S. 16–20.
8 Ebd., S. 31f.
9 Ebd., S. 39.
10 Vgl. ebd., S. 46.
11 Vgl. ebd., S. 31f.
12 Vgl. ebd., S. 20.

samkeit beziehungsweise Kontrolle eingebettet werden. Ihering stellte dazu heraus, dass die Theaterkritik früher eine Wachsamkeitsfunktion innehatte, denn sie „wachte über die[...] Freiheit“[13] in der Kunst, die durch die Zensur gefährdet war. Doch eben darin sah Ihering nicht mehr die Qualität, sondern die „Schwäche der Kritik“[14]. Da die Bedrohungen der Kunst durch den Wegfall der Theaterzensur abgenommen haben, wurde die Wachsamkeit der Kritiker in dieser Hinsicht nun seltener erregt. Neue gesetzliche Freiheiten wie die Kunstfreiheit veränderten und erweiterten ab 1919 das Feld der Kunst, dass damit für die Theaterkritik größer und schwieriger zu beaufsichtigen war. Im Gegensatz zur Theaterkritik des 19. Jahrhunderts attestierte Ihering der Theaterkritik in der Weimarer Republik keine prüfende, kontrollierende Wachsamkeit. Stattdessen führte er an, dass die Theaterkritik den Aufmerksamkeitsregeln der Presse folgte: „Zwischen Theater und Kritik ist ein leerer Raum. Er wird ausgefüllt durch die Sensation der jeweiligen Premiere. An diesem Tag hat die Kritik ihre Mission. Es ist ihre einzige. An diesem Tag will der Zeitungsleser erfahren, wie es war.“[15] In dieser stark ereignisorientierten Aufmerksamkeit auf die Premiere bemerkte Ihering derzeit die einzige Funktion der Theaterkritik. Dies hielt er jedoch für höchst problematisch, da die Premiere zwar eine besondere Aufführung, aber nicht repräsentativ für die Zuschauerschaft insgesamt und die Vorstellungsqualität war.

Statt der Fokussierung der Kritik auf das Premierenereignis, stellte sich Ihering eine andere Theaterkritik vor. „Die Theaterkritik morgen – ist findig, spürt auf, macht Unbekanntes, noch Anonymes ‚ereignishaft‘, Verborgenes ‚auffällig‘“[16]. Indem Ihering die ‚Suche‘ als Aufgabe der Theaterkritik in den Mittelpunkt rückte, schlug er eine Wachsamkeit der Kritiker vor, die sich auf die Entdeckung von etwas ‚Neuem‘ orientierte. „Aus dem Kampfrichter soll der Kämpfer werden“, schrieb Ihering weiter und forderte damit quasi eine Entthronung des Theaterkritikers, denn dieser benötige „[n]icht die verliehene Autorität einer übergeordneten Instanz, sondern die erworbene Autorität des gleichgesetzten Kämpfers.“[17] Die ‚Suche‘ des Theaterkritikers wird demnach nicht von einer erhabenen Position ausgeführt, von wo der Kritiker das Feld besser überblicken kann und gleich einem Wächter mehr sieht als die anderen Zuschauer. Vielmehr soll der Kritiker das Theater aus der gleichen Perspektive wie alle anderen Zuschauer betrachten und sich aus dieser Position heraus mit dem Theater auseinandersetzen und damit folglich gerade kein Wächter sein.

13 Ebd., S. 9.
14 Ebd.
15 Ebd., S. 33.
16 Ebd., S. 50.
17 Ebd., S. 54.

Kontrastierend zu Iherings Vorschlägen soll im Folgenden die Wachsamkeit des Theaterkritikers nach Hans Knudsen zum Vergleich herangezogen werden. Beide Kritiker sprechen die gleichen Punkte an, unterscheiden sich aber in ihrer Ziel- und Schwerpunksetzung. Die unterschiedlichen Gewichtungen lassen sich über den Begriff der Wachsamkeit herausstellen. Knudsen kritisierte noch stärker als Ihering, dass der Theaterkritiker in der Regel ausschließlich die Premiere besuchte.[18] Zwar garantiere dessen Besuch zumeist die Premierenreife der Aufführung, aber die Wachsamkeit des Kritikers erstrecke sich nicht über die weiteren Aufführungen. Folglich bestimmte die ausschnitthafte Aufmerksamkeit des Theaterkritikers sein Urteil. Dieses vervielfachte sich anschließend durch den Zeitungsbericht an das nicht anwesende Publikum, die Leserschaft. Laut Knudsen nahm die Qualität der Aufführung in der Regel nach einigen Vorstellungen signifikant ab. Ferner wandte Knudsen ein, dass in der Erstaufführung mit dem Premierenpublikum ein anderes Publikum als sonst säße und dessen Stimmung das Urteil des Kritikers beeinflusse. Ähnlich wie Ihering sah auch Knudsen den Theaterkritiker idealiter in der ‚Masse' des Publikums, da er meinte: „Der Theaterkritiker gehört in das gewöhnliche, nicht in das ausgewählte Publikum; er ist ein Teil von jenem, nicht von diesem."[19] In Konsequenz forderte er, dass der Kritiker nicht nur der ersten Vorstellung beiwohnen, sondern auch spätere Aufführungen berücksichtigen müsse, um diese insgesamt besser zu überblicken und sein Urteil stärker an den gewöhnlichen Aufführungen ausrichten zu können. Erst wenn der Kritiker dieser Forderung nachgehe, nehme er eine Wächter-Position ein. Darüber hinaus – diesen Punkt betonte Knudsen stärker als Ihering – habe der Kritiker vom Theater so viel zu verstehen, dass er „beinahe"[20] selbst ein Regisseur, Schauspieler oder dergleichen sei. Sein sich über weite Gebiete erstreckendes Wissen, aufgrund dessen er aus dem gewöhnlichen Publikum heraussteche, mache ihn zum Wächter über das Theater im Dienst der Öffentlichkeit.

Knudsen unterschrieb wenige Jahre nach der Veröffentlichung des zitierten Artikels 1933 das Gelöbnis treuester Gefolgschaft für Adolf Hitler und war in der NS-Zeit sowohl als Herausgeber des offiziellen Journals der Reichstheaterkammer als auch in der Theaterwissenschaft in Berlin als Außerordentlicher Professor fest verankert. Eine dezidiert nationalsozialistische Kunstkritik entwarf Hans Buchner im *Völkischen Beobachter.* Darin sieht dieser den Kunstkritiker in der Funktion „die Kunstpflege überwachen"[21]. In diesem Punkt traf sich der *Völkischen Beobachter* mit der Haltung von Hans Knudsen, der den Kritiker gleichsam in einer überge-

18 Vgl. Knudsen, *Theaterkritik*, S. 18–21.
19 Ebd., S. 21.
20 Ebd., S. 10 f.
21 Buchner, *Politische Kunstkritik?* S. 44.

ordneten Wächter-Position sah. Die Kunst müsse „überwacht“ werden, führt Buchner weiter aus, weil so die „völkische Kunstpflege“[22] vor Gefahren, die vom Judentum, der Demokratie, der Moderne oder dem Fremden ausgingen, geschützt werden könne. An dem aktuellen Verhältnis von Kunst und Presse kritisierte der Autor, dass zwischen diesen eine wohlwollende Geschäftsbeziehung bestehe.[23] Diese entsprach jedoch in seinen Augen nicht der Funktion der Kritik, die er als eine „Politik der öffentlichen Meinung gegen ein Kunstwerk“[24] definierte. Dagegen bewirke die derzeitige Kritik durch „hohe Schulung“, „umfassendes Wissen“ oder einen „Schatz aus Fachwörtern“ eine „geistige Bevormundung“ des Publikums, das dadurch „das eigene Urteil völlig einbüßt“[25].

Die Betrachtung des Diskurses um die Theaterkritik in den 1920er Jahren zeigte anhand ausgewählter Stimmen, dass die bisherige Urteilsform des Theaterkritikers weder produktiv mit den Inszenierungen resonierte noch in Beziehung zum Publikum stand. Die Vorschläge zu einer zeitgemäßeren Theaterkritik von Knudsen und Ihering richteten sich insbesondere auf eine stärkere Bindung an das ‚gewöhnliche‘ Theaterpublikum. Der Kritiker sollte sich ein Stück weit vom außenstehenden, unabhängigen Beobachter zum wachsamen Kenner des Theaters und seines Publikums wandeln und dahingehend eher eine vermittelnde Position einnehmen. In der nationalsozialistischen Theaterkritik wurde dem Kritiker eine überwachende Funktion, die die Kunst und sein Publikum vor der Vereinnahmung ‚falscher‘ Gesinnungen schützte, zugeschrieben. Nach der Betrachtung der Theaterkritik bleibt der Eindruck, dass die Kritik und Kontrolle des Theaters in den 1920er Jahren gerade nicht durch die professionellen Theaterkritiker geschah. Diese begannen erst allmählich sich mit dem Publikum seinen Interessen und Meinungen auseinanderzusetzen.

22 Ebd.
23 Ebd.
24 Ebd., S. 43.
25 Alle Fußnoten in dem Satz: Ebd., S. 44.

6 Das Verbot als Skandal. *Die Verbrecher* in München

„München hat eine neue Theateraffäre, die ihre Wellen in der ganzen deutschen Presse schlägt.“[1] Mit diesem Satz leitete Karl Schwend, Chefredakteur beim Pressedienst der Bayerischen Volkspartei[2], seinen Artikel zu Ferdinand Bruckners *Die Verbrecher* in München ein. Das Stück wurde nur wenige Tage vor der Premiere für die öffentliche Aufführung verboten und Teile der Presse reagierten darauf mit großer Empörung. Schwend kommentierte dazu: „Von jeher sind Theaterverbote ein zweischneidiges Schwert gewesen. Die Oeffentlichkeit ist von Grund aus [sic] skeptisch und empfindlich gegenüber aller staatlichen Zensur im Bereiche des freien künstlerischen und geistigen Schaffens.“[3] Der Autor betonte in seiner Äußerung die Ambivalenz von Theaterverboten und sah einen Zusammenhang zwischen Theaterverbot und staatlicher Zensur.[4] Schwends Aussage ist als eine Meinung aus der Zeit Ende der 1920er Jahre aufschlussreich, denn sie verdeutlicht die Sensibilität und die gesteigerte Wachsamkeit einer Öffentlichkeit gegenüber Einschränkungen der Kunstfreiheit. Eine Folge von solchen zensurähnlichen Theaterverboten, die verhängt würden, obwohl eine Theaterzensur längst aufgehoben war, sei „daß sich die Kritik auf das Verbot stürzt, statt zur Kritik am Werke vorzustoßen.“[5] In Schwends Überlegung verdeutlicht sich eine Verschiebung der Kritik. Weniger das Werk an sich war Gegenstand der Kritik, sondern die Verbotsmaßnahme stand jetzt im Fokus der Kritik. Diese Verschiebung zog weitreichende Konsequenzen nach sich, die im folgenden Kapitel beleuchtet werden sollen. Was Schwend in seinem Artikel als „Zensuraffäre“ bezeichnete, weist – wie zu zeigen sein wird – in mehrfacher Hinsicht Mechanismen der Skandalisierung auf. Nicht nur Schwend, auch andere Zeitungen sahen das Verbot von *Die Verbrecher* in München im Kontext vorangegangener Theaterskandale[6] oder sprachen sogar explizit vom „Skandal“[7] und „Kulturskandal“[8]. Der skandalisierte Verbotsfall von *Die*

---

1 *Augsburger Postzeitung*, Theater und Polizei. Zum Verbot von Bruckners „Verbrecher“, Karl Schwend, Nr. 277, 01.12.1929.

2 Vgl. Primbs, Bayerische Volkspartei-Correspondenz (BVC), https://www.historisches-lexikon-bayerns.de/Lexikon/Bayerische_Volkspartei-Correspondenz_(BVC).

3 *Augsburger Postzeitung*, Theater und Polizei. Zum Verbot von Bruckners „Verbrecher“, Karl Schwend, Nr. 277, 01.12.1929.

4 [S.K.] Theaterverbot meint in diesem Zusammenhang nicht ein Verbot des Theaters, sondern das Verbot der Theateraufführung.

5 Ebd.

6 Vgl. *Münchner Post*, Die Münchner Polizei treibt Literaturkritik, o.A., Nr. 268, 19.11.1929.

7 Vgl. o.T., *Der Polizeigeist triumphiert*, o.A., o.Nr., o.D., In: StAM, Pol. Dir., 4603, Die Verbrecher.

 https://doi.org/10.1515/9783111458946-009

Verbrecher stellt ein anschauliches Beispiel dar, wie Ende der zwanziger Jahre durch das Theaterverbot Fragen nach der Zensur im Zusammenhang mit Theaterskandalen erneut gestellt wurden. Möchte man Theaterskandale in München nach der Aufhebung der Zensur erforschen, ist es folglich sinnvoll, sich nicht nur auf den Theaterskandal im Sinne eines Tumults oder einer Störung der Aufführung zu fokussieren, sondern sich auch weiteren Phänomenen der Skandalisierung und Momenten der Empörung im Theater zu widmen. Dahingehend werden die Reaktionen der einzelnen Akteure rund um die „Zensuraffäre" zu *Die Verbrecher* im Hinblick auf einen möglichen Skandal, der aber in München nicht eintrat, auf die geschlossenen Vorstellungen sowie auf das Verbot untersucht.

6.1 Zensuraffäre *Die Verbrecher*

Das Kapitel möchte zunächst die Aufführungen in München zeitlich und räumlich einordnen. Dafür wird auf Bruckners Debütstück *Krankheit der Jugend* eingegangen und die Aufführungen von *Die Verbrecher* in anderen Städten beleuchtet. Es wird dabei besonders auf Momente der Skandalisierung geblickt. Der erste Teil des sechsten Kapitels spürt auch der Frage nach, inwiefern München mit seinem Verbot von *Die Verbrecher* eine Sonderrolle einnahm. Die darauffolgenden Unterabschnitte setzen sich mit dem Stück auseinander. Es wird gefragt, inwiefern Inhalt und Form des Stücks sowie dessen szenische Umsetzung dazu beitrugen, dass der Zuschauer in eine kritische Betrachter-Position versetzt wurde. Um diese Frage zu beantworten, soll auf die zeitgenössische Debatte um den Begriff der „Tendenz" sowie auf das Genre des Zeitstücks eingegangen werden. Im Anschluss daran werden die Vorgänge um das Verbot in München beleuchtet. Dieser Abschnitt geht insbesondere auf die Wachsamkeit der Polizei und des Theaters ein. Bevor die Reaktion der Öffentlichkeit auf das Verbot nachgezeichnet wird, widmet sich ein Unterpunkt den geschlossenen Vorstellungen von *Die Verbrecher*. Es soll gezeigt werden, wie diese die öffentliche Aufmerksamkeit erhöhten, obwohl die Sichtbarkeit des Stücks eigentlich verhindert werden sollte. Der letzte Teil des Kapitels widmet sich der Öffentlichkeit und frägt wie diese Kritik über das Theater ausübte und inwiefern von einer Kontrollfunktion der Öffentlichkeit gesprochen werden kann.

---

8 Vgl. *Neue Zeitung*, Stützel deckt den Kulturskandal, [F].B., Nr. 277, 29.11.1929.

6.1.1 Auf dem Weg zum Theaterskandal. Ferdinand Bruckners Bühnendebüt mit *Krankheit der Jugend*

Um die geplanten Inszenierungen von *Die Verbrecher* in München besser verorten zu können, lohnt sich eine kurze Auseinandersetzung mit dem Vorgängerstück *Krankheit der Jugend*. Bruckner gab 1926 an den Hamburger Kammerspielen sein Bühnendebüt. Bevor das Stück in der Inszenierung von Gustav Hartung im Berliner Renaissance-Theater 1928 für weitreichendes Aufsehen sorgte, hatte die „Junge Bühne", ein Ensemble bestehend aus Nachwuchsdarstellern, in den Münchner Kammerspielen das Stück bereits im Mai 1927 als ‚geschlossene Vorstellung' gegeben. Obwohl die Vorstellung durch den geschlossenen Rahmen in einem vor der breiten Öffentlichkeit geschützten Raum stattfand, erhob sich inmitten des Schlussapplauses der Widerstand einiger Zuschauenden in Form von Zischen und Pfeifen.[9] Der *Bayerische Kurier* sprach gar von einem „Skandal im Schauspielhaus"[10]. Das Material des Aktes der Münchner Polizeidirektion zu *Krankheit der Jugend* liefert keine weiteren Hinweise darauf, dass außer dem *Bayerischen Kurier* noch andere Akteure von einem Theaterskandal gesprochen haben. Vor diesem Hintergrund lässt sich von einem missglückten Skandalisierungsversuch des *Bayerischen Kuriers* sprechen, da dieser zu keiner weiteren Aufmerksamkeit bei anderen Akteuren führte. Nach den Aufführungen der Jungen Bühne 1927, studierte Julius Gellner 1929 *Krankheit der Jugend* neu ein. Das Stück lockte Jugendliche in großer Zahl ins Theater, doch Berichte über Unruhen oder sogar einen Theaterskandal bei dieser Münchner Inszenierung finden sich keine. [11] Anlässlich der Berliner Aufführungen bezeichnete der Kritiker Kurt Pinthus Bruckners Drama als ein „Zeitstück" und lobte, dass „doch niemals der Versuch gemacht worden [war], alle Qual unserer Jugend in derart vielen Variationen, derart gedrängt, derart überlegen aus einem einzigen Motiv zu entwickeln."[12] Das Stück handelt von einer Gruppe an ihrer ‚Bürgerlichkeit' zweifelnder Studierender, die sich an die Grenzbereiche ihrer eigenen bürgerlichen Existenz begibt und mit psychischen Abhängigkeiten, Sex und Drogen experimentiert und sich teils darin verliert. Nicht überall stieß diese Handlung auf Anerkennung. Öffentlichen Widerstand erfuhr das Stück zum Beispiel von der protestantischen Kirche. Diese teilte mit, „daß das Schauspiel ‚Krankheit der Jugend' ein völlig falsches Bild der heutigen Jugend gäbe und man sich deshalb auch wundern müsse,

---

9 Vgl. *Münchner Zeitung*, Krankheit der Jugend, Hanns Braun, Nr. 118, 02.05.1927 oder Brief der Polizeidirektion zur geschlossenen Vorstellung, gez. […], 02.05.1927.

10 *Bayerischer Kurier*, Skandal im Schauspielhaus, o.A., Nr. 123, 03.05.1927.

11 Vgl. Pol. Dir. 4607, insbesondere: *Münchner Zeitung*, o.T., o.A., Nr. 103, 15.04.1929.

12 *8 Uhr-Abendblatt*, Franz Bruckners sexualpsychologisches Drama im Renaissance-Theater, Kurt Pinthus, 27.04.1928.

daß nicht aus Kreisen der Studentenschaft, vor allem der weiblichen Studenten gegen eine derartige Verzerrung Einspruch erhoben werde.“[13] Es wurden hier folglich durch die polemische Positionierung der Kirche bestimmte Gruppen zum aktiven Protest gegen das Stück aufgereizt beziehungsweise darin bestärkt. Auch bestimmte Zeitungen, wie der *Völkischer Beobachter*, wirkten auf ihre jungen Leser ein und hetzten anlässlich der Aufführungen in Paris 1931 gegen die Darstellung der „deutschen“ Jugend.[14] Die Kirche und der *Völkische Beobachter* lassen sich als Kontroll-Akteure benennen, die das Verhalten der Jugendlichen zu steuern versuchten. Die Jugend erscheint in diesem Sinne als Handlanger ihrer Interessen und kann selbst zum kontrollierenden Akteur werden, wenn sie die Skandalisierung, zum Beispiel vonseiten der Kirche, annimmt und Tumulte im Zuschauerraum forciert. Sie kann sich aber auch gegen diese Instrumentalisierung entscheiden. *Krankheit der Jugend* traf bei verschiedenen Akteuren der Öffentlichkeit und an mehreren Orten einen Nerv und das Potenzial zum Theaterskandal hing wie eine dunkle Gewitterwolke über dem Stück. Die weitere Aufführungsgeschichte des Brucknerschen Stücks erzählt jedoch nicht von Theaterskandalen, sondern von Verboten der Aufführung. 1932 wurde nach Berichten des *Berliner Tageblatts* die geplante ‚Sondervorstellung‘ am Deutschen Theater in Prag von der Zensur verboten und kurz darauf verhängte der Oberstadthauptmann ein Verbot des Stücks in Budapest, wo es zuvor als ‚geschlossene Vorstellung‘ gegeben worden war.[15] Der Exkurs zu Bruckners Erstlingswerk hat gezeigt, dass sich zu dessen Aufführung zwar kein Theaterskandal ereignete, aber dennoch die Impulse einer Skandalisierung vorhanden waren. Auch anlässlich der Aufführung von Bruckners Folgestück *Die Verbrecher* brodelte es in der Öffentlichkeit, doch die Auslöser der Empörung und die Skandalisierungsdynamiken waren in diesem Fall andere.

6.1.2 Divergierende Schwellen. Die Uraufführung in Berlin

Am 23. Oktober 1928 wurde *Die Verbrecher* im Deutschen Theater in Berlin uraufgeführt.[16] Positive und negative Meinungen hielten sich in den Kritiken insgesamt die Waage. Zum Teil fanden sich zwar scharf geschriebene Kritiken, von der emotionalen Skalierung blieben sie allerdings deutlich unter dem Empörungsni-

13 *Pforzheimer Anzeiger*, Protest der Kirchen gegen die „Krankheit der Jugend“, o.A., Nr. 277, 26.11.1929.

14 Vgl. *Völkischer Beobachter*, o.T., o.A., Nr. 53, 24.02.1931.

15 Vgl. *Berliner Tageblatt*, o.T., o.A., Nr. 55[0], 19.11.1932 und *Berliner Tageblatt*, o.T., o.A., Nr. 530, 22.11.1932.

16 Vgl. Rühle, *Theater für die Republik. Im Spiegel der Kritik II*, S. 897.

veau der Artikel, die im Zuge von anderen Theaterskandalen erschienen waren. Besonders gelobt wurde die Exaktheit, mit der Bruckner im Stück das Milieu beschrieb. Das *Neue Wiener Abendblatt* hob hervor, dass „die Zerlegung und Zusammenfassung der verschlungenen Handlung in parallele Schauplätze […] mit nicht zu übertreffender Präzision“[17] gelang. Auch dem Bühnenbild, ein „staunenswerte[s] mechanische[s] Kunstwerk“[18] von Rochus Gliese und Edgar Ulmer, wurde besondere Aufmerksamkeit zuteil. Es zeigte ein nach vorne geöffnetes Haus, in dem sich die einzelnen Szenen in verschiedenen Räumen abspielten. Bruckner sah für den Bühnenbau ein dreistöckiges Haus vor. In der Uraufführung beschränkten sich der Regisseur Heinz Hilpert und der Bühnenbildner Rochus Gliese aus Platzgründen auf zwei Etagen im Vertikalschnitt.[19] Der Aufbau der Etagenbühne erinnert an die Bühnenaufbauten der Inszenierungen *Rasputin* (Uraufführung November 1927) oder *Hoppla, wir leben* (Uraufführung September 1927) von Erwin Piscator.[20] Die Etagenbühne mit mehreren Räumen ermöglichte es, dass die Zuschauer verschiedene Handlungen nebeneinander sahen. Hierdurch konnten die einzelnen Verbrechen der Figuren im Vergleich betrachtet werden. Durch das „allmähliche Erhellen der beginnenden und das allmähliche Verdunkeln der abgelaufenen Szene“[21] wurde die Aufmerksamkeit des Zuschauers gelenkt.

Sowohl die unauffälligen Reaktionen in Berlin als auch die Szenographie der Aufführung rezipierte auch die Münchner Polizeidirektion. In dem Münchner Polizeiakt zum Stück befindet sich ein Bericht über die Aufführung am 25. November 1928 im Deutschen Theater in Berlin, der die Verbotsentscheidung in München beeinflusst haben könnte.[22] Die Stellen, die auf Widerspruch stießen, waren insbesondere sittlicher Natur. Als „widerlich“[23] empfand der berichtende Polizist:

> [D]as Abgreifen des Unterleibes der männertollen Köchin Ernestine durch ihren Liebhaber Thunichtgut (Zweifel an der vorgetäuschten Schwangerschaft). Derselbe Thunichtgut fährt

17 Vgl. *Neues Wiener Abendblatt*, Berliner Theater, Max Lesser, Nr. 299, 27.10.1928.

18 Ebd. und *Berliner Tageblatt*, Ferdinand Bruckner: „Die Verbrecher“, Fritz Engel, Nr. 504, 24.10.1928.

19 Vgl. Lehfeldt, *Der Dramatiker Ferdinand Bruckner*, S. 41.

20 Vgl. ebd.

21 Vgl. Bruckner, *Die Verbrecher*, In: Rühle, *Zeit und Theater 1925–1933*, S. 238.

22 Vgl. Bericht, gez. Polizeioberinspektor [Gabel], 29.11.1928. [S.K.]: Der Bericht ist nur unzureichend mit Angaben seiner Herkunft und seines Adressaten versehen. Nachdem der Bericht im Polizeiakt des Bayerischen Staatsarchivs zu finden ist und der berichtende Polizeioberinspektor Überlegungen zu möglichen Aufführungsorten in München anstellt, ist anzunehmen, dass es sich bei dem Berichtenden um einen Münchner Polizisten handelt, der zur Aufführung nach Berlin gereist ist.

23 Bericht, gez. Polizeioberinspektor [Gabel], 29.11.1928.

> einer anderen Frauenperson unter die Röcke und greift mit sinnlicher Lust die Brüste ab. In einem anderen Bilde ist man Ohrenzeuge der Ausführung des Beischlafs des Thunichtgut mit der gleichen Person hinter einem Vorhang. Nach dem Akt bringt Thunichtgut auf offener Bühne sein Beinkleid und Hemd in Ordnung. Die Unterhaltungsform des Thunichtgut und seiner Weiber läßt an ordinärer Tonart nichts zu wünschen übrig.[24]

Sowohl auf visueller als auch auf akustischer Ebene sah der Polizist Elemente der Unsitte in großer Zahl. Er beobachtete sie in Dialogen und Szenen explizit dargestellt und als Andeutungen verpackt. Darüber hinaus rieb sich der Polizist auch an der „tendenziöse[n]“ Darstellung des Justizsystems:

> Die Richter und Staatsanwälte erscheinen als Troddel, Weltfremde, Hohlköpfe, sie gebärden sich in einer Weise, die dem Ansehen des Richterstandes Hohn spricht. Demgegenüber werden einige Verbrecher als Opfer der Justiz hingestellt, ihr Auftreten im Gerichtssaal ist unverschämt. Auch der Verlauf der Gerichtsverhandlungen, die Verhandlungsführung sind in Formen gehalten, die auf die Auffassung vieler Kreise zersetzend wirken müssen.[25]

Die Empörung des Polizisten gegen die „unsittlichen“ Elemente und die Darstellung der Justiz steht konträr zu der Rezeption des Publikums in Berlin. Dieses stieß sich nicht an den Stellen, die der Polizist als „widerlich“ wahrgenommen hatte, vielmehr reagierte das Publikum mit „stürmische[r] Heiterkeit“[26] und nahm das Stück „beifällig“[27] auf. Während der Münchner Polizist von einer freudigen Annahme des Publikums ohne „Protest gegen die Vorgänge auf der Bühne“[28] sprach, berichtete der *Berliner Lokal-Anzeiger* am 24.10.1928 von einem starken Applaus, der „jedoch nicht frei von Widerspruch“[29] war. Auch die *Münchner Zeitung* stellte in ihrem Artikel vom 2. November 1928 zu einer Berliner Aufführung von *Die Verbrecher* fest, dass der „anfangs kräftige Beifall nicht unwidersprochen“[30] geblieben war. Von größeren Tumulten war allerdings in keinem der vorliegenden Presseartikeln die Rede. Im Gegensatz zu dem Bericht des Münchner Polizisten nahmen die Zeitungsartikel zu den Berliner Aufführungen kaum Anstoß am Stück und seiner Inszenierung. Empörte Reden über vermeintlich anstößige Darstellungen sucht man vergebens. Die einzelnen Ausnahmen hiervon tauchen, wenn überhaupt, als Randbemerkungen auf, die sich schon in ihrer Knappheit deutlich von dem dar-

24 Ebd.
25 Ebd.
26 Ebd.
27 Ebd.
28 Ebd.
29 *Berliner Lokal-Anzeiger*, Ein Ueber-Realist schildert krankes Leben, Alfred Maderno, Nr. 505, 24.10.1928.
30 *Münchner Zeitung*, o.T., Friedrich Märker, Nr. 304, 02.11.1928.

gestellten Widerspruch der Münchner Polizei unterscheiden. Der *Berliner Lokal-Anzeiger* störte sich etwa an „unsittlichen“ Inhalten und fand Bruckners „Wühlen im Schmutz beklagenswert“[31]. Die Bewertung der „unsittlichen“ Darstellungen fiel bei Polizei- und Medienbericht(en) folglich unterschiedlich aus, und es wird deutlich, dass im Gegensatz zur Münchner Polizei, die mit Empörung auf die Aufführung reagierte, für die Presse das Thema Sittlichkeit bei *Die Verbrecher* eine deutlich geringere bis keine Rolle spielte.

Zur Uraufführung von *Die Verbrecher* in Berlin liegen zusammengefasst disparate Meinungen in der Öffentlichkeit vor. Überwiegend lassen sich in der Presse eine umfassende Zustimmung und nur vereinzelte Widersprüche festhalten. Die größte Empörung wurde bei einem Münchner Polizisten bemerkt, was zugleich als Skandalisierungsversuch für etwaige Aufführungen in der bayerischen Hauptstadt aufgefasst werden kann.

6.1.3 Verbot als Grenze. Reaktionen auf *Die Verbrecher* außerhalb von München

Deutschlandweit und international gingen *Die Verbrecher* zwischen 1928 und 1931 über zahlreiche Bühnen. Der Umgang und die Reaktionen fielen dabei unterschiedlich aus. Je nach Stadt kam es zu Theaterskandalen, Verboten, oder aber auch zu großen Erfolgen. Um den Begriff des Theaterskandals weiter zu schärfen, soll anhand von ausgewählten Fällen aufgezeigt werden, ob *Die Verbrecher* eine Grenzüberschreitung darstellten und falls ja, von wem diese wahrgenommen wurde und wie diese sich ausdrückte.

Theaterskandale mit Störungen im Zuschauerraum wurden aus Hamburg und Leipzig gemeldet. Neben München kam es auch in Warschau und Russland zu Verboten der Aufführungen. In Nürnberg wurde zwar kein Verbot verhängt, aber ein Verbot wurde vom Innenminister in Erwägung gezogen. Im Wiener Theater in der Josefstadt riefen die Aufführungen bei den Kritikern sowohl großes Lob als auch scharfe Kritik hervor.[32] Zur Erstaufführung im Neuen Theater in Frankfurt schrieb Benno Reisenberg eine gemischte, eher negative Kritik, in der er unter anderem erwähnte, dass sich auf dem Theaterzettel die Aufschrift befand: „Jugendlichen nicht empfohlen!“[33]

---

31 *Berliner Lokal-Anzeiger*, Ein Ueber-Realist schildert krankes Leben, Alfred Maderno, Nr. 505, 24.10.1928.

32 Vgl. *Neue Freie Presse*, „Die Verbrecher“, Felix Salten, Nr. 23202, 19.04.1929; sowie *Münchner Telegramm-Zeitung*, „Die Verbrecher“ in Wien, o.A., Nr. 75, 19./20.04.1929.

33 *Frankfurter Zeitung*, Die Verbrecher, Benno Reisenberg, Nr. 73, 28.01.1929.

Große Bühnenerfolge feierte das Stück in Lissabon, Paris, Darmstadt und Augsburg.[34] Von einer „tiefen Wirkung“[35] bei der Aufführung in Darmstadt und „eine[m] außerordentlich starken Erfolg“[36] trotz „[v]ereinzelte[r] Zische[r]“ in Augsburg, berichteten die *Münchner Neuesten Nachrichten*. Auch die Vorstellung im Pariser Théâtre des Arts wurde als „ungewöhnlich interessanter Theaterabend“[37] und als ein „ungeheure[r] Erfolg“[38] bezeichnet. Bereits die Generalprobe vor einem ausgewählten Publikum sei ein großer Erfolg gewesen.[39] Der *Bayerischen Staatszeitung* zufolge konnte das Pariser Publikum wegen seiner Vorliebe zu Kriminalstücken und wegen der ‚Affäre des Mörders Amazian‘ an das Stück anknüpfen. Dessen Misshandlung durch Untersuchungsbeamte, ähnlich wie bei der Figur Tunichtgut, wurde in der Presse zu dieser Zeit hitzig diskutiert.[40] Die *Bayerische Staatszeitung* berichtete zur Pariser Aufführung, dass „[d]as in seinen abgespannten Nerven angenehm gekitzelte Publikum [...] sich diabolisch über die Tirade der armen, mißhandelten, ach so edlen Verbrecher und die abgründige Verworfenheit und Borniertheit der hohen Justiz [freute].“[41] Dem Publikum bereiteten die Inhalte des Stücks offenbar großes Vergnügen. Die *Münchner Neuesten Nachrichten* behaupteten sogar, dass in der französischen Presse „keine einzige“[42] Zeitung in dem Stück eine „Verspottung der Justiz“[43] sah. Wie das Blatt hervorhob, stand die Begeisterung in Paris konträr zu den Vorbehalten über das Stück in München, woran eine deutliche Kritik am Umgang mit dem Stück in München ersichtlich wird. Für das Publikum in Frankreich stellten die Aufführungen von *Die Verbrecher* somit ein Unterhaltungsangebot dar, das laut den *Münchner Neuesten Nachrichten* in der französischen Presse nicht als Grenzüberschreitung im Hinblick auf die Justiz empfunden wurde.

Neben den Erfolgen, die die Aufführungen von *Die Verbrecher* erzielten, löste das Stück auch handfeste Skandale aus, zum Beispiel in Hamburg und in Leipzig. Diese wirkten sich wiederum auf die Situation in München aus, denn die Münchner Polizeidirektion begründete ihre prohibitive Handhabung unter anderem mit dem Theaterskandal bei der Aufführung im Deutschen Schauspielhaus Hamburg und im

---

34 Zur Aufführung in Lissabon: *Münchner Neueste Nachrichten*, o.T., o.A., Nr. 258, 22.09.1930.

35 *Münchner Neueste Nachrichten*, Hessisches Landestheater Darmstadt, o.A., Nr. 19, 20.01.1929.

36 *Münchner Neueste Nachrichten*, Die „Verbrecher“ im Augsburger Stadttheater, o.A., Nr. 335, 09.12.1929.

37 *Berliner Tageblatt*, Bruckners „Verbrecher“ in Paris, Paul Block, Nr. 554, 23.11.1929.

38 *Neue [Freie] Presse*, Ferdinand Bruckner „Verbrecher“, o.A., Nr. [231], [unles. D.].

39 *Berliner Tageblatt*, Bruckners „Verbrecher“ in Paris, Paul Block, Nr. 554, 23.11.1929.

40 *Bayerische Staatszeitung*, „Die Verbrecher“ in Paris, o.A., Nr. 274, 27.11.1929.

41 Ebd.

42 *Münchner Neueste Nachrichten*, o.T., o.A., Nr. 325, 29.11.1929.

43 Ebd.

Alten Theater Leipzig.[44] Zu den Aufführungen in Leipzig berichtete das *Berliner Tageblatt* von wiederholten Störungsversuchen in der Woche nach der Premiere, die „vorbereitet und organisiert“[45] waren.[46] Bei einer Aufführung warfen die Störer Stinkbomben und Niespulver. Das Hitler-Lied wurde gesungen und Reden gehalten. Ein Zuschauer verkündete, dass die „gesunde Jugend“[47] sich gegen „Tendenzwerke“ wehre und sich für das Theater als „Kulturstätte“ einsetze. Die Polizei war vor Ort, um die Störenden zu identifizieren und aus dem Theater zu verweisen. Nach Angaben der *Bayerischen Staatszeitung* plante die Intendanz das Stück – trotz der Störungen – weiterhin zu spielen.[48]

Auch aus Hamburg meldete die Presse einen Theaterskandal anlässlich der Aufführungen von *Die Verbrecher*. Nach fünf störungsfreien Aufführungen im Hamburger Schauspielhaus kam es bei der sechsten Vorstellung am 1. Dezember 1928 zu einem „Skandal [...] in voller Stärke und in wohlorganisierter Form“[49], der zu Beginn des zweiten Akts ausbrach.[50] Ähnlich wie in Leipzig bildeten auch in Hamburg junge Menschen die Gruppe der Störenden. Theaterbeamte beobachteten „auffallend viel[e] junge Leute von zweifelhaften Manieren [, die] sich zu der Masse drängten und Karten für die Stehplätze kauften.“ Hervorzuheben bei dem Skandal in Hamburg ist das Ausmaß der Störungen. Es reichte so weit, dass eine Panik entstand. Neben dem Einsatz von Stink- und Tränenbomben wurden „[g]anze Tüten mit Nieß- und Juckpulver“ vom Rang aus über dem Publikum ausgeleert. Der *Bayerische Kurier* berichtete zudem von Trillerpfeifen und Sirenen, die zum Einsatz kamen.[51] Dazu ertönte „wildes Geheul der Demonstranten“[52]. Antisemitische Beleidigungen, wie „schweinisches Judenstück“[53], sowie nationalsozialistische und studentische Lieder waren laut *Schwäbischer Volkszeitung* zu hören. Ein anderer Teil des Publikums

---

44 Verfügung der Polizeidirektion, Ref. Th., Betreff: Aufführung des Schauspiels „Die Verbrecher“ von Ferdinand Bruckner in den Münchner Kammerspielen im Schauspielhaus, gez. Polizeidirektion i.A. Werberger, 16.11.1929 sowie Stellungnahme von Polizeidirektion München an die Regierung von Obb., gez. Werberger, 20.11.1929.

45 *Berliner Tageblatt*, Leipziger Skandal um die „Verbrecher“, o.A., Nr. 149, 28.03.1929.

46 Die folgenden Angaben: Ebd.

47 Vgl. *Bayerische Staatszeitung*, „Die Jugend wehrt sich...“, o.A., Nr. 74, 30.03.1929, [S.K.]: Rede eines Zuschauers.

48 Ebd.

49 *Schwäbische Volkszeitung Augsburg*, Theaterskandal im Hamburger Schauspielhaus, [o.A.], Nr. 278, 03.12.1928.

50 Die Ausführungen zu dem Skandal im Hamburger Schauspielhaus vgl. wenn nicht anders angegeben ebd.

51 *Bayerischer Kurier*, Theaterskandal in Hamburg, o.A., Nr. 337, 02.12.1929.

52 *Schwäbische Volkszeitung Augsburg*, Theaterskandal im Hamburger Schauspielhaus, [o.A.], Nr. 278, 03.12.1928.

53 Ebd.

versuchte die Störer mit Raus-Rufen aus dem Theater zu vertreiben. Im Parkett flohen die Zuschauer vor den Stink- und Tränenbomben zu den Ausgängen. Die *Schwäbische Volkszeitung* berichtete außerdem von Zuschauerinnen, die in Ohnmacht fielen oder in „Schreikämpfe" ausbrachen. Die herbeigerufene Polizei war in „[r]egelrechte Box- und Gummiknüppelkämpfe" verwickelt. Erneute Tumulte entstanden im Vorraum des Theaters, als etwa 300 des Platzes verwiesene Demonstranten ihr Eintrittsgeld zurückforderten. Die übrigen Besucher der Vorstellung wurden beim Verlassen des Theaters „nochmals von nationalsozialistischen Anhängern" belästigt, sodass die Polizei wiederum einschreiten musste. Es kam zu mehr als einem Dutzend Verhaftungen. Trotz der ausufernden Tumulte, die etwa eine halbe Stunde[54] dauerten, wurde die Vorstellung nach einer Lüftungspause zu Ende gespielt. Am 8. Dezember 1928 berichtete die Presse erneut von „heftigen Lärmszenen"[55] bei einer Aufführung im Hamburger Schauspielhaus. Um den Störungen Einhalt zu gebieten, teilte die Polizeidirektion Hamburg mit, dass die Aufführungen durch „ein starkes Polizeiaufgebot überwacht werden."[56] Ein Verbot hingegen wurde nicht in Erwägung gezogen. Eine Entscheidung, die den Anhängern des Nationalsozialismus zuwiderlief, die sich für ein solches aussprachen. So wies der *Völkische Beobachter* dem Polizeisenator Schönfelder die „Schuld"[57] für die Tumulte zu, denn dieser verfüge über die Möglichkeit die Aufführungen des Stücks zu verbieten. In der Öffentlichkeit trug die Fichte-Gesellschaft mit einer „Massenausgabe an Flugblättern", die NS-Kampfparolen enthielten, zu einem nicht abreißenden Protest gegen die *Die Verbrecher* bei.[58] Anfangs ging die Polizei noch gegen diese vor, doch später reglementierte sie die Verbreitung der Flugblätter nicht weiter. Angesichts des *Verbrecher*-Skandals wurde auch in der Hamburger Bürgerschaft über die „Freizügigkeit der Kunst"[59] diskutiert. Zusammengenommen handelte es sich in Hamburg um einen Skandal mit hochgradigen Störungen und Tumulten ausgehend von Nationalsozialisten, der in die öffentliche und politische Sphäre hineinwirkte. Entscheidend ist hier, dass auf die Störungen, Tumulte und die Empörung in der Presse und somit auf den Theaterskandal insgesamt, kein Verbot folgte. Bei den vorangegangenen Fallstudien in München war dagegen die Situation stets so, dass die Tumulte ein Verbot der öffentlichen Aufführungen hervorriefen. Die Grenze der Störer-Partei wurde dabei durch die Verbotsentscheidung vom Staat übernommen. Dieses Folgeverhält-

---

54 *Bayerischer Kurier*, Theaterskandal in Hamburg, o.A., Nr. 337, 02.12.1929.

55 *Berliner Tageblatt*, Die „Verbrecher"-Skandale im Hamburger Schauspielhaus, o.A., Nr. 581, 08.12.1928.

56 Ebd.

57 *Völkischer Beobachter*, Der Hamburger Theaterskandal, o.A. Nr. 236, 08.12.1928.

58 *Berliner Tageblatt*, Die „Verbrecher"-Skandale im Hamburger Schauspielhaus, Nr. 581, 08.12.1928.

59 Ebd.

nis von Skandal/Tumult und Verbot war in Hamburg und Leipzig nicht gegeben. Somit verpuffte auch die Skandalisierung der Nationalsozialisten auf politischer Ebene und die Grenzüberschreitungen durch Tumulte, zumal sie nicht plötzlich, sondern „wohlorganisiert“ auftraten, erregten die Aufmerksamkeit der Öffentlichkeit nur in Maßen.

6.1.4 Sonderrolle Münchens?

Die Quellen, die den obigen Beschreibungen zu den Theaterskandalen in Leipzig und Hamburg zugrunde liegen, stammen von Zeitungen aus verschiedenen Regionen der Republik, sie sind zeitlich nah an den Skandalereignissen und setzen sich vorwiegend mit den Vorgängen innerhalb des Theaterskandals auseinander. Sie bilden somit eine stark skandalereignisorientierte Perspektive ab. Als im Zuge des Verbotes von *Die Verbrecher* in München sich der Blick der bayerischen Presse auf die bisherigen Erfahrungen mit dem Stück richtete, wurden auch die Theaterskandale in Hamburg und Leipzig in die Berichterstattung miteinbezogen. Die *Neue Zeitung* schrieb etwa, dass das Stück „bereits in Hamburg, Leipzig und Wien mit großem Erfolge gespielt worden [ist], ohne daß das Publikum mit Ausnahme einiger Hakenkreuzler und bigotter Kritik [...] daran Anstoß nahm.“[60] Die Aufführung in Hamburg wurde hier insgesamt als Erfolg dargestellt. Was in der Berichtserstattung 1928 noch als großer Theaterskandal wahrgenommen wurde, findet in diesem Artikel anlässlich der Münchner *Verbrecher*-Aufführung 1929 keine Entsprechung mehr. Es war von einzelnen empörten Nationalsozialisten und Kritikern die Rede, die jedoch als Ausnahmen dargestellt wurden. In der *Münchner Post* wurde der Theaterskandal beziehungsweise die Störungen und Tumulte in Hamburg und Leipzig nicht erwähnt.[61] Stattdessen wurde hervorgehoben, dass in diesen Städten kein Polizeiverbot wie in München ausgesprochen wurde. Beide Artikel nutzten die vergangenen *Verbrecher*-Aufführungen in anderen Städten, um sie mit dem Verbot der Münchner Aufführung zu kontrastieren.[62] Daraus wird die Verurteilung des Münchner Verbots ersichtlich, das umso schwerer wog, da das Stück in anderen Städten als Erfolg deklariert worden war. An der Äußerung der *Münchner Post* lässt sich überdies feststellen, dass im Fall von Leipzig und Hamburg nicht der Theaterskandal, der als aufmerksamkeitserregende Situation schlechthin beschrieben wurde, sondern das nicht erlassene Verbot im Fokus der Aufmerksamkeit stand. Die

---

60 *Neue Zeitung*, Bruckners „Verbrecher“ in München verboten, o.A., Nr. 269, 20.11.1929.
61 Vgl. *Münchner Post*, Wer schädigt das Ansehen Münchens? o.A., Nr. 277, 29.11.1929.
62 Vgl. *Neue Zeitung*, Bruckners „Verbrecher“ in München verboten, o.A., Nr. 269, 20.11.1929; und *Münchner Post*, Wer schädigt das Ansehen Münchens? o.A., Nr. 277, 29.11.1929.

zwei beschriebenen Beispiele zeigen also erstens, dass die Presse ihren Fokus veränderte, um das Münchner Verbot herauszustellen. Zweitens lässt sich ausgehend von diesen Presseäußerungen der *Neuen Zeitung* und der *Münchner Post* die Annahme formulieren, dass das Verbot der Aufführungen mehr Anstoß erregte und es damit ‚skandalöser' war als die bereits vergangenen Theaterskandale in Leipzig und Hamburg, auch wenn sie noch so heftig ausgefallen waren. An den Artikeln der *Münchner Post* und der *Neuen Zeitung* verdeutlicht sich, dass es insbesondere bei der überregionalen Berichterstattung in der Hand der Presse lag, worauf sich die Aufmerksamkeit der Leserschaft richtete. Im Fall von Hamburg wurde gezielt nicht das aufmerksamkeitsgenerierende Phänomen des Skandals vermittelt, sondern das Verbot. Die Zeitungen kontrollierten und steuerten dahingehend, worauf sich eine Empörung der Leser richtete und wie stark diese ausfiel.

Das Aufführungsverbot von *Die Verbrecher* in München stellte jedoch nicht wie die oben beschriebenen Quellen nahelegen, eine absolute Ausnahme dar. Am Landestheater Stuttgart setzte der amtierende „Kultminister" [63] [sic] Wilhelm Bazille von der nationalistischen DNVP ein Verbot gegen *Die Verbrecher* durch. [64] Das *Berliner Tageblatt* kritisierte dieses Vorgehen stark und attackierte sowohl das Theater, das sich gegen dieses Verbot nicht zur Wehr setzte, als auch Wilhelm Bazille selbst, dessen Verbot das Blatt als „Bazilles Theaterzensur" bezeichnete.[65] Dass das Stuttgarter Verbot in einem Verhältnis zu der Verbotsentscheidung in München stand, darauf deutet eine Korrespondenz zwischen den beiden Polizeidirektionen hin. Das Polizeipräsidium Stuttgart forderte in einem Brief an die Polizeidirektion München eine Kopie der Verbotsbegründung des Innenministeriums an und die Münchner Polizeidirektion sendete dieses anschließend nach Stuttgart.[66] Die Korrespondenz ereignete sich zu einem Zeitpunkt, als das Stück in München bereits untersagt war und die Münchner Kammerspiele Einspruch dagegen eingelegt hatten. Im Hinblick auf den Umgang mit dem Stück orientierte man sich folglich in Stuttgart am Beispiel Münchens. In der Stuttgarter Herangehensweise, die Verbotsbegründung einer anderen Stadt heranzuziehen, kann eine Legitimationsstrategie für das eigene Verbot gesehen werden. Auch im Ausland wurden Verbote über das Stück verhängt. So erschien es in Russland 1930 auf der Liste der verbo-

---

63 Vgl. Müller, Bazille, Wilhelm Friedrich, https://www.leo-bw.de/web/guest/detail/-/Detail/details/PERSON/kgl_biographien/116097647/biografie.

64 Vgl. ebd.

65 Vgl. *Berliner Tageblatt*, Bazilles Theaterzensur, o.A., Nr. 89, 21.02.1930.

66 Brief der Polizeidirektion Stuttgart, Landeskriminalpolizeiamt, Abteilung VI an die Polizeidirektion München, Abt. VI, Betreff: Verbot des Schauspiels „Die Verbrecher", gez. [...] Regierungsrat, 29.11.1929; und Brief der Polizeidirektion München, Ref.Th., an das Polizeipräsidium Stuttgart, Betreff: Verbot des Schauspiels „Die Verbrecher", 02.12.1929.

tenen Theaterstücke.[67] In Warschau feierte das Stück zunächst den „üblichen Sensationserfolg“[68], doch „nachdem der urteilsfähige Teil des Publikums [sich] in stürmischen Protesten gegen die Aufführungen gewandt hatte“, verhängte die Warschauer Polizei ein Verbot.

Schließlich sollen die Aufführungen in Nürnberg 1931 einige Zeit nach den Skandalfällen um das Jahr 1928 herum an dieser Stelle Beachtung finden. Dort wurde ein mögliches Verbot in den Raum gestellt, obwohl die Aufführungen nun nicht mehr in einem unmittelbaren Zusammenhang mit der Gefahr von Theaterskandalen und der Erstaufführung des Stücks standen. Die Presse berichtete in Nürnberg von einer „effektvolle[n] Aufführung“[69], die den „Beifall des Publikums“[70] erntete. Der Kommentar einer Zeitung, wonach man „diesem Werk eigentlich zu viel Ehre an[tue], wenn man seinetwegen einen leidenschaftlichen Kampf für oder wider entfesselt“[71], erweckt den Anschein, dass der Skandal um das Stück bereits abgeflaut war. Die scheinbare belanglose Inszenierung des Stücks sowie die unscheinbare Reaktion in der Öffentlichkeit darauf, stehen im Kontrast zu den Bedenken, die Innenminister Karl Stützel angesichts der geplanten Aufführungen des Stücks im Vorfeld bei der Polizeidirektion Nürnberg-Fürth äußerte. Seine Einwände zeugen von einer gesteigerten Wachsamkeit auf die Aufführungen und insbesondere auf die Reaktion bestimmter Publikumsgruppen. Unter Bezugnahme auf das Verbot der Münchner Aufführung vom 16. November 1929 stellte Stützel klar, dass sich daraus für die Polizeidirektion Nürnberg-Fürth weder ein „Zwang noch eine Berechtigung“ für ein weiteres Verbot ergebe. Trotzdem forderte der Minister dazu auf, die aktuelle Situation dahingehend zu überprüfen, ob die öffentliche Ordnung und Sicherheit nicht durch die Aufführungen bedroht seien. Zwar erkannte Stützel an, dass 1929 in München die „Vertrauenskrise der Justiz“ ein brisantes Thema in den Zeitungen gewesen war, die nicht auf Nürnberg im Jahr 1931 zuträfe, dennoch bezweifelte der Minister,

> daß das Vertrauen zur Rechtspflege heute weniger schutzbedürftig ist als damals. Die Wirtschaftslage hat sich seit November 1929 erheblich verschlechtert. Im Zusammenhange damit sind weite Volkskreise staatszerstörenden Einflüssen zugänglicher geworden, als es unter normalen Verhältnisse der Fall ist.[72]

67 [...] *Zeitung*, o.T., o.A., Nr. 173, 28.03.1930.
68 [Bay.] *Staatszeitung*, o.T., o.A., Nr. 196, 27.08.1930.
69 [unles.], o.T., K.L., Nr. 306, 10.11.1931.
70 Ebd.
71 [Augs.] *Postzeitung*, o.T., [A.]E., Nr. 290, 18.12.1931.
72 Brief des Staatsministeriums des Inneren an die Polizeidirektion Nürnberg-Fürth, Betreff: Aufführung des Schauspiels „Die Verbrecher“ von Ferdinand Bruckner, gez. Stützel, 05.03.1931.

Stützel sensibilisierte die Vertreter der Polizeidirektion mit seiner Äußerung für die veränderte politische, gesellschaftliche und wirtschaftliche Situation, die ihm Anlass gaben sich um Störungen bestimmter Theateraufführungen zu sorgen. Folgt man Thomas Fürst, Verfasser einer Stützel-Biographie, galt der Politiker als konsequent und durchsetzungsfreudig, wenn es darum ging, Angriffen auf die Republik durch Extremisten zu begegnen.[73] Er verhängte am 9. März 1925 ein öffentliches Redeverbot gegen Hitler in Bayern, nachdem dieser eine verhetzende und zur Gewalt aufrufende Rede im Münchner Bürgerbräukeller gehalten hatte. Darüber hinaus zeichnete sich der Innenminister dafür verantwortlich, den Nationalsozialisten das Tragen einer einheitlichen Kleidung und des Parteiabzeichens untersagt zu haben. An diesen Maßnahmen wird anschaulich, dass Stützels Politik unter anderem die Performanz rechtsradikaler Gruppen im öffentlichen Raum zu verhindern versuchte, um die Republik dadurch zu schützen. Stützel forderte dahingehend von der Polizeidirektion eine sorgfältige Überprüfung der Situation anlässlich der geplanten Aufführung von *Die Verbrecher* sowie eine Unterrichtung bei Neuigkeiten.[74] Der Innenminister nahm damit die Position des wachsamen Mahners und Beobachters ein. Am Beispiel von Karl Stützels Einwänden und dem Vorschlag zu einem Aufführungsverbot in Nürnberg lässt sich somit eine verstärkte Wachsamkeit des Staats auf das Theater als politischen Ort und als Ort der Versammlung, der durch Störungen gefährdet war, ablesen.

Das Verbot der Aufführungen stellte in München keinen Einzelfall dar. Aber München war vor Stuttgart immerhin die erste Stadt, die ein Verbot verhängte. Nichtsdestotrotz wurde das Narrativ der Sonderrolle Münchens aufgrund des Verbots sowohl von sozialdemokratischer als auch von konservativer und nationalistischer Seite immer wieder bedient. Während die *Bayerische Staatszeitung* das Verbot für gut befand, da München nicht zur „Provinz Berliner Bühnenverdorbenheit"[75] verkommen sollte, kommentierte die *Münchner Post* im Zusammenhang mit der Verbotsentscheidung, dass das „Treiben gassenpolitschen Flegeltums und seiner Hetzpresse"[76] München den Titel der „dümmsten Stadt Europas"[77] eingebracht hat. In beiden Fällen wurde München in einer Sonderrolle dargestellt: Im ersten Fall abgrenzend von einer unerwünschten Großstadtkultur und im zweiten Fall als isolierend. Die *Münchner Post* befürchtete gar, dass München und Bayern durch Entscheidungen wie das Verbot von *Die Verbrecher* den „Zusammenhang mit

73 Vgl. Fürst, *Karl Stützel*, S. 313–410.

74 Brief des Staatsministeriums des Inneren an die Polizeidirektion Nürnberg-Fürth, Betreff: Aufführung des Schauspiels „Die Verbrecher" von Ferdinand Bruckner, gez. Stützel, 05.03.1931.

75 *Bayerische Staatszeitung*, Theater und Musik, F.M., Nr. 266/29, o.D.

76 *Münchner Post*, Die Münchner Polizei treibt Literaturkritik, o.A., Nr. 268, 19.11.1929.

77 Ebd.

der politischen, wirtschaftlichen, kulturellen und geistigen Entwicklung in Deutschland und Europa"[78] verliert. Einzig Theaterkritiker Hanns Braun bezweifelte die Sonderrolle Münchens. Er argumentierte, dass „[f]ür den Tieferblickenden freilich [...] dieses unerfreuliche Verbot kein Einzelfall und schon gar kein bayerischer oder Münchner [ist], wozu ihn manche gerne machen würden."[79]

Verknüpft mit der Debatte um die Sonderrolle Münchens aufgrund des Verbotes ist die Auseinandersetzung mit der Frage, welches Bild die Stadt München überregional von sich zeichnen wollte und vice versa welches Image ihr von außen zugeschrieben wurde. Ferner ist hier die politische Sonderrolle der Stadt München von entscheidender Bedeutung. In der ‚Stadt der Bewegung' wurde das Gebaren der Nationalsozialisten schon früh in den 1920er Jahren besonders laut. Am 24. Februar 1920 gründete sich hier die NSDAP und ihr zukünftiger Führer Adolf Hitler trat hier öffentlich auf und sammelte Anhänger um sich. Daneben erhielt in der zweiten Hälfte der 1920er Jahre die Diskussion um das Label der „Kunststadt München" einen neuen Aufwind.[80] So bedeute das Verbot der *Münchner Post* zufolge eine „Blamage Münchens und Bayerns vor der ganzen zivilisierten Öffentlichkeit"[81]. Es koste die Stadt bei einer „maßgebenden Oeffentlichkeit"[82] Ansehen und Vertrauen und führe zu negativen Konsequenzen für zukünftige Bühnenprojekte. Denn wenn ein Aufführungsverbot einer neuen Produktion befürchtet werden müsse, zögerten Verleger neue Bühnenwerke an die Münchner Theater zu verkaufen.[83] München verkümmere der *Münchner Post* zufolge durch diese Entwicklungen zur „Provinzstadt"[84]. Während in der Auseinandersetzung um die ‚Theaterstadt München' die Fronten also verhärtet waren, veranlasste die breite öffentliche Debatte um die ‚Kunststadt München' den Stadtrat zu neuen Initiativen im Kultur- und besonders im Museumsbereich.[85] So wurde die Künstlerresidenz Franz von Lenbachs durch Schenkung seiner Witwe 1924 zu einer stadteigenen Gemäldegalerie. Darüber hinaus wurde das Stadtmuseum ausgebaut, mehrere bedeutende Ausstellungen organisiert und 1925 das Deutsche Museum unter Anleitung des Architekten Oskar von Miller fertig gestellt. Ende der zwanziger Jahre machten sich diese Investitionen in den Kulturbereich bemerkbar. Mit mehr als 850 000 Besuchern rangierte Mün-

78 Vgl. *Münchner Post*, Wer schädigt das Ansehen Münchens? o.A., Nr. 277, 29.11.1929.
79 *Münchner Zeitung*, o.T, Hanns Braun, o.Nr., 29.11.1929.
80 Vgl. Schumann, *Kommunalpolitik in München zwischen 1918 und 1933*, S. 13.
81 *Münchner Post*, Wer schädigt das Ansehen Münchens? o.A., Nr. 277, 29.11.1929.
82 Ebd.
83 Ebd.
84 Ebd.
85 Und folgende Beispiele: Vgl. Schumann, *Kommunalpolitik in München zwischen 1918 und 1933*, S. 13.

chen in der Fremdenverkehrsstatistik vor Hamburg und hinter Berlin.[86] Die Diskrepanz zwischen dem statistisch erhobenen Output des Münchner Kulturbetriebs und der Wahrnehmung des Kulturstandorts Münchens, war durchaus auch politisch motiviert. Zum Beispiel wollte das *Berliner Tagblatt* Münchens Image einer ‚Kunststadt' nicht anerkennen, weil gleichzeitig Fremdenverkehr und die Ausgrenzung von Bürgern, die nicht die vaterländische Ideologie teilten, zu betreiben, dem Blatt als nicht akzeptabel erschien.[87]

6.1.5 Die Verhandlung von Verbrechen im Drama. Inhaltliche Aspekte

Das Stück *Die Verbrecher* erzählt von den Straftaten der Bewohner eines Hauses und ihren Konflikten mit der Justiz. Die Figur Frau von Wieg zum Beispiel finanziert die Ausbildung ihrer Kinder aus unbekannter Geldquelle. Später stellt sich heraus, dass sie unerlaubterweise das Geld des verreisten Schwagers ausgegeben und sich damit verschuldet hat. Zwei andere Figuren, Olga Nagerle und ihr Partner Kummerer, erwarten ein Kind, das sie jedoch aufgrund von Geldsorgen nicht großziehen können. Es wird vereinbart, dass das Kind bei der Köchin Ernestine Puschek aufwachsen soll. Die unfreiwillige Kindesunterschiebung aus Geldnot bringt Olga Nagerle in eine so verzweifelte Lage, dass sie versucht sich und das Kind umzubringen. Während das Kind umkommt, überlebt die Mutter den Selbstmordversuch und muss sich anschließend wegen Kindesmord vor Gericht verantworten. Die Köchin Ernestine Puschek ist mit dem Kellner Tunichtgut zusammen. Während Tunichtgut romantische Beziehungen zu mehreren Frauen unterhält, leidet Ernestine unter starker Eifersucht. Um Tunichtgut für sich zu gewinnen, verspricht sie ihm ein Kind. Weil sie selbst nicht schwanger werden kann, plant sie Tunichtgut das Kind von Olga Nagerle unterzuschieben und als ihr eigenes auszugeben. Die Köchin Ernestine errät eines Tages, dass Tunichtgut bei der Wirtin Kudelka zu Besuch gewesen ist. Nach einem Streitgespräch erwürgt sie die Wirtin. Vor Gericht wird allerdings nicht Ernestine Puschek, sondern Tunichtgut wegen Mordes angeklagt. Als Beweis wird Tunichtguts Armbanduhr, die in der Stube der Kudelka gefunden wurde, herangezogen. Trotz seiner Unschuldsbeteuerungen verurteilt das Gericht Tunichtgut wegen Mordes zur Todesstrafe. Auch der junge Frank wird aufgrund seiner Homosexualität verhängnisvoll in Straftaten verwickelt. Alfred ist unglücklich in die verheiratete und vierzig Jahre ältere Frau Berlessen verliebt. Er will mit ihr ins Ausland fliehen und begeht dafür einen Kassendiebstahl.

---

86 Vgl. ebd.
87 Vgl. *Berliner Tageblatt*, Entweder-Oder, Werner Richter, Nr. 592, 28.11.1929.

Das Stück führt im ersten und dritten Akt die oben beschriebenen ‚Verbrecher' und ‚Verbrechen' vor. Im zweiten Akt wird gezeigt, wie die Justiz über diese urteilt. Im Verlauf des Stücks lernt der Zuschauer die Lebensumstände der einzelnen Figuren kennen und es wird deutlich, dass das Gericht nicht nur schuldige, sondern auch unschuldige Figuren verurteilt. Der Kellner Tunichtgut zum Beispiel wird zum Tode verurteilt, obwohl der ihm vorgeworfene Mord eigentlich von der Köchin Ernestine Puschek verübt worden ist. Das Stück veranschaulicht, dass die Parameter der Justiz die Wirklichkeit nur ungenügend bewerten. Beispielhaft steht hierfür der Fall von Olga Nagerle, die ihr Neugeborenes bei ihrem Selbstmordversuch tötet und die schließlich wegen Kindesmord verurteilt wird. Auf die Frage des Gerichts, warum sie das Kind mit ins Wasser genommen habe, antwortet sie, dass sie es aus Liebe getan habe.[88] Da sie aus finanzieller Not das Kind nicht mit ihrem Partner Kummerer großziehen könne, wolle sie ihrem Kind aus Liebe das Leben in Armut ersparen. Die wirtschaftliche Perspektivlosigkeit des Paares und zugleich das Verbot der Fruchtabtreibung nach § 218, bringen Olga Nagerle in eine aussichtslose Situation, die das Gericht nicht in seinem Urteil berücksichtigt. Im dritten Akt sind ‚Verbrechen' zu sehen, die nicht vor Gericht verhandelt, aber dennoch vom Rezipienten als solche wahrgenommen werden. Darüber hinaus ist noch die Verurteilung von Figuren jenseits der Justiz ein Handlungselement des Stücks. So greift die Köchin Ernestine Puschek, nachdem sie vor Gericht den Mordverdacht erfolgreich auf Tunichtgut gelenkt hat, reumütig zur Selbstjustiz und begeht Suizid. Olgas Partner Kummerer beschließt nach der Verurteilung seiner Frau ein Buch über Recht und Unrecht zu schreiben, um ‚Straftaten' wie der von Olga begangenen eine eigene Meinung hinzuzufügen. Über die unterschiedlichen ‚Verbrechen', die das Stück präsentiert, und ihre Beurteilung reflektiert die Figur des Verteidigers mit der Beobachtung,

> daß längst nicht jeder, den der Staat ins Gefängnis schickt, ein Verbrecher ist. Fest steht, daß viele, die der Staat in Ehren herumlaufen läßt, Verbrecher sind. Wo ist der Zusammenhang zwischen Urteil und Tat, wenn die Aufrufung eines Paragraphen die verschiedensten Ergebnisse zeitigen kann. […] Was ist Recht, wenn es nicht Menschlichkeit ist? Was ist das Wesen des Rechts? [89]

Die Figur des Verteidigers weist auf die Diskrepanz zwischen tatsächlichen Verbrecher und verurteilten Angeklagten hin sowie auf das unklare Verhältnis von Urteil und ‚Verbrechen'. Aus der zitierten Äußerung wird klar, dass das Stück Fragen zu diesem Thema stellt und auf strittige Beispielfälle der Rechtsprechung hinge-

88 Vgl. Bruckner, *Die Verbrecher*, S. 81.
89 Bruckner, *Die Verbrecher*, S. 100.

wiesen wird. Diese Funktion eröffnet wiederum für die Zuschauer die Möglichkeit ein eigenes Urteil über das Gesehene zu fällen. Zu einem ähnlichen Befund auf der Ebene des Autors kommt Christiane Lehfeld, die sich in ihrer Dissertation näher mit der Position von Ferdinand Bruckner bei *Die Verbrecher* auseinandergesetzt hat. „Was das zentrale Thema angeht, so legt sich Bruckner weder auf eine konstruktive Kritik fest, noch läßt sich ein eindeutiger ideologischer Standpunkt ausmachen, auf dem seine Anklage gründet."[90] Somit griff der Autor zwar in *Die Verbrecher* mit ‚Verbrechen' und ‚Justiz' brisante Themen auf, er verweigerte sich jedoch einer konkreten Kritik oder Anklage. Stattdessen betont Lehfeldt die „liberal[e] Perspektive"[91] von Bruckners Position, die Anteil an dem Schicksal der Betroffenen nimmt und die verschiedenen Gründe für die ‚Verbrechen' der Figuren, wie „Versagen der Rechtsprechung"[92], die „sozialen Verhältnisse"[93] oder „persönliche Probleme"[94], aufzeigt. Dadurch, dass der Autor ein brisantes Thema zur Disposition stellt, sich selbst aber in seiner Wertung eher zurücknimmt, rückt der Zuschauer in die Position sich selbst zu der Frage, was ein Verbrechen ist, zu verhalten. Die Zuschauerposition eignet sich zudem in besonderer Weise, um die Situation zu beurteilen. Denn anders als die Angehörigen des Gerichts im Stück, werden den Zuschauern durch die Szenographie die einzelnen Fälle räumlich nebeneinander vorgestellt, wodurch diese besser vergleichbar sind. Im ersten Akt lernt der Zuschauer die Geschichten und Beziehungen der Figuren und deren Motivation für die ‚Verbrechen' kennen. Der Zuschauer ist damit nicht nur besser über die Umstände informiert als die Angehörigen des Gerichts. Weil er Augenzeuge des gespielten ‚Verbrechens' auf der Bühne ist, kennt er sowohl die Tat als auch die emotionale Verfasstheit der ‚Täter' besser als die Richterfiguren. Sowohl die Zurückhaltung einer kritischen Autorenstimme als auch die Form, der Aufbau und die szenische Umsetzung des Stücks, aktivieren den Zuschauer und bringen ihn selbst in eine Richterposition. Nachdem der Inhalt des Stücks, die kritische Position des Autors und des Zuschauers näher bestimmt wurde, soll der zentrale Aspekt der Kritik nun auf literaturwissenschaftlicher Grundlage weiter ausdifferenziert werden.

90 Lehfeldt, *Der Dramatiker Ferdinand Bruckner*, S. 51.
91 Ebd.
92 Ebd.
93 Ebd.
94 Ebd.

6.1.6 Zwischen Distanzierung und Mitgefühl. Die Wirkungsebenen des Zeitstücks

Bruckners *Die Verbrecher* stellt ein sogenanntes Zeitstück dar.[95] Besonders Ende der zwanziger Jahre und Anfang der dreißiger Jahre erschienen Stücke dieser Art gehäuft.[96] Nach Günther Rühle bezeichnet ein Zeitstück ein „Schauspiel, das sich unmittelbar mit den Problemen der Gegenwart, der nahesten Zeit, beschäftigt“[97]. Im Fall von *Die Verbrecher* wurden die gerichtlichen Strafentscheidungen und ihre Auswirkungen auf die Angeklagten sowie umstrittene Gesetzesparagraphen, zum Beispiel § 218, der Schwangerschaftsabbrüche verbietet oder § 175, der männliche Homosexualität bestrafte, thematisiert. Allgemein war die Beschäftigung mit dem Justizwesen ein häufig gewähltes Thema bei Zeitstücken.[98] Die Stücke *Josef* (1929) von Eleonore Kalkowska und *Staatsräson* (1928) von Erich Mühsam trugen etwa maßgeblich dazu bei, der zeitgenössischen Debatte um die Todesstrafe in Deutschland zu mehr öffentlicher Sichtbarkeit zu verhelfen.[99] Darüber hinaus wiesen Stücke wie Friedrich Wolfs *Cyancali* (1929) und Carl Credés *Gequälte Menschen §218* (1930) eindrücklich auf die notwendige Aufhebung des Abtreibungsverbotes hin.[100] Zentral ist bei den genannten Beispielen der Aspekt, dass durch das Stück Kritik an der Justiz geübt wurde.

Folgt man dem Literaturwissenschaftler Carsten Jacobi charakterisiert sich das Zeitstück durch einen „subjektiven – nämlich kritischen – Standpunkt zum Gegenstand seiner Darstellung; diesem Standpunkt verleiht es den Anschein objektiver Gültigkeit.“[101] Entscheidend dabei sei, dass der subjektive, kritische Standpunkt des Autors so präsentiert werde, dass er „die ‚bloß‘ subjektive Ablehnung beglaubigt und als verallgemeinerungsfähig erscheinen [ließe].“[102] In der subjektiv-kritischen

95 Vgl. Schneider, Das „Zeitstück“, S. 836.

96 Vgl. Rühle, *Theater in Deutschland*, S. 542 f. Ernst Tollers *Hinkemann* von 1923 identifiziert Günther Rühle als eines der ersten Stücke mit Zeitstück-Elementen. Weitere Stücke, die nach Rühle in die Kategorie Zeitstück fallen und die Anstoß und zum Teil Verbote bzw. Theaterskandale auslösten sind Ernst Tollers *Hoppla, wir leben* (1927), Peter Martin *Lampels Revolte im Erziehungshaus* (1928) und *Giftgas über Berlin* (1929), Friedrich Wolfs *Cyancali* (1929) und *§218* von Carl Credé (1929), sowie *Die Affäre Dreyfus* von Hans Rehfisch/Wilhelm Herzog (1929), *Gott, König und Vaterland* (1930) von Leo Lania, *Kampf um Kitsch* von R.A. Stemmle (1931) und *Die Mutter* (1932) von Maxim Gorki und Bert Brecht.

97 Rühle, *Theater in Deutschland*, S. 542 f.

98 Vgl. Jacobi, *Der kleine Sieg über den Antisemitismus*, S. 95.

99 Vgl. Petersen, *Literatur und Justiz in der Weimarer Republik*, S. 188.

100 Vgl. Schneider, Das „Zeitstück“, S. 835.

101 Jacobi, *Der kleine Sieg über den Antisemitismus*, S. 87.

102 Ebd.

Stimme des Autors und der „zeitstückspezifische[n] dramatische[n] Rhetorik“[103] drücke sich eine „theatrale Form bürgerlicher Öffentlichkeit“[104] aus. Aufgrund der Verallgemeinerungsfähigkeit erfordere das Zeitstück gerade keine „eigenständige hermeneutische Leistung der Entschlüsselung oder Übertragung des Gezeigten hinsichtlich der eigenen gesellschaftlichen Gegenwart“[105]. Folgt man Jacobi, so bildet das Zeitstück die Gesellschaft in „typisch[er]“[106] Weise nach. Dabei unterscheidet sich das Zeitstück vom naturalistischen Stück darin, dass das Zeitstück eine soziale Realität in „einer sie charakterisierenden Weise“[107] vergegenwärtigt, während im Drama des Naturalismus die „Bühnenwirklichkeit mit der sozialen Realität identifiziert“[108] wird. Da es gerade nicht um Identifikation mit dem Geschehen geht, sondern darum dem Zuschauer ein möglichst charakterisierendes und typisierendes Bild von Verbrechen und deren gerichtlicher Aufbereitung darzustellen, wird das Publikum im wörtlichen Sinne zum ‚Zuschauer‘. „Die, die zusehen, können auch entscheiden“, argumentiert die Medientheoretikerin und Rechtshistorikerin Cornelia Vismann, „Distanznehmen, Sicht und Einsicht, Einsicht und Entscheidung bilden eine verkettete Reihe, an deren Ende das auf sich gestellte, reflexive Sich-Entscheiden stehen wird.“[109] Diese Verortung und Perspektivierung bringt den Zuschauer in die Position des Entscheiders und damit potenziell in die Position des beurteilenden Richters beziehungsweise Kritikers.

Diese Position wird zusätzlich bestärkt, denn wie Jacobi ausführt, liegt in der Darstellung von Gerichtsverfahren im Stück der „Versuch, ein vergangenes Geschehen zu vergegenwärtigen, um zu einem (sach-) gerechten Urteil zu gelangen.“[110] Das Zeitstück mit dem Thema Justiz enthalte einen Wirklichkeitsanspruch, weil durch die Gerichtsszenen ein vergangenes ‚Verbrechen‘ erneut vergegenwärtigt werde. Vergegenwärtigung bedeutet hier, dass ein ‚Verbrechen‘ wiederholt überprüft werde, um zu einem gerechteren Urteil zu gelangen. In Konsequenz schlussfolgert Jacobi, dass „die kritischen Zeitstücke, das Ideal der Wahrheitsfindung (im Sinne der Wirklichkeitsnachbildung) ernster […] nehmen als die unsachgemäß gegen dieses Ideal verstoßende Justiz.“[111] Hierdurch komme es zu einem Konkurrenzverhältnis zwischen Zeitstück und Justiz um die Ermittlung der Wirklichkeit.

103 Ebd., S. 99.
104 Ebd.
105 Ebd., S. 90.
106 Ebd.
107 Ebd.
108 Ebd.
109 Vismann, Das Drama des Entscheidens, S. 92.
110 Jacobi, *Der kleine Sieg über den Antisemitismus*, S. 95 f.
111 Ebd., S. 96.

Zeitstücke kritisierten also nicht nur die Justiz, sondern vielmehr versuchten sie auch die Fälle genauer zu überprüfen und zu „besseren" Urteilen zu gelangen.[112] Die Zuschauer entschieden somit nicht nur über das fiktive szenische Geschehen, sondern durch das typisierende Zeitstück besäßen ihre Urteile gleichsam einen Wirklichkeitsanspruch. Durch ihre spezifische Position bei Zeitstücken partizipierten sie am öffentlichen Diskurs über ‚Verbrechen' und deren Bewertung durch die Justiz. Das Publikum des Zeitstücks nehme damit aus dem Theater heraus eine Kontrollfunktion gegenüber der Justiz ein.

Zusammengefasst bildet das Zeitstück eine Form der Gesellschafts- und Justizkritik, an der das Publikum in einer beurteilenden Funktion mitwirkt. Diese entsteht durch dessen Distanzierung vom Gezeigten, die durch die dramatische Charakterisierung und Typisierung von gesellschaftlichen Missständen hervorgerufen wird. Wie der Literaturwissenschaftler Helmut Kiesel herausgestellt hat, ist die Zeitstück-Dramatik gerade deshalb so wirkungsvoll, weil sie an das Mitleid der Zuschauenden appelliert.[113] Vor diesem Hintergrund ist der Vorgang der Distanzierung mitnichten als ein kühler oder rationaler Prozess zu beschreiben. Das Zeitstück führt zu einer kritischen Haltung des Betrachters, indem es gleichsam eine Distanzierung *und* ein Mitgefühl evoziert. Folgt man Kiesel, so aktiviert diese Kombination die Zuschauer möglicherweise stärker noch als nach Bert Brechts Theorie vom *Epischen Theater* und wirkt zudem über das Theater hinaus. Brecht hat die Distanzierung der Zuschauer zum Geschehen als Mittel genutzt, damit sich diese nicht in das Geschehen einfühlen, sondern um den gesellschaftlichen Vorgang dahinter bewerten zu können.[114] Laut Kiesel habe Brecht selbst erkannt, dass das Zeitstück eine ausnehmend starke Wirkung auf das Publikum besitze.[115] Gerade diese Mischung aus Kritik und Emotion, die Zeitstücke wie *Die Verbrecher* erzeugten, kann als Grund dafür gesehen werden, warum besonders diese Art von Stücken als Gefahr für eine bestehende Ordnung wahrgenommen wurde, und es dagegen fortwährend zu Protesten kam. Ein solcher Protest gegen Zeitstücke spiegelt sich in der Diskussion um die Tendenz von Stücken wider.

112 Vgl. ebd.

113 Vgl. Kiesel, *Geschichte der deutschsprachigen Literatur 1918 bis 1933*, S. 1129.

114 Vgl. Brecht, *Episches Theater, Entfremdung (1936/37)*, S. 211f. sowie Brecht, *V-Effekt (1936/37)*, S. 212.

115 Vgl. Kiesel, *Geschichte der deutschsprachigen Literatur 1918 bis 1933*, S. 1130.

6.1.7 Checks and Ballances bei ‚Tendenzstücken'

Im Zusammenhang mit den Aufführungen von *Die Verbrecher* und insgesamt in der Diskussion um das Zeitstück wird immer wieder der Begriff der ‚Tendenz' aufgegriffen. Der Begriff wurde sowohl von der Presse als auch von Polizei und Theatermachern genutzt. Die *Neue Freie Presse* sah in dem Stück eine ‚Tendenz' gegen die Justiz[116], der *Berliner Lokal-Anzeiger* nahm in dem Stück allgemein eine „zeitkritisch[e] Tendenz"[117] wahr und die *Münchner Zeitung* sprach von einem „Tendenzdrama ohne Beweis- und Werbekraft"[118]. Während die *Bayerische Staatszeitung* eine „verderbliche Tendenz"[119] eines „bolschewistischen Machwerks"[120] erkannt haben wollte, begründete die *Münchner Post*, warum das Stück kein „einseitiges parteipolitisches Tendenzstück"[121] darstellte. Der Regierungsrat Werberger von der Münchner Polizei meldete aus der ‚geschlossenen Aufführung' an das Innenministerium eine unverkennbare „Tendenz die Strafrechtspflege herabzusetzen"[122]. Und der Regisseur Richard Révy erklärte in einer Stellungnahme, dass zwischen *Die Verbrecher* und anderen „sogenannten ‚Tendenz-Stücke[n]'"[123] ein Unterschied bestehe. Seiner Aufführung des Brucknerschen Stücks läge vielmehr ein „ethischer Grundgedank[e]"[124] zugrunde. ‚Tendenz' wurde auf unterschiedliche Weise in diesen Beispielen verwendet. Als Gemeinsamkeit lässt sich zunächst festhalten, dass der Begriff eher negativ konnotiert ist. Nicht nur wegen seiner häufigen Nennung lohnt sich eine nähere Auseinandersetzung mit dem Begriff, sondern insbesondere auch wegen seinen politischen Implikationen und dem sich daraus ergebenden Potenzial zur Skandalisierung.

Welche Meinungen und Auffassungen des Begriffes Tendenz unter Zeitgenossen verbreitet waren, gibt eine Umfrage aus der Zeitschrift *Die Scene* wider.[125] Befragt wurden mehrere prominente Kulturschaffende, darunter Carl Sternheim, Ernst Toller, Bert Brecht und Walter Hasenclever, zu der Frage „Soll das Drama eine

116 Vgl. *Neue Freie Presse*, Berliner Theater, Paul Goldmann, Nr. 23039, 03.11.1928.
117 *Berliner Lokal-Anzeiger*, „Die Verbrecher" vor den Berliner Juristen, o.A., Nr. 35, 21.01.1929.
118 *Münchner Zeitung*, o.T., Friedrich Märker, Nr. 304, 02.11.1928.
119 *Bayerische Staatszeitung*, Zum Verbot von Bruckners „Verbrecher", o.A., Nr. 267, 19.11.1929.
120 Ebd.
121 *Münchner Post*, Um was geht es in Bruckners Verbrecher? Hermann Eßwein, Nr. 277, 29.11.1929.
122 Brief an das Staatsministerium des Innern, Betreff: Geschlossene Vorstellung des Schauspiels „Die Verbrecher" im Schauspielhaus, gez. Regierungsrat Werberger, Polizeidirektion München, Referat Th., 29.11.1929.
123 Stellungnahme von Richard Révy, 20.11.1929.
124 Ebd.
125 Die Angaben zu der Umfrage im Folgeabschnitt sind aus: Angermayer, ‚Soll das Drama eine Tendenz haben?', S. 324–330.

Tendenz haben?". Die meisten Meinungen zu dieser Frage vertraten entweder die Position, dass das Drama immer eine bestimmte Tendenz hat oder dass das Drama keine Tendenz haben sollte. Bevor auf die unterschiedlichen Meinungen eingegangen wird, werden Definitionsvorschläge von Zeitgenossen vorangestellt. Der Dramatiker Hans J. Rehfisch versuchte diese zu definieren als „die Richtung des sich äußernden Menschen gegenüber der allgemeinen Zeit- und Weltrichtung". Er stellte heraus, dass ‚Tendenz' eine bestimmte Gesinnungsrichtung meint. Einen erweiterten Definitionsvorschlag nahm der Schriftsteller Gerhard Menzel vor, indem er Sender und Empfänger von dieser benannte. Er verstand unter ‚Tendenz' „die Absicht des Autors, dem Leser oder Zuhörer den Beweis seiner eigenen Meinung von irgendeiner Sache zu demonstrieren, ihm ein bestimmtes, begrenztes Weltbild einreden zu wollen". ‚Tendenz' oder ‚Gesinnung' – Ernst Toller verwendete die beiden Begriffe synonym – meint also eine bestimmte weltanschauliche Richtung, die durch ein Stück oder eine Aufführung vermittelt wird. Der Schriftsteller Heinrich Mann teilte in der Umfrage seine Beobachtung, dass ihm kaum ein Stück ohne Tendenz bekannt sei. „Jedes zieht auch Schlüsse", argumentierte Mann und ebenso lässt „[d]ie Art der Handlungsführung allein Schlüsse zu." Auffallend ist hier, dass Mann diese einerseits als aktive Vermittlung einer Gesinnung des Autors durch das Stück verstand und andererseits als etwas, das aus dem Stück rezipiert werden könne. Anders als in Gerhard Menzels Definitionsvorschlag vermittelt sich ‚Tendenz' nicht nur *one way* vom Autor zum Rezipienten, sondern sie kann auch im Wahrnehmungsmodus des jeweiligen Zuschauenden gesehen werden. Dieser Aspekt kann als eine Begründung dafür dienen, warum im Fall von *Die Verbrecher* Uneinigkeit darüber herrschte, ob das Drama nun eine Tendenz besitze oder nicht. Mehr noch als Heinrich Mann, behaupteten Bert Brecht, Alfred Brust, Ernst Toller, Paul Kornfeld und Hans J. Rehfisch, dass das Drama stets eine ‚Tendenz' habe. Brecht argumentierte, dass „[j]edes Drama, das nicht nur die Tendenz hat, Geld zu machen, [...] irgendeine andere Tendenz hat." Er verstand diese als eine Aussage oder eine Botschaft, die Bühnenwerke besäßen, sofern sie nicht nur einem ökonomischen Zweck dienen sollten. In der Umfrage äußerten sich auch einige Befragte skeptisch zum Begriff und versuchten Theater und Tendenz voneinander zu trennen. Der Dramatiker Walter Hasenclever etwa wünschte sich, dass diese bei Stücken im Hintergrund stehe und eigentlich nicht wahrgenommen werde. Seiner Meinung nach dürften künstlerische Werke und politischer Aktivismus nicht miteinander vermischt werden. Der Schriftsteller jüdischer Herkunft Paul Kornfeld wiederum ging zwar davon aus, dass jedem Drama eine gewisse Gesinnung durch seinen Autor inhärent ist, trotzdem fand er, dass ein Drama keine Tendenz haben sollte, denn

> [e]s geht nicht an, daß Menschen, die bestimmte Tendenzen vertreten wollen und zu diesem Zweck Reden halten, Politik treiben, Artikel schreiben und Rednertribünen und Zeitungen und Zeitschriften dafür verwenden, daß diese Menschen plötzlich ausrufen: hallo, hier ist auch noch etwas, wo wir unsere Meinungen hinausschreien können, hier die Bühne, das Theater, das Drama!

Kornfeld wehrte sich in dieser Äußerung gegen die Indienstnahme des Theaters für bestimmte Tendenzen. Das Theater dürfe kein Medium für die Verbreitung von Weltanschauungen an die Öffentlichkeit sein. Auch wenn diese nicht unmittelbar sichtbar sei, so sei sie dennoch vorhanden, behaupteten Heinrich Mann und Hans J. Rehfisch. Mann erkannte bei jenen Werken, die moralischen, kulturellen und politischen Absichten ausweichen, „erst recht Tendenz". Was das für eine Tendenz sein sollte, führt Rehfisch aus: „[N]ämlich die Tendenz, daß alles so, wie es sei, gut und bejahenswürdig sei und keiner Erneuerung bedürfe – also die konservative Tendenz!" Wenn also ein Stück ohne eine erkennbare ‚Tendenz' eine konservative Gesinnung beinhaltet, dann bedeutet dies im Umkehrschluss, dass die Stücke, denen eine offensichtliche ‚Tendenz' vorgeworfen wird, wie zum Beispiel *Die Verbrecher*, eine ‚moderne', progressive oder unerwünschte politische Weltanschauung enthalten. In der Tendenz-Debatte findet sich somit ein zentraler Konflikt der Kunst zu Beginn des 20. Jahrhunderts wieder, nämlich der Streit zwischen Vertretern der ‚Moderne' und den Verfechtern einer ‚konservativen' Kunst.

6.2 Hinter verschlossenen Türen. Verortung des Skandals

Die Aufführungsgeschichte von *Die Verbrecher* mit heftigen Theaterskandalen in Leipzig und Hamburg 1929–1930 bildet zusammen mit den auseinandergehenden Meinungen in der Öffentlichkeit zu *Die Verbrecher* und den vereinzelten Störungen bei den Aufführungen zu *Krankheit der Jugend* einen soliden Nährboden für weitere Aufführungsstörungen von *Die Verbrecher* in München, die jedoch in dieser Form nicht eintraten. Denn bevor es in München zu Störungen oder Tumulten kommen konnte, wurde das Stück vorsorglich wegen der darin „erblickte[n] Gefährdung der öffentlichen Ordnung"[126] verboten. Der folgende Abschnitt nimmt sich dahingehend vor, die Vorgänge um das Verbot in München zu beleuchten und geht dabei insbesondere auf das Aufführungsverbot sowie die Kontrolle der Öffentlichkeit anlässlich der ‚geschlossenen Vorstellung' des Stücks ein.

126 Polizeipressebericht, o.T., o.A., 16.11.1929.

6.2.1 Die Vorgänge

Schon mehrere Monate vor den Proben zu *Die Verbrecher* in München kündigte die Presse an, dass die Kammerspiele in ihrem Studio mehrere Zeitstücke aufführen werden. Neben *Die Verbrecher* waren darüber hinaus Aufführungen von *Revolte im Erziehungshaus* von Peter Martin Lampel und *Ursache* von Leonhard Frank geplant.[127] Die *Münchner Neuesten Nachrichten* erklärten dazu die Intention dieser Stücke:

> Diese Bühnenwerke sollen Themen zur Diskussion stellen, die der allgemeinen Anteilnahme wert sind und die das Theater wieder in den Mittelpunkt der geistigen Interessen unserer Stadt rücken sollen. Die Bühne selbst ist hier parteilos und erwartet durch diesen Vorstoß aus einer allgemeinen Kunstdämmerung in neues Gebiet das Wiedererwachen lebendiger Parteinahme für die zur Diskussion gestellten Gegenwartsfragen.[128]

Stücke, die Themen von allgemeinem Interesse behandelten, sollten demnach zu einem gesteigerten Interesse für das Theater führen. Das Theater beanspruche damit eine neue Relevanz für die Stadt und die Gesellschaft, weil es Gegenwartsfragen von allgemeinem Belang aufgreifen wolle. Die Äußerung der *Münchner Neuesten Nachrichten* erschien am 19. Februar 1929, also mehrere Monate vor den geplanten Aufführungen von *Die Verbrecher*.[129]

Am 16. November 1929 wurde Ferdinand Bruckners *Die Verbrecher* für die Aufführung in den Kammerspielen im Schauspielhaus verboten.[130] Nur wenige Tage vor der Münchner Erstaufführung, beschloss die Polizeidirektion die Verbotsmaßnahme. Die Kammerspiele waren von diesem Erlass schwer getroffen und kündigten an „mit allen Mitteln gegen das Verbot“[131] vorzugehen. Nachdem bei *Der fröhliche Weinberg* Polizeidirektion und Kammerspiele zwar nicht einhellig, aber immerhin konstruktiv miteinander kommuniziert hatten, gestaltete sich dieses Verhältnis im Vorfeld der Aufführungen von *Die Verbrecher* etwas anders. Im Sommer 1929 wurde im Spielplan für die Spielzeit 1929/30 *Die Verbrecher* als neue Produktion angekündigt.[132] Kurz nach dem Erscheinen des Spielzeitheftes telefonierte Oberinspektor Gabel mit dem Dramaturgen Geis von den Kammerspielen.

---

127 Vgl. Münchner Neueste Nachrichten, *Eine neue Münchner Bühne*, Ernst Geis, Nr. 49, 19.02.1929.

128 Ebd.

129 Dafür spricht auch, dass der zitierte Artikel der *Münchner Neueste Nachrichten* sich zu Beginn des Aktes der Polizeidirektion 4603 zu *Die Verbrecher* findet.

130 Vgl. Polizeipressebericht, o.T., o.A., 16.11.1929.

131 Polizeiliches Protokoll der Vorgänge bis zum Verbot, o.T., o.A., o.D.

132 Vgl. Die folgenden Ausführungen zu den Entscheidungen und Gesprächen sind entnommen aus: Polizeiliches Protokoll der Vorgänge bis zum Verbot, o.T., o.A., o.D.

Ihm wurde mitgeteilt, dass die Aufführungen von *Die Verbrecher* noch mit dem Verlag verhandelt werden und eine Verschiebung der Premiere im Raum steht. Ab 5. Oktober probten die Kammerspiele *Die Verbrecher.*[133] Am 29. Oktober 1929 übermittelte Geis der Polizeidirektion, dass eine Änderung oder Auflösung des Vertrags mit dem Verlag nicht mehr vorgesehen ist und die Aufführungen von *Die Verbrecher* weiterhin geplant sind. In der darauffolgenden Zeit besprach sich die Polizei mit Rechtsrat Hörburger über die geplanten Aufführungen und teilte der Regierungsstelle das Vorhaben der Kammerspiele mit. Anfang November meldete Geis der Polizeidirektion, dass die erste Aufführung um den 25. November 1929 herum über die Bühne gehen werde. Von dieser Neuigkeit wurde abermals die Regierung in Kenntnis gesetzt, die eine Besprechung mit der Polizeidirektion einberief und ein Treffen mit Staatsanwalt Denzel anberaumte. Der Staatsanwalt wies hierbei auf eine Stellungnahme des Justizministers hin. Schließlich fand eine Besprechung zwischen der Polizeidirektion und Ministerialdirektor Zetlmeier von der Regierungsstelle bei Staatsrat von Jan statt. Noch am gleichen Tag wurde Direktor Otto Falckenberg unterrichtet, dass ein Aufführungsverbot über *Die Verbrecher* verhängt ist. Eine ‚geschlossene Vorstellung' des Stücks wurde von der Polizeidirektion in Betracht gezogen, doch Rechtsanwalt Kaufmann von den Kammerspielen ging zunächst nicht auf den Vorschlag ein.

An den dargestellten Ausführungen wird deutlich, dass die Polizeidirektion in kontinuierlichem Austausch mit den Kammerspielen stand. Hinsichtlich der Kommunikation zwischen Polizeidirektion und Kammerspielen äußerte der Dramaturg Geis, dass das Gespräch nach seinem Empfinden nicht ehrlich und offen verlaufe.[134] Geis führte mehrere Telefonate mit Oberinspektor Gabel von der Polizeidirektion über die Geschehnisse im Theater. Nebenbei kam Gabel wiederholt auf die Aufführung von *Die Verbrecher* zu sprechen. „[I]mmer war es so, dass zuerst andere Kleinigkeiten der Anlass des Anrufs seitens der Polizeidirektion waren, und erst am Schluss des Gesprächs in aller Kürze und en passant die Angelegenheit ‚Die Verbrecher' berührt wurde."[135] Geis erkannte in Gabels Gesprächsführung eine beiläufige Wachsamkeit in Bezug auf die geplanten Aufführungen. Dass andere Themen vorgeschoben wurden, lässt sich als Ablenkung von Gabels eigentlichem Interesse auffassen und in den nur knappen Erkundigungen nach dem Stück ist die Strategie erkennbar, die Aufmerksamkeit des Gesprächspartners nicht in Richtung *Die Verbrecher* zu lenken. Die beiläufige Wachsamkeit des Oberinspektors Gabel fiel Geis zwar auf, denn sonst wäre er nicht so ausführlich darauf zu sprechen ge-

133 Vgl. Bericht von Jacob Geis, Bericht über meine Gespräche mit dem Theaterreferat der Polizeidirektion München, 20.11.1929.

134 Vgl. folgende Ausführungen: Ebd.

135 Ebd.

kommen, dennoch reagierte Geis auf das Verbot des Stücks mit Überraschung. Er konnte weder „aus den Mienen der Herren lesen, dass ein Verbot der Aufführung drohte“[136], noch konnte eine Bemerkung des Regierungsrats Wehrberger bei Geis „den Gedanken erwecken, dass ein Verbot geplant sei.“[137] Anhand von Geis Schilderungen veranschaulichen sich verschiedene Formen von Wachsamkeit. Die Wachsamkeit von Geis und der Kammerspiele war durch das plötzliche Verbot in besonderem Maße gesteigert. Dagegen schien die Wachsamkeit der Polizeidirektion eher eine auf die Dauer der Vorbereitungen zu *Die Verbrecher* gerichtete und verdeckte Wachsamkeit zu sein. Ihr Referenzpunkt ist eine mögliche Gefährdung der öffentlichen Ordnung, zum Beispiel in Form von Aufführungsstörungen. Die Wachsamkeit der Polizeidirektion wurde nicht direkt an die Kammerspiele kommuniziert, da das Interesse an *Die Verbrecher* als Nebensächlichkeit dargestellt wurde.

Die dargestellte Korrespondenz zwischen Kammerspielen und Polizeidirektion verdeutlicht ein verändertes Verhältnis der beiden Akteure. Im Unterschied zu *Der fröhliche Weinberg*, bei dem die Wachsamkeit der Polizeidirektion und der Kammerspiele durch die Störungen im Zuschauerraum erregt wurde, war bei *Die Verbrecher* die Polizeidirektion schon vor der Münchner Erstaufführung besonders wachsam. Die Kammerspiele indes zeigten sich im Vorfeld kooperativ mit der Polizeidirektion und schenkten dem Stück nicht mehr Beachtung als anderen Stücken im Spielplan.

6.2.2 Keine Zensur, sondern die „allgemeinen Aufgaben der Polizei“. Verbotsbegründung und Rechtfertigung der Polizei

Um das Verbot zu begründen, führte die Polizei mehrere Punkte an. Ein entscheidender Grund war der Verstoß gegen die öffentliche Ordnung durch das Stück.[138] Vertreter der Justiz, so der Vorwurf aus den Akten der Polizeidirektion, würden in dem Stück als weltfremd und inkompetent dargestellt. Das Rechtswesen würde als parteiisch und nicht an Gerechtigkeit interessiert gezeigt. Insgesamt befand die Polizeidirektion, dass es sich um eine nicht angemessene Darstellung der Rechtspflege handle. Dabei spielte für die Polizeidirektion eine Rolle, dass „es sich nicht etwa um die von Witzblättern und der Bühne seit jeher gepflogene harmlose Ka-

136 Ebd.
137 Ebd.
138 Folgende Darstellungen vgl. Verfügung der Polizeidirektion, Ref. Th., Betreff: Aufführung des Schauspiels „Die Verbrecher“ von Ferdinand Bruckner in den Münchner Kammerspielen im Schauspielhaus, gez. Polizeidirektion i.A. Werberger, 16.11.1929.

rikierung oder um eine possenhafte Uebertreibung, sondern um eine durchaus ernsthafte Darstellung im Rahmen eines ernsten Stückes“[139] handelt. Eine Karikatur oder eine Übertreibung würde in diesem Fall also keine Grenzüberschreitung darstellen, ein ernstes Stück und die ernsthafte Beschreibung einer Szene oder Zeichnung einer Figur hingegen schon.

Überdies führte das Wissen der Münchner Polizeidirektion um die Störungen bei *Die Verbrecher* in Hamburg und Leipzig, wo die Aufführung „starken Widerstand im Publikum erfahren und erhebliche Ausschreitungen verursacht“[140] hatte zu der Annahme einer potenziellen Bedrohung der öffentlichen Ordnung. Das Stück stand nicht unter Protektion der Polizei, da es „nicht die Aufgabe der Polizeibehörde sein [kann], ein Stück, das seinem Inhalt nach selbst gegen die öffentliche Ruhe verstößt, zu schützen.“[141] Noch problematischer als die in den Augen der Polizeidirektion falsche Darstellung der Rechtspflege, war die Gefahr, dass das Publikum dadurch das Vertrauen in die Justiz durch dieses Stück verlor.

> Die Vorführung eines derart unwahren und irreführenden Zerrbildes der Strafrechtspflege auf der Bühne muß im Publikum, das die Tätigkeit der Rechtspflege aus eigener Anschauung meist nicht näher kennt, das Vertrauen zur Rechtspflege, eine Hauptstütze des Staatswesens, erschüttern und verstößt sohin gegen die öffentliche Ordnung.[142]

Es war nicht gewünscht, dass eine Öffentlichkeit sich ein neues, kritisches Bild durch das Stück machte und in nächster Konsequenz zu einem Urteil über die gegenwärtige Justiz gelangte. Somit ging es nicht nur um das Drama *Die Verbrecher*, an dem sich die Polizei stieß. Besonders sorgte sich die Polizeidirektion, dass sich das Publikum durch die öffentliche Aufführung des Stücks ein eigenes Bild über die Justiz bilden könnte. Damit schützte die Polizei das bestehende Bild der Justiz und entsprechend auch den Staat vor einer Kritik durch die Bühnenautoren, vor allem aber auch vor einer Kritik des Publikums.

Im Fall von *Die Verbrecher* rechtfertigte sich die Polizeidirektion in einer besonders ausführlichen Stellungnahme für die Verbotsmaßnahme.[143] Laut Polizei kollidiere ein Verbot von Stücken zur Aufrechterhaltung der öffentlichen Ordnung nicht mit der Ausübung der Reichsgewerbeordnung. Ferner argumentierte die Polizei mit der ortpolizeilichen Erlaubnis für öffentliche Lustbarkeiten nach Art. 32

---

139 Ebd.
140 Ebd.
141 Ebd.
142 Ebd.
143 Brief der Polizeidirektion München an die Regierung von Oberbayern, Kammer des Inneren, Betreff: Aufführung des Schauspiels „Die Verbrecher“ von Ferdinand Bruckner durch die Münchner Kammerspiele im Schauspielhaus, gez. Wehrberger, 20.11.1929.

Pol. Str. G.B.: „Die Erlaubnis kann für jede einzelne Lustbarkeit oder im vorneherein zu Lustbarkeiten bestimmter Art auf längere Zeit erteilt werden.“[144] Die Zuständigkeitsverordnung, in der dies erstmals festgelegt wurde, stammt vom 4. Januar 1872. Nach den Entwicklungen im Theaterskandal um *Der fröhliche Weinberg* hatte die Polizeidirektion seit dem 17. September 1926 die Verordnung wieder aufgegriffen und erteilte im Vorfeld jene Erlaubnis für „Lustbarkeiten bestimmter Art auf längere Zeit“[145]. Zuletzt positionierte sich die Polizei zum Vorwurf, dass das Verbot einer Zensur gleichkomme. Abgeschafft worden sei die „Vorzensur“, damit meinte sie „das Recht der Polizei auf vorgängige Einsichtnahme in den Text des noch nicht aufgeführten Stückes, auf Zuziehung zu dessen Generalprobe sowie auf Genehmigung des Stückes zum Zweck der Aufführung.“[146] Gleichzeitig dürfe die Polizei entsprechende Maßnahmen treffen, um dafür zu sorgen, dass die öffentliche Ruhe, Sicherheit und Ordnung aufrechterhalten werde.

> Ist also der Inhalt eines Theaterstückes oder die Art seiner Aufführung geeignet, die öffentliche Sittlichkeit und damit einen wichtigen Bestandteil der dem staatlichen Schutze anvertrauten öffentlichen Ordnung zu gefährden, so ist die Polizei zum Einschreiten verpflichtet. Dies ist keine Zensur im Sinne der Reichsverfassung, sondern ergibt sich aus den durch die Verfassung nicht beseitigten allgemeinen Aufgaben der Polizei.[147]

Die Polizei wies damit die Rolle des Zensors von sich. Es wurde ferner betont, dass es auch ein Stück sein könne, das den Schutz der Polizei genieße. Als Beispiel führte die Polizeidirektion an, dass sie bei den Aufführungen der Operette *Jonny spielt auf* im Gärtnerplatztheater gegen Störer, die die Aufführung zu verhindern suchten, Hilfe für das Theater und das von der Störung betroffene Publikum geleistet hatte. Im Fall von *Die Verbrecher* sah die Polizei hingegen einen Verstoß gegen die öffentliche Ordnung.

6.2.3 *Geschlossene Aufführung.* Zur Tektonik der Kontrolle

Am 27. November 1929 hingen im Zuschauerraum und in den Gängen des Schauspielhauses Zettel, die eine Spielplan-Änderung für den darauffolgenden Tag an-

144 Ebd.

145 Ebd. [S.K.]: Ein konkreter Nachweis für die in dem Brief erwähnte Erteilung einer solchen Erlaubnis ging aus dem gesichteten Material nicht hervor.

146 Ebd.

147 Verfügung des Preuss. Ministers des Inneren an die Regierung von Oberbayern, Kammer des Inneren, Betreff: Aufführung des Schauspiels „Die Verbrecher“ von Ferdinand Bruckner durch die Münchner Kammerspiele im Schauspielhaus, gez. Wehrberger, 20.11.1929.

kündigten.[148] Der Aushang informierte darüber, dass am 28. November eine ‚geschlossene Aufführung' von *Die Verbrecher* angesetzt war. Dem Zettel ist zu entnehmen, dass die Einladung dafür durch die Direktion des Theaters erging. Die ‚geschlossene Aufführung' fand genau zu einem Zeitpunkt statt, an dem die Polizeidirektion bereits das Verbot der Aufführungen ausgesprochen hatte und die Kammerspiele dagegen eine Beschwerde beim bayerischen Innenministerium eingelegt hatten, das jedoch bis dato noch nicht über die Causa entschieden hatte.[149] Die Initiative für eine ‚geschlossene Vorstellung' ging von den Kammerspielen aus. Diese informierten die Polizeidirektion durch ihren Rechtsbeistand über das Vorhaben.[150] Geplant seien maximal sechs ‚geschlossene Vorstellungen'. Es gehe darum, so viele Vorstellungen zu spielen, „als erforderlich sind, um den wirtschaftlichen Zusammenbruch des Theaters wenn möglich zu verhindern."[151] Adolf Kaufmann machte in einem Schreiben an die Polizeidirektion die finanzielle Notwendigkeit der geschlossenen Aufführungen geltend.[152] Er wies auf die ohnehin desolate Lage des Haushalts in der ersten Jahreshälfte von 1929 hin. Das Defizit, das sich für das verbotene Stück momentan auf etwa 30 000 Mark belaufe, könne „[d]urch geschlossene Vorstellungen [...] gemindert werden"[153]. Überdies verzichteten die Kammerspiele aus freien Zügen und obwohl diese höhere Einnahmen erzielen würden[154], auf die Wochenendvorstellungen am Samstag und Sonntag, an denen „erfahrungsgemäss breite Schichten der Bevölkerung das Theater besuchen"[155]. Es gebe außerdem keine Abendkasse und auf den Plakaten werde die Besetzung des

148 Vgl. Informationen zu dem Zettel: Theaterzettel mit handschriftlicher Notiz, Spielplan-Änderung, 27.11.1929.

149 Vgl. Münchner Telegramm-Zeitung, *Donnerstag abend: „Verbrecher"*, o.A., Nr. 229, 27.11.1929.

150 Vgl. Brief von Rechtsanwalt Max Hirschberg an die Polizeidirektion München, Theaterreferat, z. Hd. des Herrn Regierungsrat Werberger, Betreff: Geschlossene Vorstellungen der „Verbrecher" von Ferdinand Bruckner in den Kammerspielen im Schauspielhaus, gez. Rechtsanwalt Max Hirschberg (Rechtsanwälte Max Hirschberg, Phillip Loewenfeld, Ludwig Regensteiner), 28.11.1929.

151 Vgl. ebd.

152 Vgl. Brief von Adolf Kaufmann, Direktion der Kammerspiele an die Polizeidirektion, Theaterpolizei, z. Hd. des Regierungsrat Wehrberger, gez. Adolf Kaufmann, Direktion der Kammerspiele, 28.11.1929.

153 Vgl. ebd.

154 Ebd.

155 Brief von Rechtsanwalt Max Hirschberg an die Polizeidirektion München, Theaterreferat, z. Hd. des Herrn Regierungsrat Werberger, Betreff: Geschlossene Vorstellungen der „Verbrecher" von Ferdinand Bruckner in den Kammerspielen im Schauspielhaus, gez. Rechtsanwalt Max Hirschberg (Rechtsanwälte Max Hirschberg, Phillip Loewenfeld, Ludwig Regensteiner), 28.11.1929.

Stücks nicht angegeben.[156] Angesichts des Verbots und dem damit einhergehenden finanziellen Schaden griffen die Kammerspiele also zum Vorschlag über mehrere ‚geschlossene Vorstellungen' und versuchten dem Anliegen der Polizeidirektion entgegenzukommen, indem sie sich im Hinblick auf Werbung und Zugänglichkeit selbst einschränkten. Trotz Einschränkungen und finanzieller Einbußen versuchte das Theater also die Aufführungen fortzusetzen. Kaufmann begründete dies mit dem ideellen Wert dieser Aufführung. Es werde die „Gefahr abgemindert, dass München infolge des Verbots in seiner Bedeutung als Theaterstadt hinter die letzten Provinzstädte Deutschlands herabsinkt."[157]

Die Überwachung der Polizei von die *Die Verbrecher* bestand nichtsdestotrotz weiterhin, – mit dem Unterschied, dass nun nicht nur die Inhalte des Stücks, sondern auch die Einhaltung der Vorgaben zur geschlossenen Vorstellung im Fokus der polizeilichen Aufmerksamkeit standen. Die erste ‚geschlossene Aufführung' am 28. November 1929 begleitete die Polizei wachsamen Auges.[158] Sie beorderte vier Fahndungsbeamte ins Theater. Ein Mitglied der Schutzpolizei wurde in die Kassenhalle bestellt und sieben weitere Beamte standen in Bereitschaft zur Verfügung. Laut Polizei waren in der geschlossenen Vorstellung außerdem Behördenvertreter etwa aus dem Staatsministerium für Unterricht und Kultur und dem Justizministerium mitsamt Justizminister, der Kreisregierung, dem Stadtrat und Pressevertreter jeder politischen Richtung anwesend.[159] Hinsichtlich der Inszenierung wurde bemerkt, dass die Gerichtsszenen in der Inszenierung entschärft und auf der Textebene Striche vorgenommen worden waren. Diese seien allerdings „nur geringfügiger Natur"[160] und die „Tendenz die Strafrechtspflege herabzusetzen unverkennbar"[161], schilderte der berichtführende Polizist. Ferner gab der Bericht wieder, dass das Publikum der Tendenz des Stücks zustimmte und entsprechende Stellen sowie Aktschlüsse mit „demonstrativ stark[en]"[162] Beifall quittierte. Für den

156 Vgl. Brief von Adolf Kaufmann, Direktion der Kammerspiele an die Polizeidirektion, Theaterpolizei, z. Hd. des Regierungsrat Wehrberger, gez. Adolf Kaufmann, Direktion der Kammerspiele, 28.11.1929.

157 Ebd.

158 Vgl. Verfügung der Polizeidirektion München, Betreff: Geschlossene Vorstellung im Schauspielhaus am Donnerstag, den 28. November 1929, 20.00 Uhr, gez. Koch, 27.11.1929.

159 Vgl. Brief an das Staatsministerium des Innern, Betreff: Geschlossene Vorstellung des Schauspiels „Die Verbrecher" im Schauspielhaus, gez. Regierungsrat Werberger, Polizeidirektion München, Referat Th., 29.11.1929.

160 Ebd.

161 Ebd.

162 Ebd.

Verfasser des Berichts hingegen „gingen Inhalt und Darstellung des Unmoralischen bis an die Grenze des Tragbaren."[163]

Diese Beobachtungen könnten Einfluss auf die Richtlinien der Polizeidirektion für die weiteren geschlossenen Aufführungen von *Die Verbrecher* gehabt haben, die zwei Tage später an die Direktion der Kammerspiele versandt wurden.[164] Darin machte die Polizeidirektion Vorgaben zur zeitlichen Platzierung der Aufführung, der Art wie die ‚geschlossene Vorstellung' angekündigt werden solle und wer eine Einladung erhalten dürfe. Es wurde festgelegt, dass samstags und sonntags keine geschossenen Vorstellungen stattfinden dürften und dass zwischen den Vorstellungen mindestens zwei Tage Abstand liegen müssten. Immerhin sicherte die Polizeidirektion zu, dass sie zwei ‚geschlossene Vorstellungen' in der kommenden Woche nicht beanstanden würde. Im Umkehrschluss bedeutete dies allerdings, dass es bei den anderen möglichen vier Vorstellungen durchaus zu Einschränkungen durch die Polizei kommen konnte. Auch im Hinblick auf das eingeladene Publikum nahm die Polizei Einfluss. So dürften „Einladungen zu den Vorstellungen [...] nur an bestimmte Personen ergehen, jedoch nicht an Personen, die ein Interesse an der Einladung anmeldeten."[165] Nach den Richtlinien der Polizeidirektion war es möglich als Verein eingeladen zu werden. Dies galt allerdings nur bei Vereinen, deren Mitglieder enge persönliche Beziehungen pflegten. Deckungsgleich mit dem Vorschlag der Kammerspiele, gestattete die Polizeidirektion keine Abendkasse. Zuletzt äußerte sie sich zur Pressearbeit der geschlossenen Aufführung: „Oeffentliche Ankündigungen dürfen nur die Tatsache einer geschlossenen Vorstellung enthalten. Die Ankündigung, daß das Schauspiel ‚Die Verbrecher' aufgeführt wird, ist zu unterlassen."[166] Von der Umsetzung der letztgenannten Maßnahme zeugt das Plakat der Kammerspiele zur Aufführung am 4. Dezember 1929 (Abb. 4). Den Zweck der Bekanntmachung und der Werbung erfüllte das Plakat mit der Ankündigung *Geschlossene Vorstellung* insofern, als es die ‚geschlossene Vorstellung' und damit in gewisser Weise auch das Eingreifen der Polizei publik machte. Die Maßnahme der Polizei, *Die Verbrecher* nur noch als *Geschlossene Vorstellung* anzukündigen, führte nicht unbedingt dazu, dass dies die Aufmerksamkeit an *Die Verbrecher* schmälerte. Im Gegenteil: Die Wachsamkeit und die Spekulation darüber, was sich hinter dem Platzhalter der *Geschlossenen Aufführung* verbarg, nahm eher zu, wie ein Beispiel aus der *Süddeutsche Sonntagspost* veranschaulicht.

---

163 Ebd.

164 Brief an die Direktion der Münchner Kammerspiele im Schauspielhaus, Betreff: Aufführung des Schauspiels „Die Verbrecher" in geschlossenen Vorstellungen, gez. [Koch], Polizeidirektion München, Referat Th., 29.11.1929.

165 Ebd.

166 Ebd.

SCHAUSPIELHAUS

Kammerspiele im Schauspielhaus

Maximilianstraße 34/35 · Kassen-Telefon 20974 Leitung: Otto Falckenberg – Adolf Kaufmann

Mittwoch, den 4. Dezember

abends 8 Uhr

Geschlossene Vorstellung

Spielplan: Donnerstag, den 5. Dezember, abends 8 Uhr:
Freitag, den 6. Dezember, abends 8 Uhr:
Sonntag, den 8. Dezember, abends 8 Uhr: „Die andere Seite"

Samstag, den 7. Dezember, abends 8 Uhr: Einziges Gastspiel

Mary Wigman mit neuem Programm.

Sonntag, den 8. Dezember, nachm. 3½ Uhr zu ermässigten Preisen: TRIO mit Heinz Rühmann, Ehmi Bessel und Wolfgang Keppler.

Preise der Plätze: 2.- bis 10.50 Mk.

(einschließlich Lustbarkeitssteuer und 40 Pfg. für Sozialabgabe und einen Teil der Garderobegebühr)

Die Eintrittskarten haben nur Gültigkeit für das aufgedruckte Datum

Verkauf der Eintrittskarten:

Telephon 20974 von 10–7½ Uhr durchgehend:
Wochentags: Vorverkauf 10–1 Uhr und 4–6½ Uhr; Abendkasse Eröffnung 7 Uhr
Sonn- und Feiertags: Vorverkauf 10–1 Uhr und 4–6½ Uhr; Abendkasse Eröffnung 7 Uhr; Nachmittagskasse „ 3 Uhr.

Der Vorverkauf der Karten beginnt am Samstag und erstreckt sich auf die ganze laufende Woche bis einschl. Dienstag der übernächsten Woche. Über bestellte Karten, welche bei Abendvorstellungen bis 6 Uhr und bei Nachmittagsvorstellungen bis 1 Uhr nicht abgeholt sind, wird verfügt.

Theaterverkauf Lenbachplatz (Fernsprecher 92625).
Amtl. Bayer. Reisebüro, Promenadeplatz (Fernspr. 92701).
Max Hieber, Musikalienhandl., Marienplatz (Fernspr. 24806).
W. & S. Seyfferth, Amalienstraße 31 (Fernsprecher 22804).
Wild & Co., Neuhauserstraße 47 (Fernsprecher 90297).
Kobler, Zigarrengeschäft, Leopoldstr. 62, Tel. 32978
München-Augsburger Abendzeitung, Neuhauserstr. 9–13, Tel. 31001
Von 9 Uhr bis ½6 Uhr

Bereits gelöste Karten werden (auch bei Umbesetzung) nicht zurückgenommen

Druck G. Hirth Verlag A.G., München, Herrnstraße 4–10.

Abb. 4: Plakat zur Aufführung von *Die Verbrecher* am 4. Dezember 1929.

Diese reagierte irritiert und mit Belustigung, als sie den Spielplan der Kammerspiele für die kommende Woche abfragte und am 2. und 4. Dezember statt einem Stücktitel, die Veranstaltungsankündigung *Geschlossene Vorstellung* vorfand.[167] Zunächst ging die Zeitung von einem Fehler aus und es wurde in Betracht gezogen, eigenhändig die Angabe hinzuzufügen, dass es sich um eine ‚geschlossene Aufführung' von *Die Verbrecher* handelte. Um sicherzugehen, dass es sich dabei wirklich um die Aufführungen von *Die Verbrecher* handelte, fragte die Redaktion der *Süddeutschen Sonntagspost* bei der Direktion der Kammerspiele nach. Zur Überraschung des Blattes wurde die Anfrage nicht beantwortet, da Bedenken wegen „der derzeitigen polizeilichen Bestimmungen"[168] bestünden. Die Zeitung machte diese redaktionelle Irritation für ihre Leser zugänglich und walzte sie satirisch aus, was verdeutlicht, dass diese Maßnahme der Polizei als absurd empfunden wurde. Statt aus der Öffentlichkeit zu verschwinden, wurde nun erst recht darüber berichtet. Entscheidend ist hierbei, dass sich die Diskussion nicht mehr ausschließlich um das Stück drehte, sondern das Phänomen der *Geschlossenen Aufführung* im Fokus der Öffentlichkeit stand.

Was sich in dem Artikel der *Süddeutschen Sonntagspost* bereits andeutet, spitzte die *Münchner Post* unter dem Titel „Die Kunst unter der Polizei-Fuchtel"[169] weiter zu. Die *Münchner Post* attackierte darin das Verhalten der Polizei im Zuge des Verbotes von *Die Verbrecher*, das einer „Schikane"[170] gleiche. Es wurde kritisiert, dass die Polizei sich nicht von dem finanziellen Schaden der Kammerspiele durch die Bestimmungen beeindrucken lasse, nach drei geschlossenen, störungsfreien Vorstellungen keine vierte Vorstellung genehmigt wurde und dass das Theater das Stück nur noch als *Geschlossene Vorstellung* ankündigen dürfe. Dagegen protestierte die *Münchner Post:* „Wer sich noch einen Funken Freiheits- und Gerechtigkeitsempfinden bewahrt hat, muß sich über solche Büttelmethoden in einem modernen Staat empören."[171] Die Empörung richtete sich somit gegen das Verhalten und die Maßnahmen der Polizei. Nicht das Stück überschritt also der *Münchner Post* zufolge eine Grenze, sondern die Polizei.

Die ‚geschlossene Aufführung' offenbart im Fall von *Die Verbrecher* Mechanismen der Kontrolle. Der Gegenstand der Kontrolle war jedoch im Vergleich zu der geschlossenen Aufführung von *Der fröhliche Weinberg* ein Anderer. Nun überprüfte die Polizei weniger die Streichungen und Änderungen der ‚anstoßerregenden Stellen'. Vielmehr standen Faktoren im Vordergrund, die sich auf das Theaterereignis

167 Vgl. hierzu: *Süddeutsche Sonntagspost*, Das verbotene Schneewittchen, K.r., Nr. 48, 01.12.1929.
168 Ebd.
169 *Münchner Post*, Die Kunst unter der Polizei-Fuchtel, o.A., Nr. 283, 06.12.1929.
170 Ebd.
171 Ebd.

insgesamt bezogen. Wie ausgeführt, wurden im Rahmen der geschlossenen Vorstellung die Anzahl und Auswahl der Besucher, die Distribution, also die Werbemaßnahmen an die Öffentlichkeit, die Quantität und die terminliche Disponierung der Aufführung kontrolliert und reguliert. Dies geschah zum Teil aus freien Zügen von den Kammerspielen sowie in noch detaillierterem Ausmaß von der Polizeidirektion. Von der geschlossenen Aufführung des *Fröhlichen Weinbergs* her ist bereits bekannt, dass die Polizei Einfluss auf die Auswahl des Publikums genommen hatte. Auch die terminliche Platzierung an bestimmten Tagen war damals schon Thema. Was die Situation um die ‚geschlossene Aufführung' von *Die Verbrecher* besonders macht, ist die Einschränkung der öffentlichen Ankündigung des Stücks als *Geschlossene Vorstellung.* Das Zusammenkommen von Stück und Zuschauer für die Aufführung wurde damit in beide Richtungen erschwert. Auf der einen Seite wurde die Möglichkeit für Zuschauer dem betreffenden Stück im Theater beizuwohnen, beschränkt. Auf der anderen Seite wurden die Möglichkeiten für das Theater das Stück öffentlich zu bewerben, durch das Label der *Geschlossenen Vorstellung* erschwert.

Es lässt sich zusammenfassen, dass durch die ‚geschlossene Vorstellung' die möglichen Wirkungen der Aufführung auf das Publikum polizeilich reglementiert wurden. Die Maßnahmen, die die Polizei im Fall von *Die Verbrecher* ergriff, zeugen von einer fortgeführten, in ihrer Richtung veränderten, aber insgesamt verstärkten Kontrolle, doch sie riefen zugleich auch – wie das Beispiel der Plakatankündigung gezeigt hat – eine gesteigerte Wachsamkeit der Öffentlichkeit hervor. Ein ähnliches Format wie die ‚geschlossene Vorstellung', jedoch mit anderer Intension und anderen Akteuren, stellte die ‚Sondervorstellung' von *Die Verbrecher* für Juristen dar. Auf diese geht der nachfolgende Abschnitt ein und differenziert damit die Begrifflichkeit der untersuchten exklusiven Aufführungen weiter aus.

6.2.4 Eine ‚Sondervorstellung' für Juristen. Revision für *Die Verbrecher?*

Einige Monate nach der Premiere veranstaltete das Deutsche Theater in Berlin eine „Sondervorstellung" vor einem „Sonderpublikum", wie es der *Berliner Lokal-Anzeiger* ausdrückte.[172] Die Vorstellung richtete sich explizit an Juristen, denen freier Zutritt zu der Aufführung gewährt wurde.[173] In der Ankündigung der *Deutschen Juristenzeitung* wurde eine Äußerung von Senatspräsidenten Dr. Lindenau zitiert,

172 Vgl. *Berliner Lokal-Anzeiger*, „Die Verbrecher" vor den Berliner Juristen, o.A., Nr. 35, 21.01.1929.
173 Vgl. *Deutsche Juristenzeitung*, Offener Brief an Herrn Senatspräsidenten Dr. Lindenau, gez. Dr. Caspari, Senatspräsident am Kammergericht, Nr. 2, 15.01.1929.

der zum Besuch der Aufführung mit den folgenden Worten riet: „Kein deutscher Jurist sollte die Gelegenheit versäumen, sich das Schauspiel ‚Die Verbrecher' im Deutschen Theater anzusehen und sich mit ihm auseinanderzusetzen."[174] Dass die Äußerung von einem Senatspräsidenten, und damit von einer juristischen Autorität stammte, verlieh der Aufforderung besonderen Nachdruck. Am Abend der ‚Sondervorstellung' berichtete der *Berliner-Lokal-Anzeiger* davon, wie ein „großer Teil der juristischen Prominenz der Reichshauptstadt [...] das Parkett und die Ränge des Hauses [füllte], ehrwürdige Häupter im silbergrauen Haar neben vielen jungen und jüngsten Rechtsbeflissenen"[175]. Die *Deutsche Juristenzeitung* empfahl ihren rechtsaffinen Lesern den Besuch des Stücks, weil darin ein Anlass zur Auseinandersetzung mit der zeitgenössischen Rechtsprechung gesehen wurde.

> Man mag Bruckners „Verbrecher" vom Standpunkte des Juristen noch so verschieden beurteilen und das Werk als den tatsächlichen Verhältnissen nicht entsprechend oder übertrieben bewerten, in jedem Falle ist es eine Höchstleitung der Schauspielkunst, von größtem Interesse gerade für Juristen.[176]

Die ‚Sondervorstellung' ermöglichte es dem juristischen Fachpublikum, das sich an diesem Tag im Theater eingefunden hatte, ein „Urteil darüber zu gewinnen"[177], wie Bruckner Verbrechen und das Verhalten der Justiz dramatisch verarbeitete. Die eingeladenen Juristen avancierten hierbei zu einer Art Gutachter des Stücks. Gegenstand des Urteils war dabei weniger die Inszenierung als das Thema des Stücks.

Mit der ‚Sondervorstellung' für ein „Sonderpublikum", in diesem Fall einem juristischem Fachpublikum, adressierte das Deutsche Theater eine bestimmte Zuschauergruppe. Diese Zuschauerschaft war somit ein themenaffines, aber kein zwangsläufig theateraffines Publikum, wie es zum Beispiel bei den geschlossenen Vorstellungen vor 1919 der Fall war. Mit dem Format der unentgeltlichen ‚Sondervorstellung' erhielt dieses Publikum eine besondere Behandlung. Im Anschluss an die Untersuchung der Akteure und Vorgänge, die unmittelbar mit den Geschehen um *Die Verbrecher* verknüpft waren, möchte das letzte Teilkapitel davon ausgehend den Betrachtungsradius weiten und die Reaktionen aus der breiten Öffentlichkeit untersuchen.

174 Ebd.

175 *Berliner Lokal-Anzeiger*, „Die Verbrecher" vor den Berliner Juristen, o.A., Nr. 35, 21.01.1929.

176 *Deutsche Juristenzeitung*, Offener Brief an Herrn Senatspräsidenten Dr. Lindenau, gez. Dr. Caspari, Senatspräsident am Kammergericht, Nr. 2, 15.01.1929.

177 *Berliner Lokal-Anzeiger*, „Die Verbrecher" vor den Berliner Juristen, o.A., Nr. 35, 21.01.1929.

6.3 Die Kritik der Öffentlichkeit

Anhand von zwei beispielhaften Vertretern aus der Öffentlichkeit, dem Publizisten Harry Graf Kessler und der Theatergemeinde München, werden in diesem letzten Unterkapitel zu *Die Verbrecher* deren jeweilige Grenzen aufgezeigt. Die erneut aufkommende Diskussion über eine Theaterzensur im Zuge des Aufführungsverbotes soll überdies als Ausgangspunkt für die These stehen, dass sich Ende der 1920er Jahre die Grenzen der Toleranz wieder verengen.

6.3.1 Stimmen aus der Öffentlichkeit zu *Die Verbrecher*

Die Pressevertreter fochten einen Kampf um die Aufführungen und das Verbot von *Die Verbrecher* aus. Die Diskussion war engmaschig. Die Journalisten der Zeitungen gaben Proteste und Erklärungen ab, verwiesen aufeinander. Skandalisierungsmechanismen waren hier zu beobachten. Zusätzlich gab es eine weitere Kategorie an Artikeln bestehend aus Stellungnahmen von ‚Experten', die in der Zeitung veröffentlicht wurden und nicht von den Redakteuren stammten. In diesen eher ausführlichen Artikeln wendeten die Experten ihre jeweilige Fachkompetenz an und gelangten zu einer Meinung über das Stück beziehungsweise über den Münchner Verbotsfall. Durch die Veröffentlichung einer solchen Expertenmeinung erweiterte sich der mediale Diskurs in eine fachliche Richtung.

Neben der erhitzten Diskussion um die ‚geschlossene Aufführung' und das Verbot in der Presse, findet sich in der *Münchner Telegramm-Zeitung* auch ein Versuch aus „dem engen Kampffeld der Proteste und Erklärungen"[178] auszubrechen. Dafür ließ die Zeitung ausführlich einen renommierten bayerischen Richter zu Wort kommen. Obwohl es sich bei dem Autor des Beitrags nach Angabe der Zeitung um eine „durchaus freiheitlich denkende, demokratisch gesinnte Persönlichkeit" handelte, sprach dieser sich gegen die weiteren Aufführungen von *Die Verbrecher* aus und befürwortete ein Verbot. Der Beitrag ist nicht nur aufgrund seiner Position, die nachfolgend ausgeführt wird, erwähnenswert, sondern insbesondere auch wegen seiner Publikation durch die *Münchner Telegramm-Zeitung*, die in der Einführung zum Artikel betonte „Gegner jeder auch nur verschleierten Zensur" zu sein. Im Artikel schätzte der Richter die Kritik an der Justiz in dem Stück ein. Er kam zu der Beurteilung, dass diese „juristisch und psychologisch unwahr

178 Zur Kontextualisierung der richterlichen Stellungnahme: *Münchner Telegramm-Zeitung und Sport-Telegraf*, Der Streit um die „Verbrecher": Stellungnahme eines Juristen zu dem Stück, [o.A.], Nr. 224, 20.11.1929, S. 5.

ist“[179] und in dem Stück „die Welt als verworfener dargestellt wird als sie ist“. Als Beispiel erachtete es der Richter als unrealistisch, dass im Stück dem Kellner Tunichtgut ein Geständnis abgerungen wurde, nachdem er mit Gratis-Zigaretten während des Verhörs erpresst worden war. Damit ist nur eines von mehreren Beispielen genannt, die der Richter im Artikel durchging, um ihre juristisch unkorrekte und psychologisch unrealistische Darstellung im Drama zu verdeutlichen. Aus Sicht des Autors war eine Darstellung des Justizwesens wie sie Bruckner vornahm problematisch, insbesondere dann, wenn das Stück einer breiten Öffentlichkeit zugänglich war. Der Richter befürchtete, dass ein Großteil der Zuschauer nicht die Übertragungsfähigkeit besaß, um das Stück zu verstehen. Viele Zuschauer könnten das Stück „für bare Münze nehmen“ und selbst unter Gebildeten mangele es an Übertragungsfähigkeit. Besonders besorgte den Autor, dass „die halbwüchsige Jugend“ in den Nachtvorstellungen der Theater sitze und sie ein verzerrtes Bild der Welt übermittelt bekomme. Vor diesem Hintergrund wünschte sich der Autor eine Aufführung von *Die Verbrecher* vor denjenigen, die für die Jugend verantwortlich sind:

> Man sollte es vor allen Richtern und Staatsanwälten aufführen, daß sie sehen, welche Mühe man sich gibt, ihr Bild zu verzeichnen. Man sollte es vor allen Aerzten und Psychiatern aufführen, damit sie wüßten, woher unsere heutige Jugend vielfach ihre unerklärliche Unempfindlichkeit gegen Recht und Moral nimmt. Man sollte es vor allen Eltern und Lehrern aufführen, damit sie die geistige Kost ihrer Pfleglinge kennen lernen.

Der Verfasser forderte hier implizit eine ‚geschlossene Aufführung‘ von *Die Verbrecher*. Das Zielpublikum dieser Aufführung bestand aus Personenkreisen und Berufsgruppen, die sich mit Jugendlichen auseinandersetzen und verantwortungsvolle Positionen im Staat übernahmen. Die Aufführung vor einem ausgewählten Publikum solle dieses aufklären, denn nach Meinung des Autors sei das Stück eine ‚Gefahr‘ für die Jugend und würde diese negativ beeinflussen. Diese Responsibilisierung bestärkte die Juristen, Ärzte, Lehrer und Eltern in ihrer Erziehungs- und Fürsorgefunktion. Das Ansinnen vertrat der Richter aus seiner demokratischen Überzeugung heraus. Er sah in der Demokratie die Staatsform, „die in größter Freiheit das Verantwortungsgefühl und die freiwillige Leistung jeden Staatsbürgers zum gemeinen Wohle heranzieht“. Doch warf er Bruckners *Die Verbrecher* vor: „[S]eine Aufführung ist ein Mißbrauch dieser Freiheit und beweißt, daß wir ihrer nicht würdig sind. Es hat uns die Schmach verschafft, über die Notwendigkeit der Zensur in geistigen Dingen streiten zu müssen.“ Die Freiheit der Bürger selbst Verantwortung für das allgemeine Wohl zu tragen ist demnach nicht

179 Ausführungen des Richters: Ebd.

kompatibel mit der Freiheit dieser Art von Kunst und führte seiner Ansicht nach zu einer erneuten Diskussion über die der Zensur.

Neben der oben dargelegten Stellungnahme eines Richters zur öffentlichen Aufführung von *Die Verbrecher* und darauf aufbauend zur Frage der Freiheit des Bürgers in der Demokratie, ließ die *Münchner Telegramm-Zeitung* kurz darauf weitere Stimmen aus der Öffentlichkeit zu Wort kommen. Der Gerichts-Berichterstatter Tuli äußerte sich zu dem Stück und vermittelte dabei zwischen Gerichts- und Theaterpraxis.[180] Nach der Lektüre des Stücks stellte er fest, dass die Vorwürfe, wonach im Stück die Rechtspraxis verzerrt dargestellt würde, seiner Ansicht nach nicht zuträfen. Seine Erfahrung, „wenn in der Verhandlung vor dem wirklichen Gericht der Angeklagte stumm und resigniert den Kopf sinken lässt und es aufgibt, sich dem Richter verständlich zu machen", erkenne er im Stück wieder. Ein Leser von *Die Verbrecher* könnte sich durch diese Beschreibung an die Szene der Anhörung der Figur Tunichtgut oder des Studierenden Kummerer erinnert fühlen, die sich beide vergeblich vor dem Gericht zu erklären versuchten. Trotz der Ähnlichkeiten bestritt Tuli, dass es sich um eine realistische Darstellung der Justiz handelte:

> Er [der Autor, S.K.] arbeitet zuweilen mit Uebertreibungen und Ueberspitzungen, aber er überschreit [sic] sich nicht. Und ohne Uebertreibungen ist wohl noch nie möglich gewesen, Unzulänglichkeiten und Unbeholfenheiten menschlicher Einrichtungen wirksam zu Leibe zu gehen.

Tuli kennzeichnete die Übertreibungen im Stück als ein vom Autor gezielt eingesetztes künstlerisches Stilmittel, das dem Zweck diene an einer Institution Kritik zu üben, und nicht als Mittel, um eine Wirklichkeit zu repräsentieren. Somit vermittelte Tuli zwischen der Welt des Theaters und der Welt der Justiz. Für die Leser der *Münchner Telegramm-Zeitung* konnten diese Erläuterungen als Handreichung für einen veränderten kritischen Rezeptionsmodus zum Stück und dessen Aufführung genutzt werden.

Des Weiteren äußerte sich eine „in Erziehungs- und Moralfragen streng denkende verheiratete" Frau in der *Münchner Telegramm-Zeitung.* Sie könne das Münchner Verbot des Stücks nicht nachvollziehen, vielmehr halte sie *Die Verbrecher* für „außerordentlich sehenswert". Denn die Themen, die das Stück verhandele, seien alle lebensnah. Sie erkenne in dem Stück Probleme wieder, die gerade Frauen beträfen und die Teil deren Lebensrealität seien. Von daher sähe sie keinen Grund „die Augen gewaltsam [zu] schließen vor Sachen, die heute jedes junge Mädchen kennt und bespricht". Nach Ansicht der Verfasserin seien die Themen auch in einer

180 Folgende Ausführungen von Gerichts-Berichterstatter Tuli und einer weiteren Zuschauerin: *Münchner Telegramm-Zeitung*, Rund um die „Verbrecher", o.A., Nr. 233, 05.12.1929.

angemessenen Art und Weise dargestellt und verkörpert worden, sodass kein Grund zur Empörung bestehe. Ihrer Einschätzung nach gebe es gewiss Inszenierungen von *Die Verbrecher*, die „viel geschmackloser" seien als die ‚geschlossene' Münchner Aufführung. Zuletzt wies sie darauf hin: „Das einzige, was mich wirklich geärgert hat, ist, daß vom Publikum auch an Stellen gelacht wird, wo es wirklich nichts zu lachen gibt." Die Frau empörte sich also nicht an Themen wie ungewollter Schwangerschaft, Unfruchtbarkeit oder weiblicher Emanzipation, die als Tabuthemen galten, sondern an der bestimmten Reaktion anderer Zuschauer. Während einige Zuschauer über Szenen der Inszenierung lachten, rezipierte die Zuschauerin die Darstellung als ernste Situation. Damit grenzte sie sich von anderen Zuschauern ab. Aus den dargelegten Äußerungen wird erkennbar, dass die Zuschauerin sowohl eine individuelle Meinung zur Aufführung besaß als auch in ihrem Werturteil für eine weibliche Zuschauergruppe sprach.

Um diese Gradwanderung der Zuschauerin zwischen subjektivem Empfinden und kollektiver Meinung sowie zwischen politischem und ästhetischem Urteil genauer zu fassen, soll kurz auf die geistesgeschichtliche Auseinandersetzung zu Geschmack und Urteil zurückgegriffen werden. Immanuel Kant schlug in seiner *Kritik der Urteilskraft* eine differenzierte Beschreibung des Urteilens vor. Kant brachte Geschmack und Urteilsvermögen sowie subjektives Empfinden und Gemeinschaftlichkeit miteinander in Verbindung, so löste er „den Geschmack und das Urteilsvermögen aus der Konkurrenz sowohl zum regelbasierten Denkvermögen als auch zu den erst durch praktischen Erwerb geteilten Vorstellungen und Wissensbeständen des *common sense* heraus und [machte] das subjektive Empfinden zu dem Vermögen [...], mit dem jedem Einzelnen in seiner physisch-sinnlichen Existenz ein Zugang zur Gemeinschaftlichkeit gegeben ist."[181] An diesen Gedanken zum subjektiven Geschmacksurteil schloss die Philosophin Hannah Arendt an. Ihrer Ansicht nach besitzt jeder Zuschauer das Recht auf einen eigenen Geschmack und ein eigenes Urteil, was wiederum entscheidend für die Konstitution eines öffentlichen Raumes ist:

> Das Vermögen, das diese Mitteilbarkeit lenkt, ist der Geschmack, und Geschmack oder Urteil ist nicht das Vorrecht des Genies. Die *conditio sine qua non* für die Existenz schöner Gegenstände ist die Mitteilbarkeit; das Urteil des Zuschauers schafft den Raum, ohne den solche Gegenstände überhaupt nicht erscheinen können. Der öffentliche Raum wird durch die Kritiker und Zuschauer konstituiert, nicht durch die Akteure oder die schöpferisch Tätigen.[182]

---

181 Grotkopp/Wihstutz, *Geschmack und Öffentlichkeit*, S. 8.

182 Arendt, *Das Urteilen*, S. 85.

Möchte man diese Aussage auf die oben beschriebene Meinung der Zuschauerin übertragen, so lässt sich darin ein subjektives Geschmackurteil erkennen, das sie mit der Öffentlichkeit teilte. Arendts Argument folgend entsteht durch das Urteil der Zuschauerin im Zusammenspiel mit den Urteilen der übrigen Zuschauer ein öffentlicher Raum. Die einzelne Zuschauerin wirkte aktiv an der Konstitution eines öffentlichen Raumes mit, der durch sie eine genderspezifische Perspektive erhält. Auf die Konstituenten des öffentlichen Raumes soll fortfolgend noch anhand weiterer Personengruppen eingegangen werden. Dabei schaffen jedoch nicht nur die Kritiker und Zuschauer den öffentlichen Raum, es sind insbesondere auch die Themen des Stücks, die Teil-Öffentlichkeiten erst erscheinen lassen.

6.3.2 Verschwiegene Grenzen. Der Umgang mit § 175 zur Homosexualität in Berlin und München.

Ein Konflikt, an dem sich die Verbindung von Öffentlichkeit und Inhalt des Stücks zeigen lässt, stellt der Fall der Figur Frank dar. Der homosexuelle Frank wurde mit einem Mann in einer Badekabine beobachtet. Das Wissen um Franks Homosexualität nutzt die Figur Immanuel Schimmelweiß aus, um Frank als falschen Zeugen zu nutzen, der ihn vor Gericht entlastet. Frank steht damit vor dem Dilemma sich entweder strafbar zu machen, indem er vor Gericht Meineid begeht, oder im Prozess seine sexuelle Orientierung offenzulegen und wegen des sexuellen Verkehrs mit einem Mann verurteilt zu werden. Frank entscheidet sich für den Meineid, deckt Schimmelweiß‘ Verbrechen und verbirgt damit sein Schwulsein vor den Augen der Öffentlichkeit.

Wie Wolf Borchers aufzeigt, besitzt das Stück Aufklärungscharakter für die „Konstitutionalität von Homosexualität“ sowie Informationswert über den juristischen Sachverhalt.[183] Darüber hinaus werden Bochers zufolge die Konsequenzen der Diskriminierung schwuler Männer in der Öffentlichkeit und die Auswirkungen des Paragraphen §175 aufgezeigt.[184] Nach dem Reichsstrafgesetzbuch von 1871 war die Strafbarkeit männlicher Homosexualität durch § 175 gesetzlich verankert und somit war die Kriminalisierung schwuler Männer kein neuer Missstand zur Zeit der Aufführungen von *Die Verbrecher.* Dennoch nahm Ende der 1920er Jahre die Kritik an dem Paragraphen verstärkt zu. Während der Entstehung von *Die Verbrecher* fanden öffentlichkeitswirksame Aktionen zur Reform des Sexualstrafrechts statt

183 Borchers, Der Paragraph selbst ist der Verbrecher, S. 196.
184 Ebd., S. 196 f.

und zum Zeitpunkt der Aufführung verhandelte der Reichstag (23. Oktober 1928) zu dieser Frage.[185]

Der schwule Publizist Harry Graf Kessler besuchte eine der Aufführungen von *Die Verbrecher* im Deutschen Theater, Berlin. Er notierte dazu in seinem Tagebuch, dass in dem Stück homosexuelle Motive stark hervorgekehrt würden, was unter anderem den Eindruck von „Modernität" erweckt habe.[186] Kessler meinte ferner, dass bei dieser Aufführung „das Homosexuelle [...] noch unverhüllter und breiter hervor[trat] als bei Heinrich Manns ‚Bibi' und das Publikum [...] daran nicht den geringsten Anstoss [nahm]"[187]. Das Gegenteil war vielmehr der Fall. In Berlin wurde das Stück mit 111 Aufführungen in vier Monaten zum „Sensationserfolg".[188] Das Narrativ von Berlin als „toleranteste Metropole Europas"[189] teilte Kessler insofern als er sah, dass gleichgeschlechtliche Liebe vom Berliner Publikum ohne weiteres angenommen wurde, andererseits wies er darauf hin, dass diese Selbstverständlichkeit „allerdings zunächst nur im Theater"[190] galt. Vor Gericht sei die Wahrnehmung diesbezüglich anders. Kessler kritisierte, dass Homosexualität von der Justiz nicht akzeptiert und strafbar war. Sein Vergleich zum Berliner Theater, wo das Thema auf der Bühne keinen Anstoß erregt hatte, obwohl die Darstellung durchaus deutlich war – die Zuschauer hätten theoretisch auch dagegen lautstark protestieren können – zeigt, dass das sich Wertesystem im Theater und bei der Justiz in diesem Fall unterschieden. Neben dieser Kritik am Staat, verdeutlicht sich an Kesslers Äußerung gleichsam, dass mit der Aufführung von *Die Verbrecher* das Deutsche Theater in Berlin als öffentlicher Ort erscheint, an dem queere Themen ohne Widerstand verhandelt werden konnten. Auch wenn der homosexuelle Kessler seine Eindrücke nur seinem Tagebuch anvertraute, zeigt sich hierin, dass eine queere Teil-Öffentlichkeit durch das Stück angesprochen wurde und auch das Theater besuchte.

In München hingegen lag eine solche Kritik aus der Öffentlichkeit fern. Im Zuge des Verbotes von *Die Verbrecher* spielte die Strafbarkeit von Homosexualität als Thema fast ausnahmslos keine explizite Rolle. Die Münchner Polizeidirektion führte in ihrer Verbotsbegründung nur allgemein an, dass das Stück die Strafrechtspflege verzerre und irreführend darstelle.[191] Obwohl das Stück, wie die Dissertation von Wolf Borchers zu *Männlicher Homosexualität in der Dramatik der*

---

185 Vgl. ebd., S. 194.
186 Kamzelak/Ott, *Harry Graf Kessler. Das Tagebuch 1880–1937*, S. 219.
187 Ebd.
188 Vgl. Borchers, *Der Paragraph selbst ist der Verbrecher*, S. 202.
189 Von Soden, Sexualreform-Sexualpolitik. Die Neue Sexualmoral, S. 181.
190 Kamzelak/Ott, *Harry Graf Kessler. Das Tagebuch 1880–1937*, S. 219.
191 Vgl. Polizeipressebericht, o.T., o.A., 16.11.1929.

Weimarer Republik hervorhob, „*das* populärste Drama zum Thema männliche Homosexualität“[192] in dieser Zeit darstellte, findet diese Facette von *Die Verbrecher* weder in den Akten der Münchner Polizeidirektion noch in Zeitungsartikeln aus Bayern – ausgenommen einer Begutachtung durch die Theatergemeinde München – Erwähnung. Was bei der Sichtung des Materials immer wieder heraussticht, ist eine vehemente Abgrenzung von Teilen der Öffentlichkeit und Politik in Bayern gegenüber den Darstellungen des Stücks in Berlin, bemerkenswerterweise ohne dabei konkret zu benennen, was an der Inszenierung am Deutschen Theater als anstößig empfunden wurde. Diese Beobachtung unterstreicht die Annahme, dass in München das Verbot von *Die Verbrecher* der zentrale Faktor zur Skandalisierung war und nicht die Inhalte des Stück, über die zu sprechen es sich gleichwohl gelohnt hätte.

6.3.3 Der Protest der Theatergemeinde München als Mittel der Selbstdarstellung

Eine Quelle, die dennoch die Inhalte des Stücks wesentlich zur Empörung nutzt, stellt der Artikel „Warum wir die ‚Verbrecher‘ ablehnen“[193] der Theatergemeinde München dar. Die Theatergemeinde München umfasste in den 1920er Jahren durchschnittlich 13 000 Mitglieder.[194] Aufgrund dieser signifikanten Teilnehmerstärke lohnt es sich ihre Position an dieser Stelle genauer unter die Lupe zu nehmen. Der betreffende Text wurde im vereinseigenen monatlich erscheinenden Publikationsorgan der Theatergemeinde München veröffentlicht und steht damit nicht in einem unmittelbaren Zusammenhang mit dem gehäuft erschienen skandalisierenden Artikeln anlässlich des Verbots. Im Artikel verfolgte die Theatergemeinde das Anliegen für ihre Mitglieder zu verdeutlichen, warum sie sich gegen die Aufführungen des Stücks in München aussprachen. Literarische Qualität und die Weltanschauung des Stücks spielten dabei ebenso eine Rolle wie seine Auswirkung auf das Theater. Die anstoßerregenden Szenen des Stücks, die man in großer Zahl sah, wurden jeweils mit konkreten Textbelegen zitiert. Dazu fügte der Autor an, „daß nicht nur der Stoff und der Inhalt des Stücks, sondern auch seine Form gemein ist.“[195]

---

192 Borchers, *Männliche Homosexualität in der Dramatik der Weimarer Republik*, S. 361.
193 Vgl. Theatergemeinde München [S.], Warum wir die „Verbrecher“ ablehnen, S. 9 – 12.
194 Mit der Theatergemeinde München befasst sich die Historikerin Daniela Maier in ihrer noch unveröffentlichten Dissertation (Stand: Mai 2024). Einige Forschungsergebnisse sind bereits online verfügbar: Maier, Theatergemeinde München (bis 1933).
195 Theatergemeinde München, Warum wir die „Verbrecher“ ablehnen, S. 11.

Den häufig von den Widersachern des Stücks aufgegriffenen Einwand, dass das Stück zu einer „Verunglimpfung der Rechtsprechung"[196] beitrage, pflichtete dieser Artikel bei. Das Stück war laut Theatergemeinde eine „ununterbrochene Verhöhnung der richterlichen und damit staatlichen Autorität und eine mehr oder weniger plumpe Verdrehung jeglichen sittlichen Rechtsempfindens."[197] Überdies werde im Stück vom Ehrgefühl eines Vorbestraften gesprochen und ein Gespräch zweier Figuren über gleichgeschlechtliche Beziehung geführt.[198] Darüber hinaus verhöhne das Stück den Gottes-Begriff.[199] Entlang der Beispiele spitzte der Artikel der Theatergemeinde zu, dass „[n]icht die betreffende Untat [...] das Verbrechen [sei], sondern der Schuldige sei der böse Gesetzesparagraph, der die Tat eines Menschen zum Verbrechen stemple."[200] Die Kritik an *Die Verbreche*r verblieb jedoch nicht auf der Ebene des dramatischen Textes. Ebenso wurden die Diskurse aufgegriffen, die das Stück in sich vereinte und von denen sich der Autor mit seiner Kritik distanzierte. Damit waren alle „modernen Kulturbewegungen"[201] gemeint, die Diskurse über das Abtreibungsverbot (§ 218), die Strafbarkeit von homosexuellen Beziehungen und allgemein über die Sexualität sowie der Religion anstießen.[202]

Nachdem die Grenzlinien der Theatergemeinde München in Bezug auf das Stück *Die Verbrecher* aufgezeigt worden sind, stellt sich noch die Frage, warum sich die Theatergemeinde überhaupt gegen das Stück positionierte und was jenseits der formalen und inhaltlichen Gesichtspunkte des Stücks zu einer gesteigerten Wachsamkeit gegenüber dem Verbot von *Die Verbrecher* führte. Ein zentrales Motiv lag in ihrer Sorge um das Theater. Dieses werde in dem Stück erniedrigt „zu einem Institut bolschewistischer Zersetzungspropaganda auf allen Gebieten der Werte."[203] Obgleich die Furcht vor einer bolschewistischen Übernahme der Kulturinstitutionen als rechte Propaganda einzuordnen ist, scheint es hier bedeutsam festzuhalten, dass eine Aufmerksamkeit und ein Protest der Theatergemeinde München durch eine Gefahr, der das Theater angeblich ausgesetzt war, gerechtfertigt wurde. Vor diesem Hintergrund entrüstete sich der Verfasser des Artikels umso mehr über Zuschauer, die sich das Stück ansahen und keinen Anstoß nahmen:

> Die Männer gehen mit einem Schmunzeln darüber hinweg, wenn es heißt, daß ‚jeder Mann, der was von sich hält', fünf Geliebte zu gleicher Zeit hat (Seite 70), sie überhören den Vorsit-

196 Ebd., S. 9.
197 Ebd.
198 Vgl. ebd.
199 Vgl. ebd., S. 11.
200 Ebd., S. 10.
201 Ebd.
202 Vgl. ebd.
203 Ebd., S. 9.

> zenden, der an Tunichtgut die Frage stellt, ob er einmal in einer Anstalt für Geisteskranke war, und darauf die Antwort einsteckt: ‚Nein. Nur zwei Jahre beim Militär' […]. [204]

Diese beispielhaften Äußerungen, die der Verfasser als anstoßerregende Stellen beschrieb, zeigen, dass die Toleranzgrenzen des Beobachters aus der Theatergemeinde und des Publikums in *Die Verbrecher* deutlich divergierten. Dabei erhob der Verfasser des Artikels den Anspruch, dass seine Grenzen die normgebenden sind, denn er wirft den Zuschauern eine ‚falsche' Wahrnehmung vor, „[s]ie merken es gar nimmer, was ihnen da gesagt wird." [205] Der Protest der Theatergemeinde und die deutliche Abgrenzung von den begeisterten Zuschauern wirkt gleichsam als eine gemeinschaftsbildende Maßnahme für die Mitglieder der Theatergemeinde. Dabei lassen sich die inhaltlichen Einwände gegen *Die Verbrecher* in dem Artikel als Mittel der Selbstdarstellung des Vereins vor seinen Mitgliedern einordnen. Nachdem sich jegliche inhaltliche Empörung durch das Verbot der Aufführung vor der Premiere erübrigte und zusätzlich die öffentliche Aufmerksamkeit der Presse klar auf der Verbotsmaßnahme und kaum auf dem Stück an sich lag, bleibt der inhaltliche Skandalisierungsversuch der Theatergemeinde erfolglos.

6.3.4 Zur ‚Zensur' der Öffentlichkeit

> Nehmen wir an, es gäbe noch eine staatliche Zensur. Was könnte sie (allenfalls) auf dem Theater vernünftigerweise verbieten? Daß die Fundamente des Theaters verneint werden. Was dürfte Zensur niemals verbieten? Die Darstellung der Menschlichkeit aller menschlichen Einrichtungen. D. h. die Darstellung der ewigen menschlichen Unvollkommenheit.[206]

Als der Artikel, aus dem das Gedankenspiel stammt, von Hanns Braun in der *Münchner Zeitung* am 29. November 1929 wenige Tage nach dem Verbot der Aufführung von *Die Verbrecher* in München erschien, existierte faktisch keine staatliche Zensur. Vielmehr verdeutlichte sich in Brauns Gedankenspiel die Wachsamkeit gegenüber den Vorgängen im Theater bei *Die Verbrecher* und im Speziellen im Hinblick auf das Verbot. Mehr noch, gewissenermaßen übte Braun eine Kontrolle des Verbotes aus, indem er es der Zensurthematik gegenüberstellte. Besorgt appellierte er: „Gerade wenn wir ein Rechtstaat sein wollen, dürfen wir nicht auf Umwegen wiedereinführen, was dieser Staat abgeschafft hat: Zensur."[207] Braun sah

204 Ebd., S. 12.
205 Ebd.
206 *Münchner Zeitung*, Bruckners Verbrecher, Hanns Braun, Nr. 330, 29.11.1929.
207 Ebd.

sich in seinem Unbehagen gegenüber dem Verbot durch das Publikum der geschlossenen Aufführung in den Münchner Kammerspielen bestätigt, das sich gegen dieses mit „demonstrativen Beifall“[208] zu Wehr setzte. Seiner Interpretation zufolge sei der Schlussapplaus „vielleicht weniger laut gewesen, hätte er nicht den deutlichen Tadel gegen eine verfehlte Bevormundung mitenthalten sollen.“[209] Sowohl das Publikum als auch der Theaterkritiker zeigten sich als sensible und wachsame Akteure gegenüber staatlichen Verbotsmaßnahmen.

Der Artikel von Braun wirft mehrere Themen und Fragen auf, die Gegenstand des nachfolgenden Unterkapitels sein sollen. Droht, wie Hanns Braun andeutete, eine neuerliche staatliche Zensur in Form von Aufführungsverboten und verschiebt sich damit die Kontrollfunktion von der Öffentlichkeit wieder zurück zum Staat? Oder verlagerte sich möglicherweise die Kontrollfunktion noch stärker auf die Öffentlichkeit, nachdem sie nicht mehr nur die Stücke, sondern auch die Kontrolle des Staats kontrollierte? Stellte die neu entfachte Diskussion über Zensur anlässlich des Verbots von *Die Verbrecher* in München einen Wendepunkt dar beziehungsweise lag eine neue Situation vor? Wo lässt sich die Freiheit der Kunst in dieser Debatte verorten?

Hanns Braun war nicht der Einzige, der anlässlich des Verbots von *Die Verbrecher* auf die Zensur zu sprechen kam. Der in der Einleitung zu diesem Kapitel zitierte Artikel von Karl Schwend benutzte die Begriffe Zensur und Theaterverbot als Synonyme.[210] Über den Zusammenhang von Zensur und Theaterverbot ließe sich daraus schlussfolgern, dass ein Theaterverbot eine Form der Zensur, nur unter anderem Namen, darstellt. In anderen Zeitungen wurde dieses Verhältnis in ähnlicher Weise beschrieben. Die *Münchner Zeitung* vertrat nicht die Ansicht, dass jedes Bühnenwerk vor Publikum gezeigt werden müsse. Dennoch verspürte man angesichts von *Die Verbrecher* in München doch ein „peinliche[s] Unbehagen [...] bei derartigen Verboten, [...] das einer Wiedereinführung der Präventivzensur im Theater gleichkommt“[211]. Die Zeitung sah darin eine Rückkehr zur Zensursituation vor 1919. Eine solche Parallele formulierte auch ein Artikel in der *Münchner Post:*

> Würde es noch eine Zensur geben, so würde ein Zensurverbot erfolgt sein, weil der Inhalt des Stückes gegen die öffentliche Ordnung verstößt. Da es keine Zensur mehr geben darf, erfolgt ein Polizeiverbot, weil der Inhalt des Stückes gegen die öffentliche Ordnung verstößt.[212]

---

208 Ebd.

209 Ebd.

210 Vgl. *Augsburger Postzeitung*, Theater und Polizei. Zum Verbot von Bruckners „Verbrecher“, Karl Schwend, Nr. 277, 01.12.1929.

211 *Münchner Zeitung*, Theaterzensur? o.A., Nr. 317/318, 16./17.11.1929.

212 *Münchner Post*, Wer schädigt das Ansehen Münchens? o.A., Nr. 277, 29.11.1929.

Eine Zensurpraxis setzte sich demnach in Form von Polizeiverboten fort, weil eine Ausübung von Zensur rechtswidrig wäre. Zusammengefasst argumentierten sowohl die *Münchner Neuesten Nachrichten* als auch die *Münchner Post* damit, dass eine „Zensur" erneut ausgeübt beziehungsweise wie vor 1919 fortgesetzt wurde, nur dass diese nun unter dem Begriff des polizeilichen Aufführungsverbotes firmierte. Bei beiden Maßnahmen wurden weitere Aufführungen eines Stücks verhindert.

Eine Zeitung führte darüber hinaus an, dass die Polizei ihr Verbot nicht nur mit der Gefährdung der öffentlichen Ordnung begründet hatte, sondern auch mit der Herabsetzung der Justiz. Letzterer Grund stellte jedoch ein „Werturteil"[213] über das Stück dar, was ein wesentliches Merkmal der inzwischen verfassungswidrigen Zensur gewesen war. Wegen diesem Sachverhalt plädierte die Zeitung für eine „gründliche [...] Beleuchtung"[214] des Falls. Auch die *Münchner Post* warf der Polizei vor, dass sie mit der Verbotsverfügung ein „Sachverständigenurteil"[215] fällte. Es sei genauso „verfehlt [...], wie die laienhafte Einmengung eines Literaturdozenten oder Dramaturgen in kriminalistische Angelegenheiten"[216]. Wie vor 1919 wurde auch hier wieder die Kompetenz der Münchner Polizei in Kunstfragen bezweifelt. Mehr noch, geht es in dieser Äußerung darum, dass nur das Urteil von Personen mit einer bestimmten Fachkompetenz anerkannt wurde.

An der „schwierige[n] Aufgabe"[217] einer Unterscheidung zwischen polizeilicher Zensur und polizeilichem Aufführungsverbot versuchte sich schließlich der Rechtsanwalt Dr. Hirschberg in der *Münchner Telegramm-Zeitung.*[218] Hirschberg meinte, dass das „polizeiliche Aufführungsverbot wegen des Inhaltes als Zensur wirkt"[219]. Ähnlich wie die zuvor zitierte Aussage wurde der Stückinhalt als gemeinsames Merkmal von Verbot und Zensur wahrgenommen. Anschließend verglich Hirschberg das Aufführungsverbot mit der früheren Vorzensur und kam zu der Schlussfolgerung, dass sich das Aufführungsverbot noch negativer auf das Theater auswirkte als die Vorzensur.[220] Diese überprüfte vor Probenbeginn, ob eine Zensur über das Stück verhängt wird, sodass im Falle einer Zensur ‚nur' das Bühnenwerk unterdrückt wurde. Das Aufführungsverbot dagegen erfolgte erst nach der Premiere. Damit verhinderte es laut Hirschberg nicht nur, dass ein Kunstwerk vor Publikum gezeigt wurde, sondern bedrohte durch die entstehenden finanziellen

213 o.T., Der Polizeigeist triumphiert, o.A., o.Nr., o.D.
214 Ebd.
215 *Münchner Post*, Die Münchner Polizei treibt Literaturkritik, o.A., Nr. 268, 19.11.1929.
216 Ebd.
217 *Münchner Telegramm-Zeitung*, Das Polizeiverbot der „Verbrecher", o.A., Nr. 228, 26.11.1929.
218 Vgl. ebd.
219 Ebd.
220 Folgende Ausführungen Vgl. ebd.

Einbußen das Theater darüber hinaus existenziell. Der Rechtsanwalt hielt es für „undenkbar", dass das Aufführungsverbot für die Theater mit weitreichenderen Konsequenzen verbunden war als vormals die Theaterzensur.

Die angeführten Beispiele zeigen, dass das über *Die Verbrecher* verhängte Aufführungsverbot vielfach in einen Zusammenhang mit der entfallenen Theaterzensur gestellt und zum Teil sogar als Synonym von Theaterzensur betrachtet wurde. Die in den genannten Artikeln herausgestellten Verbindungen zur Zensur, führten zu einer gesteigerten Wachsamkeit der Öffentlichkeit und drückten sich in der Forderung nach einer Überprüfung des Sachverhalts aus. Als Unterschiede zur historischen Zensur wurden der Zeitpunkt der „Zensur"-Maßnahme vor beziehungsweise nach der Premiere gesehen sowie die heftigere Auswirkung, die das Aufführungsverbot im Vergleich zur Zensur auf die Theater besaß. Als Gemeinsamkeit wurde herausgestellt, dass die Polizei sowohl beim Aufführungsverbot als auch bei der Zensur über den Inhalt des Stücks urteilt und geurteilt hat.

Neben der „Zensur"-Maßnahme an sich diskutierte die Öffentlichkeit außerdem über die Akteure der Kontrolle. Ein häufiger Vorwurf aus der Öffentlichkeit lautete, dass die Polizei mit dem Verbot ein ablehnendes Urteil über das Stück getroffen hatte, das ihr so nicht mehr zustand. Die *Süddeutsche Sonntagspost* kommentierte dazu, dass es „natürlich keinesfalls Aufgabe der Polizei [ist], zur Frage des Vertrauens zur Justiz Stellung zu nehmen."[221] In der Äußerung schwingt der aus der Zeit der Zensur bereits bekannte Vorwurf einer mangelnden Kompetenz der Polizei bei Fragen bezüglich des dramatischen Inhaltes mit. Darauf bezog auch die *Münchner Zeitung* ihren kritischen Einwand: „Wie man auch über den Wert der Zensur denken mag: ihre eifrigsten Verfechter müssen zugeben, daß gerade die Polizei sich auf ihren weisen Gebrauch sehr selten verstanden hat."[222] Auch im Fall der Verbotsverfügung von *Die Verbrecher* wurde dieses Argument wieder aktualisiert. Die *Münchner Telegramm-Zeitung* nannte die inhaltlich begründete Verbotsentscheidung der Münchner Polizei eine im Rechtsstaat unzulässige „Gesinnungskontrolle"[223] und die *Münchner Post* spricht von einem „Seitensprung zur Literaturkritik"[224]. Wenn mehreren Ansichten aus der Öffentlichkeit zufolge die Polizei Stücke nicht beurteilen sollte, stellt sich die Frage, wer stattdessen die Stücke und Aufführungen überprüfte. Die *Münchner Zeitung* führte an, dass es dafür ge-

221 *Süddeutsche Sonntagspost*, Der verbotene Bruckner. Eine merkwürdige Begründung, [o.A.], Nr. 46, 17.11.1929.

222 *Münchner Zeitung*, Theaterzensur? o.A., Nr. 317/318, 16./17.11.1929.

223 *Münchner Telegramm-Zeitung*, Alsberg über das Verbot der „Verbrecher", o.A., Nr. 230, 28.11.1929.

224 *Münchner Post*, Die Münchner Polizei treibt Literaturkritik, o.A., Nr. 268, 19.11.1929.

nügend „Kritiker“ [225] gebe, „die das fest- und richtigzustellen vermögen.“ [226] Anstelle der Polizei wurde hier die „Kritik“ als eine zur Beurteilung fähige Instanz benannt. Ähnliches stellten auch die *Münchner Neuesten Nachrichten* fest. Sie hielten gerade „[e]ine Ablehnung des Stückes durch Publikum und Kritik als ein[en] Akt freiwilliger Abwehr“ [227] für wirksamer als eine „Bevormundung durch die Polizei“ [228]. Anhand der Äußerungen lässt sich feststellen, dass im Hinblick auf die Überprüfung der Stücke und Aufführungen sich eine Verschiebung unter den Akteuren andeutet. Den angeführten Zitaten zufolge wird der Polizei eine Kontrolle der Stücke und Aufführungen abgesprochen, vielmehr wird der Kritik nun die Zuständigkeit zugeschrieben, über Stücke und Aufführungen zu urteilen. An diese neue Funktion der Kritik muss die Öffentlichkeit erst schrittweise herangeführt werden. Als „volkspädagogisch verfehlt“, empfand es der Theaterkritiker Tim Klein, „dem Münchner Publikum die Augen zuzukleben.“[229] Die Voraussetzungen dafür, dass die Öffentlichkeit ihre Funktion als Kritikerin erfüllen konnte, sind die Wachsamkeit des Publikums auf die Aufführung beziehungsweise auf das Stück sowie die Zurückhaltung der Polizei im Bewertungsprozess. Erst wenn sich die Polizei nicht mehr in die inhaltliche Kontrolle eines Stücks einmischte und Stücke nicht mehr vorzeitig verbot, waren die entscheidenden Bedingungen gegeben, dass die Kritik ihre neue Kontrollfunktion ausüben konnte. Für eine Kritik allein durch die Öffentlichkeit bedurfte es darüber hinaus eines Vertrauensvorschusses. So gab sich die *Münchner Post* zuversichtlich „daß es [das Publikum, S.K.] die notwendigen Ausscheidungen langsam aber sicher selbst vornimmt und die Geschmacklosigkeit von der künstlerischen Darstellung eines Problems, auch ohne polizeiliche Anleitung, zu trennen weiß.“[230] Mit der Überprüfung von Stücken löste das Publikum die Polizei in ihrer inhaltlichen Kontrollfunktion ab. Die neue Kontrolle durch das Publikum bezeichnete die *Münchner Post* nicht als Zensur, sondern sie nannte diesen Vorgang der Überprüfung „Kritik“. Eine Zensur war nicht nötig, weil „die künstlerische Kritik vollkommen ausreicht, um das Giftige vom Wertvollen zu unterscheiden.“[231] Zusammengefasst distanzierten sich mehrere Zeitungen von jeglicher inhaltlichen Kontrolle des Theaters durch die Polizei. Stattdessen sollte diese durch das Publikum und die Öffentlichkeit vorgenommen werden. Die Voraussetzungen

225 *Münchner Zeitung*, Theaterzensur? o.A., Nr. 317/318, 16./17.11.1929.

226 Ebd.

227 *Münchner Neueste Nachrichten*, Unangebrachte Zensur, o.A., Nr. 313, 17.11.1929.

228 Ebd.

229 *Münchner Neueste Nachrichten*, Das Nein des Innenministers. Bruckners „Verbrecher“ bleiben verboten, Tim Klein, Nr. 324, 28.11.1929.

230 *Münchner Post*, Wer schädigt das Ansehen Münchens? o.A., Nr. 277, 29.11.1929.

231 Ebd.

zungen, dass die Öffentlichkeit diese Aufgabe erfüllen konnte, sind die autonome Beurteilungsmöglichkeit, die eine Nichteinmischung der Polizei erforderte, der Vertrauensvorschuss auf die Urteilsfähigkeit der Öffentlichkeit und die Wachsamkeit des Publikums.

Das BVP-Mitglied Karl Schwend hingegen war nicht davon überzeugt, dass der Staat sich nun nicht mehr in Kunstfragen einmischen und stattdessen das Volk die Beurteilung der Kunst übernehmen sollte. Von der Kunst und ihren Unterstützern sah er eine Gefahr für die Allgemeinheit ausgehen. Der Staat benötige eine „greifbare Handhabe [...] gegenüber einer offensichtlichen kulturellen Entartung des künstlerischen Schaffens“[232]. Er könnte, so Schwend, theoretisch die Zensur nutzen, um die Gefahr, die angeblich von der Kunst ausgeht, einzudämmen. Schwend kritisierte die Überheblichkeit von „Verteidiger[n] der Literatur“[233] gegenüber Zensurmaßnahmen und bemängelte: „Es steht ihnen nicht an, überlegen auf Maßnahmen herabzuschauen, die sich aus der berechtigten Sorge um öffentliche und überindividuelle Interessen ergeben.“[234] Den Vertretern der Kunst mangele es an einem „inneren Verantwortlichkeitsgefühl“[235], weshalb Schwend diesen den Anspruch auf eine Kontrollfunktion absprach. Schwend zufolge kann also nur derjenige Anspruch auf eine Kontrollfunktion erheben, der sich damit auch in den Dienst einer Allgemeinheit und des Staats stellt. In der *Welt am Sonntag* wurde hingegen scharf kritisiert, wenn sich ein Staat in die Freiheit der Kunst einmischt. Der Staat stelle sich durch dieses Verhalten auf eine Ebene mit Vereinen und Standesorganisationen, die Darstellungen beziehungsweise Texte auf der Bühne im Hinblick auf ihre eigenen Interessen als anstößig empfänden. Anekdotisch führte das Blatt aus: „So haben in letzter Zeit Zahnärzte gegen den Verfasser des Lustspiels ‚Das Wiegenlied‘ einen Prozeß angestrengt, weil in dem Stück auf Kosten der Zahnärzte einige Scherze enthalten sind.“[236] Die Zeitung sprach dem Staat ab, aus Rücksicht auf bestimmte Personengruppen Grenzen in der Kunst zu markieren und führte fort: „Was man schließlich Vereinen und Standesorganisationen noch verzeihen könnte, das wird von seiten eines Staates zur erschreckenden Groteske, eines modernen Staates, in dessen Rahmen sich das geistige Ringen einer Zeit entfalten sollte.“[237] Der moderne Staat besaß dieser Ansicht nach nicht mehr die Funktion,

232 *Augsburger Postzeitung*, Theater und Polizei. Zum Verbot von Bruckners „Verbrecher“, Karl Schwend, Nr. 277, 01.12.1929.

233 Ebd.

234 Ebd.

235 Ebd.

236 *Welt am Sonntag*, Drei Instanzen sagen „Nein“, o.A., Nr. 48, 01.12.1929.

237 Ebd.

die Inhalte der Kunst zu kontrollieren, sondern er sollte einen Rahmen für eine Auseinandersetzung der Öffentlichkeit mit der Kunst schaffen.

Der Theaterskandal um das Verbot von *Die Verbrecher* brachte zusammengefasst die Zensurdebatte in der Münchner Öffentlichkeit besonders verdichtet hervor. Dass die Zensurfrage auch jenseits von Theaterskandalen und Zensur-Affären wieder verstärkt an Aufmerksamkeit gewann, beweist die Rede „Protest gegen die Zensur“ des Intendanten Leopold Jessner, auf die der letzte Abschnitt in diesem Kapitel eingehen wird.

6.3.5 Zensur vs. Richterfunktion des Publikums

Jessner sprach sich im Rahmen einer Kundgebung 1929 gegen die Präventivzensur aus, die sich auf den dramatischen Text richtete.[238] Er sah zwischen dem Text und der Aufführung einen entscheidenden Unterschied. Er führte dazu das bekannte Argument an, dass nicht absehbar war, wie der Text auf der Bühne wirken werde. Aber auch den „Eingriff nach einer Probeaufführung“[239] lehnte der Intendant ab, denn die Inszenierung entwickelte sich erst nach mehreren Aufführungen zu „voller Lebendigkeit und Reife“[240]. Überdies sah Jessner bei einem zensierenden Eingriff nach der Premiere eine weitere Schwierigkeit. „[E]in Parkett, das unter dem Atmosphärendruck der Zensur-Sensation steht, ist für das Amt des Kunstrichters unzugänglich.“[241] Ein adäquates Urteil der Zuschauer schien Jessner nicht möglich, wenn die Vorstellungen „unter dem Damoklesschwert der Zensur“[242] standen.

Gegen den Einwand, dass die Qualität des Theaters litte, wenn die Zensur wegfalle, entgegnete Jessner zunächst, dass die Rede vom Niedergang des Theaters ein Narrativ darstelle, das je nach Bedarf immer wieder bedient würde. Sorgen, dass mit dem Wegfall der Zensur auch die Qualität der Spielpläne in Mitleidenschaft gezogen werde, machte er sich nicht. Vielmehr glaubte er, dass „die Gefahr, dieses oder jenes rang- und klangloses Stück mit unterschlüpfen zu lassen, ist weiß Gott geringer als jene andere: Schiller's ‚Räuber‘ oder Wedekind's ‚Erdgeist‘ im Mutterleibe zu erwürgen und sie niemals das Licht der Rampe erblicken zu lassen.“[243] Nach dieser Ansicht können sich außerordentliche Bühnenwerke am besten ohne eine Zensur für ein Publikum entfalten. Schließlich fragte sich Jessner, wer die

238 Vgl. Jessner, Protest gegen die Zensur, S. 69 – 71.
239 Ebd., S. 69.
240 Ebd.
241 Ebd.
242 Ebd.
243 Ebd., S. 70.

Verteidiger der Zensur sind. Er nannte hierzu „[a]llzu Ängstliche, die geheiligte Güter in Gefahr wähnen“[244] und Personen, die sich die „gute, alte Kunst“[245] zurückwünschen. Zu letzteren erwiderte Jessner, dass die Bühnenkunst auch in der Vergangenheit unter der Zensur gelitten habe und führt das Beispiel *Die Räuber* von Friedrich Schiller an, über das ein Aufführungsverbot verhängt worden war. Ihnen gegenüber stehen die „sittlich gefestigen“[246], die überzeugt gegen die Zensur eintraten. Der Intendant beendete seine Rede mit dem Appell „Zensur kann nicht sein, Zensur darf nicht sein“[247]. Als Vertreter einer modernen Regiekunst und Direktion des Staatstheaters Berlin hatte Jessner sowohl ein ästhetisches als auch ein kulturpolitisches Interesse an der freien Entfaltung der Kunst. Seine Argumente gegen die Zensur waren fast ausnahmslos bekannt und wurden zum Teil bereits vor 1919 benutzt. Neu und aufschlussreich war das Argument, dass eine nachträgliche Zensur die Richterfunktion des Publikums einschränke. An dieser Beobachtung wird deutlich, dass Jessner zwei Akteure, die das Theater kontrollierten, identifizierte: das Publikum in seiner Richterfunktion und der Staat mit seinen Verbotsmaßnahmen. Jessner sah hier einen Konflikt: Wenn also das Publikum eine Richterfunktion einnehmen soll, dann darf der Staat nicht gleichzeitig mittels Zensur eingreifen.

Fazit

Nicht die Inhalte des Stücks, sondern das Verbot hatte anlässlich der geplanten Aufführungen von *Die Verbrecher* in München zu einem Skandal in der Öffentlichkeit geführt. Dabei stellte der Umgang mit dem Stück in München weder im Hinblick auf den Aspekt Skandal noch in Bezug auf das Verbot eine Ausnahme dar. Dennoch nutzten Pressevertreter das Narrativ von der ‚Sonderrolle Münchens‘ um das Bild der Stadt München im Sinne ihrer jeweiligen Interessen in der Öffentlichkeit sowohl innerhalb der Stadt als auch innerhalb der Republik zu beeinflussen.

In der inhaltlichen Auseinandersetzung mit *Die Verbrecher* wurde deutlich gemacht, dass die Anlage des Stücks sowie die von Bruckner angedachte Inszenierung dazu führten, dass der Zuschauer selbst in die Position des Beurteilenden versetzt wurde. Das Drama regte somit die Meinungsbildung des Zuschauers an. Da das Stück, wie viele der sogenannten Zeitstücke, umstrittene Gesetzesparagrafen der Zeit thematisierte und Kritik an der Justiz übte, stellt die dabei hervorgebrachte

244 Ebd.
245 Ebd.
246 Ebd.
247 Ebd., S. 71.

Meinung des Zuschauers nicht nur eine künstlerische Kritik dar, sondern sie weist auch über das Theater hinaus und erscheint gleichsam als politische Kritik am Staat. Das Drama regte nicht nur den Zuschauer an, sich ein Urteil zu bilden, sondern auch der Autor positionierte sich selbst in der Auseinandersetzung mit zeitgenössischen Themen. Es wurde festgestellt, dass die Haltung, die das Zeitstück *Die Verbrecher* vermittelte, die politische Anschauung des Bürgertums repräsentierte. Beinahe jedes Stück enthielt eine Tendenz oder Haltung und es war gerade die Tendenz von Stücken, die bei Teilen der Öffentlichkeit für Empörung sorgte.

Im Fall von *Die Verbrecher* wurde auf das präventive Aufführungsverbot durch die Polizei eingegangen, das mit der Aufrechterhaltung der öffentlichen Sicherheit und Ordnung begründet wurde. Die Kammerspiele zeigten sich im Hinblick auf ihre finanzielle Situation wachsam, setzten bei der Polizei mehrere ‚geschlossene Aufführungen' durch und regulierten den Spielbetrieb von *Die Verbrecher*, indem sie die Zugänglichkeit zur Vorstellung für die Besucher erschwerten und Aufführungen terminierten sowie auf eine Abendkasse und Werbung verzichteten. Das nicht vollständig durchgesetzte Verbot des Stücks brachte die Polizeidirektion in die Situation, weiterhin die Vorgänge in der geschlossenen Vorstellung zu beobachten. Daran wurde anschaulich, dass die geschlossenen Vorstellungen eher eine gesteigerte Aufmerksamkeit auf die Verbotsmaßnahme nach sich zogen, als dass sie aus dem Fokus der Aufmerksamkeit verschwand.

Unter den Besuchern fanden sich unterschiedliche Reaktionen und unterschiedliche Grenzen der Toleranz zu *Die Verbrecher*. Harry Graf Kesslers Äußerung zur Darstellung und Wahrnehmung von Homosexualität trug zur Konstitution des Themas im öffentlichen Diskurs bei. Gleichzeitig wurde an dem Beispiel auch deutlich, dass die Grenzen der Toleranz sowohl regional als auch situativ variierten. Im Protest der Theatergemeinde München wurde ein stark ablehnendes Urteil aus der Öffentlichkeit sichtbar. Wesentlich hierbei war, dass die Ablehnung nicht von einer Einzelperson ausging, sondern die Meinung eine in ihrem Einfluss nicht zu unterschätzende Besucherorganisation mit zahlreichen Mitgliedern repräsentierte.

Im letzten Unterkapitel zur ‚Zensur' der Öffentlichkeit wurde der Zusammenhang von Zensur und Verbot untersucht. Durch das Verbot schon vor der Aufführung trat die Debatte um eine Wiedereinführung der Zensur in besonderem Maße in den öffentlichen Diskurs. Es wurden verschiedene zeitgenössische Positionen zum Thema erörtert, die eine Nichteinmischung des Staats, vor allem der Polizei, forderten. Entsprechend bestand der Wunsch, dass die Beurteilung von Stücken, die nun unter dem Begriff der künstlerischen Kritik firmierte, der Öffentlichkeit anvertraut werden sollte. Andere Stimmen argumentieren hingegen, dass die Öffentlichkeit insgesamt diesem Amt des ‚Kunstrichters' nicht gewachsen sei und die Verantwortung nur ausgewählte Teile der Öffentlichkeit, etwa verantwortungstragende Personen, die Beurteilung übernehmen sollten oder letztendlich sogar wieder der Staat durch eine Wiedereinführung der Zensur.

Unabhängig davon, welche Position zur eigenständigen Kritik durch das Publikum ergriffen wurde, ist als Schlussfolgerung festzuhalten, dass die genannten Stimmen der Öffentlichkeit das Theater in einer Situation, in der es durch die Polizei eingeschränkt wurde, mit erhöhter Wachsamkeit verfolgten. Die Herausbildung von unterschiedlichen Meinungen der Öffentlichkeit setzte voraus, dass die Meinungstragenden sich tiefgreifend mit der Situation auseinandergesetzt und ihre Positionierung in Bezug auf den neuen Staat hin, überprüft hatten.

Resümee

Die Umbrüche im ersten Drittel des 20. Jahrhunderts wirkten sich tiefgreifend auf die Politik, Gesellschaft und Kunst aus. Das autoritäre, Ordnung versprechende System des Kaiserreichs endete und mit der Weimarer Republik änderte sich diese Ordnung zu einer parlamentarischen Demokratie. Nicht mehr der Kaiser, sondern das Volk war nun der Souverän.

Die Gesellschaft in der Weimarer Republik war geprägt von einem breiter werdenden Presse- und Kulturangebot, das sich vom Theater-, über den Kino- bis zum Sportpalastbesuch erstreckte. In den 1920er Jahren zeigten sich im Theater innovative Bestrebungen: Hier sind der zu diesem Zeitpunkt bereits einige Jahre bestehende Expressionismus, die ersten Vorreiter des Regietheaters, das Epische Theater – in verschiedener Weise ausformuliert durch Erwin Piscator beziehungsweise Bert Brecht – ebenso wie ‚politische' Formen wie das Arbeitertheater oder das Zeitstück zu nennen. Prägend für die Spielpläne waren aber auch sowohl kanonische Inszenierungen wie die Werke Schillers oder Kleist, sowie heitere Stücke, Possen und Lustspiele, auf die die Theater, die in großer Zahl privatwirtschaftliche Unternehmen waren, finanziell angewiesen waren. Neben diesen aus der Forschung bekannten ästhetischen Entwicklungen sind Theaterskandale, die während der Weimarer Republik deutschlandweit besonders häufig und intensiv ausbrachen, ein bisher noch wenig beachteter Aspekt. Die Zeit der zahlreichen Theaterskandale in Deutschland fiel gerade auch in die Zeit nach der Aufhebung der Theaterzensur in Deutschland. In dieser Arbeit wurden am Gegenstand des Theaters Skandale und die Aufhebung der Zensur, was mit dem Begriff ‚De-Censorship' gefasst wurde, als ein Zusammenhang untersucht.

Die Ausgangsthese war, dass sich mit dem Wegfall der staatlichen Zensur die Kontrolle über das Theater auf die Öffentlichkeit verlagerte. Bei Theaterskandalen zeigte sich nicht nur ein auf die Öffentlichkeit verlagerter Kontrollmechanismus, sondern es wurden auch verschieden geartete, neue Öffentlichkeiten sichtbar. Das Ziel der Arbeit war es, dieser Verschiebung der Kontrolle nachzugehen. Dafür wurden die Kontrollfunktionen dieser Öffentlichkeiten differenziert beschrieben. Des Weiteren wurden anhand dreier Fallbeispiele die Vorgänge und Themen bei Theaterskandalen beleuchtet und von der Annahme ausgegangen, dass diese symptomatisch für die gesellschaftlichen und politischen Umbrüche Anfang des 20. Jahrhunderts standen.

Entlang der auswählten Fallbeispiele Anfang, Mitte und Ende der 1920er Jahre konnte die Verlagerung der Kontrolle exemplarisch über die verschiedenen Phasen der Weimarer Zeit nachgezeichnet werden. Während die Zuständigkeiten bei *Schloss Wetterstein* angesichts der Tumulte im Zuschauerraum noch unklar waren und der Theaterskandal für die Betroffenen eine überfordernde Situation war, die die alte Kontrollinstanz der Polizei wieder an den Platz rief, erschien der Umgang mit den Tumulten im Zuschauerraum bei *Der fröhliche Weinberg* zwar nicht einstimmig, aber innerhalb der Situation eingespielt. An der Abfolge der Kontrollmaßnahmen von Verbot, ‚Sondervorführung', Freigabe und Vorstellungsausfall wegen Krankheit wurde deutlich, dass auf die Interessen und Grenzen von verschiedenen Akteuren eingegangen wurde. Verdichtet war diese Kontrolle durch Theater, Staat und Öffentlichkeit zugleich in der ‚Sondervorführung' der überarbeiteten Fassung zu beobachten. Der Kontrollvorgang wurde direkt anhand der Aufführung vollzogen, woran eine Veränderung des Gegenstands der Überprüfung evident wurde: Nicht mehr der Text, sondern die Inszenierung und Aufführung rückten nun in den Fokus.

Bei *Die Verbrecher* 1929 in München zeigte sich dann, dass die Grenzen der Akteure wieder stärker auseinanderdrifteten. Ein kurzfristiges polizeiliches Aufführungsverbot des Stücks noch vor der Premiere, spricht dafür, dass sich das Kräfteverhältnis wieder stärker auf die staatliche Kontrolle verlagerte. Sogar nach dem Verbot griff die Polizeibehörde noch regulierend in die geschlossenen Vorstellungen ein, indem sie die Zugänglichkeit und Distribution reglementierte. Diese Form der Kontrolle richtete sich nicht auf den dramatischen Text, der noch bei *Schloss Wetterstein* und *Der fröhliche Weinberg* stark im Mittelpunkt der Kontrolle stand, sondern auf das Ereignis der Aufführung. War bei *Der fröhliche Weinberg* die ‚Sondervorführung' ein Mittel zur Überprüfung und eine Zwischenstation vor der Freigabe des Stücks, stellte die ‚geschlossene Aufführung' bei *Die Verbrecher* einen Endpunkt dar. Die Skandalisierer des Verbotes hingegen zeigten auf, dass sich ihre Toleranzgrenzen nicht nach sittlichen, moralischen, politischen oder ästhetischen Kriterien richteten, sondern sie markierten das Verbot selbst, das in die Freiheit der Kunst eingriff, als Grenze. Anders als die bisherigen Grenzziehungen, die persönliche Interessen, bestimmte Ideologien oder etablierte Normen und Werte berücksichtigten, baute diese Grenzziehung einen Rahmen um das Theater-Kunstwerk herum, der die unterschiedlichen Interessen miteinander in Verhandlung treten ließ. Im Verbotsfall von *Die Verbrecher* konnte eine andere Form von Skandal identifiziert werden, der über Tumulte und über das Moment des Ärgernisses hinausging und sonst für die Theaterskandale bezeichnend war. Mit Walter Benjamin war dies ein Skandal, der nicht „in den Grenzen des Skandals [blieb]“[1], sondern der im „radikalen Begriff von Freiheit“[2] lag.

1 Benjamin, *Der Sürrealismus*, S. 303.

2 Ebd., S. 306.

Spezifisch an den Münchner Skandalbeispielen war die strenge Linie der Polizei in Zensurfragen, die sich noch nach der Zensuraufhebung in der Amtszeit des stark konservativen Polizeipräsidenten Ernst Pöhner fortsetzte und deutlich am endgültigen Aufführungsverbot von *Schloss Wetterstein* zu Tage trat. Ferner begünstigte eine bereits in der Gesellschaft bestehende Polarität zwischen dem traditionell konservativen Standort Bayern und der Künstlerdestination Schwabing, wo sich Vertreter der ‚Moderne' in großer Zahl sammelten, die Skandalisierung. Mit dem Label ‚Kunststadt München' war überdies in Bezug auf die Skandalisierung von Münchner Aufführungen die für gelingende Skandale wichtige Fallhöhe gegeben.

Der Aspekt der Verschiebung der Kontrolle wurde an dem exemplarischen Theaterskandal *Schloss Wetterstein* zu Beginn der Weimarer Republik anschaulich. Die Polizei, die vormals *Schloss Wetterstein* zensiert hatte, war durch das Aufführungsverbot zwar die durchgreifende Kontrollinstanz, doch die Kontrollfunktion bei den Tumulten wurde von der Presse weniger der Polizei als vielmehr dem Intendanten zugeschrieben. Die ablehnende Haltung der Presse gegenüber Frank Wedekinds Stück setzte überdies in der Öffentlichkeit den restriktiven, kaiserzeitlichen Maßstab der Polizei fort und artikulierte diesen wegen des angeblichen Mangels der Zensur sogar noch kompromissloser. In Konkurrenz zu den Tumulten und Protesten wurden die Unterstützer im Publikum bei *Schloss Wetterstein* als Teil-Öffentlichkeit sichtbar. Durch ihre Positionierung für das Stück nahmen sie ebenso eine Art Kontrollfunktion ein und wurden als Gruppe, in diesem Fall waren das die jungen Zuschauerinnen und ein bürgerliches Publikum, wahrgenommen.

Im Skandalfall zu *Der fröhliche Weinberg* ließ sich die Kontrolle aus dem Publikum noch konkreter herausarbeiten, denn in diesem Fall wurden die Darstellungen in der Aufführung nicht nur als ‚störend', sondern von bestimmten Beschwerdeführern auch als verletzend gegenüber der eigenen Identität empfunden. Diese auf einer individuellen Identität beruhende Rezeptionserfahrung, die am Beispiel einer rheinländischen Zuschauerin gezeigt wurde, steht als Beurteilung im scharfen Kontrast zu der theaterfachlichen Bewertung eines Theaterkritikers. Zu diesem Aspekt wurde der ‚Krise der Theaterkritik' in den 1920er Jahren nachgegangen und dahingehend der Schluss gezogen, dass die Urteile der einzelnen Zuschauer, die sich durch die Inhalte der Aufführung persönlich angesprochen fühlten, im Vergleich zur Bewertung des Theaterkritikers als gewichtiger in der öffentlichen Diskussion wahrgenommen wurden. Seit dem Gerichtsurteil im Fall Hinkemann 1925 weitete der Staat das Notwehrrecht im Theater aus, wenn das vaterländische Empfinden von Zuschauern verletzt wurde und bestärkte damit die nationalistisch gesinnten Ruhestörer in ihrer Position Kontrolle über missfallende Aufführungen auszuüben. Die aufgezeigte finanzielle Abhängigkeit der Münchner Kammerspiele von verkaufsstarken Stücken wie *Der fröhliche Weinberg* sowie ihr Umzug verdeutlichte überdies, dass das Publikum auf ein nicht beziehungsweise wenig durch die öffentliche Hand subventioniertes Theater leichter kontrollierend einwirken konnte.

Stammten bei den vorangegangenen Fallstudien die Skandalierer eher aus dem konservativen bis nationalsozialistischen Spektrum, machten bei *Die Verbrecher* Vertreter der liberalen, modernen Ausrichtung von der Skandalisierung Gebrauch, um die Verstöße gegen die Kunstfreiheit zu überprüfen. Die Verlagerung der Kontrolle durch die Theaterzuschauer wurde überdies im Fall von *Die Verbrecher* durch den Inhalt und die szenische Einrichtung des Stücks initiiert. Das Zeitstück griff gesellschaftlich umstrittene Themen auf und verhandelte sie informativ und emotional. Damit versetzte es seine Zuschauer in die Position der Beurteilenden, die sich eine eigene Meinung über umstrittene Themen bilden konnten. Die Kunstkritik der Zuschauer bezog sich somit weniger auf ästhetische Aspekte, sondern sie führte dazu, dass die Zuschauer zu politischen Themen eine Meinung vertraten. Innerhalb des Theaterskandals zu *Die Verbrecher* verdeutlichte sich, dass es weniger um die Grenzen in der Darstellung auf der Bühne, sondern um Grenzziehungen in der Gesellschaft bei diesen Themen ging, die durch die Aufführungen von Zeitstücken hinterfragt wurden. Die Zuschauer betrachteten in diesem Stück Schicksale der ‚Verbrecher' und ihre Verurteilung durch die Justiz als Außenstehende, was es ihnen ermöglichte eine kritische Haltung zu dem Stück einzunehmen und – wie behauptet wurde – noch besser über die Fälle zu urteilen als die Richter selbst.

In den untersuchten Skandalfällen zeigten sich mehrere Teil-Öffentlichkeiten, die durch den Skandal ebenso Kontrolle über das Theater ausüben konnten und die jeweils in den verschiedenen Phasen der Weimarer Republik mehr oder weniger durchsetzungsstark waren. Eine Kontrolle der Öffentlichkeit erschien in verschiedenen Ausdrucksformen. Als Tumulte und ‚Störungen' während der Aufführung, in denen sich allgemein eine Ablehnung zeigte, die gegen das Stück, das Theater und das übrige Publikum gerichtet sein konnte. Es wurde die Kontrolle der Zuschauer betrachtet, die die Gesinnungen und Anschauungen der Bühnendarbietung überprüften und auf die Repräsentation der eigenen Identität auf der Bühne achteten. Kontrolle fand ebenso durch die Kritik statt. Stark in den Vordergrund rückte das Urteil des ‚gewöhnlichen' Zuschauers, das auf persönlichen Geschmack und der individuellen Erfahrungswelt aufbaute, und das sich konträr zu dem professionellen Urteil des Theaterkritikers verortete, dessen ästhetische Kritik die Leitfunktion für die Zuschauer zunehmend verlor. Die Kritik aus dem Publikum war verstärkt thematisch orientiert – ein Vorgang, der durch die Skandale beschleunigt wurde, in denen es nicht immer um das ursächliche Ärgernis in der Darstellung ging, sondern ebenso gesellschaftliche Konfliktthemen zur Verhandlung standen. Kritik und Kontrolle hatten gleichsam die Funktion die eigene Gesinnung öffentlich sichtbar zu machen. Am Beispiel der zahlreichen Proteste aus dem nationalsozialistischen Lager zeigte sich, wie aus der meist erfolgreichen Kontrolle durch Aufführungsstörungen aus einer Gegen-Öffentlichkeit eine – nicht nur im Theater – immer präsenter und durchsetzungsfähigere Teil-Öffentlichkeit wurde. Kritik und Kontrolle über Theateraufführungen stellten ferner wichtige Instrumente für das Publikum dar, um an gesellschaftlichen Diskursen zu partizipieren, diese aktiv mitzugestalten und neue Rollen in der Gesellschaft auszutesten. Die unterschiedlichen Formen von Kritik und Kontrolle durch die Öffentlichkeit traten allesamt als ineinandergreifende Rädchen innerhalb des Theaterskandals auf, der in dieser Hinsicht als ein auf die Öffentlichkeit verlagerter Kontrollmechanismus beschrieben werden kann.

Literaturverzeichnis

Verwendete Abkürzungen

ANNO AustriaN Newspaper Online
BHStA Bayerisches HauptStaatsArchiv
MDZ Münchener DigitalisierungsZentrum
Pol. Dir. Polizeidirektion
StAM Staatsarchiv München
ZEFYS ZEitungsinFormationssYStem der Staatsbibliothek zu Berlin

Quellen

8 Uhr-Abendblatt, Franz Bruckners sexualpsychologisches Drama im Renaissance-Theater, Kurt Pinthus, o.Nr. 27.04.1928. In: StAM, Pol. Dir., 4607, Krankheit der Jugend.

8 Uhr-Abendblatt, [o. T.], Felix Hollaender, o.Nr., 29.12.1925. In: Rühle, Günther (Hrsg.): *Theater für die Republik. Im Spiegel der Kritik. 1917–1925*, I, Frankfurt am Main 1967, S. 671–673.

Abschrift an den Minister des Inneren, Betreff Mitwirkung von literarischen Sachverständigen, gez. Windheim, 12.02.1900. In: StAM, Pol. Dir., 4342, Zensurbeirat I.

Allgemeine Rundschau, o.T., o.A., Nr. 1, 03.01.1920. In: StAM, Pol. Dir., 4593, Schloß Wetterstein.

Allgemeine Rundschau, Frank Wedekind und seine Freunde. Aus dem dekadentesten München, W. Chamerus, Nr. 47, 19.11.1910. In: StAM, Pol. Dir., 4593, Schloß Wetterstein.

Allgemeine Rundschau, Kammerspiele, L.G Oberlaender, Nr. 51, 20.12.1919. In: StAM, Pol. Dir., 4593, Schloß Wetterstein.

Angermayer, Fred A. u. a.: „'Soll das Drama eine Tendenz haben?' [Umfrage]" In: Vereinigung künstlerischer Bühnenvorstände (Hrsg.): *Die Scene. Blätter für Bühnenkunst* 18 (11/1928), S. 324–330.

Augsburger Abendzeitung, Der fröhliche Weinberg. H.W.G., Nr. 40, 11.02.1926. In: StAM, Pol. Dir., 4600, Der fröhliche Weinberg.

Augsburger Abendzeitung, Nochmals der „Fröhliche Weinberg". Eine Polemik gegen alle, o.A. Nr. 70, 13.03.1926. In: StAM, Pol. Dir., 4600, Der fröhliche Weinberg.

Augsburger Postzeitung, „Bordell Wetterstein", o.A., Nr. 554, 10.12.1919. In: StAM, Pol. Dir., 4593, Schloß Wetterstein.

Augsburger Postzeitung, Münchner Kammerspiele: Schloß Wetterstein. o.A., Nr. 556, 11.12.1919. In: StAM, Pol. Dir., 4593, Schloß Wetterstein.

Augsburger Postzeitung, Theater und Polizei. Zum Verbot von Bruckners „Verbrecher", Karl Schwend, Nr. 277, 01.12.1929. In: StAM, Pol. Dir., 4603, Die Verbrecher.

[Augs.] *Postzeitung*, o.T., [A.]E., Nr. 290, 18.12.1931. In: StAM, Pol. Dir., 4603, Die Verbrecher.

A.Z. am Morgen, Der sittlich gereinigte „Weinberg", o.A., Nr. 47, 27.02.1926. In: StAM, Pol. Dir., 4600, Der fröhliche Weinberg.

 https://doi.org/10.1515/9783111458946-011

Bauer, Franz J.: *Volksgerichte, 1918–1924*. In: *Historisches Lexikon Bayerns* (11.05.2006), https://www.historisches-lexikon-bayerns.de/Lexikon/Volksgerichte,_1918-1924 [letzter Zugriff: 19.01.2024] hier: Gesetz- und Verordnungs-Blatt für den Freistaat Bayern. Nr. 43, 22.07.1919.

Bayerischer Kurier, Beifalls- und Mißfallenskundgebungen im Theater, o.A., Nr. 7/8, 26.08.1920. In: StAM, Pol. Dir., 4350, Theaterskandale in verschiedenen Städten.

Bayerischer Kurier, Der „gereinigte" fröhliche Weinberg, o.A., Nr. 57, 26.02.1926.

[B.] *Kurier*, Eine Provozierung der christlichen Bevölkerung, o.A., Nr. 89, 31.03.1926. In: StAM, Pol. Dir., 4600, Der fröhliche Weinberg.

Bayerischer Kurier, Eine rote Schutztruppe vor ‚Schloß Wetterstein', o.A., Nr. 364, 29.12.1919.

Bayerischer Kurier, „Schloss Wetterstein" Familientrilogie von Frank Wedekind, [e.g.], o.N., 08.12.1919.

Bayerischer Kurier, Skandal im Schauspielhaus, o.A., Nr. 123, 03.05.1927. In: StAM, Pol. Dir., 4607, Krankheit der Jugend.

Bayerischer Kurier, Theater, o.A., Nr. 56, 25.02.1926. In: StAM, Pol. Dir., 4600, Der fröhliche Weinberg.

Bayerischer Kurier, Theaterskandal in Hamburg, o.A., Nr. 337, 02.12.1929. In: StAM, Pol. Dir., 4603, Die Verbrecher.

Bayerischer Kurier, [Wedekind]-Skandal. o.A., Nr. 353, 18.12.1919. In: StAM, Pol. Dir., 4593, Schloß Wetterstein.

Bayerischer Kurier, Zur Aufführung „Des fröhlichen Weinberg" in den Kammerspielen, A.H., Nr. 47, 16.02.1926. In: StAM, Pol. Dir., 4600, Der fröhliche Weinberg

Bayerischer Kurier, o.T., o.A., o.Nr., 08.12.1919. In: StAM, Pol. Dir., 4593, Schloß Wetterstein.

Bayerischer Kurier, o.T., o.A., Nr. 353. In: StAM, Pol. Dir., 4593, Schloß Wetterstein.

Bayerische Staatsregierung: *Verfassung des Freistaats Bayern von 1919 (Bamberger Verfassung)*, 14.08.1919. In: BHStA, MA 102010.

Bayerische Staatszeitung, Der „fröhliche Weinberg" im Mainzer […]parlament, o.A., Nr. 38, […].02.1926. In: StAM, Pol. Dir., 4600, Der fröhliche Weinberg.

Bayerische Staatszeitung, Der „fröhliche Weinberg" in Leipzig, H.G., Nr. 46, 25.02.1926. In: StAM, Pol. Dir., 4600, Der fröhliche Weinberg.

Bayerische Staatszeitung, „Der fröhliche Weinberg" vor Gericht, o.A., Nr. 226, 30.09.1926. In: StAM, Pol. Dir., 4600, Der fröhliche Weinberg.

Bayerische Staatszeitung, „Die Jugend wehrt sich…", o.A., Nr. 74, 30.03.1929. In: StAM, Pol. Dir., 4603, Die Verbrecher.

Bayerische Staatszeitung, „Die Verbrecher" in Paris, o.A., Nr. 274, 27.11.1929. In: StAM, Pol. Dir., 4603, Die Verbrecher.

[Bay.] *Staatszeitung*, o.T., o.A., Nr. 196, 27.08.1930. In: StAM, Pol. Dir., 4603, Die Verbrecher.

B. Staatszeitung, Eine unerhörte Blasphemie, o.A., Nr. 74, 31.02.1926. In: StAM, Pol. Dir., 4600, Der fröhliche Weinberg.

Bayerische Staatszeitung, Ein Unfug in den Kammerspielen, o.A., Nr. 384, 17.12.1919. In: StAM, Pol. Dir., 4593, Schloß Wetterstein.

Bayerische Staatszeitung, Kundgebungen für Graf Arco, o.A., […], 17.01.1920.

Bayerische Staatszeitung, Neue Kundgebungen gegen ‚Schloß Wetterstein', o.A., Nr. 316, 24.12.1919. In: StAM, Pol. Dir., 4593, Schloß Wetterstein.

Bayerische Staatszeitung, Notwehr im Theater, o.A., Nr. 50, 24.02.1925. In: StAM, Pol. Dir., 4350, Theaterskandale in verschiedenen Städten.

Bayerische Staatszeitung, Schloß Wetterstein. Schauspiel in drei Akten von Frank Wedekind. Erstaufführung in den Kammerspielen, hm., Nr. 297, 09.12.1919. In: StAM, Pol. Dir., 4593, Schloß Wetterstein.

Bayerische Staatszeitung, Theater und Musik, F.M., Nr. 266/29, o.D.. In: StAM, Pol. Dir., 4603, Die Verbrecher.
Bayerische Staatszeitung, Zu der Demonstration in der Universität, o.A., Nr. 19, 24.01.1920.
Bayerische Staatszeitung, [...], Nr. 103, 04.05.1920. In: StAM, Pol. Dir., 4593, Schloß Wetterstein.
Bayerische Staatszeitung, Zum Verbot von Bruckners „Verbrecher", o.A., Nr. 267, 19.11.1929. In: StAM, Pol. Dir., 4603, Die Verbrecher.
Bayerische Staatszeitung, o.T., o.A., 09.12.1919. In: *Die Kritik. Zeitschrift und Sammelwerk für Theater-Interessenten.* I/17 (1919).
Bayerisches Vaterland, Der fröhliche Weinberg, o.A., Nr. 36, o.D.. In: StAM, Pol. Dir., 4600, Der fröhliche Weinberg.
Bericht an die kgl. Reg., K. d. I., v. Obb. v. 19.06.1907. In: StAM, 4342, Pol. Dir., Zensurbeirat I.
Bericht des Polizeikommissar Grommel an die k. Polizeidirektion München über den Festabend des Goethebundes am 30.05.1900 im großen Saal des Münchner Kindl Kellers. In: StAM, Pol. Dir, 2401.
Bericht der kgl. Reg., K. d. I. v. Obb., 19.06.1906. In: StAM, Pol. Dir., 4343, Zensurbeirat I.
Bericht von Schutzmann Gerum an die Polizeidirektion München, Betreff „Fink, Otto, led. Vizefeldwebel [...]. München", 18.12.1919. In: StAM, Pol. Dir., 4593, Schloß Wetterstein.
Bericht von Oberkommissar Heinrich Mayer an die Polizeidirektion München, Betreff „Münchner Kammerspiele, hier Aufführung des dreiaktigen Schauspiels ‚Schloss Wetterstein' von Frank Wedekind", 14.12.1919. In: StAM, Pol. Dir., 4593, Schloß Wetterstein.
Bericht von Oberkommissar Gabel an die K. Polizeidirektion, Betreff „Erstaufführung des Schauspiels ‚Schloss Wetterstein"' von Wedekind, 07.12.1919. In: StAM, Pol. Dir., 4593, Schloß Wetterstein.
Bericht von Hilfsarbeiter Preiß an die Polizeidirektion München, Betreff „Bericht über die Aufführung des Schauspiels ‚Schloß Wetterstein' in den Kammerspielen am 22.12.1919", 23.12.1919. In: StAM, Pol. Dir., 4593, Schloß Wetterstein.
Bericht von Polizeisekretär Neboisa, Betreff „Aufführung des Schauspieles ‚Schloss Wetterstein' in den Münchner Kammerspielen", 23.12.1919. In: StAM, Pol. Dir., 4593, Schloß Wetterstein.
Berliner Börsen-Courier, Pankraz erwacht. Matinee der Jungen Bühne, Herbert Ihering, o.Nr., 16.02.1925. In: Glauert, Barbara: *Carl Zuckmayer. Das Bühnenwerk im Spiegel der Kritik.* Frankfurt am Main 1977, S. 15–18.
Berliner Lokal-Anzeiger, Ein Ueber-Realist schildert krankes Leben, Alfred Maderno, Nr. 505, 24.10.1928. In: StAM, Pol. Dir., 4603, Die Verbrecher.
Berliner Lokal-Anzeiger, „Die Verbrecher" vor den Berliner Juristen, o.A., Nr. 35, 21.01.1929. In: StAM, Pol. Dir., 4603, Die Verbrecher.
Berliner Tageblatt, Bazilles Theaterzensur, o.A., Nr. 89, 21.02.1930. In: StAM, Pol. Dir., 4603, Die Verbrecher.
Berliner Tageblatt, Bruckners „Verbrecher" in Paris, Paul Block, Nr. 554, 23.11.1929. In: StAM, Pol. Dir., 4603, Die Verbrecher.
Berliner Tageblatt, „Der Fall ‚Schloß Wetterstein'", o.A., Nr. 112, 01.03.1920. In: StAM, Pol. Dir., 4593, Schloß Wetterstein.
Berliner Tageblatt, Die „Verbrecher"-Skandale im Hamburger Schauspielhaus, o.A., Nr. 581, 08.12.1928. In: StAM, Pol. Dir., 4603, Die Verbrecher.
Berliner Tageblatt, Ein Protest des Schutzverbandes deutscher Schriftsteller, o.A., Nr. 620, 28.12.1919. In: StAM, Pol. Dir., 4593, Schloß Wetterstein.
Berliner Tageblatt, Entweder-Oder, Werner Richter, Nr. 592, 28.11.1929. In: StAM, Pol. Dir., 4603, Die Verbrecher.

Berliner Tageblatt, Ferdinand Bruckner: „Die Verbrecher“, Fritz Engel, Nr. 504, 24.10.1928. In: StAM, Pol. Dir., 4603, Die Verbrecher.

Berliner Tageblatt, Leipziger Skandal um die „Verbrecher“, o.A., Nr. 149, 28.03.1929. In: StAM, Pol. Dir., 4603, Die Verbrecher.

Berliner Tagblatt, Sturm auf den „Fröhlichen Weinberg“ auch in Leipzig, o.A., Nr. 89, 22.02.1926. In: StAM, Pol. Dir., 4600, Der fröhliche Weinberg.

Berliner Tageblatt, [o.T.], Alfred Kerr, o.Nr., 23.12.1925. In: Rühle, Günther (Hrsg.): *Theater für die Republik. Im Spiegel der Kritik. 1917–1925*, I. Frankfurt am Main 1967, S. 669–671.

Berliner Tageblatt, o.T., o.A., Nr. 55[0], 19.11.1932. In: StAM, Pol. Dir., 4603, Die Verbrecher.

Berliner Tageblatt, o.T., o.A., Nr. 530, 22.11.1932. In: StAM, Pol. Dir., 4603, Die Verbrecher.

Brecht, Bertolt: Episches Theater, Entfremdung (1936/37). In: Hecht, Werner u. a. (Hrsg.): *Bertolt Brecht: Werke. Große kommentierte Berliner und Frankfurter Ausgabe*, 22.1. Frankfurt 1993, S. 211–212.

Brecht, Bertolt: V-Effekt (1936/37). In: Hecht, Werner (Hrsg.): *Bertolt Brecht: Werke. Große kommentierte Berliner und Frankfurter Ausgabe*, 22.1. Frankfurt 1993.

Brief an den Zensurbeirat, 16.11.1910. In: StAM, Pol. Dir., 4342, Zensurbeirat I.

Brief der Polizeidirektion München an das Staatsministerium des Inneren, Betreff „Theaterskandale in den Münchner Kammerspielen, gez. Pöhner, 25.12.1919. In: StAM, Pol. Dir., 4593, Schloß Wetterstein.

Bruckner, Ferdinand: *Die Verbrecher.* Berlin 1929.

Bühne und Welt: *Theater-Zensur. Eine Rundfrage.* III/1 (1901), S. 466–468, 505–515.

B.Z. am Mittag, o.T., o.A., o.Nr., 25.02.1926. In: StAM, Pol. Dir., 4600, Der fröhliche Weinberg.

Der Fall „Schloss Wetterstein“. Erklärung der Münchner Kammerspiele. München 1920.

Deutscher Bühnenspielplan, 31/1, Berlin 1926/27.

Deutsche Juristenzeitung, Offener Brief an Herrn Senatspräsidenten Dr. Lindenau, gez. Dr. Caspari, Senatspräsident am Kammergericht, Nr. 2, 15.01.1929. In: StAM, Pol. Dir., 4603, Die Verbrecher.

Die Kunstschau. Wochenbeilage der Münchner Post für Kunst und Werk-Kunst, Theater und Musik, Zur Zensurfrage, Hermann Eßwein, o.Nr., 31.12.1919.

Dresdner Neueste Nachrichten, Der Kampf um den „Fröhlichen Weinberg“, o.A., Nr. 46, 24.02.1926. In: StAM, Pol. Dir., 4600, Der fröhliche Weinberg.

Ebermayer/Lobe/Rosenberg (Hrsg.): *Reichs-Strafgesetzbuch*, Berlin/Leipzig [4]1929.

Eckardt, Johannes: *Theaterzensur.* In: *Theaterpolitik* 5/6 (April 1922); S. 21–28.

Engel, Fritz: *Noch einmal: Theaterkritik.* o.Z., Nr. 46, 15.11.1930.

Ernst, Otto: Eine Rede für den Goethebund. In: *Jugend. Münchner Illustrierte Wochenschrift für Kunst und Leben* 32 (1900).

Eßwein, Hermann: Theaterskandale. In: Kunstbeirat der Münchner Volksbühne (Hrsg.): *Münchner Volksbühne* 5 (Januar 1920), S. 34–36. In: StAM, Pol. Dir., 4350, Theaterskandale in verschiedenen Städten.

[Eßwein, Hermann]: „Zur Staatstheater-Krise“. In: Kunstbeirat der Münchner Volksbühne (Hrsg.): *Münchner Volksbühne* 6 (Februar 1920).

Falckenberg, Otto: *Das Buch von der Lex Heinze. Ein Kulturdokument aus dem Anfange des zwanzigsten Jahrhunderts.* Leipzig 1900.

[Fränkischer] *Kurier*, Entrüstungskundgebungen gegen den „Fröhlichen Weinberg“, o.A., Nr. 42, 11.02.1926. In: StAM, Pol. Dir., 4600, Der fröhliche Weinberg.

Fraenkl, Victor: Theater und Zensur. In: *Die neue Zeit: Wochenschrift der deutschen Sozialdemokratie* I/14 (1901), S. 434–437, http://library.fes.de/cgi-bin/populo/nz.pl. [letzter Zugriff am 25.08.2021].

Fraenkl, Victor: *Los von der Theaterzensur!* Berlin 1903.

Frankfurter Zeitung, [Nürnberg], o.A., Nr. 154, 27.02.1926. In: StAM, Pol. Dir., 4600, Der fröhliche Weinberg.
Frankfurter Zeitung, Die Verbrecher, Benno Reisenberg, Nr. 73, 28.01.1929. In: StAM, Pol. Dir., 4603, Die Verbrecher.
Frankfurter Zeitung, [o.T.], Bernhard Diebold, o.Nr., 26.12.1925. In: Rühle, Günther (Hrsg.): *Theater für die Republik. Im Spiegel der Kritik. 1917*–1925, I. Frankfurt am Main 1967, S. 673–675.
Frankfurter Zeitung, Theaterskandal in Halle, o.A., Nr. 328, 04.05.1926. In: StAM, Pol. Dir., 4600, Der fröhliche Weinberg.
Frankfurter Zeitung, Theaterskandal in Hannover, o.A., Nr. 208, 19.03.1926. In: StAM, Pol. Dir., 4600, Der fröhliche Weinberg.
Frankfurter Zeitung, „Wedekinds Athletengarde", o.A., Nr. 367, 29.12.1919. In: StAM, Pol. Dir., 4593, Schloß Wetterstein.
Friess, Hermann: *Theaterzensur, Theaterpolizei und Kampf um das Volkspiel in Bayern zur Zeit der Aufklärung.* München 1934.
Gutachten von Inspektion der staatlichen Polizeiwehr Bayern an die Polizeidirektion München Abt VI, Betreff Aufführung von Schloss Wetterstein", gez. Forster, 18.09.1919. In: StAM, Pol. Dir., 4593, Schloss Wetterstein.
Handschriftliche Anzeige an die Polizeidirektion zur Gründung des Goethebundes, 21.03.1900. In: StAM, Pol. Dir, 2401.
Heindl, Robert: *Die Theaterzensur.* A. Schwankl 1907.
Hirth, Georg: Der Goethebund. In: Falckenberg, Otto (Hrsg.): *Das Buch von der Lex Heinze. Ein Kulturdokument aus dem Anfange des zwanzigsten Jahrhunderts.* Leipzig 1900.
Hofmiller, Josef: *Revolutionstagebuch 1918/19. Aus den Tagen der Münchner Revolution.* Leipzig [1938].
Horion, Joh.: Zur Stellung der Katholiken im öffentlichen Leben. In: Kartellverband der katholischen Studentenvereine Deutschlands (Hrsg.): *Akademische Monatsblätter. Organ des Kartellverbandes der katholischen Studentenvereine Deutschlands*, 38/5 (Februar 1926).
Ihering, Herbert: *Die vereinsamte Theaterkritik.* Berlin 1928.
Jessner, Leopold: „Protest gegen die Zensur" In: Vereinigung Künstlerischer Bühnenvorstände (Hrsg.): *Die Scene. Blätter für Bühnenkunst* 19 (01/1929), S. 69–71.
Knudsen, Hans: *Theaterkritik.* Charlottenburg 1928.
Köhler, Gerhard: *Kunstanschauung und Kunstkritik in der nationalsozialistischen Presse. Die Kritik im Feuilleton des „Völkischen Beobachters" 1920–1932.* München 1937.
[... Kurier], Zum Thema „Theaterelend", P.F., Nr. 66/67, 06./07.03.1920. In: StAM, Pol. Dir., 4593, Schloß Wetterstein.
[Leipziger ...], Carl Zuckmayer: „Der fröhliche Weinberg", Egbert Delpy/P.D., Nr. 53, 22.02.1926. In: StAM, Pol. Dir., 4600, Der fröhliche Weinberg.
Leipziger Neueste Nachrichten, Der Antrag zum „Fröhlichen Weinberg", o.A., Nr. 59, 28.02.1926. In: StAM, Pol. Dir., 4600, Der fröhliche Weinberg.
[L.] *Kurier*, Theater. O.F.Sch., Nr. 42, 11.02.1926. In: StAM, Pol. Dir., 4600, Der fröhliche Weinberg.
Martersteig, Max: Aufhebung der Theaterzensur. In: Anschütz, Gerhardt u.a. (Hrsg.): *Handbuch der Politik. Die Grundlagen der Politik*, I, Berlin/Leipzig 1920.
Mühsam, Erich: Der Münchner Zensor. Offener Brief an den Herrn Kgl. Staatsanwalt beim Landgericht I zu München. In: ders. (Hrsg.): 6/1913.
Mühsam, Erich: Grundherrliche Zensur. In: ders. (Hrsg.): *Kain. Zeitschrift für Menschlichkeit:* München 12/1913.
Mühsam, Erich (Hrsg.): *Kain. Zeitschrift für Menschlichkeit*, München 1911–1914.

Mühsam, Erich: Wider die Zensur! In: ders. (Hrsg.): *Kain. Zeitschrift für Menschlichkeit.* München: 7/1914.
Münchner-Augsburger Abendzeitung, „Bordell Wetterstein", Friedrich Möhl, Nr. [496], 08.12.1919. In: StAM, Pol. Dir., 4593, Schloß Wetterstein.
Münchner-Augsburger Abendzeitung, Verbot der weiteren Aufführungen von ‚Schloß Wetterstein', q.e.d., Nr. 522, 25.12.1919. In: StAM, Pol. Dir., 4593, Schloß Wetterstein.
Münchner Freie Presse, Der Goethebund, o.A., Nr. 62, 16.03.1900. In: StAM, Pol. Dir, 2401.
Münchner Neueste Nachrichten, Das Nein des Innenministers. Bruckners „Verbrecher" bleiben verboten, Tim Klein, Nr. 324, 28.11.1929. In: StAM, Pol. Dir., 4603, Die Verbrecher.
Münchner Neueste Nachrichten, Der fröhliche Weinberg, Tim Klein, Nr. 42, 11.02.1926. In: StAM, Pol. Dir., 4600, Der fröhliche Weinberg.
Münchner Neueste Nachrichten, „Der fröhliche Weinberg", o.A., Nr. 153, 04.06.1926. In: StAM, Pol. Dir., 4600, Der fröhliche Weinberg.
Münchner Neueste Nachrichten, Der unerquickliche Kampf um den „Fröhlichen Weinberg", T.K., Nr. 57, 26.02.1926. In: StAM, Pol. Dir., 4600, Der fröhliche Weinberg.
Münchner Neueste Nachrichten, Die „Verbrecher" im Augsburger Stadttheater, o.A., Nr. 335, 09.12.1929. In: StAM, Pol. Dir., 4603, Die Verbrecher.
Münchner Neueste Nachrichten, Eine neue Münchner Bühne, Ernst Geis, Nr. 49, 19.02.1929. In: StAM, Pol. Dir., 4603, Die Verbrecher.
Münchner Neueste Nachrichten, [Gründonnerstagsausgabe], o.A., Nr. 91, 01.04.1926.
Münchner Neueste Nachrichten, Hessisches Landestheater Darmstadt, o.A., Nr. 19, 20.01.1929. In: StAM, Pol. Dir., 4603, Die Verbrecher.
Münchner Neueste Nachrichten, Polizeiliche Schließung der Sonntags-Aufführung des Dramas ‚Schloß Wetterstein', o.A., Nr. 510, 15.12.1919. In: StAM, Pol. Dir., 4593, Schloß Wetterstein.
Münchner Neueste Nachrichten, „Schloß Wetterstein" verboten, o.A., Nr. 525, 25.12.1919. In: StAM, Pol. Dir., 4593, Schloß Wetterstein.
Münchner Neueste Nachrichten, Theater und Musik. Kammerspiele, o.A., Nr. 499, 08.12.1919.
Münchner Neueste Nachrichten, o.T., o.A., o.Nr., 09.12.1919. In: *Die Kritik. Zeitschrift und Sammelwerk für Theater-Interessenten* I/17 (Dezember 1919).
Münchner Neueste Nachrichten, Theaterskandale, Richard Elchinger, Nr. 511, 16.12.1919.
Münchner Neueste Nachrichten, Unangebrachte Zensur, o.A., Nr. 313, 17.11.1929. In: StAM, Pol. Dir., 4603, Die Verbrecher.
Münchner Neueste Nachrichten, o.T., o.A., Nr. 258, 22.09.1930. In: StAM, Pol. Dir., 4603, Die Verbrecher.
Münchner Neueste Nachrichten, o.T., o.A., Nr. 325, 29.11.1929. In: StAM, Pol. Dir., 4603, Die Verbrecher.
Münchner Neueste Nachrichten, Zur Münchner Wetterstein-Hetze, o.A., Nr. 18. 15.01.1920. In: StAM, Pol. Dir., 4593, Schloß Wetterstein.
Münchner Post, Bestien, o.A., Nr. 292, 16.12.1919. In: StAM, Pol. Dir., 4593, Schloß Wetterstein.
Münchner Post, Der fröhliche Weinberg, H.E., Nr. 34, 11.02.1926. In: StAM, Pol. Dir., 4600, Der fröhliche Weinberg.
Münchner Post, Der Skandal in den Kammerspielen, o.A., Nr. [293], 17.12.1919. In: StAM, Pol. Dir., 4593, Schloß Wetterstein.
Münchner Post, Die Kunst unter der Polizei-Fuchtel, o.A., Nr. 283, 06.12.1929. In: StAM, Pol. Dir., 4603, Die Verbrecher.
Münchner Post, Die Münchner Polizei treibt Literaturkritik, o.A., Nr. 268, 19.11.1929. In: StAM, Pol. Dir., 4603, Die Verbrecher.
Münchner Post, Ein unerhörter Uebergriff, o.A., Nr. 300, 27./28.12.1919. In: StAM, Pol. Dir., 4593, Schloß Wetterstein.

Münchner Post, Pöbeleien und Aufschneidereien der Studenten, o.A., o.Nr., 22.01.1920. In: StAM, Pol. Dir., 4593, Schloß Wetterstein.
Münchner Post, Theater und Musik. Eine [...] Kundgebung in den Münchener Kammerspielen, h.e., Nr. [288], 08.12.1919. In: StAM, Pol. Dir., 4593, Schloß Wetterstein.
Münchner Post, Um was geht es in Bruckners Verbrecher? Hermann Eßwein, Nr. 277, 29.11.1929. In: StAM, Pol. Dir., 4603, Die Verbrecher.
Münchner Post, [...] wegen einer Komödie, h.c., Nr. 48, 27./28.02.1926. In: StAM, Pol. Dir., 4600, Der fröhliche Weinberg.
Münchner Post, Wer schädigt das Ansehen Münchens? o.A., Nr. 277, 29.11.1929. In: StAM, Pol. Dir., 4603, Die Verbrecher.
Münchner Telegramm-Zeitung, Alsberg über das Verbot der „Verbrecher", o.A., Nr. 230, 28.11.1929. In: StAM, Pol. Dir., 4603, Die Verbrecher.
Münchner Telegramm-Zeitung, Das Polizeiverbot der „Verbrecher", o.A., Nr. 228, 26.11.1929. In: StAM, Pol. Dir., 4603, Die Verbrecher.
Münchner Telegramm-Zeitung und Sport-Telegraf, Der Streit um die „Verbrecher": Stellungnahme eines Juristen zu dem Stück, [o.A.], Nr. 224, 20.11.1929. In: StAM, Pol. Dir., 4603, Die Verbrecher.
Münchner Telegramm-Zeitung, „Die Verbrecher" in Wien, o.A., Nr. 75, 19./20.04.1929. In: StAM, Pol. Dir., 4603, Die Verbrecher.
Münchner Telegramm-Zeitung, Donnerstag abend: „Verbrecher", o.A., Nr. 229, 27.11.1929. In: StAM, Pol. Dir., 4603, Die Verbrecher.
Münchner Telegramm-Zeitung, Rund um die „Verbrecher", o.A., Nr. 233, 05.12.1929. In: StAM, Pol. Dir., 4603, Die Verbrecher.
Münchner Volksbühne, Die Theaterskandale und die Zensurfrage, o.A., Nr. 7, März [o.A.]. In: StAM, Pol. Dir., 4350, Theaterskandale in verschiedenen Städten.
Münchner Zeitung, Bruckners Verbrecher, Hanns Braun, Nr. 330, 29.11.1929. In: StAM, Pol. Dir., 4603, Die Verbrecher.
Münchner Zeitung, Der fröhliche Weinberg, HB., Nr. 40, o.D.. In: StAM, Pol. Dir., 4600, Der fröhliche Weinberg.
M[ünchner] Zeitung, Der Münchner Goethebund, o.A., Nr. 68, 24.03.190[0]. In: StAM, Pol. Dir, 2401.
Münchner Zeitung, Der Schreck des fröhlichen Weinbergs, Hanns Braun, Nr. 66, 08.03.1926. In: StAM, Pol. Dir., 4600, Der fröhliche Weinberg.
Münchner Zeitung, Neue Zwischenfällen in den Kammerspielen, o.A., Nr. 348, 23.12.1919. In: StAM, Pol. Dir., 4593, Schloß Wetterstein.
Münchner Zeitung, Ein Sterbender, der sich in Kot wälzt, o.A., Nr. 351/52, 27./28.12.1919. In: StAM, Pol. Dir., 4593, Schloß Wetterstein.
Münchner Zeitung, Krankheit der Jugend, Hanns Braun, Nr. 118, 02.05.1927. In: StAM, Pol. Dir., 4607, Krankheit der Jugend.
Münchner Zeitung, o.T., Friedrich Märker, Nr. 304, 02.11.1928. In: StAM, Pol. Dir., 4603, Die Verbrecher.
Münchner Zeitung, o.T., o.A., Nr. 103, 15.04.1929. In: StAM, Pol. Dir., 4603, Die Verbrecher.
Münchner Zeitung, o.T., o.A, Nr. 270/10, [1910?]. In: StAM, Pol. Dir., 4593, Schloß Wetterstein.
Münchner Zeitung, [o.T.], Hanns Braun, o.Nr., 08.12.1919. In: *Die Kritik. Zeitschrift und Sammelwerk für Theater-Interessenten*, I/17 (1919).
Münchner Zeitung, o.T, Hanns Braun, o.Nr., 29.11.1929. In: StAM, Pol. Dir., 4603, Die Verbrecher.
Münchner Zeitung, Theaterzensur? o.A., Nr. 317/318, 16./17.11.1929. In: StAM, Pol. Dir., 4603, Die Verbrecher.

Neue Freie Presse, Berliner Theater, Paul Goldmann, Nr. 23039, 03.11.1928. In: StAM, Pol. Dir., 4603, Die Verbrecher.

Neue Freie Presse, „Der fröhliche Weinberg". Raimund-Theater, Felix Salten, Nr. 22094, 18.03.1926. In: StAM, Pol. Dir., 4600, Der fröhliche Weinberg.

Neue Freie Presse, „Die Verbrecher", Felix Salten, Nr. 23202, 19.04.1929. In: StAM, Pol. Dir., 4603, Die Verbrecher.

Neue [Freie] Presse, Ferdinand Bruckner „Verbrecher", o.A., Nr. [231], [unles. D.]. In: StAM, Pol. Dir., 4603, Die Verbrecher.

Neues Münchner Tagblatt, [Ein] fortgesetzter Theaterskandal, o.A., Nr. 351, 16.12.1919. In: StAM, Pol. Dir., 4593, Schloß Wetterstein.

Neues Münchner Tagblatt, Kreuz und quer durch München, J.D., Nr. 356, 21.12.1919. In: StAM, Pol. Dir., 4593, Schloß Wetterstein.

Neues Münchner Tagblatt, „Neue Kundgebungen in den Kammerspielen", o.A., Nr. 358, 23.12.1919. In: StAM, Pol. Dir., 4593, Schloß Wetterstein.

Neues Wiener Abendblatt, Berliner Theater, Max Lesser, Nr. 299, 27.10.1928. In: StAM, Pol. Dir., 4603, Die Verbrecher.

Neues Wiener Tagblatt, Raimundtheater, o.A. Nr. [77], [...] 1926. In: StAM, Pol. Dir., 4600, Der fröhliche Weinberg.

Neue Zeitung, Bruckners „Verbrecher" in München verboten, o.A., Nr. 269, 20.11.1929. In: StAM, Pol. Dir., 4603, Die Verbrecher.

Neue Zeitung, Frank Wedekind: „Schloß Wetterstein". Erstaufführung in den Kammerspielen, o.A., Nr. 281, 10.12.1919. In: StAM, Pol. Dir., 4593, Schloß Wetterstein [Artikel unvollständig].

Neue Zeitung, Stützel deckt den Kulturskandal, [F].B., Nr. 277, 29.11.1929. In: StAM, Pol. Dir., 4603, Die Verbrecher.

Pforzheimer Anzeiger, Protest der Kirchen gegen die „Krankheit der Jugend", o.A., Nr. 277, 26.11.1929. In: StAM, Pol. Dir., 4607, Krankheit der Jugend.

Polizeibericht „Der Goethebund", 08.04.1900. In: StAM, Pol. Dir., 2401.

Protokoll der Sitzung des Zensurbeirates, 20.03.1908. In: StAM, Pol. Dir., 4342, Zensurbeirat I.

Sauermann, Clemens: *Die sozialen Grundlagen des Theaters*. Emstetten 1935.

Schmidt, Fritz: *Die Theaterzensur und das Aufführungsverbot*. Erlangen 1931.

Schreiben des Innenministeriums von der kgl. Regierung, K. d. I. v. Obb an die Polizeibehörde, 17.02.1908. In: StAM, Pol. Dir., 4342, Zensurbeirat I.

Schreiben des Polizeipräsidenten, 07.03.1908. In: StAM, Pol. Dir., 4342, Zensurbeirat I.

Schwäbische Volkszeitung Augsburg, Theaterskandal im Hamburger Schauspielhaus, [o.A.], Nr. 278, 03.12.1928. In: StAM, Pol. Dir., 4603, Die Verbrecher.

[...] *Staatszeitung*, Theater und Musik, o.A., Nr. 33, 10.02.1926. In: StAM, Pol. Dir., 4600, Der fröhliche Weinberg.

Starer, Herbert: *Recht auf den Theaterskandal*, S. 1–10. In: StAM, Pol. Dir., 4350, Theaterskandale in verschiedenen Städten.

Statuten des Goethebundes § 3, StAM, Pol. Dir., 2401.

Stenographischer Bericht der Kammer der Abgeordneten, 156. Sitzung, 20.6.1906.

Süddeutsche Sonntagspost, Das verbotene Schneewittchen, K.r., Nr. 48, 01.12.1929. In: StAM, Pol. Dir., 4603, Die Verbrecher.

Süddeutsche Sonntagspost, Der verbotene Bruckner. Eine merkwürdige Begründung, [o.A.], Nr. 46, 17.11.1929. In: StAM, Pol. Dir., 4603, Die Verbrecher.

Thoma, Ludwig: *Erinnerungen. Leute, die ich kannte*. München 1996.

Verhandlungen des Bayerischen Landtags. Stenographische Berichte, Sprecher: Giermann, 1925/26,5. 112. Sitzung, 07.05.1926.
Verhandlungen des Bayerischen Landtags. Stenographische Berichte, Sprecher: Streicher, 1925/26,5. 112. Sitzung, 07.05.1926.
Verhandlungen des Reichstags, Stenographische Berichte, *Bericht des 12. Ausschusses (Bildungswesen) über den Entwurf eines Gesetzes zur Bewahrung der Jugend vor Schund- und Schmutzschriften*, 409/ 2372.
Völkischer Beobachter, Der Hamburger Theaterskandal, o.A., Nr. 236, 08.12.1928. In: StAM, Pol. Dir., 4603, Die Verbrecher.
Völkischer Beobachter, Der jüdische „Weinberg", F.Z., Nr. 52, 04.03.1926. In: StAM, Pol. Dir., 4600, Der fröhliche Weinberg.
Völkischer Beobachter, Der „Fröhliche Weinberg" in Leipzig ausgepfiffen, o.A., o.Nr., 25.02.1926. In: StAM, Pol. Dir., 4600, Der fröhliche Weinberg.
Völkischer Beobachter, Der Skandal vom „Fröhlichen Weinberg", J.St-g., Nr. 41, 19.02.1926. In: StAM, Pol. Dir., 4600, Der fröhliche Weinberg.
Völkischer Beobachter, Kammerspiele Erstaufführung: Der fröhliche Weinberg, J. St.-g, Nr. 34, 11.02.1926. In: StAM, Pol. Dir., 4600, Der fröhliche Weinberg.
Völkischer Beobachter, o.T., o.A., Nr. 53, 24.02.1931. In: StAM, Pol. Dir., 4603, Die Verbrecher.
Vollmar, Georg von: *Für die Freiheit der Kunst! Rede gegen die §§ 184a und b der sogenannten Lex Heinze.* München 1900.
Von Weber, Hans (Hrsg): Münchens Ende als Kunststadt. In: *Der Zwiebelfisch* XIII/1 (November 1921).
Vorbemerkung der Schriftleitung: Deutsche Jugend. In: Kartellverband der katholischen Studentenvereine Deutschlands (Hrsg.): *Akademische Monatsblätter. Organ des Kartellverbandes der katholischen Studentenvereine Deutschlands.* 38/6 (März 1926).
Vorwärts, Das Zeitalter der Theaterskandale, o.A., Nr. 644, 17.12.1919.
Vorwärts, Der Goethe-Bund, o.A., Nr. 72, 27.03.1900. In: StAM, Pol. Dir., 2401.
Vossische Zeitung, Zensur? Zensur! Werner Mahrholz, Nr. 526, 06.11.1926.
Vossische Zeitung, Zuckmayers „Fröhlicher Weinberg, Monty Jacobs, Nr. 606., 23.12.1925.
Vossische Zeitung, [o.T.] Monty Jacobs, o.Nr., 23.12.1925. In: Rühle, Günther (Hrsg.): *Theater für die Republik. Im Spiegel der Kritik. 1917–1925*, I. Frankfurt am Main 1967, S. 668–669.
Walz, Josef: *Reichsverfassung und Zensur. Unter besonderer Berücksichtigung der Frage der präventiven Eingriffsmöglichkeit der Polizei neben dem Verbot der Theaterzensur in Artikel 118, Absatz 2, Satz 1 RV.* Heidelberg 1933.
Weber, Max: Wirtschaft und Gesellschaft. In: *Grundriss der Sozialökonomik*, III. Tübingen 1922.
Wedekind, Frank: *Schloß Wetterstein. Schauspiel in drei Akten.* München 1920.
Wedekind, Frank: Zensurbeirat. In: ders. und Fuhrmann, Paul L. (Hrsg.): *Der Komet* 4 (1911).
Welt am Sonntag, Drei Instanzen sagen „Nein", o.A., Nr. 48, 01.12.1929. In: StAM, Pol. Dir., 4603, Die Verbrecher.
Welt am Sonntag, Jurist und Theaterfachmann. Direktor Dr. Kaufmann vom Münchner Schauspielhaus, o.A., Nr. 12, 18.03.1928.
Zuckmayer, Carl: *Der fröhliche Weinberg. Lustspiel in drei Akten.* Berlin 1925.
o.T., *Der Polizeigeist triumphiert*, o.A., o.Nr., o.D.. In: StAM, Pol. Dir., 4603, Die Verbrecher.
[...] *Zeitung*, o.T., o.A., Nr. 173, 28.03.1930. In: StAM, Pol. Dir., 4603, Die Verbrecher.
[unles.], o.T., K.L., Nr. 306, 10.11.1931. In: StAM, Pol. Dir., 4603, Die Verbrecher.

Quellen, Pol. Dir. München

Abschrift in der Strafsache gegen den kaufm. Angestellten Kurt Walter Hölck u. a., Amtsgericht zu Dresden, gez. Dr. Bergmann, 21. 06. 1924. In: StAM, Pol. Dir., 4350, Theaterskandale in verschiedenen Städten.

Abschrift in der Strafsache gegen den kaufm. Angestellten Kurt Walter Hölck u. a., Revision, 2. Strafsenat des Sächsischen Oberlandesgerichts, gez. Justizsekretär, 20. 02. 1925. In: StAM, Pol. Dir., 4350, Theaterskandale in verschiedenen Städten.

Abschrift, Betreff „Theateraufführungen am Gründonnerstag und Charsamstag", gez. Polizeidirektion i. A. Werberger, 27. 03. 1926. In: StAM, Pol. Dir., 4600, Der fröhliche Weinberg.

Abschrift, Betreff „Theateraufführungen am Gründonnerstag und Charsamstag" [Vorbemerkung], gez. Polizeidirektion i. A. Werberger, 29. 03. 1926. In: StAM, Pol. Dir., 4600, Der fröhliche Weinberg.

Abschrift, Betreff „Theateraufführungen am Gründonnerstag und Charsamstag" [Vorbemerkung], gez. Polizeidirektion i. A. Werberger, 30. 03. 1926. In: StAM, Pol. Dir., 4600, Der fröhliche Weinberg.

Bericht von Augenzeuge Ludwig Arco, gez. Sekretariat der Münchner Kammerspiele, o.D.. In: StAM, Pol. Dir., 4600, Der fröhliche Weinberg.

Bericht, Betreff „Das Lustspiel ‚Der fröhliche Weinberg'", o.A., o.D.. In: StAM, Pol. Dir., 4600, Der fröhliche Weinberg.

Bericht der Schutzmannschaft Abt. II für den 7. Bezirk an die Polizeidirektion München, Betreff [unles.], gez. Schott u. a., 20. 02. 1926. In: StAM, Pol. Dir., 4600, Der fröhliche Weinberg.

Bericht von Frau Ernst Leopold Stahl, 24. 02. 1926. In: StAM, Pol. Dir., 4600, Der fröhliche Weinberg.

Bericht, gez. Polizeioberinspektor [Gabel], 29. 11. 1928. In: StAM, Pol. Dir., 4603, Die Verbrecher.

Bericht von Jacob Geis, Bericht über meine Gespräche mit dem Theaterreferat der Polizeidirektion München, 20. 11. 1929. In: StAM, Pol. Dir., 4603, Die Verbrecher.

Brief von Hochschulring deutscher Art an die Polizei-Direktion München, gez. [unles.] 1. Vorsitzender, 20. 02. 1926. In: StAM, Pol. Dir., 4600, Der fröhliche Weinberg.

Brief des Allgemeinen Studenten-Ausschusses der Universität München an die Polizeidirektion München, gez. [unles.] 1. Vorsitzender u. a., München, 23. 02. 1926. In: StAM, Pol. Dir., 4600, Der fröhliche Weinberg.

Brief der Akademischen Monatsblätter an die Polizeidirektion München, gez. Martin Luible, 20. 02. 1926. In: StAM, Pol. Dir., 4600, Der fröhliche Weinberg.

Brief der Direktion der Münchner Kammerspiele an die Kreisregierung, Kammer des Inneren, Polizeireferat, Betreff „Sofortige Beschwerde gegen die Verfügung der Polizeidirektion München, Nr. VI Th., vom 20. Februar 1926, betreffs Aufführung des Lustspiels ‚Der fröhliche Weinberg' von Carl Zuckmayer in den Münchner Kammerspielen", gez. Adolf Kaufmann, 22. 02. 1926. In: StAM, Pol. Dir., 4600, Der fröhliche Weinberg.

Brief von Adolf Kaufmann an die Polizeidirektion München, Betreff „Verbot des ‚Fröhlichen Weinberg'", 24. 02. 1926. In: StAM, Pol. Dir., 4600, Der fröhliche Weinberg.

Brief von Kriminalkommissär Johannes Neboisa an die Polizeidirektion Abt. VI Th., Betreff „Aufführung von Zuckmayer's Lustspiel ‚Der fröhliche Weinberg' in den Kammerspielen am 11. Februar 1926", 12. Februar 1926. In: StAM, Pol. Dir., 4600, Der fröhliche Weinberg.

Brief der Polizeidirektion, Betreff „Erstaufführung des Lustspiels ‚Der fröhliche Weinberg' von Karl Zuckmayer in den Münchner Kammerspielen am 9. Februar 1926" [Vorbemerkung], gez. [Kulmayer], [10.] Februar 1926. In: StAM, Pol. Dir., 4600, Der fröhliche Weinberg.

Brief der Polizeidirektion München an die Direktion der Münchner Kammerspiele, gez. [unles.], 01. 03. 1926. In: StAM, Pol. Dir., 4600, Der fröhliche Weinberg.

Brief der Regierung von Oberbayern, Kammer des Inneren, an die Direktion der Münchner Kammerspiele, Betreff „Verbot des Lustspiels ‚Der fröhliche Weinberg' in den Münchner Kammerspielen", gez. Knözinger, 24.02.1926. In: StAM, Pol. Dir., 4600, Der fröhliche Weinberg.
Brief der Schutzmannschaft an die Polizeidirektion München, Betreff „I. Schöttl Josef [...], II. Küchler, August [...], München", gez. [unles.], 13.02.1926. In: StAM, Pol. Dir., 4600, Der fröhliche Weinberg.
Brief von Kommando der Landespolizei München an die Polizeidirektion München, Betreff „Vorkommnisse in der Vorstellung der Kammerspiele am 19.2.26", gez. Pol. Hauptmann Prager, 20.02.1926. In: StAM, Pol. Dir., 4600, Der fröhliche Weinberg.
Brief der Polizeidirektion zur geschlossenen Vorstellung, gez. [...], 02.05.1927. In: StAM, Pol. Dir., 4607, Krankheit der Jugend.
Brief an die Direktion der Münchner Kammerspiele im Schauspielhaus, Betreff: Aufführung des Schauspiels „Die Verbrecher" in geschlossenen Vorstellungen, gez. [Koch], Polizeidirektion München, Referat Th., 29.11.1929. In: StAM, Pol. Dir., 4603, Die Verbrecher.
Brief an das Staatsministerium des Innern, Betreff: Geschlossene Vorstellung des Schauspiels „Die Verbrecher" im Schauspielhaus, gez. Regierungsrat Werberger, Polizeidirektion München, Referat Th., 29.11.1929. In: StAM, Pol. Dir., 4603, Die Verbrecher.
Brief von Rechtsanwalt Max Hirschberg an die Polizeidirektion München, Theaterreferat, z. Hd. des Herrn Regierungsrat Werberger, Betreff: Geschlossene Vorstellungen der „Verbrecher" von Ferdinand Bruckner in den Kammerspielen im Schauspielhaus, gez. Rechtsanwalt Max Hirschberg (Rechtsanwälte Max Hirschberg, Phillip Loewenfeld, Ludwig Regensteiner), 28.11.1929. In: StAM, Pol. Dir., 4603, Die Verbrecher.
Brief von Adolf Kaufmann, Direktion der Kammerspiele an die Polizeidirektion, Theaterpolizei, z. Hd. des Regierungsrat Wehrberger, gez. Adolf Kaufmann, Direktion der Kammerspiele, 28.11.1929. In: StAM, Pol. Dir., 4603, Die Verbrecher.
Brief der Polizeidirektion Stuttgart, Landeskriminalpolizeiamt, Abteilung VI an die Polizeidirektion München, Abt. VI, Betreff: Verbot des Schauspiels „Die Verbrecher", gez. [...] Regierungsrat, 29.11.1929. In: StAM, Pol. Dir., 4603, Die Verbrecher.
Brief der Polizeidirektion München, Ref.Th., an das Polizeipräsidium Stuttgart, Betreff: Verbot des Schauspiels „Die Verbrecher", 02.12.1929. In: StAM, Pol. Dir., 4603, Die Verbrecher.
Brief der Polizeidirektion München an die Regierung von Oberbayern, Kammer des Inneren, Betreff: Aufführung des Schauspiels „Die Verbrecher" von Ferdinand Bruckner durch die Münchner Kammerspiele im Schauspielhaus, gez. Wehrberger, 20.11.1929. In: StAM, Pol. Dir., 4603, Die Verbrecher.
Brief des Staatsministeriums des Inneren an die Polizeidirektion Nürnberg-Fürth, Betreff: Aufführung des Schauspiels „Die Verbrecher" von Ferdinand Bruckner, gez. Stützel, 05.03.1931. In: StAM, Pol. Dir., 4603, Die Verbrecher.
Eidesstattliche Versicherung von Julius Gellner, 24.02.1926. In: StAM, Pol. Dir., 4600, Der fröhliche Weinberg.
Eidesstattliche Versicherung von Ludwig Arco, 24.02.1926. In: StAM, Pol. Dir., 4600, Der fröhliche Weinberg.
Polizeibericht von Kriminalkommissär Johannes Neboisa an die Polizeidirektion Abt. VI Th., Betreff „Aufführung von Zuckmayer's Lustspiel ‚Der fröhliche Weinberg' in den Kammerspielen am 11. Februar 1926", 12.02.1926. In: StAM, Pol. Dir., 4600, Der fröhliche Weinberg.

Polizeibericht, Betreff „Erstaufführung des Lustspiels ‚Der fröhliche Weinberg' von Karl Zuckmayer in den Münchner Kammerspielen am 9. Februar 1926", gez. Werberger, 10.02.1926. In: StAM, Pol. Dir., 4600, Der fröhliche Weinberg.

Polizeibericht, Betreff „Das Lustspiel ‚Der fröhliche Weinberg'", Polizeidirektion München, gez. [Kulmayer], 25.02.1926. In: StAM, Pol. Dir., 4600, Der fröhliche Weinberg.

Polizeibericht von Regierungsrat Werberger an die Regierung von Oberbayern, Kammer des Inneren, Betreff „Verbot des Lustspiels „Der fröhliche Weinberg" in den Münchner Kammerspielen, hier, Augustenstr. 89", gez. Polizeidirektion Mantel, 23.02.1926. In: StAM, Pol. Dir., 4600, Der fröhliche Weinberg.

Polizeiliches Protokoll der Vorgänge bis zum Verbot, o.T., o.A., o.D.. In: StAM, Pol. Dir., 4603, Die Verbrecher.

Polizeipressebericht, o.T., o.A., 16.11.1929. In: StAM, Pol. Dir., 4603, Die Verbrecher.

Stellungnahme der Münchner Bühnen zu der Verfügung der Polizeidirektion München, Betreff „Verbot der weiteren Aufführung des Lustspiels ‚Der fröhliche Weinberg'", gez, Vereinigte Münchner Bühnen Schauspielhaus-Volkstheater Direktion Ernst Bach, Direktion des Theaters am Gärtnerplatz, [unles.], Bayerische Landesbühnen, Ernst Leopold Stahl, 22.02.1926. In: StAM, Pol. Dir., 4600, Der fröhliche Weinberg.

Stellungnahme von Polizeidirektion München an die Regierung von Obb., gez. Werberger, 20.11.1929. In: StAM, Pol. Dir., 4603, Die Verbrecher.

Stellungnahme von Richard Révy, 20.11.1929. In: StAM, Pol. Dir., 4603, Die Verbrecher.

Theatergemeinde München [S.]: „Warum wir die ‚Verbrecher' ablehnen". In: *Die Theatergemeinde München*, München: 12/1929, S. 9–12.

Theaterzettel mit handschriftlicher Notiz, Spielplan-Änderung, 27.11.1929. In: StAM, Pol. Dir., 4603, Die Verbrecher.

Verfügung der Polizeidirektion München, Betreff „Aufführung des Lustspiels ‚Der fröhliche Weinberg' von Karl Zuckmayer in den Münchner Kammerspielen", gez. Mantel, 20.02.1926. In: StAM, Pol. Dir., 4600, Der fröhliche Weinberg.

Verfügung der Polizeidirektion München, Betreff: Geschlossene Vorstellung im Schauspielhaus am Donnerstag, den 28. November 1929, 20.00 Uhr, gez. Koch, 27.11.1929. In: StAM, Pol. Dir., 4603, Die Verbrecher.

Verfügung der Polizeidirektion, Ref. Th., Betreff: Aufführung des Schauspiels „Die Verbrecher" von Ferdinand Bruckner in den Münchner Kammerspielen im Schauspielhaus, gez. Polizeidirektion i.A. Werberger, 16.11.1929. In: StAM, Pol. Dir., 4603, Die Verbrecher.

Verfügung des Preuss. Ministers des Inneren an die Regierung von Oberbayern, Kammer des Inneren, Betreff: Aufführung des Schauspiels „Die Verbrecher" von Ferdinand Bruckner durch die Münchner Kammerspiele im Schauspielhaus, gez. Wehrberger, 20.11.1929. In: StAM, Pol. Dir., 4603, Die Verbrecher.

Sekundärliteratur

Aldgate, Anthony/James C. Robertson: *Censorship in Theatre and Cinema.* Edinburgh 2005.

Arendt, Hannah: *Das Urteilen. Texte zu Kants Politischer Philosophie.* München u. a. 2012.

Asholt, Wolfgang: Skandal als Programm? Funktionen des Skandals in der historischen Avantgarde und Funktion der historischen Avantgarde als Skandal. In: Gelz, Andreas/Hüser, Dietmar/Ruß-

Sattar, Sabine (Hrsg.): *Skandale zwischen Moderne und Postmoderne. Interdisziplinäre Perspektiven auf Formen gesellschaftlicher Transgression.* Berlin 2014, S. 149 – 166.

Aulich, Reinhard: Elemente einer funktionalen Differenzierung der literarischen Zensur. Überlegungen zu Form und Wirksamkeit der Zensur als einer intentional adäquaten Reaktion gegenüber literarischer Kommunikation. In: Göpfert, Herbert G./Weyrauch, Erdmann: *„Unmoralisch an sich...". Zensur im 18. und 19. Jahrhundert.* Wiesbaden 1988, S. 177 – 231.

Balme, Christopher: Die Krise der Nachfolge: Zur Institutionalisierung charismatischer Herrschaft im deutschen Stadt- und Staatstheater. In: *Zeitschrift für Kulturmanagement. Kunst, Politik, Wirtschaft und Gesellschaft* 5/2 (2019), S. 37 – 54, http://dx.doi.org/10.14361/zkmm-2019-0203 [letzter Zugriff: 25. 01. 2024].

Balme, Christopher/Szymanski-Düll, Berenika: *Methoden der Theaterwissenschaft.* Tübingen [1]2020.

Balme, Christopher/Szymanski-Düll, Berenika: Einleitung. In: ders. (Hrsg.): *Methoden der Theaterwissenschaft.* Tübingen [1]2020, S. 9 – 26.

Balme, Christopher: *The Theatrical Public Sphere.* Cambridge [1]2014.

Balme, Christopher: Schwellen der Toleranz: Künstlerische Freiheit und das Theater des öffentlichen Raums. In: Fischer-Lichte, Erika/Wihstutz, Benjamin (Hrsg.): *Politik des Raumes. Theater und Topologie.* München 2010, S. 121 – 130.

Balme, Christopher: *Einführung in die Theaterwissenschaft.* Berlin [4]2008.

Becker, Tobias: *Inszenierte Moderne: Populäres Theater in London und Berlin 1880 – 1930.* München 2014.

Benjamin, Walter: Der Sürrealismus. In: Tiedemann, Rolf/Schweppenhäuser, Hermann (Hrsg.): *Gesammelte Schriften. Aufsätze, Essays, Vorträge.* (II/1) Frankfurt am Main 1977, S. 295 – 310.

Benjamin, Walter: Das Kunstwerk im Zeitalter seiner technischen Reproduzierbarkeit. In: Tiedemann, Rolf/Schweppenhäuser, Hermann (Hrsg.): *Gesammelte Schriften.* (I/2) Frankfurt am Main 1974, S. 431 – 469.

Biermann, Armin: „Gefährliche Literatur" – Skizze einer Theorie der literarischen Zensur." In: *Wolfenbütteler Notizen zur Buchgeschichte*, 30.1 (1988), S. 1 – 28.

Bilandzic, Helena/Schramm, Holger/Matthes, Jörg: *Medienrezeptionsforschung.* Konstanz/München 2015.

Bischel, Matthias: Räterepublik Baiern (1919). In: *Historisches Lexikon Bayerns*, https://www.historisches-lexikon-bayerns.de/Lexikon/Räterepublik_Baiern_(1919) [letzter Zugriff: 22. 03. 2019].

Bischel, Matthias/Menges, Franz: Bayern in der Weimarer Republik. In: Treml, Manfred/Bayerische Landeszentrale für politische Bildungsarbeit (Hrsg.): *Geschichte des modernen Bayern. Königreich und Freistaat.* Regensburg 2021, S. 185 – 374.

Blackadder, Neil: *Performing Opposition. Modern Theater and the Scandalized Audience.* Santa Barbara 2003.

Blumenberg, Hans: *Aspekte der Epochenschwelle. Cusaner und Nolaner.* Frankfurt am Main 1976.

Borchardt, Rudolf: Über das Recht des Dichters verkannt zu bleiben. Brief an Eduard Korrodi. Neue Zürcher Zeitung, April 1926. In: Sembdner, Helmut (Hrsg.): *Der Kleist-Preis 1912 – 1932. Eine Dokumentation.* Berlin 1968.

Borchers, Wolf: Der Paragraph selbst ist der Verbrecher. Realpolitische Argumentationslinien gegen den §175 in *Die Verbrecher.* In: Moreno, Joaquín/Szymaniak Gunnar/Winter, Almut (Hrsg.): *Ferdinand Bruckner (1891 – 1958).* Berlin 2008, S. 189 – 212.

Borchers, Wolf: *Männliche Homosexualität in der Dramatik der Weimarer Republik.* In: https://kups.ub.uni-koeln.de/352/1/11w1293 [letzter Zugriff am 13. 07. 2022].

Borower, Djawid Carl: *Theater und Politik. Die Wiener Theaterzensur im politischen und sozialen Kontext der Jahre 1893 bis 1914.* Wien 1988.

Brauneck, Manfred: *Theaterlexikon. Begriffe und Epochen, Bühnen und Ensembles.* Bd. 1, Reinbek [5]2007, S. 1075 – 1078.
Brendecke, Arndt: Sonderforschungsbereich 1369 „Vigilanzkulturen". Transformationen – Räume – Techniken. In: *Mitteilungen des Sonderforschungsbereichs 1369 ‚Vigilanzkulturen'* 1 (2020), S. 6 – 7.
Brendecke, Arndt: Warum Vigilanzkulturen? Grundlagen, Ziele und Herausforderungen eines neuen Forschungsansatzes. In: *Mitteilungen des Sonderforschungsbereichs 1369 ‚Vigilanzkulturen'* 1 (2020), S. 11 – 17.
Brendecke, Arndt/Reichlin, Susanne: *Zeiten der Wachsamkeit.* Berlin/Boston 2023.
Bronnen, Arnolt: *Sabotage der Jugend. Kleine Arbeiten 1922 – 1934,* Innsbruck 1989.
Bruckner, Ferdinand: Die Verbrecher. In: Rühle, Günther (Hrsg.): *Zeit und Theater 1925 – 1933. Von der Republik zur Diktatur.* Bd. 3. Frankfurt am Main u. a. 1980.
Buchner, Hans: Politische Kunstkritik? Nr. 104, 30.12.1922. In: Köhler, Gerald (Hrsg.): *Kunstanschauung und Kunstkritik in der nationalsozialistischen Presse. Die Kritik im Feuilleton des „Völkischen Beobachters" 1920 – 1932.* München 1937.
Burkhardt, Steffen: *Medienskandale. Zur moralischen Sprengkraft öffentlicher Diskurse.* Köln 2006.
Büttner, Ursula: *Weimar. Die überforderte Republik 1918 – 1933. Leistung und Versagen in Staat, Gesellschaft, Wirtschaft und Kultur.* Stuttgart 2008.
Butz, Magdalena/Grollmann, Felix/Mehltretter, Florian: *Sprachen der Wachsamkeit.* Berlin/Boston 2023.
Cremona, Vicki Ann u. a.: *Theatre scandals: social dynamics of turbulent theatrical events.* Leiden/Boston 2020.
Czirak, Adam: *Partizipation der Blicke. Szenerien des Sehens und Gesehenwerdens in Theater und Performance.* Bielefeld 2012.
Digitales Wörterbuch der deutschen Sprache. Zensur – Schreibung, Definition, Bedeutung, Etymologie, Synonyme, Beispiele. In: *DWDS*, https://www.dwds.de/wb/Kontrolle [letzter Zugriff: 07.09.2021].
Ebbinghausen, Rolf/Neckel, Sighard: *Anatomie des politischen Skandals.* Frankfurt am Main [1]1989.
Ebermayer, Ludwig/Lobe, Adolf/Rosenberg, Werner (Hrsg.): *Reichs-Strafgesetzbuch.* Berlin/Leipzig [4]1929.
Ebyl, Martin: Neun Thesen zu einer Theorie des Theaterskandals. In: *Österreichische Musikzeitschrift* 57, 11 – 12 (2002), S. 5 – 15, https://www.degruyter.com/view/j/omz.2002.57.issue-11-12/issue-files/omz.2002.57.issue-11-12.xml, [letzter Zugriff: 21.01.2020].
Egger, Simone: *München wird moderner. Stadt und Atmosphäre in den langen 1960er Jahren.* Bielefeld 2013.
Ehberger, Wolfgang: Verfassung des Freistaates Bayern (1919). In: *Historisches Lexikon Bayerns*, https://www.historisches-lexikon-bayerns.de/Lexikon/Verfassung_des_Freistaates_Bayern_(1919) [letzter Zugriff: 23.01.2025].
Engelhardt, Isabelle: „Der Kampf gegen die moralische Vergiftung." In: Eitz, Thorsten/dies. (Hrsg.): *Diskursgeschichte in der Weimarer Republik.* Bd. 2. Hildesheim u. a. 2015, S. 261 – 312.
Engelhart, Andreas: *Das Theater der Gegenwart.* München 2013.
Ferber, Jens: *Künstler, Bürger, Obrigkeit. Hagener Musik- und Theaterpolitik im 19. und 20. Jahrhundert.* Münster 1999.
Fischer, Doris: *Die Münchner Zensurstelle während des Ersten Weltkrieges. Alfons Falkner von Sonnenburg als Pressereferent im bayerischen Kriegsministerium in den Jahren 1914 bis 1918/19.* München 1973.
Fischer-Lichte, Erika: *Ästhetik des Performativen.* Frankfurt am Main [1]2004.
Fischer-Lichte, Erika: *Die Entdeckung des Zuschauers. Paradigmenwechsel auf dem Theater des 20. Jahrhunderts.* Tübingen/Basel 1997.

Fischer-Lichte, Erika: *Theaterwissenschaft. Eine Einführung in die Grundlagen des Faches.* Tübingen/Basel 2010.
Franck, Georg: *Ökonomie der Aufmerksamkeit. Ein Entwurf.* München 2007.
Foucault, Michel: *Überwachen und Strafen. Die Geburt des Gefängnisses.* Frankfurt am Main [17]2019.
Fraser, Nancy: *Justice Interruptus. Critical Reflections on the „Postsocialist" Condition.* New York/London 1997.
Friedrich, Hans-Edwin (Hrsg.): *Literaturskandale.* Frankfurt am Main 2009.
Friedrich, Hans-Edwin: Literaturskandale. Ein Problemaufriss. In: ders. (Hrsg.): *Literaturskandale.* Frankfurt am Main 2009, S. 7–27.
Fröhlich, Elke (Hrsg.): *Die Tagebücher von Joseph Goebbels.* Bd. 1: *Aufzeichnungen 1923–1941, Dezember 1925 – Mai 1928.* München 2005.
Fürst, Thomas: *Karl Stützel. Ein Lebensweg in Umbrüchen vom Königlichen Beamten zum Bayerischen Innenminister der Weimarer Zeit (1924–1933).* Frankfurt am Main 2007.
Gay, Peter: *Weimar Culture. The Outsider as Insider.* New York u. a. 2001.
Gelz, Andreas/Hüser, Dietmar/Ruß-Sattar, Sabine: Einleitung: Skandal als Forschungsfeld-Ansätze, Konjunkturen, Leerstellen. In: dens. (Hrsg.): *Skandale zwischen Moderne und Postmoderne. Interdisziplinäre Perspektiven auf Formen gesellschaftlicher Transgression.* Berlin [1]2014, S. 1–20.
Gerth, Werner: *Theaterkritik der liberalistischen Epoche im Vergleich zur nationalsozialistischen Kritik.* Borna-Leipzig 1936.
Geyer, Martin H.: *Verkehrte Welt. Revolution, Inflation und Moderne: München 1914–1924.* Göttingen 1998.
Gilcher-Holtey, Ingrid: Skandalisierung des Skandals: Intellektuelle und Öffentlichkeit. In: Gelz, Andreas/Hüser, Dietmar/Ruß-Sattar, Sabine (Hrsg.): *Skandale zwischen Moderne und Postmoderne. Interdisziplinäre Perspektiven auf Formen gesellschaftlicher Transgression.* Berlin [1]2014, S. 217–234.
Glauert, Barbara (Hrsg.): *Carl Zuckmayer. Das Bühnenwerk im Spiegel der Kritik.* Frankfurt am Main 1977.
Glossy, Carl: Zur Geschichte der Wiener Theaterzensur. In: Grillparzer Gesellschaft (Hrsg.): *Jahrbuch der Grillparzer-Gesellschaft* 7. Wien 1897, S. 238–340.
Goldstein, Robert Justin: *The Frightful Stage. Political Censorship of the Theater in Nineteenth-Century Europe.* New York [1]2009.
Goldstein, Robert Justin: Introduction. In: ders. (Hrsg.) *The Frightful Stage. Political Censorship of the Theater in Nineteenth-Century Europe.* New York/Oxford 2009, S. 1–21.
Graewe, Daniel: Die Kunstfreiheit in der deutschen Geschichte unter besonderer Berücksichtigung der Künstlervereinigung „Brücke". In: *Zeitschrift für Kunstgeschichte* 77 (2014), S. 407–426.
Grau, Bernhard: *Kurt Eisner. 1867–1919. Eine Biographie.* München 2001.
Greene, David/Stephens, Edward: *J. M. Synge 1871–1909.* New York 1989.
Großegger, Elisabeth zit. In: Noack, Bernd: *Theaterskandale. Von Aischylos bis Thomas Bernhard.* Salzburg 2008.
Grotkopp, Matthias/Wihstutz, Benjamin: Geschmack und Öffentlichkeit. Eine Einleitung. In: Kappelhoff, Hermann/ders. (Hrsg.): *Geschmack und Öffentlichkeit.* Zürich [1]2019, S. 7–16.
Grütter, Heinrich Theodor/Wuttke, Ingo/Zolper, Andreas (Hrsg.): *Hände weg vom Ruhrgebiet! Die Ruhrbesetzung 1923–1925.* Essen 2023.
Haller, André/Michael, Hendrik/Kraus, Martin (Hrsg.): *Scandalogy. An interdisciplinary Field.* Köln 2018.
Hensel, Georg: *Theaterskandale und andere Anlässe zum Vergnügen.* Stuttgart 1983.
Herrmann, Max: Über die Aufgaben eines theaterwissenschaftlichen Institutes. In: Klier, Helmar (Hrsg.): *Theaterwissenschaft im deutschsprachigen Raum. Texte zum Selbstverständnis.* Darmstadt 1981, S. 17–24.

Hermann, Michael: *Kommunale Kulturpolitik in München von 1919 bis 1935.* München 2003.
Hille, Martin: *Revolutionen und Weltkriege. Bayern 1914 bis 1945.* Köln/Weimar/Wien 2018.
Hillmayr, Heinrich: München und die Revolution von 1918/19. Ein Beitrag zur Strukturanalyse von München am Ende des Ersten Weltkrieges und seiner Funktion bei Entstehung und Ablauf der Revolution. In: Bosl, Karl (Hrsg.): *Bayern im Umbruch. Die Revolution von 1918, ihre Voraussetzungen, ihr Verlauf und ihre Folgen.* München/Wien 1969, S. 453 – 504.
Hillmayr, Heinrich: *Roter und Weißer Terror in Bayern nach 1918. Ursachen, Erscheinungsformen und Folgen. Gewalttätigkeiten im Verlauf der revolutionären Ereignisse nach dem Ende des Ersten Weltkriegs.* München 1974.
Henecka, Hans Peter: *Grundkurs Soziologie.* Konstanz/München [10]2015.
Herrmann, Max: *Forschungen zur deutschen Theatergeschichte des Mittelalters und der Renaissance.* Berlin 1914.
Hoeres, Peter: *Die Kultur von Weimar. Durchbruch der Moderne.* Berlin 2008.
Houben, Heinrich H.: *Der ewige Zensor.* Kronberg/Ts. 1978.
Höyng, Peter: Die Geburt der Theaterzensur aus dem Geiste bürgerlicher Moral. Unwillkommene Thesen zur Theaterzensur im 18. Jahrhundert. In: Haefs, Wilhelm/ York-Gothart, Mix (Hrsg.): *Zensur im Jahrhundert der Aufklärung. Geschichte-Theorie-Praxis.* Bd. 12, Göttingen 2007.
Huber, Rudolf Ernst (Hrsg.): Die Weimarer Reichsverfassung. In: *Dokumente zur deutschen Verfassungsgeschichte.* Bd. 4: *Deutsche Verfassungsdokumente 1919 – 1933.* Stuttgart/Berlin/Köln [3]1992, S. 151 – 180.
Ihering, Herbert: *Die vereinsamte Theaterkritik.* Berlin 1928.
Irmer, Hans-Jochen: *Der Theaterdichter Frank Wedekind.* Berlin 1975.
Jacobi, Carsten: *Der kleine Sieg über den Antisemitismus. Darstellung und Deutung der nationalsozialistischen Judenverfolgung im deutschsprachigen Zeitstück des Exils 1933 – 1945.* Tübingen 2005.
Kammler, Clemens, et al. (Hrsg.): *Foucault-Handbuch. Leben-Werk-Wirkung.* Stuttgart/Weimar, 2014.
Kamzelak, Roland S./Ott, Ulrich: *Harry Graf Kessler. Das Tagebuch 1880 – 1937.* In: dies. (Hrsg.): Bd. 9: *(1926 – 1937).* Stuttgart 2010.
Kanthak, Sabrina: Early Stagings of Brecht's *Trommeln in der Nacht* (1922) and *Im Dickicht* (1923). In: Mujica, Bárbara (Hrsg.): *Staging and Stage Décor. Perspectives on European Theater 1500 – 1950.* Wilmington 2023, S. 216 – 236.
Kepplinger, Hans Mathias: *Publizistische Konflikte und Skandale.* Wiesbaden 2009.
Kepplinger, Hans Mathias: *Medien und Skandale.* Wiesbaden 2018.
Kepplinger, Hans Mathias: *Die Mechanismen der Skandalisierung. zu Guttenberg, Kachelmann, Sarrazin & Co. warum einige öffentlich untergehen – und andere nicht.* München 2012.
Kiesel, Helmut: *Geschichte der deutschsprachigen Literatur 1918 bis 1933.* München 2017.
Kirchberger, Nico: *Schau(spiel) des Okkulten. Die Bedeutung des Mesmerismus und Hypnotismus für die bildende Kunst im 19. Jahrhundert.* Berlin/München 2016.
Knudsen, Hans: *Theaterkritik.* Charlottenburg 1928, S. 18 – 21.
Koebner, Thomas (Hrsg.): *Diesseits der „Dämonischen Leinwand". Neue Perspektiven auf das späte Weimarer Kino.* München 2003.
Köhler, Gerhard: *Kunstanschauung und Kunstkritik in der nationalsozialistischen Presse. Die Kritik im Feuilleton des „Völkischen Beobachters" 1920 – 1932.* München 1937.
Kolb, Eberhard/Schumann, Dirk: *Die Weimarer Republik.* Bd. 16. Oldenburg 2022.

Kopf, Christine: „Der Schein der Neutralität“. Institutionelle Filmzensur in der Weimarer Republik. In: Koebner, Thomas (Hrsg.): *Diesseits der „Dämonischen Leinwand“. Neue Perspektiven auf das späte Weimarer Kino.* München 2003, S. 451–466.

Koselleck, Reinhart: Das achtzehnte Jahrhundert als Beginn der Neuzeit. In: Herzog, Reinhart (Hrsg.): *Epochenschwelle und Epochenbewußtsein.* München 1987, S. 269–282.

Krauss, Charlotte: 1830: Das *drama romantique* zwischen ästhetischem und politischen Revolutionsanspruch. In: Gall, Alfred (Hrsg.): *Wendezeiten. Historische Zäsuren in Drama und Film,* Tübingen 2011, S. 141–162.

Krivanec, Eva: *Kriegsbühnen. Theater im Ersten Weltkrieg. Berlin, Lissabon, Paris und Wien.* Bielefeld 2012.

Kuhn, Annette: *Cinema, Censorship and Sexuality, 1909–1925.* London u.a. 1988.

Laiblin, Martin: *Theater.Bau.Effekte! Der Architekt Max Littmann und München zur Prinzregentenzeit.* Leipzig 2016.

Lange, Rudolf: *Carl Zuckmayer.* Velber 1969.

Lazardzig, Jan: Der Geschmack der Polizei. Der Literatur- und Theaterhistoriker Carl Glossy (1848–1937) und die Entstehung des Wiener Theaterzensurarchivs. In: Grotkopp, Matthias/Kappelhoff, Hermann/Wihstutz, Benjamin (Hrsg.): *Geschmack und Öffentlichkeit.* Zürich 2019, S. 139–161.

Lazardzig, Jan/Tkaczyk, Viktoria/Warstat, Matthias: *Theaterhistoriographie. Eine Einführung.* Tübingen 2012.

Lazarus, Johann: *Das Unzüchtige und die Kunst. Eine juristische Studie für Juristen und Nichtjuristen.* Berlin 1909.

Le Bon, Gustave: *Psychologie der Massen.* Stuttgart [16]2021.

Lehfeldt, Christiane: *Der Dramatiker Ferdinand Bruckner.* Göppingen 1975.

Leiss, Ludwig: *Kunst im Konflikt. Kunst und Künstler im Widerstreit mit der „Obrigkeit“.* Berlin/New York 1971.

Leonhardt, Nic: *Piktoral-Dramaturgie: Visuelle Kultur und Theater im 19. Jahrhundert (1869–1899).* Bielefeld 2007.

Löffelmeier, Anton: 2. Mai 1919 – „Es ist äußert aufregend und enervierend“. München im Banne von Anarchie, Gewalt und neuer Ordnung. In: Stadtarchiv München (Hrsg.): *Machtwechsel. München zwischen Oktober 1918 und Juni 1919.* München 2020, S. 175–198,

Lorenz, Matthias: *Literatur und Zensur in der Demokratie.* Göttingen 2009.

Luhmann, Niklas: Öffentliche Meinung. In: *Politische Vierteljahresschrift* 11/ 1 (1970), S. 2–28, https://www.jstor.org/stable/24194966?seq=1&cid=pdf-reference#references_tab_contents [letzter Zugriff am 02.04.2020].

Luhmann, Niklas: *Soziale Systeme. Grundriß einer allgemeinen Theorie.* Frankfurt am Main 1984.

Maase, Kaspar: *Die Kinder der Massenkultur. Kontroversen um Schmutz und Schund seit dem Kaiserreich.* Frankfurt u.a. 1997.

Maier, Daniela: Theatergemeinde München (bis 1933). In: *Historisches Lexikon Bayerns,* (11.10.2021), https://www.historisches-lexikon-bayerns.de/Lexikon/Theatergemeinde_M%C3%BCnchen_(bis_1933) [letzter Zugriff: 23.04.2024].

McCarthy, John A./Von der Ohe, Werner (Hrsg.): *Zensur und Kultur, Censorship and Culture. Zwischen Weimarer Klassik und Weimarer Republik mit einem Ausblick bis heute. From Weimar Classicism to Weimar Republic and Beyond.* Tübingen 1995.

McLuhan, Marshall: *Die magischen Kanäle: „Understanding media“.* Frankfurt am Main u.a. 1970.

Mecke, Jochen: Ästhetik des Skandals – Skandal der Literatur: Struktur, Typologie, Entwicklung. In: Gelz, Andreas/Hüser, Dietmar/Ruß-Sattar, Sabine (Hrsg.): *Skandale zwischen Moderne und*

Postmoderne. Interdisziplinäre Perspektiven auf Formen gesellschaftlicher Transgression. Berlin [1]2014, S. 305 – 332.

Meier, Christian: *Die Entstehung des Politischen bei den Griechen.* Frankfurt am Main 1980.

Meyer, Michael: *Theaterzensur in München 1900 – 1918. Geschichte und Entwicklung der polizeilichen Zensur und des Theaterzensurbeirates unter besonderer Berücksichtigung Frank Wedekinds.* München 1982.

Moran, James: *The theatre of Seán O'Casey.* London 2013.

Müller, Beate: Über Zensur: Öffentlichkeit und Macht. Eine Einführung. In: dies. (Hrsg.): *Zensur im modernen deutschen Kulturraum.* Tübingen 2003, S. 1 – 30.

Müller, Hans Peter: Bazille, Wilhelm Friedrich. In: *Landesarchiv Baden-Württemberg,* https://www.leo-bw.de/web/guest/detail/-/Detail/details/PERSON/kgl_biographien/116097647/biografie [letzter Zugriff am 07.10.2022].

Nerdinger, Winfried: Die „Kunststadt" München. In: Stölzl, Christoph (Hrsg.): *Die Zwanziger Jahre in München. Katalog zur Ausstellung im Münchner Stadtmuseum Mai bis September 1979.* München 1979. S. 93 – 119.

Nestler, Sebastian: *Performative Kritik. Eine philosophische Intervention in den Begriffsapparat der Cultural Studies.* Bielefeld 2011.

Nickel, Gunther: *Carl Zuckmayer 1896 – 1977. „Ich wollte nur Theater machen".* Marbach am Neckar 1996.

Nickel Gunther: Carl Zuckmayer und die „Völkermühle Europas". In: Matheus, Michael (Hrsg.): *Völkermühle Europas. Migrationen an Rhein und Mosel.* Stuttgart 2018, S. 83 – 96.

Nickel, Gunther: Von Fontane zu Ihering. Die Ausdifferenzierung und Professionalisierung der Theaterkritik zwischen 1870 und 1933. In: ders. (Hrsg.): *Beiträge zur Geschichte der Theaterkritik.* Tübingen 2007, S. 185 – 207.

Noack, Bernd: *Theaterskandale. Von Aischylos bis Thomas Bernhard.* Salzburg 2008.

Nolte, Paul: Einführung: Nach der Revolution–Europäisches Theater im demokratischen Zeitalter. In: Fischer-Lichte Erika/Warstat, Matthias/Littmann, Anna (Hrsg.): *Theater und Fest in Europa. Perspektiven von Identität und Gemeinschaft.* Tübingen [1]2012, S. 301 – 304.

Nowak, Kai: *Projektionen der Moral. Filmskandale in der Weimarer Republik.* Göttingen 2015.

Paul, Arno: *Aggressive Tendenzen des Theaterpublikums. Eine strukturell-funktionale Untersuchung über den sog. Theaterskandal anhand der Sozialverhältnisse der Goethezeit.* München 1969.

Petersen, Christer: *Kunst der Provokation. Eine Einführung in die Skandalforschung.* Wiesbaden 2022.

Petzet, Wolfgang: *Theater. Die Münchner Kammerspiele. 1911 – 1972.* München 1973.

Petzet, Detta: Theater in München 1918 – 1933. In: Stölzl, Philip (Hrsg.): *Die Zwanziger Jahre in München. Katalog zur Ausstellung im Münchner Stadtmuseum Mai bis September 1979.* München 1979, S. 74 – 92.

Petersen, Klaus: *Literatur und Justiz in der Weimarer Republik.* Stuttgart 2006.

Petersen, Klaus: *Zensur in der Weimarer Republik.* Stuttgart/Weimar 1995.

Peukert, Detlev: *Die Weimarer Republik.* Frankfurt am Main [15]2018.

Pfahl-Traughber, Armin: Der Einzeltäter im Terrorismus. Definition, Fehldeutungen, Typologie, Zusammenhang. In: *Bundeszentrale für politische Bildung,* https://www.bpb.de/politik/extremismus/rechtsextremismus/304169/der-einzeltaeter-im-terrorismus [letzter Zugriff: 28.01.2020].

Pfotenhauer, Bettina: „Der Ton ist scharf" – Die Räterepubliken und ihre Akteure. In: Stadtarchiv München (Hrsg.): *Machtwechsel. München zwischen Oktober 1918 und Juni 1919.* München 2020, S. 145 – 174.

Plachta, Bodo: *Zensur.* Stuttgart 2006.

Primbs, Stefan: Bayerische Volkspartei-Correspondenz (BVC). In: *Historisches Lexikon Bayerns* (29. 01. 2007), https://www.historisches-lexikon-bayerns.de/Lexikon/Bayerische_Volkspartei-Correspondenz_(BVC) [letzter Zugriff: 12. 01. 2024].
Röttger, Kati: Intermedialität als Bedingung von Theater: Methodische Überlegungen. In: Schoenmakers, Henri u. a. (Hrsg.): *Theatre and the Media–Grundlagen-Analysen-Perspektiven. Eine Bestandsaufnahme.* Bielefeld 2008, S. 117 – 124.
Rühle, Günther: *Theater für die Republik. Im Spiegel der Kritik 1917 – 1925.* Bd. I. Frankfurt am Main [2]1988.
Rühle, Günther: *Theater für die Republik. Im Spiegel der Kritik.* Bd. II, Frankfurt am Main 1967.
Rühle, Günther: *Theater in Deutschland 1887 – 1945. seine Ereignisse–seine Menschen.* Frankfurt am Main 2007.
Schiller, Friedrich: Was kann eine gute stehende Schaubühne eigentlich wirken? Die Schaubühne als moralische Anstalt betrachtet. In: Janz, Rolf-Peter (Hrsg.): *Friedrich Schiller. Theoretische Schriften.* Frankfurt am Main 2008, S. 185 – 200.
Schläder, Jürgen: *Vision und Tradition. 200 Jahre Nationaltheater in München. Eine Szenographiegeschichte.* Leipzig 2018.
Schneider, Hubertus: Das „Zeitstück“: Probleme der Justiz. In: Kunstamt Kreuzberg und Institut für Theaterwissenschaft der Universität Köln (Hrsg.): *Weimarer Republik.* Berlin (West)/Hamburg 1977. [Beilage]
Schröder, Joachim: *Die Münchner Polizei und der Nationalsozialismus.* Essen 2013.
Schumann, Klaus: Kommunalpolitik in München zwischen 1918 und 1933. In: Stölzl, Christoph (Hrsg.): *Die Zwanziger Jahre in München. Katalog zur Ausstellung im Münchner Stadtmuseum Mai bis September 1979.* München 1979, S. 1 – 18.
Schuster, Peter-Klaus: München – die Kunststadt. In: Prinz Friedrich/Krauss, Marita (Hrsg.): *München – Musenstadt mit Hinterhöfen: die Prinzregentenzeit 1886 – 1912.* München 1988, S. 226 – 232.
Schwiedrzik, Wolfgang M.: *Brechts „Trommeln in der Nacht“.* Frankfurt am Main 1990.
Seehaus, Günter: *Frank Wedekind und das Theater.* München 1964.
Sollich, Robert: Theater als Skandal. Einige Fußnoten zu einer Ästhetik des Performativen. In: Weiler, Christel/Roselt, Jens/Risi, Clemens (Hrsg.): *Strahlkräfte. Festschrift für Erika Fischer-Lichte.* Berlin 2008.
Stahn, Fritz: *Die Theaterpolizei insbesondere die Theaterzensur.* Borna-Leipzig 1915.
Stark, Gary D.: Germany. In: Goldstein, Robert Justin (Hrsg.): *The Frightful Stage. Political Censorship of the Theater in Nineteenth-Century Europe.* New York 2009, S. 22 – 69.
Steinbeck, Dietrich: *Einleitung in die Theorie und Systematik der Theaterwissenschaft.* Berlin 1970.
Stephan, Michael: Zensur (Altbayern und Bayern). In: *Historisches Lexikon Bayerns,* https://www.historisches-lexikon-bayerns.de/Lexikon/Zensur_(Altbayern_und_Bayern) [letzter Zugriff: 31. 12. 2024].
Storim, Miriam: *Ästhetik im Umbruch. Zur Funktion der „Rede über Kunst“ um 1900 am Beispiel der Debatte um Schmutz und Schund.* Tübingen 2002.
Sucher, Bernd C.: *Henschel Theaterlexikon.* Leipzig 2010.
Tönnies, Ferdinand: *Studien zu Gemeinschaft und Gesellschaft.* Klaus Lichtblau (Hrsg.): Frankfurt am Main 2012.
Traub, Ulrike: *Theater der Nacktheit.* Bielefeld 2010.
Trapp, Agnes: *Die Zeitstücke von Eleonore Kalkowska.* München 2009.

Tumfart, Barbara: Vom „Feldmarschall“ zum „Eroberer“. Über den Einfluß der österreichischen Theaterzensur auf den Spieltext in der zweiten Hälfte des 19. Jahrhunderts. In: *Internationales Archiv für Sozialgeschichte* 30/1 (2005), S. 98 – 117.

Vinçon, Hartmut: *Frank Wedekind.* Stuttgart 1987.

Vinçon, Hartmut: Einige unvorgreifliche Bemerkungen zu *Schloß Wetterstein.* In: Mittermayer, Manfred/ Bengesser, Silvia (Hrsg.): *Wedekinds Welt. Theater-Eros-Provokation.* Leipzig 2014, S. 133 – 143.

Vismann, Cornelia: Das Drama des Entscheidens. In: Weitin Thomas/dies. (Hrsg.): *Urteilen/Entscheiden.* München 2006.

Volk, Stefan: *Skandalfilme. Cineastische Aufreger gestern und heute.* Marburg ²2011.

Von Soden, Kristine: Sexualreform-Sexualpolitik. Die Neue Sexualmoral. In: Lusk, Irene-Charlotte (Hrsg.): *Die Wilden Zwanziger. Weimar und die Welt 1919 – 33,* Reinbek bei Hamburg 1988, S. 181 – 194.

Wahrig-Burfeind, Renate (Hrsg.): *Wahrig Fremdwörterlexikon.* Gütersloh/München 2004.

Wallach, Kerry: Visual Weimar. The Iconography of Social and Political Identities. In: Von Rossol, Nadine/Ziemann, Benjamin (Hrsg.): *The Oxford Handbook of the Weimar Republic.* Oxford 2022, S. 724 – 749.

Warstat, Matthias: Affekttheorie und das Subjektivismus-Problem in der Aufführungsanalyse. In: Balme, Christopher/Szymanski-Düll, Berenika (Hrsg.): *Methoden der Theaterwissenschaft.*, Tübingen 2020, S. 117 – 130.

Zehetmair, Sebastian: *Im Hinterland der Gegenrevolution. Die kommunistische Bewegung in der „Ordnungszelle Bayern“ 1919 bis 1923.* Düsseldorf 2022.

Ziolowski, Theodore (Hrsg.): *Scandal on Stage. European Theater as Moral Trial.* Cambridge 2009.

Zuckmayer, Carl: *„Als wär's ein Stück von mir“.* Frankfurt am Main 1966.

Abbildungsverzeichnis

 https://doi.org/10.1515/9783111458946-012

Personenregister

 https://doi.org/10.1515/9783111458946-013

Ortsregister

 https://doi.org/10.1515/9783111458946-014

Werkregister

 https://doi.org/10.1515/9783111458946-015

www.ingramcontent.com/pod-product-compliance
Lightning Source LLC
LaVergne TN
LVHW010854110826
845149LV00005B/1405

9783111456430